本研究受到陕西理工大学校级科研项目和陕西省教育厅科研项目资助，项目编号分别为：SLGKY14-37，16JK1129。

中介语建构过程探究

On the process of Interlanguage Construction

闫长红 ◎ 著

中国社会科学出版社

图书在版编目（CIP）数据

中介语建构过程探究／闫长红著 .—北京：中国社会科学出版社，2018.8
ISBN 978-7-5203-3294-1

Ⅰ.①中… Ⅱ.①闫… Ⅲ.①中介语-语言学-研究 Ⅳ.①H087

中国版本图书馆 CIP 数据核字（2018）第 231330 号

出 版 人	赵剑英
责任编辑	任　明
责任校对	张依婧
责任印制	李寡寡

出　　版	中国社会科学出版社
社　　址	北京鼓楼西大街甲 158 号
邮　　编	100720
网　　址	http://www.csspw.cn
发 行 部	010-84083685
门 市 部	010-84029450
经　　销	新华书店及其他书店

印刷装订	北京君升印刷有限公司
版　　次	2018 年 8 月第 1 版
印　　次	2018 年 8 月第 1 次印刷

开　　本	710×1000　1/16
印　　张	21
插　　页	2
字　　数	344 千字
定　　价	80.00 元

凡购买中国社会科学出版社图书，如有质量问题请与本社营销中心联系调换
电话：010-84083683
版权所有　侵权必究

前　　言

　　语言是一个符号系统，它是对世界的编码方式，各种语言的不同，体现在它们对世界的编码方式的不同。因此，学习一种语言，就是学习该语言对世界的编码方式，包括建立该语言的符号系统、意义系统，建立语感，最终能创造性地使用该目标语，亦即能用其进行思维并自由成功地进行交际。这是一个认知参与的内化过程（internalization），在此过程中，学习者形成了自己的中介语。中介语是一语体系向二语体系调整过程中的产物，二语习得过程就是学习者形成自己中介语的过程。中介语是在母语和二语的共同影响下，在二语输入和输出的过程中由学习者积极主动建构的。Eills（1994）认为，在第二语言习得中，学习者建构了一个抽象的语言规则系统，作为理解与生成第二语言的基础，这个规则系统被看作一种心理语法（Mental Grammar），即所说的中介语系统。中介语可以解释为学习者拥有的一种内隐的（implicit）第二语言的知识系统，随着时间的推移，学习者将有规律地修正这个系统。中介语是二语习得的重要研究领域，学者们对其进行了多方面的研究，但对于中介语建构过程进行的研究，至今尚不多见。本书结合语言学和认知心理学来探究中介语建构过程。

　　本研究认为，在中介语的建构过程中，学习者通过对一语、二语及中介语三个语言系统内相关语码参数的比较，不断对自己的中介语语码系统各参数进行增设、补充、调整，使其向目标语者的母语水平过渡。此处的语码参数指具体的语言项目，包括词汇、语法、语用等方面。一定的参数存储于对应的参位，参位指参数存储的位置，它是按照范畴和图式原则设立的，类似于图式中的"槽位"。语码参数有实位参数和空位参数之分，前者指学习者中介语系统中业已存在的语言项目，后者指学习者中介语系统中所空缺的语言项目。对于实位参数，缺乏的要进行补充，错误的要进行调整；对于空位参数，要另行设定，即增设。然后要不断通过语言输入及输出,使建构好的各项参数变为恒定参数,进入长期记忆存储起来。因此学习者中介语发展其实就是一个不断"补缺"的过程。由此可见,二语习得过程实质就是学习者形成中介语的过程,这一过程是通过不断"补缺"来进行的。学习者通过语言输入及输出,找出自己中介语语码系统中所缺乏的以及不正确的部分,对这些参数不断进行增设、补充、调整,并使建构好的各项参数变为恒定参数,从而建构自己的中介语系统。这一过程包括比较、选择、建构和验证四个步骤。简言之,中介语的发展是一个学习者积极主动建构的过程,建构过程是通过不断的补缺来进行的,补缺的本质就是中介语参数的变动。

注:参照二语习得领域的研究惯例,本书对"习得"和"学习"以及"二语"和"外语"不作区分。补缺法既适合外语学习,又适合二语习得。

目　　录

第一章　中介语理论 …………………………………………… (1)
　第一节　中介语理论产生的历史背景 ………………………… (2)
　　一　对比分析 ……………………………………………… (3)
　　二　错误分析 ……………………………………………… (4)
　第二节　中介语的特点 ………………………………………… (6)
　第三节　中介语形成过程的认知解释 ………………………… (7)
　　一　Selinker 的"规则组合"模式 ……………………… (7)
　　二　Adjemian 的"渗透"模式 …………………………… (9)
　　三　White 的"参数设置"模式 ………………………… (10)
　　四　Corder 的假设检验模式 …………………………… (11)

第二章　二语习得的认知视角 ………………………………… (14)
　第一节　信息加工视角 ………………………………………… (14)
　　一　Skehen 的信息加工模式 …………………………… (16)
　　二　Gass 的信息加工模式 ……………………………… (16)
　　三　McLaughlin 的信息加工模式 ……………………… (17)
　第二节　联结主义视角 ………………………………………… (19)
　　一　联结主义理论的学习观 ……………………………… (20)
　　二　联结主义和二语习得 ………………………………… (21)
　第三节　建构主义视角 ………………………………………… (23)

第三章　"注意"与中介语建构 ……………………………… (27)
　第一节　"注意"的相关概念 ………………………………… (27)
　第二节　注意的基本特征 ……………………………………… (29)
　第三节　注意与语言学习 ……………………………………… (31)
　　一　注意影响语言的产生和理解 ………………………… (31)
　　二　注意是二语习得的关键 ……………………………… (33)

第四节 二语习得过程中的注意 (35)
一 注意与输入 (36)
二 注意与中心加工 (41)
三 注意与输出 (43)

第五节 影响注意的因素 (47)

第六节 提升注意力手段 (49)
一 增加输入频率和感知凸显度 (49)
二 提供反馈信息 (50)
三 采用形式教学法 (50)

第七节 有待深入探索的问题 (52)
一 什么类型的注意最有利于二语习得 (52)
二 注意与学习内容复杂性的交互作用 (53)
三 注意与学生二语综合水平的交互作用 (54)
四 注意在二语搭配习得中的作用 (55)
五 注意和词汇基本含义的习得 (56)
六 注意在二语语音习得中的作用 (56)

第四章 "对比"与中介语建构 (59)
第一节 功能语言学角度的英汉对比 (59)
第二节 语言哲学角度的英汉对比 (63)
第三节 英汉对比的理论和方法 (64)
第四节 对比分析和错误分析 (66)
一 对比分析 (66)
二 错误分析 (68)

第五节 补缺过程中的英汉对比 (68)
一 英汉词汇对比 (68)
二 英汉句法对比分析 (73)
三 英汉思维模式差异对句子结构的影响 (88)

第五章 "迁移"与中介语建构 (90)
第一节 迁移的概念 (90)
第二节 迁移的实质 (91)
一 迁移是经验的整合过程 (91)
二 迁移是一种语言心理过程 (93)

三　迁移是一种制约 …………………………………………（93）
　　四　迁移是一种影响 …………………………………………（94）
　第三节　迁移的必然性 …………………………………………（94）
　第四节　概念迁移研究 …………………………………………（95）
　第五节　迁移现象的实证研究 …………………………………（99）
　　一　语法迁移 …………………………………………………（99）
　　二　词汇迁移 …………………………………………………（100）

第六章　中介语项目之"存储（一）" …………………………（103）
　第一节　范畴和认知 ……………………………………………（103）
　第二节　根据范畴内容确立词汇学习目标 ……………………（105）
　第三节　按照范畴理论学习和记忆词汇 ………………………（107）
　　一　根据基本范畴学习基本范畴词 …………………………（108）
　　二　按照范畴层次学习英语词汇元语言 ……………………（110）
　　三　根据原型理论学习多义词 ………………………………（133）
　　四　利用隐喻建立语义链 ……………………………………（134）
　　五　建立语义网络图和词汇链，存储同类词汇 ……………（136）

第七章　中介语项目之"存储（二）" …………………………（141）
　第一节　图式与外语学习 ………………………………………（141）
　　一　认知图式的建构与语言习得 ……………………………（142）
　　二　图式与词汇学习 …………………………………………（143）
　第二节　自然范畴图式与语言学习 ……………………………（144）
　第三节　事件图式与外语学习 …………………………………（147）
　第四节　文本图式与语言学习 …………………………………（148）
　　一　什么是文本图式 …………………………………………（148）
　　二　文本图式和语篇创作 ……………………………………（149）
　　三　文本图式的类型 …………………………………………（150）
　　四　英汉文本图式对比 ………………………………………（156）
　第五节　语用图式与外语学习 …………………………………（170）
　　一　语用图式概论 ……………………………………………（170）
　　二　中国英语学习者语用能力现状 …………………………（173）
　　三　建立语用图式，提高语用能力 …………………………（179）
　　四　尽量减少语用负迁移 ……………………………………（241）

第六节　文化图式与外语学习 …………………………（243）
    一　文化图式概论 ………………………………………（243）
    二　词汇与文化 …………………………………………（247）
    三　谚语与文化 …………………………………………（267）
  第七节　处理好母语图式和外语图式的关系 ……………（289）
    一　图式重合 ……………………………………………（289）
    二　图式冲突 ……………………………………………（290）
    三　图式空缺 ……………………………………………（290）
  第八节　利用语料库建立图式 ……………………………（290）
第八章　中介语之输出验证 ……………………………………（299）
  第一节　输出理论的产生 …………………………………（299）
  第二节　输出的作用 ………………………………………（300）
    一　注意/触发功能（Noticing/Triggering function） ……（300）
    二　假设检验功能（Hypothesis testing function） ………（302）
    三　元语言功能（meta-linguistic function） ……………（305）
    四　输出能使目标语表达成自动化、增强流利性 ……（306）
    五　输出促进了中介语建构 ……………………………（307）
第九章　总结 ……………………………………………………（310）
  第一节　中介语建构原则 …………………………………（310）
  第二节　本研究之意义 ……………………………………（311）
    一　有助于解决二语习得领域的三大问题 ……………（311）
    二　有助于弥补输入理论的不足 ………………………（312）
    三　有助于提高输入—吸收的转化率 …………………（312）
  第三节　对二语习得的启示 ………………………………（312）

主要参考文献 ………………………………………………（315）

第一章 中介语理论

中介语（interlanguage）是第二语言习得研究中的一个重要的理论，这一概念最早是由 Selinker 于 1969 年在其论文 "Language Transfer" 中提出。1972 年 Selinker 发表 "Interlanguage" 一文，把 interlanguage 定义为 the separateness of a second language learner's system, a system that has a structurally intermediate status between the native and target languages.（转引自杨连瑞，1996）认为中介语指学习者在二语习得过程中所建构的一种特殊的心理语法（Ellis, 1999：44），它既不同于母语，也不同于目的语，是一种介于母语和目标语之间并且随着学习的深入不断向目标语靠近的过渡性语言系统，是母语—中介语—目标语系统中的一个必然成分和过程，要到达目的语，必须经过中介语（Selinker, 1972（10）：209-231）。中介语既可指第二语言学习者在学习过程中某一特定阶段所建构的内部系统（interlanguage），即一种中介语，也可以指一系列相互联系、能够反映二语学习者语言发展的特征的系统，即内部系统连续体（interlanguage Continuum），也就是 Corder（1971）所说的学习者内部语语言大纲（build-in syllabus）（Ellis, 1999：350；1999：47）。中介语理论的提出基于以下假设：（1）在任何时候该渐近系统都既不同于学习者的母语也不同于目标语；（2）所有各个不同阶段的渐近系统构成一个不断演进的序列；（3）在任何特定的交际场合，处于同一阶段的学习者的渐近系统水平大致相吻合（Nemser, 1971：115-123）。中介语理论将学习者的语言系统置于第二语言习得研究的核心，试图对这个系统产生的心理过程做出科学的阐释。

中介语这一概念自提出后引起了二语习得研究领域的大量关注，但学者们对于中介语这一概念的理解却不尽相同，可分为以下几个派别。（1）以 Corder（1967）和 Nemser（1971）为代表的"参照观"，把中介语看作一种以目的语为参照的动态可变系统。（2）以 Selinker（1972）为代表的"自主观",认为中介语是一个有自己内在规律的自主系统。(3) 以 Corder (1992) 和 Ellis (1986) 为代表的"共时历时观"。Corder 认为,从横向看,中介语指的是学习者在特定的时点构建的语言系统;从纵向看,中介语指学习者在不同阶段的发展。Ellis 也持相同的观点。(4) 以 Selinker (1992) 为代表的"认知观",认为中介语是可以观察的语言事实。(5) 以 Adjemian (1976) 和 Torane (1982、1983) 为代表的"能力说"。Adjemian 把生成语言学的语言能力观直接用来解释学习者的中介语能力。Torane 把中介语看作由不同语体风格构成的连续体。国内学者的研究基本遵循上述观点。如鲁健骥 (1993)、吕必松 (1988)、赵金铭 (2005) 及周健、彭小川、张军 (2004) 等。上述各派别虽然对中介语的看法不尽相同,却具有许多共识。例如:(1) 中介语是存在的。虽然到目前为止,还没有建立任何一个中介语系统,但是不能否认它的存在,进行中介语研究是必要的。(2) 中介语是在第二语言的习得过程中产生的,第二语言习得是中介语产生的现实环境。(3) 中介语的构建以学习者对母语和目的语的认知为前提。母语和目的语是中介语产生的基础。(4) 中介语是一个既不同于母语也不同于目的语的独立系统,但是与母语和目的语有密切的联系。(5) 中介语的形成往往受到许多因素的影响。

对中介语这一现象的表述,学者们所用术语也不同。如 Nemser (1971) 称其为 approximative system (渐近系统);S. P. Corder 称它为 idiosyncratic dialect (特异方言),transitional competence (过渡能力) (1971) 或 language learners, language (语言学习者的语言) (1978)。国内学者把其译为"族际语"、"语际语"、"中间语"、"中继语",比较认可的是译为"中介语"或"过渡语" (杨连瑞, 1996)。中介语的概念使得二语习得领域有了自己独立的研究方向,也标志着二语习得开始成为一门独立的学科。Ellis (1994: 351) 在评价早期的中介语理论时指出,中介语理论是第二语言习得研究的一个恰当的起点,因为这一理论是第一次旨在为第二语言习得提供解释的理论。

第一节 中介语理论产生的历史背景

语言学角度的二语习得研究通常分为三个阶段:对比分析,错误分析和中介语分析 (温伟力, 2010)。事实上,对比分析和错误分析都是中介语理论早期的研究方法。Carl James（2001）认为中介语有三种范式，即对母语系统和目标语系统进行比较的对比分析；把对中介语系统和目标语系统进行比较的错误分析；对母语系统和中介语系统进行比较的迁移分析。

一　对比分析

对比分析由 Lado 于 1957 年提出，用以探究外语学习者母语对外语学习过程的影响。根据该理论，二语学习者的语言错误是由其母语和目标语之间的差异造成的。与学习者母语相似的成分对他来说是简单的；与其母语相异的成分对他来说是困难的。该理论有强式和弱式两种。强式认为，母语和目标语之间的差异能用来预测学习者可能出现的所有错误；弱式认为，这些差异只能用来辨认学习者实际出现的部分错误（Ellis，1999：295）。这一理论的含义是：（1）我们可以对学习者的母语和目标语进行对比；（2）根据对比分析中的差异，我们可以预测会引起困难的语言项目和可能犯的错误；（3）我们可以利用这些预测来决定外语课程和教材中哪些项目应进行特殊处理；（4）对这些特殊的项目，我们可利用强化手段（如重复和操练）来克服母语干扰，建立新习惯（戴炜栋、束定芳，1994）。

对比分析的初衷是试图以行为主义心理学和结构主义语言学作为理论支撑，来解决第二语言学习与第二语言教学中的问题。即语言学家们通过两种语言系统（L1 和 L2）的对比，找出相同点与不同点，语言教师便依据这些不同点来预测学习者的难点，并据此来编写教学大纲和教材。但是后来的教学研究和实践证明这种语言对比方法并不成功。一方面因为对比分析揭示的语言差异并不能很准确预测语言学习错误；另一方面，两种语言对比的可行性也值得怀疑；另外在教学实践中也并没起到预期的效果。因此 70 年代初，对比分析遭到激烈的批评。首先是其理论基础——行为主义学习理论受到抨击。行为主义心理学认为人类语言学习和动物的学习一样是一种刺激引起的反应，可以通过反复的刺激（S）—反应（R）形成一套语言习惯，在此过程中，旧的习惯（母语知识）必然会对新的习惯（目标语知识）的学习产生影响。母语与目标语相似之处会促进目标语的学习，相异之处会对学习带来困难。差异越大，困难越大。原有知识对新知识学习产生的影响叫作"迁移"（transfer），可分为促进新知识学习的正迁移和阻碍新知识学习的负迁移。外语错误是学习者母语习惯负迁移的结果。言语行为可以通过机械操练塑造，错误的言语习惯一旦形成，就很难纠正，所以主张在教学中尽量避免错误的发生，有错必纠。以乔姆斯基为代表的心灵学派认为，行为主义研究所依据的动物学习行为不能用来解释人类的语言学习。刺激—反应理论以及模仿与强化的概念无法解释人类语言学习的复杂性和创造性。语言学习并不是一个从刺激到反应这样一个反复模仿、操练、巩固的习惯形成过程，而是一个创造性的假设验证（hypothesis testing）过程。在这个过程中，学习者不断根据输入的语言材料对语言规则提出假设，并通过验证对这些规则提出修正、补充和完善（杨连瑞，1996）其次，其强式弱式说也受到批判。其强式说把语言的"差异"（difference）等同于学习的"难点"（difficulty），认为学习的难点必然导致语言表达的"错误"（error）。但是，语言的差异是语言学上的概念，学习的难点则是心理学上的概念，前者并不能直接推测后者。教学实践也证明，依据对比分析确认的难点事实上并不完全导致错误的产生。另外对比范畴的分类问题。对比只能在同一范畴内进行，但是在两种语言系统分类范畴或表层结构中寻求普遍一致性是不现实的。即使是表层结构看起来对等的两个句子，其交际功能也很难一致。因此，系统的对比面临分类范畴不一致的问题。对比范畴缺乏一致性就不可能进行科学的对比。尽管对比分析受到普遍批评，Selinker 本人对这一研究方法却并未完全抛弃。他认为，对比研究可以作为中介语研究的起点，这也是他本人的实验研究的基础。他的对比是将学习者的母语、目的语和中介语三个系统放在同一个理论框架中，这与传统的对比分析有所不同。

对比分析理论的问题用一句话说就是它太简单、局限性太大（Eliss, 1999: 309），试图用简单的语言学的方法去解决复杂的心理学的问题。二语习得涉及学习的主体和客体的诸多方面，对比分析只局限于语言系统的对比，忽略了作为学习主体的学习者和作为学习客体的学习过程。（王建勤，2000）。

二 错误分析

由于 CA 并不能预测学习者的全部错误，人们发现，有必要对学习者的错误进行系统分析研究，以确定其错误的来源，为在教学过程中消除这些错误提供依据，因此错误分析产生了。Pit Corder 1967 年发表了论文

"The Significance of Learners' Errors"（《学习者错误之重要意义》），提出了错误分析的概念并指出对学习者的错误进行分析的作用。(1) 教师通过对学生的错误进行系统分析，便可发现其在向目标语接近的过程中已到达了哪个阶段，还剩下多少需要继续学习的内容；(2) 向研究者们提供学习者如何学习或习得语言的证据；了解其在学习过程中所使用的学习策略和步骤；(3) 错误分析对学习者本人也必不可少，因为我们可以认为犯错误是学习者为了习得而使用的一种学习手段；它是学习者用来检验其对所学语言的本质的假设的一种方法。EA 的心理学基础是认知理论，其基本假设之一就是人脑中有一种处理语言知识的特殊机制，EA 的主要目标之一就是要揭示普遍语法在多大程度上影响第二语言习得过程。EA 的一般步骤是：(1) 选择语料；(2) 确认错误（区别 lapse 和 error）；(3) 对错误进行分类；(4) 解释（解释错误产生的原因）；(5) 评价（主要为教学服务）。EA 研究的最大贡献在于：(1) 使人们对 CA 的价值进行重新评价，认识到了 CA 研究对实际外语教学有一定的局限性；(2) 使人们改变了对错误本质的认识，把 error 从需要避免，需要纠正的地位提高到了作为认识语言学习内部过程的向导的地位；(3) 形成了一套颇为有效的错误分析方法和程序。目前 EA 已成为 SLA 研究（Second Language Acquisition）中一个重要的组成部分。EA 也有其局限性，主要表现在：(1) Error 的定义和区分标准难以确定。error 被定义为因对某种语言规则的无知而出现的语言使用上的偏差，但该定义很难解释语用错误和学习者的交际策略，如 paraphrase、coinage、borrowing、avoidance（避免交际）等的现象。(2) Error 的分类缺少统一的标准。现有的 intralingual（语内）和 interlingual（语际）两种分类不能包括所有错误，这直接影响对 error 原因的解释（Ellis，1999：51-54；戴炜栋、束定芳，1994）。

由于对比分析和错误分析都存在诸多问题，人们呼吁一种新的关注学习者和学习过程的新理论，中介语理论应运而生。对比分析的研究对象是学习者的母语和目的语的对比，错误分析的研究对象是学习者的中介语和目的语的对比，二者都忽视了学习者自身。中介语理论则把目光投向学习者特有的语言系统，并将其作为一个独立的与学习者的母语和目的语系统并列的系统来考察。也就是说，中介语研究不仅要考察学习者的母语和目的语系统，还要考察学习者的中介语系统，考察学习者自身及习得过程，这标志着第二语言习得研究方向的根本转变（王建勤，2000）。

第二节 中介语的特点

中介语这种独特的语言体系主要有以下三个特点：（1）可渗透性。在任何阶段，构成学习者语言知识的规则不是固定不变的，而是开放的可以修改的。这也是任何自然语言的特征。新的语言规则随着新的语言输入不断地渗入学习者的中介语中。按照 Adjemian 的观点，中介语的可渗透性特征主要表现为母语规则向中介语系统的渗透，以及目的语规则的泛化（Adjemian，1976）。二语习得者通过不断吸收和内化新的语言形式，修正旧的规则，建立新的规则，修正错误的语言规则，不断丰富，完善自己的中介语，使其逐步接近目标语，停止新的语言输入就会形成中介语的石化现象。（2）动态性。中介语的动态性指的是中介语始终处于不断变化之中。这种变化不是从一个阶段跳到下一个阶段，而是不断修正自己的内在系统以同化对目标语所作的假设。二语习得过程是一个假设验证 hypothesis testing 的过程，在此过程中，学习者不断地运用自己的中介语，将自己对于第二语言的假设进行检验和证实。中介语时刻处于这种动态发展之中，这种发展不是线性的，而是曲折的，有倒退的，在某些情况下学习者的语言运用能力有可能退回到低一层次。但总的来说，发展的趋势是不断前进的，不断地完善丰富，并日趋接近目标语的。中介语的可变性体现在两个方面：一是中介语是不断发展变化的，因为学习者由于语言水平不同，对同一个语言特征或概念会用不同的变体表达，这种语言的变异受语言因素（语言环境和母语迁移）、发展因素（目的语水平等）、场景因素（语体、任务、说话对象等）、心理语言因素（语言学能、学习风格、动机等）等多种因素的制约。二是中介语的发展是分阶段的，Brown（1987）将中介语发展分为四个阶段：①无规律语言错误阶段（random error）。此时学习者缺乏目标语的系统知识，所犯错误毫无规律。②突生阶段（emergent stage）。二语习得者掌握了一定的目标语规则，但不够稳定，语言应用能力经常倒退到低一级层次。③系统形成阶段（systematic stage）。语言输出较接近目标语的规则。④稳定阶段（stabilization stage）。基本掌握了目标语。（3）系统性。中介语尽管存在着各种变体，学习者对目标语的使用在本质上却是有一定规则的，可以检测的。他不会贸然从自己已掌握的中介语中做出选择，而是带着一定的推断。他对中介语的使用基于已有的语言规则体系,这和母语者在使用语言基于自己已内化的母语知识体系非常相似。中介语在任何一个阶段都呈现出较强的系统性与内部一致性,具备一套独特的语音,语法和词汇规则。学习者是基于这套自己建立起来的规则体系,运用目标语从事各种交际活动。二语习得者在中介语的各个阶段,其语言运用能力,所犯错误等都是可以预见的(Ellis,1999:50-51;于海军,2007)。

第三节　中介语形成过程的认知解释

中介语这一概念自提出后引起了二语习得研究领域的大量关注,尤其对它的形成过程成为研究的重点之一。由于对中介语的理解模式不同,对其形成过程的解释模式和因素分析也不相同。目前,国外对中介语形成过程的解释模式主要有四种:Selinker 的"规则组合"(rule combination)模式,Adjemian 的"渗透"模式,以及 White 的"参数设置"模式。国内主要有三种模式:温伟力的空间整合模式,张望发、柳英绿的空间合成模式。本节对以上各模式分别作简要介绍。

一　Selinker 的"规则组合"模式

按照 Bialystok 的看法,Selinker 把中介语看作一个单一的语言系统,该系统是通过语言迁移,目的语规则泛化,训练造成的迁移,学习策略与交际策略等五个不同的心理过程构建的。认为语言迁移和目的语规则泛化是中介语产生的重要根源。训练造成的迁移、学习策略与交际策略是造成中介语产生的主要原因。语言迁移是中介语产生的重要根源。该模式中的"L1 规则"是指具有母语特征的中介语规则,由语言迁移造成。首先,母语与目的语的相互作用构成了"跨语言情境"(interlingual situation),这为母语规则的迁移提供了前提条件。其次,"语际识别"(interlingual identification)为母语迁移创造了必要条件。按照这种理论,当母语与目的语的某些特征相似时,学习者会把两者等同,也就是说学习者会跨越两种语言的限制去进行比较和识别。法国人说英语时把英语的卷舌音发成法语的小舌音/r/;英国人说法语常把这个小舌音发成英语的卷舌音/r/。母语为"中心词居首"的学习者常常说"我吃饭在五道口"。这些例子说明,当两种语言规则相似时,学习者就会运用母语的规则来处理目的语信息。

由于这种"语际识别",便产生了"语际迁移"(interlingual transfer),这种迁移是通过选择的方式进行的,某些母语结构和过程比其他结构和过程迁移的可能性更大。"规则组合"模式中"L2 规则"是指带有目的语特征的中介语规则。这些规则的形成与学习者目的语规则泛化相关。语言迁移不可能是中介语产生的唯一根源,学习者语言系统中存在的"非母语结构"(non-L_1-like structure)。许多研究也表明,语言迁移形成的中介语规则只占30%左右。大量的中介语规则(85%,Dulay and Burt,1973、1974)是由于目的语规则的泛化造成的,这些规则的许多特征与儿童习得同一母语的特征相似,不同母语背景的学习者享有共同的泛化现象。例如,无论是英语儿童还是第二语言学习者,在学习英语过去时都会出现泛化现象;不同母语背景的第二语言学习者也会出现同样的泛化现象。这是因为:第一,英语儿童与第二语言学习者在习得过程中,都是在运用以前学过的规则和策略来解决和处理新情境中的新情况,如把表示过去时的动词加后缀-ed 的规则推而广之。这种泛化是学习者特定的学习策略与目的语相互作用的结果(J. Richards,1974)。学习者在接触目的语时似乎普遍运用这些策略。第二,这种现象表明,学习者在学习某一特定规则时,并不是遵循母语的语法规则,而是他已知的目的语规则,因而构成了带有目的语特征的中介语规则。除了以上两种规则之外,还有一些"其他规则",至少包括三个部分:一是 Selinker 提出的其他三个中心过程,即训练造成的迁移、学习策略和交际策略。由训练造成的迁移也是中介语产生的根源之一,因为这种迁移既不同于母语迁移,也不同于目的语规则泛化。学习策略和交际策略在很大程度上影响着学习者的中介语系统的表层结构。二是 Nemser 提出的中介语系统的"自主"(autonomy of IL systems)部分。Nemser(1971)在谈到中介语在结构上的独立性时指出,在中介语系统中存在些"非母语因素的言语"(non-native-speech of elements),它们"来历不明",既不能直接归因于"源语言",也不能直接归因于目的语的影响,因而是"自主"的。这是学习者对中介语规则与目的语规则进行不同的"语际识别"的结果。有时候源自学习者已有的中介语规则与一些"自主"规则的相结合。三是 Corder(1983)提出的来自普遍语法的"简单代码"(simple code)。这种观点所基于的事实是,第二语言学习者已经掌握了一种语言,有语言学习的经历,但第二语言语法在初期极为简单,如没有形态标志,没有系动词和冠词,语序相对固定等,类似一种简单代码。这种具有两个特征：一是与洋泾浜的结构非常相似；二是与儿童习得母语的初期语言结构相似。像 This++car; No look my card 这样的例子，在儿童习得母语和成人学习英语的初期语法中普遍存在。这种简单代码的产生，在 Corder 看来，是第二语言学习者向其母语发展的初级阶段"回归"的缘故，因为他们在母语习得初期经历过这种简单代码阶段。这种简单代码是最基本的，因此可以说是在向"普遍语法"回归，实际上表明了普遍语法对简单代码的制约作用。这种受普遍语法制约的简单代码显然不同于学习者母语和目的语这两种复杂而又完善的代码，因而也就不同于母语和目的语所生成的中介语规则。所以简单代码也是中介语产生的根源之一。

二 Adjemian 的"渗透"模式

"渗透"（permeability）模式是由学习者的母语系统及"基于目的语的发展系统"（the developing L_2-based system），即中介语系统构成的。这个"发展系统"包括目的语规则和准目的语规则。母语系统不断地向这个中介语系统"渗透"，同时目的语通过规则泛化及扭曲向中介语进行渗透。因此是一种双向渗透模式，中介语处于中间，母语与目的语处于渗透的两端。从性质上看，母语的渗透是语际间的，而目的语的渗透是语内的。母语与目的语是中介语产生的两个基本根源。这种渗透性是中介语区别于其他自然语言系统的特征之一，体现了中介语系统的可塑性。Adjemian 把这种"双向渗透"模式用图 1-1 表示：

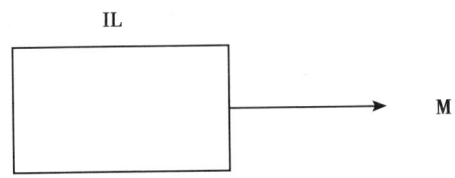

图 1-1 中介语的语义表达

图 1-1 中的方框代表中介语的内在系统。假定这个系统很容易生成表达语义 M 的字符串。但由于这个系统缺少必需的规则表达语义 N，学习者在必须表达语义 N 时，就出现了来自母语规则向中介语的渗透现象，如图 1-2（a）所示。方框的缺口表示母语规则的"侵入"。目的语规则

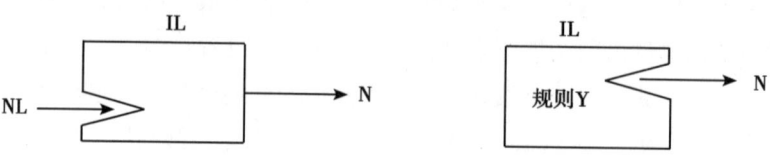

图1-2(a)　母语迁移(NL)　　图1-2(b)　目的语规则泛化或中介语规则
的其他调整

向中介语的渗透不是通过规则的"侵入",而是规则的扭曲和变形,使之既不同于母语规则,也不完全相同于目的语规则。因此,中介语系统必须进行某种调整以容纳学习者的特定的中介语形式。如图1-2(b)所示。王建勤(1994)把上述模式作了如下修正(见图1-3)。

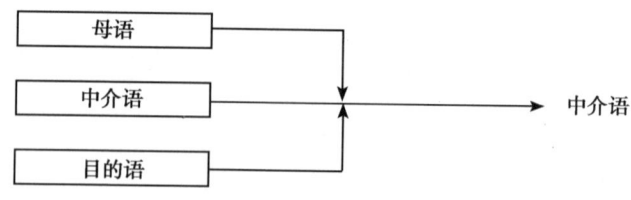

图1-3　双向渗透模式

这种双向渗透模式表明了中介语产生的两个基本根源,这与Adjemian的模式中母语和目的语是以分立的方式向中介语渗透有所不同。

三　White的"参数设置"模式

该模式的理论来源是Chomsky的"管约理论"(GB)。按照这种理论,普遍语法主要是由一些固定的规则和"参数"(有限的"值")构成的。当学习者习得母语时,来自母语的输入便"引发"所学母语的一系列参数设置,这些母语参数设置经过"参数重设"(parameter resettings)也可以运用到第二语言学习过程,母语参数设置是中介语语法的一部分。这种观点反映了他对中介语产生过程与根源的基本看法,即中介语的产生过程其实就是第二语言参数重设的过程。第二语言某些参数重设是按照母语参数的"内在设置"(built-in setting)进行的,原则是普遍的,母语与目的语只是参数的不同。因此,有时候中介语语法表现出母语参数设置的某些特征。比如,"我吃饭在五道口"这个例子,就反映了说英语的留学生在"中心词位置"（head-position）这一参数的设置上，遵循其母语"中心词居首"（head-initial）的参数设置规则。而汉语在这个参数的设置上是"中心词居后，（head-final）"。White 对这个问题的看法，表明了中介语产生的内在根源，即语言迁移。但他对语言迁移的解释，并不像对比分析那样仅仅考察两种语言的表层结构的异同。他认为，如果两种语言（L1 和 L2）享有一个共同的参数，就会导致正迁移，如果参数设置不同，有些形式就会出现负迁移，学习者就面临着参数重设的问题。迁移涉及各种不同的层面而不仅仅是表层结构。由于普遍语法包括很多参数，很可能这些参数都需要重新设置，但不可能同时进行。各种参数的相互作用便会使中介语产生一些既不同于母语也不同于目的语的规则。这部分规则既包括目的语规则泛化，也包括 Selinker 模式中"其他规则"部分。

四　Corder 的假设检验模式

假设检验模式认为，学习者根据所接受的语言输入对目标语的结构特点形成假设，从而建立一套假设的语法，然后在语言输入和产出过程中不断检验该语法体系。如果学习者对语言的理解正确，并且其语言的产出没有受到他人的批评和误解，则该假设得到确认和加强；相反，如果他们对语言的理解有误，并且其语言的产出导致交际失败，被他人纠正，则该假设被推翻，此时学习者如果有足够的学习动机，就会重新建构他们的假设。Sharwood Smith（1994）曾对这一过程做过进一步描述。当学习者接触到语言输入时，其内在的作为系统生成器的习得机制便对输入信息进行加工，从而建立"过渡的规则系统"。当新的规则信息与目前的过渡系统不一致时，这种新的规则信息便反馈给系统生成器，学习者的内在习得机制便像一个"小语言学家"一样引导过渡系统规则的更新。比如，当学习者接触到动词过去时的规则形式 walked、pulled 时，系统生成器便生成一个动词过去时的规则，即动词+ed，这一规则便进入过渡系统。当学习者运用该规则时，不仅会生成 walked 这种形式而且还会生成 runned 这种所谓"错误"的形式。随着新的语言输入的增加，学习者不断地接触到 ran 这种形式，此时系统生成器便将这两种形式（runned，ran）进行比较，当发现 runned 这种形式与输入的形式不一致时，便会生成一个例外的规则，runned 这种过渡规则便会消失。由此可以看出，当学习者接触到新规则后，便会形成关于规则的假设，当出现例外时，学习者便会对原有假设进行检验，修改原有的假设，建立正确的规则假设。这就是过渡系统的构建过程。Corder 的观点揭示了学习者构建过渡系统的操作过程及学习策略，阐明了学习者语言系统的动态过程和过渡性特征。Corder 的这一假设成为支撑早期中介语理论的一个基本观点。

以上对中介语形成过程的解释模式给本研究带来一定启发。本研究基于以上模式，结合语言学和认知心理学，提出了补缺法这一方法论。该方法论借鉴认知心理学的相关理论，力图将其和二语习得、认知语言学、系统功能语言学、心理语言学等相关理论恰当融合，来探究中介语建构过程。

语言是一个符号系统，它是对世界的编码方式，各种语言的不同，体现在它们对世界的编码方式不同。因此，学习一种语言，就是学习该语言对世界的编码方式，包括建立该语言的符号系统，意义系统，建立语感，最终能创造性地使用该目标语，亦即能用其进行思维并自由成功地进行交际。这是一个认知参与的内化过程（internalization），在此过程中，学习者形成了自己的中介语。中介语是一语体系向二语体系调整过程中的产物，二语习得过程就是学习者形成自己中介语的过程。中介语是在母语和二语的共同影响下，在二语输入和输出的过程中由学习者积极主动建构的。在中介语的建构过程中，学习者通过对一语、二语及中介语三个语言系统内相关语码参数的比较，发现自己中介语语码系统中所缺乏的以及不正确的部分，并对这些参数不断进行增设、补充、调整，使其和目标语系统相一致。此处的语码参数指具体的语言项目，包括词汇、语法、语用等方面。一定的参数存储于对应的参位，参位指参数存储的位置，它是按照范畴和图式原则设立的。语码参数有实位参数和空位参数之分，前者指学习者中介语系统中业已存在的语言项目，后者指学习者中介语系统中所空缺的语言项目。对于实位参数，缺乏的要进行补充，错误的要进行调整；对于空位参数，要另行设定，即增设。然后要不断通过语言输入及输出，使建构好的各项参数变为恒定参数，进入长期记忆存储起来。因此学习者中介语发展其实就是一个不断"补缺"的过程。由此可见，二语习得过程实质就是学习者形成中介语的过程，这一过程是通过不断"补缺"来进行的。学习者通过语言输入及输出，找出自己中介语语码系统中所缺乏的以及不正确的部分，对这些参数不断进行增设、补充、调整，并使建构好各项参数变为恒定参数,从而建构自己的中介语系统。这一过程包括比较、选择、建构和验证四个步骤。这就是"二语习得补缺法"。简言之,中介语的发展是一个学习者积极主动建构的过程,建构过程是通过不断的补缺来进行的,补缺的本质就是中介语参数的变动。补缺法过程图示如下(见图1-4)。

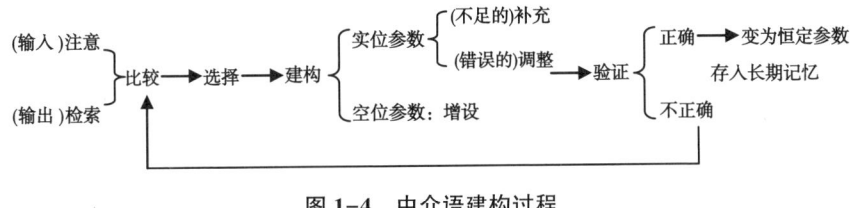

图 1-4　中介语建构过程

从图 1-4 可以看出,中介语参数的补缺过程主要分为比较、选择、建构、验证四个过程。

第二章 二语习得的认知视角

第一节 信息加工视角

信息加工心理学的方法论认为，人脑是一个信息加工系统，能够对诸如记号、标志、语言文字以及它们所描述的事物、现象、规律、理论等符号或符号系统进行一系列的信息加工与处理，对表征信息的物理符号进行输入、编码、储存、提取、复制和传递（刘霞、潘晓良，1997）。信息加工的观点认为学习是新旧知识发生相互作用的过程，即认知结构中新旧知识的同化过程，同化的结果是原有知识结构的不断分化与整合，已有的知识直接影响学生学习。这一过程是通过主动加工信息和构建意义来进行的。外界输入进入大脑后，经过一定的认知加工和存储结构的转换，也就是与头脑中原有的知识和经验进行分析、比较、识别，决定最佳匹配，最终进入长时记忆，成为知识的一部分。由此可见，学习过程也就是认知结构的组织与重新组织、变化与发展的过程。学习不在于被动地形成刺激—反应联结，而在于主动地形成认知结构，这一过程是一个主动的、有目的、有策略的信息加工过程。因为"大脑并不是被动的讯息消费者，我们认知系统中的记忆和讯息处理策略与来自环境的感觉讯息互动，将经选择注意的讯息和记忆联结，并且赋予意义"（维特罗克；转引自郑丽玉，1999）。

信息加工心理学认为知识就是个体通过与其环境相互作用后获得的信息及其组织。储存于个体内的是个体的知识；储存于个体之外的，即为人类的知识（邵瑞珍，1997）。知识可分为陈述性知识和程序性知识。陈述性知识是用于回答"世界是什么"的知识，是个人具有有意识的提取线索，因而能直接陈述的知识，通过感觉、知觉、记忆等心理活动获得。程序性知识则是用于回答"怎么办"的问题的知识，是"个人无有意识的提取线索，因而只能借助某种活动形式间接推测出来的知识"（皮连生，1997）。语言知识属于陈述性知识，语言的使用则属于程序性知识。程序性知识的运用过程包含着对陈述性知识的使用、加工和改进，这有利于使陈述性知识更加完善和精练［安德森（J. R. Anderson，1987；转引自丁家永，1998）］。

语言是一个信息系统。信息的生成与理解的过程就是人在大脑中对信息进行加工处理的过程。掌握一种语言就是在大脑中形成相应的信息系统，理解一种语言就是在大脑语言信息系统中加工语言输入的过程（曹志希等，2006）。所以，信息加工理论可以用于语言研究上。人脑就是一个信息加工系统，而人类的心智过程，包括语言可以看作一个信息加工过程。语言研究涉及存储、记忆、输入、中央处理以及输出等过程，包括在输入过程中是怎样对语言进行加工的，在中央处理时，语言又是怎样表征的，也就是说语言是以什么样的心理模型存储在大脑中，这样表征的理由何在，同时表征系统是怎样影响语言的输出。信息处理有串行处理（serial processing）和并行处理（parallel processing）两种基本模型。

信息加工理论也被用于二语习得研究，二语习得理论就是以信息处理理论为主导发展起来的（Gass & Mackey，2007）。二语习得是一个十分复杂的过程，其中至少包含了认知语言学所讨论的人类的一般认知过程，如记忆、推理和语义理解等。例如，在（二语）语法性判断中，学习者很显然要经历范畴化的认知过程。语言也是一种信息，任何外部信息进入大脑都必须通过一系列的心理机制进行编码和存储，以便记忆和提取。从这个意义上说，语言习得也是一个信息处理的认知过程，其最终结果是长时记忆（long-term memory）（杨烈祥，2007）。信息处理理论指出，语言习得是发生在学习者大脑中的语言表征、加工、重组和提取的过程。学习者接收到语言输入后，在大脑产生语言表征、把输入转化为吸收并作为陈述性知识储存起来，形成语言假设；然后通过接收新的语言输入来检验或修正已有的语言假设，巩固或重组已有的语言表征，使大脑中的知识体系发生变化，习得发生；陈述性知识经过不断练习转化为程序性知识，为语言输出做好准备；大脑对语言加工越深，习得越好，语言使用或输出的速度越快。二语学习的目的就是将控制化的信息处理转化为自动化的信息处理，这种转化需要通过大量练习对信息加以强化。信息加工理论的二语习得研究主要有以下三种模式。

一 Skehen 的信息加工模式

Skehen（1992）认为二语的学习过程分为三个阶段：第二语言输入，大脑中的第二语言加工和第二语言输出。在输入阶段，"注意"至关重要，只有被学习者注意到语言信息才可能被吸收。信息加工认知心理学认为，注意是一种有限的心理资源，具有选择信息的功能。大脑不可能加工所有外界信息，而只选择那些被注意到的信息进行加工。注意是由感觉登记向知觉分析转化再由知觉分析向信息储存转化的重要条件。也就是说，注意不仅具有选择功能，还具有储存信息的功能，凡是主体加以注意的信息都可以在人脑中进一步加工而储存，使它变为某种更加持久的形式，不加注意的信息很快就会消退。大脑的加工处理阶段包括两种类型的记忆，即工作记忆与长时记忆。工作记忆受学习者对任务的意识、个人处理能力差异等因素的影响。学习者对任务信息给予的意识越多，对信息的了解越清晰，工作记忆越高效。长时记忆有三种：基于分析的记忆、基于记忆的记忆和普遍图示记忆。基于分析的记忆类似于信息处理理论中的控制化的信息处理过程；基于记忆的记忆类似于自动化的信息处理过程；普遍图示记忆是指人们生活在特定的生活环境中，后天习得的对这个世界实物的认识。在输出阶段，Skehen 主要引用了 Schmidt 提出的关于流畅表达的心理机制的观点，即加速模式、重组模式和例证模式。加速模式强调反复练习，从而达到自动输出的程度。重组模式要求学习者在已有知识的基础上归纳出普遍规律（语法），并据此演绎出更多的类似结构的句子，这可以提高二语学习者的语言能力。例证模式认为，反复练习或归纳可以达到流畅的效果，再基于已有规律（语法）衍生出新的规律（语法），经过如此过程便可逐渐习得一门语言，这可以提升学习者的语言知识。

二 Gass 的信息加工模式

Gass（1988）提出了一个研究二语习得的信息加工模式，包括六个阶段：第二语言输入、被注意的输入、被理解的输入、摄入、融合和第二语言的输出。Gass 指出，从输入到吸收，中间还分两个阶段：被注意的输入和被理解的输入。也就是说，只有当输入的信息被注意并且被理解后才能成为吸收。对于输入信息的加工不仅用于语言的理解和产出，而且可能引起长时记忆中的知识体系（中介语体系）发生变化，而这一知识体系正是用于语言输出的基础。从输入到吸收阶段，注意力起着重要作用。它决定了输入中的哪一部分将得到进一步加工，进而才有可能引起中介语体系发生变化。注意力与意识（consciousness）密切相关，是通向意识的大门。作为注意（noticing）这一含义理解的意识是学习的必要条件。二语习得的认知理论认为，学习第二语言在本质上与学习其他东西是相同的。根据注意力容量模型，人的有意识的认知加工资源是有限的，通过注意力分配给不同的任务。达到自动化加工的信息不占用认知加工资源，超越了注意力的控制；加工不熟悉的信息要占用有限的认知加工资源，所以必须以注意为前提。Gass（1998）指出，对输入可以有不同程度的理解，有的只需理解大意，有的则需要分析语言形式，只有后一种理解的输入才能成为吸收。比如，在采用自上向下的加工方式阅读文章时，学习者不需要理解每个词的意思，也可以理解文章大意。此时，词并没有成为被理解的输入，也就不可能习得。被学习者吸收的语言输入只有被整合后，才会成为学习者隐性知识的一部分进入中介语体系，储存在长时记忆中，需要经过提取才能用于输出。这一过程分为三个阶段：（1）编码，指将原始的输入信息转换成适于储存的形式；（2）储存，指信息以经过高度组织的形式得以保存，以便提取；（3）提取，指从记忆中提取信息用于输出。这三个过程相互关联，有效的编码有利于记忆储存，而有效的储存又能提高提取的效率。

三　McLaughlin 的信息加工模式

信息加工模式认为，二语习得就是建立可以自动化利用的知识体系。首先，学习者对将要说和理解的语言形式予以注意；然后，随着经验和练习的不断增加，学习者能够自动化地使用语言知识。学习者处理信息的能力在既定时间内是有限的，可以通过技能常规化和重构将其增大，学习涉及把任务从受控制的处理变为自动化处理。二语习得过程中，学习者不断增加可用于自动化处理的语块，这引起中介语量的改变。同时通过重构使中介语发生质的改变。McLaughlin（1978b，1980，1987）认为语言学习是一个控制的、自动的加工过程，其中有两个关键的加工，即自动加工（automaticity）和重新构建（restructuring）。人的记忆是各种节点（node）集合而构成的记忆网，每个节点都是一类信息的集。大多数的节点以静止状态存储于长时记忆中，当受到外部语言输入的刺激时，最近节点会被自动激活，而后扩散到相应的节点，这就是信息的自动加工。重建是指通过学习使得原有语言知识发生改变，成为一种新的内在的知识表征。McLaughlin（1990）认为，在母语习得中，儿童语言从一个阶段发展到另一个阶段，发生不连续的或者大量的改变，这都是通过重建进行的。每一个新阶段都包含新的内部结构的调整，而不仅仅是增添新的结构元素。在重建过程中，学习者设立新框架来储存新知识，归并旧知识，对既有的知识体系不断进行再加工，再创造，以获得新的意义和新的理解，这是主动建构的过程。练习对重建有重要作用。二语习得过程中，把新信息融合进第二语言系统需要对已存在的系统进行调整，然后重建当前的知识系统并创建一个更新的二语语言系统。仅仅增加新结构并不构成重建。U型学习模式反映了语言使用的三个阶段。早期阶段，学习者产生了一些符合目标语规则的语言形式。第二阶段，学习者似乎丧失了第一阶段学习的知识。此阶段的语言行为偏离了目标语的规范。第三阶段与第一阶段相似，再次出现了正确的目标语语言系统中的用法。Lightbown（1983）曾调查了课堂环境中母语为法语的六年级、七年级、八年级英语学习者习得英语后缀-ing形式的情况。六年级学生描绘图片时产生的话语是 He is taking a cake。七年级对同一幅图片的典型回答是 He take a cake。这种知识水平的明显下降该如何解释？Lightbown 提出的假设认为，学习者最初仅接触到进行时态，因为在其英语知识范围内未搜索到与之相比较的形式，所以过度扩展了进行时的使用。当接触一般现在时后，他们不仅必须学习新形式，而且要调整关于进行时的知识，重新定义它的限制范围。这种混淆和调整以及对进行时的重建可以从语言的使用和精确度的下降上看出。随着时间的推移和语言使用的增加，学习者最终能够重建正确的第二语言知识并能够正确地使用进行时和一般现在时。

　　二语习得研究分为社会派和认知派，前者侧重语言学习的外部因素，后者侧重于探究语言在大脑中的处理过程。外部因素为语言学习提供了条件，但真正对外界语言输入的转化吸收还是在大脑内部进行的，因为语言是一个信息系统，人脑就是一个信息加工系统。所以从认知心理角度探究大脑对语言的处理过程应该成为二语习得的重点。本章介绍了三种主要的信息加工角度的二语习得模式，这有助于我们了解作为信息加工系统的大脑对语言表征、加工、重组和提取的过程，从而有助于推动二语习得研究向前发展。

第二节 联结主义视角

　　20 世纪初，美国心理学家桑代克提出"学习即联结，心即人的联结系统"，第一次从联结的视角对学习现象和行为进行了探究。当代联结主义理论基于心理学史中有关联结主义的思想观点，并受计算机科学、系统论、控制论、哲学等诸多学科的综合影响而产生，与桑代克所提出的联结主义不同，被称为新联结主义理论或认知心理学的联结主义理论（贾林祥，2004）。新联结主义又称平行分布处理（PDP）模式，用人工神经网络模拟大脑，人工神经网络具有人脑和神经系统的许多特点（Plunkett，1992）。该理论采取结构和功能模拟的方法（贾林祥，2004），在计算机上实现的模型由形似神经元的信息加工单位组成，信息节点将其联结起来，形成网络结构。该理论认为，人脑是由数量巨大的神经元构成的，这些神经元可并行运作处理信息，它们相互交织组成了一个复杂的神经网络。网络单元相互联结，都有不同的活性，可以相互兴奋和抑制。外界输入对网络形成的兴奋和抑制会在单元之间扩散，直到形成一个稳定的状态（葛鲁嘉，1994）。同时网络对信息的每一次加工和处理，都会不断巩固节点的积极联结。这些积极联结不断储存到网络记忆库中，从而可以跟后续输入进行模拟，不断修正网络的权重分布形式。知识不是储存在"库房"，而是储存在单元间的联结中，学习就是建立新的联结或改变联结的启动模式（叶浩生、贾林祥，2003）。认知过程类似于数字的处理过程，它按一定的程序指令输出信号序列，信息储存在神经网络单元通道的权重中，单元的激活依赖权重以及其他单元的活动。神经网络一般由三个层次组成：输入层（input layer）、内隐层（hidden layer）和输出层（output layer）。各层次单元彼此相互联结在一起。输入层接受输入的表征，输出层提供输出应有的表征，而内隐层则存储网络所学习到的知识表征。网络学习由输入层开始，此时该层面的单元接受刺激，某些单元被激活，这些被激活的单元再激活内隐层的相关单元，最后再激活输出层的单元。这个学习过程是一个调节网络中各单元的激活程度及单元之间的联结强度的过程（李平，2002）。上述网络活动过程中，每个单元有一个反映其当前激活等级的数值，只有当外界刺激数值达到或超过一定临界值时，才能激活与该单元有联结的单元。在处理信息时网络中多个神经元互相合作、同时启动，它们传递的不是符号信息而是数值。这些数值输入被神经元映射为数值输出。每个单元在某一特定时刻可能处在激活状态或抑制状态，同时它还可以激活或抑制其他单元，也可以被其他单元激活和抑制。各个神经单元之间存在大量的联结，这些联结的强度或权重在加工过程中不断进行调整（曾凯，2009）。各单元之间的联系因被激活而加强，或因不被激活而弱化（王初明，2001）。

按照PDP（parallel distributed processing）Group的理论，新联结主义有以下两个基本特点（Rumelhart，1986）：一是关于知识表征。认为知识是由分布在不同位置的单元互动形成某种关系来表征的，这是一种联系的动态的表征方法。二是关于学习。认为学习知识应当是学习分布表征的过程。只有与该项知识有关的单元都由适当的权重联系好了，该项知识的学习才算彻底完成了。也就是说，规则在整个过程中是"浮现"的，而不需要系统的明确表征。Betchtel（1991）也归纳了联结主义的三个基本特征：信息是通过基本单元来处理的；处理单元间是平行联系的，所有的单元可同时互相作用地完成它们的任务；单元间的联结具有权重。新联结主义的这些基本特征与传统的认知理论相比，有较强的"生理可理解性"（李平，2002）。相关概念都能在人脑中找到直接对应，因此PDP问世以来受到各个领域语言学家的广泛关注。PDP理论对解决非线性问题最大的贡献在于它对内隐层与其他层次之间的调节方法（或称算法）。其中最有影响的算法可是"反馈学习法"（back-propagation，简称BP算法）。按照BP算法，网络每次学习输入与输出的关系时，同时也受到网络提供的正确输出的指导。如果网络所产生的输出信号与指导信号有差别，那么这个差别的大小就会计算为网络的误差率。误差率然后反馈至网络，使相关的单元与单元之间的权值得到改变。这样不断改变的结果使网络能最后正确地产生所有的输出。在这个不断地调节过程中，单元间的权值及内隐层单元的激活能够最有效地反映输出与输入间的关系，从而有效地反映输入层单位间的内在关系（李平，2002）。

一　联结主义理论的学习观

新联结主义认为学习过程实际上是记忆的过程，即通过联结关系的一系列改变来记住信息加工启动的路径（程琪龙，2001）。记忆的内容不是所有的内容，而是联结。知识不是储存在"库房"，而是储存在单元间的联结中，学习就是建立新的联结或改变联结的启动模式（叶浩生、贾林祥，2003）。学习的过程就是不断调整和改变网络联系中权重的过程，而不是记忆抽象规则的过程。那些看似受规则支配的行为未必是规则在起作用（Ellis，1996）。

联结主义的学习观假设人类认知的各个部分之间是高度互动的；关于事件、概念和语言的知识广泛表征在人类认知系统中。它的基本假设是：（1）信息处理是通过大量简单单元的相互作用完成的，这些单元组织成网络，并进行处理；（2）学习是通过加强和弱化某一特定网络的相互联结，对输入中碰到的例子做出反应进行的；（3）学习的结果通常是一个似乎"知道"抽象规则的简单单元的网络，虽然规则本身只以跨整个网络而分布的联系强度的形式存在（Richard，Schmidt，2005：138）。联结主义所谓的学习就是对联结权重的适应性变化，通过联结权重的改变调节输入和输出之间的权重关系，降低误差水平，使输出符合期望。在此过程中，原来的联结消失而产生一种新的联结关系。因此，学习的过程就是不断调整网络的联结权重以获得期望输出的过程。权值是表达单元与单元之间联结的强度。权值越高，单元之间的联结就越强。一旦联结网络中相应的单元都由适当的权值联结妥当，知识的表达和学习的过程也就此结束（李平，2002；转引自曾凯，2009）。

二 联结主义和二语习得

联结主义重视学习者和学习环境的互动，认为"知识即联结"。学习者通过接触大量的语言输入而逐渐建立自己的语言知识，语言输入是最主要的语言知识来源。通过不断接收具体语境中的语言特征，学习者在大脑中为这些语言特征之间建立了越来越强的神经联系，最终一个语言特征会激活另外的语言特征。语言特征之间联系的强度会随着它们共同出现的频率的高低而加强或减弱。知识表征为错综复杂、相互联结的单元。信息处理涉及单元之间联结的激活，各单元间是平行联系的，所有单元同时互相作用来处理信息，单元间的联结具有权重。当两个单元之间的联结强度被修改时，学习就会发生。修改方式有三种：（1）发展新的联结；（2）去掉现存的联结；（3）修改现存联结的强度。信息输入导致单元之间联结强度的改变，学习在于根据语言输入刺激来修改单元之间的联结强度，直到这种联结和目标语母语者话语中的联结方式一致。与静态描述语言能力的普遍语法模式相比，联结论研究动态的语言习得过程，与现实中的语言习得和使用过程十分接近，似更适于解释二语习得（王初明，2001）。崔刚（2007）认为在解释语言处理的复杂性与高效性方面新联结主义比符号主义更具有优势。

语言学习的过程就是从语言材料中抽取特征的过程，学习者通过真实语言材料获取语言知识并储存于心理词典中。语言获得的过程是通过特征获得规则，而不是直接学习规则。特征的获得是通过一定的输入浮现出来的。浮现特征（emergent properties）揭示了语言知识的获得和语言材料之间的本质联系，即语言规则不是先天固有的，而是在语言获得过程中表现出自然浮现特征，这种浮现过程可以基于对大量输入语料的统计学习而获得。语言学习者接触到大量的语言输入，就会注意到其中反复出现的现象（regularities），能够据此抽绎出概率形式（probabilistic patterns），即具有一定概括性的规律。这些概率形式因反复被激活而逐步得到强化，语言习得因此而发生（王初明，2001）。浮现特征代表了人类获取知识并进行分类储存的认知能力（Rumelhart & McClelland 1986，Bates et al.，1998，MacWhinney，1999；转引自邢红兵，2009）。

联结主义模型认为语言学规则具有浮现特征，也就是说，联结主义网络通过单元的激活、抑制与联结等特征能够有效地表达语言行为，仿佛背后有语言学规则在支配，如英语过去时态模型产生的"U-形学习效应"。所谓"U-形学习效应"是指儿童在学习初期基本不犯语法错误，在中期犯大量错误，在后期逐步将错误消除。这种效应无法用规则来解释，因为在Rumelhart等人的联结主义网络中并无任何规则的表征，但网络却显现出规则的效应。可见，单一的联结主义机制既能反映儿童对规则过去式的掌握，也能反映其对不规则过去式的掌握，规则本身不需要在系统中明确表征，却通过网络学习浮现而出。这些浮现特征从联结主义的角度来看正是网络与学习材料之间相互作用的结果（邢红兵，2009）。

联结主义的学习理论还可以用来解释输入假说。根据该理论，只有语言输入略高于学习者现有水平才能使系统网络建立新的节点和权重成为可能。如果语言输入低于或等同于学习者现有水平，网络内的权重至多只能被巩固，而无法有数量上的增加，甚至不发生任何分布调整，这时学习就会处于停滞不前的状态。同时只有这种语言输入数量足够多，才能巩固新旧权重并最终建立节点之间合适的权重，从而完成语言项目的学习。

联结主义学习理论可以解释二语习得中的母语迁移现象。联结论解释学习过程的一个基本出发点,是联结网络根据已经储存的先前经历,对新输入的信息进行类比,然后做出反应。正是这种类比,母语迁移才会发生。学习者在习得二语之前大脑中已经存在母语体系,已建立起一整套联想形式。它既是学习外语可利用的"语料库",也是干扰二语学习的根源。母语中各种固定的概率形式随着母语的使用不断被激活、被强化。学习外语时,学习者总是不可避免地要将当前的二语习得任务跟先前的语言学习经历进行类比,外语中跟母语相似的成分容易激活已经顽固存在的母语型式,从而在母语结构类别的基础上建立二语结构类别,导致迁移;若迁移的型式不同,会阻碍第二语言的正确使用,造成学习困难,影响学习速度。具体说来,二语中有某些成分在母语中不存在,它们若在输入中反复出现便容易被掌握,若出现的概率小就难于掌握,若在输入中不出现就不可能掌握;对二语中无、但母语中存在的语言成分,若出现干扰,不予纠正便难以消除。总之,母语的影响是二语习得的一个最重要的特征(王初明,2001)。

第三节 建构主义视角

建构主义源于20世纪60年代初瑞士儿童心理学家皮亚杰的认知发展理论、维果茨基的社会心理学理论以及布罗纳的发现学习理论(侯万春,2000)。建构主义理论认为,学习就是个体与环境相互作用来建构认知图式(认知结构)的过程,这一建构过程包括同化(assimilation)和顺应(accommodation)两个方面。同化是指学习者吸收外部信息并将其结合到自己已有的认知结构中,即把外界刺激所提供的信息整合到自己原有认知结构内的过程;顺应是指外部环境发生变化,而原有认知结构无法同化新环境提供的信息时,学习者认知结构发生重组与改造的过程,即个体调整原有认知结构,以使其同外界刺激所提供的信息相适应的过程。同化和顺应的过程是动态的平衡(皮亚杰,1977),机体的内部是开放的系统,它同化相同的知识结构,而对新的经验和信息产生不安和不平衡,迫使自我顺应以得到认知平衡。认知个体(儿童)就是通过同化与顺应这两种形式来达到与周围环境的平衡:当儿童能用现有图式去同化新信息时,他是处于一种平衡的认知状态;而当现有图式不能同化新信息时,平衡即被破坏，而修改或创造新图式（即顺应）的过程就是寻找新的平衡的过程。儿童的认知结构就是通过同化与顺应过程逐步建构起来，并在"平衡—不平衡—新的平衡"的循环中得到不断的丰富、提高和发展（胡建伟，2004）。同化和顺应过程相互补充，相互影响，相互作用，形成了人对客观世界的认识过程，也就是所谓的知识的建构过程（俞理明、郭鸿杰，2003）。

建构主义理论强调学习者的主体地位，认为知识是由学习者积极主动建构的。学习就是以已有知识和经验为基础，利用各种资源，通过和外界环境互动，使学习者原有的知识结构发生改变的过程。学习者的经验、需要、兴趣和志向对学习至关重要。建构主义学习具有以下特点：第一，学习是一个积极主动的建构过程，学习者不是被动地接受外在信息，而是主动地根据先前认知结构注意和有选择地知觉外在信息，建构当前事物的意义（肖川，1998：2）。也就是说，认识并非主体对于客观存在的简单的、被动的反映，而是一个主动的、不断深化的建构过程，所有的知识意义都是通过内在表征过程主动建构出来的。学习者依据经验来创造意义，在活动中不断地修正自己内部的心理结构，当新的经验改变了学习者现有的心理结构时，建构学习就发生了。第二，这种建构过程是双向性的，主体已有的知识、经验（包括社会文化）有着特别重要的作用。"学习是学习者在当前的或原有的知识体系的基础上建构新的思想的积极主动的过程"（Bruner，1990）。一方面，通过使用先前知识，学习者建构当前事物的意义，以超越所给的信息；另一方面，被利用的先前知识不是从记忆中原封不动地提取，而是本身也要根据具体实例的变异性而受到重新建构。所有知识意义是随着学习环境的变化而处于不断发展之中。第三，学习者的建构是多元化的，每个学习者对事物意义的建构将是不同的（詹朋朋，2001；丁家永，2000；叶增编，2007）。

根据建构主义观点，学习者对新的语言能力的获得实际上是一个主动建构的过程。建构一方面是对新信息的意义建构，同时又包含对原有经验的改造和重组。学习者通过同化、顺应等认知过程来处理语言输入，把其转化为吸收，建构一个新的中介语知识结构。该结构由新的输入和原有知识结构相互作用，重新建构形成，具有整体性、转换性和自身调整性（皮亚杰，1984：2）。首先，这个新结构不是新旧知识的简单相加，而是一个整体。任何输入都会与原有结构相互作用，产生新的结构。也就是说中介语结构随着语言输入而不断调整、改变。其次，结构的转换性是指结构具有转换规则。这种转换性使得不断产生的新结构可以根据不同的语境产生出无数恰当的输出。最后，这种结构还可以自我调整。正是这种自我调整性使得每一次输入产生的新结构都能参与下一次的建构，又产生新的结构。由于学习者总是不断地接触语言材料，因而他们的语言习得就成了不断建构的过程（詹朋朋，2001；皮亚杰，1984；肖川，1998）。

学习者通过同化或顺应所建构的新的中介语系统事实上仅仅是一种假设，这种假设是否合理，还需要通过语言产出来验证，这就涉及根据抽象的语言规则生成具体的话语。Wittrock 认为，意义的生成总是基于人先前的经验，人脑并不是被动地学习和记录输入的信息，它总是主动地选择一些信息，忽略一些信息，并从中得出推论。生成过程中，学习者从外界选择性地知觉新信息，然后与长时记忆中的有关信息建立某种联系，从而主动建构新信息的意义。如果建构意义成功，即达到了意义的理解，那么这些知识可以同化到原有的认知结构中，或导致原有认知结构的重组（陈琦等，2000）。Anderson 认为，语言生成应该包含三个阶段：构造阶段，即根据预设的目标来确定要表达的思想；转换阶段，即通过使用句法规则将思想转换成语言表达形式；执行阶段，将语言表达形式通过说话或书写发送出去（Anderson，1985）。外语学习正是通过这种不断的建构与生成，从具体到抽象，再从抽象到具体，而最终学会外语。

从认知心理学角度来讲，语言学习是信息加工的过程，这一过程始于对语言输入进行注意。Klatazky（1980）认为注意力是一种脑力资源，学习必须有相当程度的注意力。Schmidt 认为注意是整个信息加工过程的起点。认为在信息加工过程中并非所有的输入信息都有同样的价值，只有被注意到的信息才能得到进一步加工。出现高频率的语言信息才可能被学习者注意到，从而进入学习者的中介语体系。因此，补缺过程中学习者首先要注意到语言输入中的所有新内容，并以之作为选择和补充的基础。同时，在语言输出过程中，学习者需要从自己现有的中介语系统中搜索到合适的语码形式，这就是检索的过程。这一过程同样需要注意力的参与。

第三章 "注意"与中介语建构

　　学习是一个认知参与的积极的心理过程，该过程始于注意。"注意"是学习过程中一种重要的认知机制，学习者在认知活动中进行信息处理时不可或缺。注意力在认知心理学中被定义为：人积极处理通过感觉器官、存储的记忆或是其他的认知过程所获得的大量信息的手段。它包括有意识的注意力和无意识的注意力两个过程（Sternberg，2006）。它是影响学习、感知觉、记忆等心理活动的重要因素，是人们在清醒意识状态下心理活动对一定对象的指向与集中。认知心理学认为学习过程始于对输入信息的注意。注意与人的记忆系统密切相关，它是对语言输入进行编码，使其在工作和短期记忆中保持激活状态并从长期记忆中提取信息的认知过程。它贯穿于整个学习过程，对习得行为起着控制作用，是保证学习活动正常进行的先决条件，是学习活动产生的前提。随着20世纪50年代中期认知心理学的兴起，注意作为心理活动的调节机制，其重要性不断凸显，对注意的研究已成为认知心理学的一个重要领域，正如铁钦纳所述，注意是"全部心理学概念系统的生命的神经中枢"（蒯超英，1998），注意在信息的选择、控制和调节方面发挥积极作用。

第一节 "注意"的相关概念

　　"注意"是心理学领域的一个重要概念，是"意识或心理活动对特定对象的指向和集中"（彭聃龄，2001），是用于某个信息加工过程的认知资源或心理努力。通过注意系统，人们可以调控、整理纷繁复杂的输入信息，选择其中一部分进行进一步加工，并对其做出反应。注意有着很长的研究历史，一般认为19世纪的美国心理学家James是现代研究注意（attention）的鼻祖（史正永、陈开顺，2007）。James曾提出：注意是以清晰而生动的形式对可能同时出现的物体中的一件或一系列思想中的一种进行心理占据。意识的聚焦化和专注是它的根本所在。它意味着为了更有效的处理某些事情，就必须从另外一些事情中撤退出来。它也是截然对立于混淆、混乱、脑力不集中状态的一种情形（Sternberg，2006）。国内研究始于80年代，学者们采用ERP等技术就选择性注意、内隐学习中的注意需求等进行了相关研究。但是，这些研究对注意的定义和区分不尽相同，有的从注意的作用定义，有的则从注意的认知能力（如Shiffrinps，1988）或生物性角度（如巴甫洛夫，见《中国大百科全书》光盘–心理学–注意）定义注意。由此可见，对注意本质的理解仍存在差异。在对注意所做的区分上，英国学者Styles（2005：5）从感知和行为两方面将注意区分为感知注意（attention for perception）和行为动作注意（attention for action）；Nideffer（1976）从两个维度对注意进行了区分，即：注意的范围（scope of attention）——宽注意与窄注意；注意的方向——外源性注意与内源性注意（exocentric/endocentric），还有些人，如凌光明（2001），吴玲英（2003），林颖、周颖（2003）则从行为观察角度把注意分为有意注意、无意注意和有意后注意（史正永、陈开顺，2007）。由此可见，"注意"的概念复杂，理论众多，不同理论关注的焦点迥异，对注意的定义和区分各不相同。有些把注意比作"心理资源"或"心理努力"；有些更关心在大脑加工系统中注意是在哪一个阶段发生作用，从而选择性地加工信息。因此，研究"注意"首先需要对相关概念及其理论进行辨析、梳理。

首先，注意与意识密不可分，但又不等同于意识（彭聃龄，2001）。意识与无意识、潜意识相对，表示主观体验认知内容或外在刺激的心理状态，而注意则涉及心理活动并与意识状态糅在一起（戴曼纯，2005）。注意决定什么东西可以成为意识的内容；注意比意识更为主动和易于控制（Schmidt，2001）。其次，二语习得中常见的注意概念有四种：（1）注意是容量有限的系统；（2）注意是选择关键信息以便进一步加工的过程；（3）注意代表付出努力的加工过程，它与自动化程度较高，需要努力较少的加工相对；（4）注意体现为对信息和行为的控制（Tomlin & Villa，1994）。这四种界定从不同的角度凸显了注意的特征。其中，第四种界定又与显性与隐性学习（explicit vs. implicit learning）这对语法教学中的核心概念紧密相关。显性学习是指学习者有意识地去注意、学习语言的形式规则，以便将其内化，而隐性学习则是学习者在处理语言意义的过程中无意中习得了其形式规则。这一对概念和注意的分类方法——显性注意和隐性注意有关。显性注意是学习者对语言特征的明确目标进行有意注意，隐性注意是学习者潜意识和直觉对某些凸显语言特征的无意注意。近年来，隐性注意在二语习得中的作用受到极大关注。二语习得过程中，显性注意和隐性注意共同发挥作用。二语习得过程中，学习者如果能借助自身对语言材料的敏感性来掌握它，充分发挥隐性注意的作用，语言习得功效必将得到极大提高（刘义珍，2010）。可见，区分显性和隐性学习的关键是，注意的焦点是否就是学到的内容。有意学习（intentional learning）与无意或伴随学习（incidental learning）的区分原则也类似于显性和隐性学习的区分。Hulstijin（2003）认为无意或伴随学习隐含在隐性学习中，而显性学习涵盖的内容也超过了有意学习。

第二节 注意的基本特征

注意具有两个基本特征。

第一，注意是一种有限的心理资源。注意力的一个重要特征是它的认知资源有限性。根据 Kahneman（1973）的注意资源理论，人们可以根据具体的信息加工任务支配自己有限的注意资源。任务的难度越大需要的注意力越多；人付出的努力越多或动机越强，需要的注意力越多。这里，Kahneman 把注意力看成是单一（single-resource）、有限的资源库，来自外部的信息都竞相要占用它。如果将注意力转向某些信息，那么其他信息所能获得的注意量必定减少。但认知资源的容量可以随着人所处的觉醒状态而变化。Wickens（1984、1989、1992）则进一步拓展了 Kahneman 的模型。他提出注意由多个、相互独立的资源库构成（比如分管视觉、听觉、手工操作等不同功能的资源库），即多元资源模型（multiple-resource models）。认为在注意资源中可以区分出多个独立的资源库，人可以依据不同的加工任务要求从中分配自己的注意力。这些资源库本身库容有限，但是能相互独立地被分配到各种任务之中。这一观点可以解释为什么我们能同时执行几个使用不同感觉道（modality）的任务（例如，一边抄写英文单词，一边欣赏音乐），但是同时执行几个使用同一感觉道的任务将困难得多（例如，一边阅读文章，一边看电视）。多元资源模型理论是单一资源模型理论的修正，它可以较好地解释相似加工双任务之间存在干扰，而不同类型的加工双任务之间不存在干扰的现象。

在二语习得过程中，学习任务对注意资源的要求会对语言输入的感知和选择或语言产出产生影响。一些学者认为增加学习任务的复杂性将降低资源库中可以分配的注意能量，并对学习者察觉、选择或记忆输入中新的语言形式产生负面影响。这一观点与前面提及的单一资源理论的观点是一致的。Skehan 和 Forster 明确地提出由于学习者的注意资源能量是有限的，当他们既需要对语言的意义和形式进行加工的时候，如果学习者可以自由地支配注意资源，他们会注意语言内容而非语言形式。Takashima 和 Ellis 研究证实了这一点。Takashima 和 Ellis 的研究基于可理解输出假设，即"迫使"学习者对输出的语言进行修正，可以使学习者对语言形式进行分析，促进英语动词过去时态的习得（李红，2007）。

第二，注意是一个连续体。注意是一个连续体，而非"或有或无"的单一现象。Posner 和 Petersen（1990）、Posner（1995）通过先进的研究技术（如神经影像等）发现了注意系统所包含的三个网络及控制这些网络的相应的大脑部位。这三个网络分别是警觉（alertness）、定位（orientation）、察觉（detection）。警觉指为处理信息做好了一般性的准备；定位指将注意指向某些类型的信息，并排除其他类型的信息；察觉指选择或者在认知上注意到某一特定信息，它可以是有意识的或无意识的。这三个网络相互独立而又有关联，警觉能调整定位，定位能增加察觉的可能性，但并不一定保证它的发生。根据这一分析，注意可能有以下几种状态：警觉、定位、无意识的察觉、有意识的察觉。Robinson（2003）的研究则更加针对二语习得，他强调了外围注意（peripheral attention）和焦点注意（focal attention）的区别。根据 Robinson 的描述，感官信息首先通过外围注意被觉察到，并临时储存在感觉记录器（sensory register）中；接着，焦点注意选择一部分信息作进一步加工，其加工过程包括维持性复述（maintenance rehearsal）［即在短时记忆中通过语音环路 0（phonological loop）循环重复某些信息］和精细性复述（elaborative rehearsal）（即花费更多的心理努力去比较新旧输入，寻找信息中隐含的规律或者验证某个假设）。范烨（2009）认为，Robinson 所描述的焦点注意相当于 Posner 和 Petersen 所提出的"有意识的察觉"再加上"复述"。总之，学生能给予二语输入的注意资源是有限的，而且其注意程度和形态会有以下几种可能性：（1）外围注意，不特别关注某个语言点（如语法），只是接触语言输入而已（如读一段话）；（2）表面元素层面的焦点注意，特别注意具体的语言输入，如反复朗读词句，但不分析其隐含的规则；（3）规则层面的焦点注意，不仅注意到具体的词句，还分析学习其包含的规则。

前文所述的注意系统所包含的三个网络正好体现了注意的三大功能，三者在发挥注意的选择性作用方面都表现出各自的积极作用。警觉指的是随时接收二语输入的意识状态，不同程度的警觉对引觉和侦觉的激活水平会产生不同的影响。学习者的学习兴趣、动机等因素会对学习者随时保持警觉状态产生积极影响。虽然警觉在二语习得过程中可能不起决定作用，但警觉是激活定位和察觉的前提条件，所以警觉的作用不容忽视。定位指分配注意力资源，为加工输入的信息做好铺垫，定位将注意力资源引向感知的刺激以增加其被察觉的可能性。察觉则是对注意到的信息实施进一步的处理，是产生学习活动的前提。Leow认为警觉和定位有助于察觉的产生，但如果学习者未能进一步接触目标，那么察觉的效果就会在两个月后消失。有研究者认为，警觉、定位和察觉在不同程度上存在，且其激活水平不仅受任务类型、语言项目、个体差异之间相互作用的影响，也受其他同时进行着的、跟学习过程争夺大脑加工资源的认知活动的影响（张文忠、吴旭东，2003）。因此如何最大限度地发挥注意在二语习得中的作用，使注意为有意义的学习占据大脑加工资源，显得尤为重要。

第三节　注意与语言学习

在心理学中，关于注意的基本假设可概括为三类：（1）注意是有限的，具有选择性；（2）注意是一个需要努力和控制而非自动的加工过程；（3）注意控制意识的觉醒，是行为控制以及学习的必要因素。因此各个领域的研究者都认为注意对人类知识的学习尤其是语言的学习有着不容忽视的作用。例如，一些学者认为儿童早期形成的联合注意能力可能是语言习得的源头，它对个体语言能力的发展有着很大的影响；还有一些学者认为注意还可以影响人们的说话方式等（高燕，2009）。

一　注意影响语言的产生和理解

注意能够影响语言产生形式和语言理解。注意不仅对儿童的语言习得和发展有深刻的影响，而注意对成年人语言使用的影响也不可忽视。首先，在语言产生的形式方面，句子中句法角色的分配会受到注意力的影响。由 Tomlin 所设计的电脑动画研究（以英语为例）显示在对动态事件的描述中，人们对句法主语的选择因视觉线索的改变而改变。这表明对线索的注意力影响了人们对句子的句法主语以及语法语态的选择，而具体的选择则取决于哪一个刺激物被暗示。Forrest 将 Tomlin 的研究方法扩展到对静态物体的研究上。其研究结果也显示注意力的投向会影响人们的叙事方式。其次，注意在语言产生过程中具有检测及调节作用。Posner 提出注意和认知控制都是多维的概念，它们都包含一系列的认知功能，而这些认知功能又与各种各样的神经生物基层（neurobiological substrates）有关。运用到语言时，不同的认知控制都集中到因注意力增强而被注意到的刺激的处理过程，而抑制被激活但与当前个体所进行的活动不相关的表征过程上。在被认为是第一语言言语蓝图的 Levelt 的多成分模式中，"Conceptulizer" 成分形成说话者想要表达的意思，"Formulator" 成分则通过语言中能利用到的合适的语言成分将这些意思打包转化成语言，而注意力资源则被调动起来用于检测说话者意图与这些意图转化成语言形式之后的差异，并适时予以纠正。在语言理解方面，语言使用者的阅读能力受注意机制的影响。成人的熟练阅读能力主要依靠大脑左半球梭状的视觉单词形成系统以及靠近听觉皮层的语音系统。视觉单词形成系统能将单词的字母打包成视觉单元从而避免阅读者扫视单个的字母，而语音系统则能促使熟练阅读者从视觉输入中提取语音信息单位。对于成人来说，这些系统的运作不需要或者仅需要很少的注意力资源，但这些系统的正常发展却依赖于注意力资源。对于有阅读障碍的儿童来说，他们要调动其他注意力网络中的资源来弥补这两个系统。因此，儿童诵读困难症在一定程度上归咎于注意力机制的欠缺。另外，在对语篇或者话语的理解中，人们必须正确区分并回顾话语中所涉及的物体、任务或事件，用语言线索来集中注意。例如，人们更倾向于用代词而非名词来指代首先提到的实体（相对于后来提到的实体而言）。这表明在事物或事件的描述过程中，传达者通常会利用语言线索来引导接受者的注意力，因此接受者在理解其传达内容时，也必须调动其注意力资源以期达到对传达信息的准确理解。

二 注意是二语习得的关键

（一）信息处理角度的二语习得

随着二语习得理论的不断发展，越来越多的研究者如 McLaughlin、Schmidt、Skehany 以及 Robinson 等试图从人类信息处理的角度，特别是从认知心理学以及语言心理学的角度来探究第二语言习得过程。这方面的研究所关注的问题主要包含四个方面：（1）某些语言成分是否有利于有效的语言习得（如对形式的关注）；（2）注意力集中与否对学习的影响；（3）说话者在用一种语言转向另一种语言回答问题时转移注意力的深层机制是什么；（4）如何让语言使用者的两种或多种语言不相互干扰。这些问题的共同点是从基本的语言能力如何被运用到特殊的语言目标（特殊的形式、意义等）的角度来研究语言和注意间的关系。注意在第二语言习得中扮演着至关重要的角色。所有的学习都需要注意力。注意力机制的功能是找寻认知资源，它使学习者对学习内容产生注意。注意则是学习者对信息进行有效加工的一个必要条件，也是将语言学习中的输入转化成吸收（intake）的必要和充分条件。学习者经过注意检测后的语言输出和再加工后的语言输出在学习者的中介语系统中得到保持，内化为语言知识或者巩固已有的知识，促进了学习者的二语习得。从认知的观点来看，并不是所有的语言输入都能够被学习者吸收。学生最终学到了什么及其中介语系统的发展在很大程度上取决于他们注意到了输入中的什么元素（Gass, 1988、1997; Schmidt, 1990、2001）。学习的过程是通过对外部语言知识的重构与语言环境互动将语言内化的结果。

Schmidt（1994）认为，"注意"是指人们意识到（aware）某一事件的出现并将其储存到长期记忆中的行为，在此行为过程中，被储存起来的知识并不一定会被进一步发展成为一个系统。"注意"对语言学习的影响主要表现在以下三个方面：（1）"注意"影响输入由工作记忆（working memory）进入长时记忆（long-term memory）。关于"输入—注意—记忆"之间的关系，Schmidt 设计了一个图表来说明"注意"与输入和输出之间的关系（Skehan, 1998）（见图 3-1）。

（2）"注意"影响语言输入（input）向语言纳入（intake）的转化。二语习得理论认为输入是语言学习的基础（Rosa & Neil, 1999），是指所有呈现给学习者的语言形式（Gass, 2001）。而纳入则是被学习者内化了

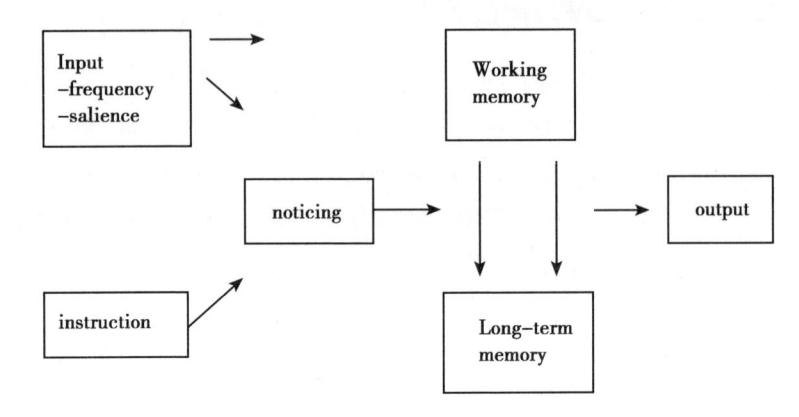

```
┌──────────┐  →
│ Input    │ ↘
│ –frequency│         ┌──────────┐
│ –salience│          │ Working  │
└──────────┘          │ memory   │
                      └──────────┘
        ┌─────────┐       │
        │ noticing│  →    │    →  ┌──────┐
        └─────────┘       ↓       │output│
  ↗                   ┌──────────┐└──────┘
┌──────────┐          │Long-term │
│instruction│ ↗       │ memory   │
└──────────┘          └──────────┘
```

图 3-1　"注意"与输入和输出之间的关系

的（in-ternalized）输入。不是所有的输入都可以被内化为纳入，语言的内化取决于对输入的注意。Schmidt（1994）提出了"注意假设"（noticing hypothesis），认为没有"注意"作为前提的学习是不可能的。在二语习得过程中，"注意"是将输入转化为纳入的必要条件。

（3）"注意"影响第二语言的处理（processing）。Sharwood Smith，Rutherford 和 Mclaughlin 认为学习者进行语言处理时经常会经历四个步骤（Sharwood，1981；Rutherford，1987；McLaughlin，1987）：a. 注意到输入中的某个特征；b. 将中介语与新的输入进行比较；c. 基于中介语与新的输入之间的不同形成新的语言假设；d. 通过对输入的注意以及在语言输出中使用新的形式来验证假设。经过这四个步骤后，关于某语言特征的显性知识（explicit knowledge）通过学习者对其形式的"注意"，最终发展成为隐性知识（implicit knowledge），即被习得。在此过程中，"注意"既是形成假设的基础，又是验证假设的渠道。综上所述，"注意"既是语言输入进入长时记忆的调节器，是输入转化为语言纳入的必要条件，又是语言处理过程的必经之路。在整个语言习得过程中，"注意"起到了关键作用。

（二）二语习得领域内的注意理论

二语习得领域内有关注意机制的理论主要有三种：一是 Schmidt（1990、1993、1994）对注意的研究，他着重讨论了作为有意注意的（noticing）在语言习得过程中的作用，认为它是将输入（input）转变为吸收

(intake) 的充要条件。二是 Tomlin 和 Villa (1994) 的注意模型,他们批评了 Schmidt 粗线条式的分析方法,提出了基于功能的分析,认为注意不是一种单一的机制,而是一个系统或机制复合体。他们在援引 Posner 和 Peterson (1990) 的基础上,区分了三种注意子系统:警觉(认知主体处理信息的准备程度),定向(注意力资源对某种刺激的指向),和察觉(感觉刺激的认知登录)。上述两种理论都强调注意机制对学习的必要性,但在意识对学习的必要性上产生了分歧。前者认为意识是必需的,而后者则认为意识只是潜在的支持,并不直接导致察觉。于是第三派 Robinson (1995、2003) 则试图调和这两种观点。他在研究了注意与记忆的关系基础上,将注意分解为:短时记忆中有意识地注意到所学语言的特征(detection),发现"别人是怎么说的"与"自己会怎么说"(a gap) 或者"自己还不会说的东西,别人是怎样说的"(a hole) 之间的差距;和复述(rehearsal) 以使新注意到的语言形式进入长时记忆,以备日后使用(王琦、杨雯琴,2009)。

第四节 二语习得过程中的注意

语言学习者对语言的认知过程同样是对信息的加工过程,即输入加工、系统变化和输出加工(Van Pattern, 1996),这一过程效果首先依赖于注意在输入与学习者中介语系统之间的桥梁作用。一方面,"注意"机制将学习者的认知焦点引向并集中于重要的语言输入,学习者有选择地将注意到的输入与其中介语系统中已有的隐含知识相关联,促使认知系统对注意到的输入进行理解、吸收和加工;另一方面,当语言输入加工转化为学习者自身中介语系统的一部分,在新的认知基础上,学习者又会将注意力转向新的语言输入,对新的语言输入进行筛选和加工。总之,"注意"机制在语言输入与学习者中介语系统之间起到了桥梁纽带作用,正是在"注意"机制的作用下,学习者才能运用自身的中介语系统不断地内化和加工语言输入,从而不断拓宽自身的语言知识,提高运用语言知识的水平。由于认知心理学和心理语言学角度的二语习得研究把人们的语言习得大致分为输入、中心加工和输出三个信息加工阶段,注意贯穿人们认知活动的始终,也必然在以上三个阶段中发挥作用。因此研究二语习得过程中注意的作用,也可以从这三个阶段入手。

一　注意与输入

输入是语言学习的必要条件，注意在输入域中占据中心地位。"注意"影响语言输入（input）向语言纳入（intake）的转化。二语习得理论认为输入是语言学习的基础，是指所有呈现给学习者的语言形式。而纳入则是被学习者内化了的（internalized）输入。不是所有的输入都可以被内化为纳入，语言的内化取决于对输入的注意。Schmidt（1990、1993、1994）的"有意注意假说"（noticing hypothesis），认为并非所有的输入都同等重要，只有被有意注意到的输入才有可能被吸收并有效加工。输入与注意的关系和下列理论有关。

（一）克拉申的语码输入理论

20世纪70年代末80年代初，Krashen（1980）提出了著名的"监察理论"，认为第二语言习得过程可分为习得系统和学习系统两部分。习得系统在二语体系中起着主要的作用，该过程是潜意识的，学习者只要把注意力放在语言输入的内容上，对语言形式的习得就会自然而然在潜意识中发生；学习系统是有意识的，但这个系统的作用是有限的，只对习得系统起着监察作用。在第二语言习得过程中，有意识地注意语言形式不仅不需要，也无助于中间语的发展。"监察理论"的核心内容是输入假说。Krashen认为，学习者是通过对所输入语言内容的理解而逐步习得第二语言的，因此"可理解的语言输入"（comprehensible input）是语言习得的必要条件。所谓"可理解的语言输入"是指语言输入的难度要适当，不能太难，只能略高于学习者目前的语言水平，使其在已有的语言知识基础上能够理解。只有当学习者接触到的语言材料是"可理解的"，才会有习得，也才会对中间语的发展产生积极作用。

然而，输入假说也有局限性，主要体现在以下三方面。（1）什么是"i+1"的语言输入？Krashen强调"可理解的语言输入（i+1）"在语言习得中的重要性，强调语言输入不能太难也不能太容易，却又没有准确定义什么样的语言输入是"可理解的"，这种语言输入到底是具有什么样的语言特征。（2）该理论没有解释语言输入是怎样被理解的，也没有解释理解过程究竟是怎样的一个过程，究竟是自上而下的，还是自下而上的，即理解究竟是从内容到形式，还是从形式到内容。通常所说的"理解"是指对第二语言资料内容的理解，而习得往往是针对第二语言的语言形式的学习。那么对内容的理解是否能自动转换成对形式的习得？显然能理解语言所表达的内容（如一个故事），并不意味着就能够掌握用来表达故事内容的语言形式（如句子特征、起语法功能的词素等）。语言习得的过程更重要的是对语言形式的习得，而不是语言内容的理解，因为真正可以帮助学生提高语言精确度的是前者而非后者，也就是说对学生来说掌握讲述故事的语言特征，对其中间语发展的作用，要比了解故事内容要大得多。如语言中的一些功能性词素（比如第三人称单数）只起语法作用，而对于语言所表达的意思并没有很大的影响，但是掌握这些词素对于中介语的发展却有重大的意义。没有对这些起语法作用的词素的掌握，就不可能有语言精确度的提高。因此在某些情况下，内容和形式可以分离，对内容的理解不一定能导致对形式的习得，可理解的输入不会"自然而然"促进语言质量的提高，促进第二语言习得的发展（王改燕，2007）。(3) 该理论忽视注意对二语习得的作用。从以上假说中可以看出，Krashen 在谈到注意与二语习得时，认为注意语言内容而无须注意语言形式就可以自然学会语言，有意识地注意语言形式不仅不需要，也无助于中间语的发展。那么注意对于二语习得真的无足轻重吗？事实上，大量研究表明注意是二语习得认知过程中的重要因素之一。注意力（attention）和意识（awareness），已经被确定为认知过程中的两个因素，他们能通过交互，使语言输入转化为二语能力的提高。在第二语言的习得过程中，学习者常面临大量而纷繁的语言输入信息，但人的神经系统高级中枢的加工能力有限，不可能对所有信息进一步加工，因此利用注意来将这些输入分类并将这些可能使学习者产生混乱的信息秩序化是必不可少的过程。这就需要发挥注意的选择性作用，对外来信息进行选择、控制和调节，即舍弃一部分信息，以便有效地加工重要的信息。

（二）Schmidt 的注意理论

输入是语言学习的必要条件，注意在输入域中占据中心地位。输入研究中与注意相关的理论，首推 Schmidt（1990、1993、1994）的"注意假设"（noticing hypothesis）理论。该理论强调了"注意"在二语习得中的核心作用，认为只有被学习者注意到的语言输入才能被吸收和有效地加工，"注意"是二语习得的必要条件（Skehan, 1998: 48）。二语习得中哪些语言输入受到关注进而被加工很大程度上取决于"注意"所发挥的作用。按照 Schmidt"注意假设"，"注意"指对输入的语言形式的关注。

它包含两个方面的内容：(1) 有意识地注意所学语言的特征，发现"别人是怎么说的"与"自己会怎么说"或者"自己还不会说的东西，别人是怎么说的"之间的差距。(2) 反复练习以使新注意到的语言形式进入长期记忆，以备日后随心所欲地加以使用。此处的"练习"是指学习者必须有意识地努力记住所注意到的新的语言形式，然后通过默诵、反复朗读，或其他办法巩固对该语言形式的记忆，使对其的使用达到高度自动化的程度。Schmidt 的注意假设认为，有意识地注意语言形式对于语言学习是非常必要的。这一假设后来发展成"注意理论"（Schmidt，1990、1993、1994）。该理论认为，不是所有的输入都有同样重要的价值，只有被注意到的输入才有可能被吸收，从而被大脑认知机制有效加工。有意识的注意对语言输入的加工非常重要，通过有意注意，学生可以吸收语言输入中的材料，把其整合进自身现有的中介语系统，从而促进其中间语的发展。因此，"注意"是语言输入变为语言吸收的必要的、充足的条件。语言输入要通过"注意"变为语言吸收，受两大重要因素的影响。首先是频率，在其他条件相同的情况下，某一语言形式出现的频率越高，就越有可能被注意到，从而被吸收进中间语系统。其次是凸显程度，这是指某一语言形式在输入中的突出程度。在其他条件相同的情况下，一个语言形式在输入体系中越是显著，就越有可能被注意到。注意理论的中心思想可以用一句话来概括：注意是习得的必要条件，没有注意，输入（即使是可理解的输入）就不可能被吸收进中间语系统（王改燕，2007）。根据 Schmidt，二语习得的信息加工过程应如图 3-2 所示。

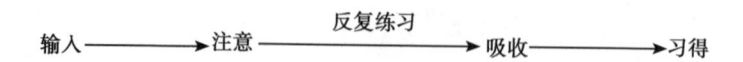

输入 ——→ 注意 ——反复练习——→ 吸收 ——→ 习得

图 3-2　二语习得的信息加工过程

由图 3-2 可以看出，输入是第一步，但并非所有的输入都能被习得；只有被注意到的输入才有可能被大脑吸收，从而促进中介语的发展。由此可见，注意是第二语言习得的关键。为什么注意对二语习得如此重要？因为注意与记忆密切相关，没有记忆就没有学习，而第二语言学习的过程也就是对第二语言词汇和语言规律的记忆过程。根据输入理论的观点，语言形式的出现先于他们在输入过程中被学习者注意的时间。换而言之，在学习者的语言产出和目标语形式之间，有意识地注意到他们的差距是二语习得的必要和充分的条件。并非所有的输入都同等重要，只有被有意注意到的输入才有可能被吸收并有效加工。也就是说，二语输入必须先被注意才能为学习者所用，成为吸收的语言，供大脑进一步加工。"有意注意"是将输入转化为吸收的充要条件。这就体现了"注意"的选择功能。由于人的注意力的有限性和选择性，这些注意资源将会被有选择性地分配给不同的语言输入信息。选择性注意范式（如 Cherry 的遮蔽任务）通常研究个体在嘈杂环境中区分不同类信息的能力，选择性听力范式则旨在研究个体在注意与非注意信息间转移注意力的能力。而这种能力与二语习得者息息相关，因为语言使用环境通常都十分嘈杂，这对不熟练的语言使用者来说是个挑战。可见，二语学习中掌握选择性注意的技能至关重要。Schmidt（2001）认为，要求学习者有意地领会和意识到语言的输入。根据 Schmidt（1995）的观点：（1）注意是学习的必要和充分条件。有意注意是所有学习都要求的；（2）更多的注意能促使更多的学习；（3）没有学习者对目标语输入的有意注意，就没有语言的吸收。注意与吸收描述了帮助二语输入和中介语体系发展的过程。Schmidt 把注意的概念用于解释学习者中介语的发展。他指出，没必要有意识地注意但要求有一定的注意力。他得出的观点是，学习中，集中注意力是必要的，但有意识地注意不是必要条件。他还认为，吸收只是学习者注意到的那一部分。另外，"有意注意"对于理解二语学习的各个方面，包括中介语的发展、变异、流利度、个体差异和教学的作用等方面几乎都是必要的（2001）。该理论中，注意的对象为语言实例，即输入语言的表层结构，而非抽象的原则或规则。对此，Sharwood Smith（1981）、Gass（1997）、Skehan（1998），Lynch（2001）等人也持类似观点。

（三）Gass 的模式

Gass（1997）对注意与吸收的定义与之有所不同，只是把它们归于二语习得中以领会为首的五个阶段中独立的两个过程。领会（apperception）类似于 Schmidt 观点中的注意，它代表着输入传到学习者本身的某些部分，或解释为意识到输入与中介语之间的差距。学习者已掌握的知识是影响领会程度的因素之一，此外还包括输入频率和语言显著特征。在领会与吸收之间的阶段就是已理解的输入（comprehended input），这一过程里，学习者理解总的目的是为了交流，但由于时间有限，理解无法更进一步。

在 Gass 的模式里，吸收（intake）就是第三阶段。它对 Schmidt 的吸收概念作了进一步分析，这一阶段里，学习者分析输入，或许获得对句法结构的理解，对二语学习的假设也得以验证，从而保证学习者把输入与中介语加以融会，即进入第四阶段，整合（integration）。最后的阶段即为输出（output）。Gass 把注意看作在输入转化为吸收的过程中的一种必要条件。Robinson（1995）对注意进行了最严格的定义，认为它既包括被察觉的，也包括后来被激活的注意力所分配到的学习资源（雷彩，2010）。

（四）Robinson 的研究

Robinson（2001）认为，学习者必须有意识地注意到语言输入，以便于语言的吸收内化。二语学习过程中没有潜意识的东西，无意识地学习——无意识状态中试着学习——当然成为可能，如果任务要求集中注意力于输入中的相关特征。"二语习得很大程度上是由学习者注意到目标语的输入以及他们对注意到输入的意义理解而促成的。"注意的内容是口语表达输入中表面结构的元素、注意到的语言例子，而不是抽象的规律或所举例子的原则。外在的诱导注意起到扩大自然习得过程的作用，它能填补差距，这是学习者自己不能做到的。Robinson（1995）明确提出注意力不但是学习的必要条件，也是长期记忆进行编码的必要条件；并且个人的记忆分配和注意力资源的不同会影响注意到的学习内容的程度，进而影响第二语言的学习。这一观点不但揭示了注意力对学习的重要性，也恰恰说明在解释和研究注意力与学习的关系时，我们除了研究注意力本身的机制外，还应研究学习者认知资源与注意力的关系问题。除以上研究外，Robinson（2003）也指出注意的选择性在输入域中还表现为，语言输入的选择是行为控制的一方面，它受可监控的注意系统和执行控制机制引导。认知心理学中这样的机制很多，大致可分为三类：任务分析中的控制机制；为完成任务而进行认知和元认知策略选择和控制中的控制机制；策略监控有效性中的控制机制。输入选择中注意的必要性是二语习得领域研究的焦点之一。语言输入中被注意察觉到的信息，随即会被传送到中心加工阶段进一步加工。在语言习得的中心加工阶段，虽然记忆的功能模式占据主导地位，但仍受到注意的调控（刘世理，2006）。研究表明，大部分学者都认为短时记忆和工作记忆是长期记忆的一部分，意识和工作记忆具有同构性，而且与焦点注意中短时记忆的内容相一致。Robinson（2003）较为详尽的阐述了注意与记忆的关系，他认为察觉到的信息（detection）进入短时记忆，并自动触及长期记忆中预先存在的已编码信息。长时记忆表征的自动无意激活是分类机制（categorization mechanism）作用的结果。这种机制能够计算察觉的输入与长时记忆中预先已编码信息的相似程度。然而这仅仅是无意识别，而不是学习，因为激活的分类已先于输入而存在。新察觉的信息无法唤起相同计算机制，因此需要学习。在这一学习过程中，新信息必须进入焦点注意和短时工作记忆，在工作记忆中进行先于长时记忆编码过程的复述加工。这里的复述有两种：一是概念驱动的详细复述，亦即基于图式的信息加工；二是通过数据驱动保持复述，亦即基于例句的信息加工。注意和意识的高级阶段是复述机制的结果，它把短时工作记忆中的信息传送到了长时记忆当中。很多学者（如，Schacher，1987；Reber，1989）认为，数据驱动和概念驱动的复述与隐性学习和显性学习过程是互相对应的。此外，Robinson 还强调注意不仅具有控制信息和记忆编码的功能，而且具有保持记忆的功能。他将注意的对象限定为语言的形式而非语言的意义，这一点和 Schmidt 相同。并强调这里所言的焦点注意是有意识的心理活动（王琦、杨雯琴，2009）。

（五）Tomlin 和 Villa 的注意模型

Tomlin 和 Villa（1994）承认在二语习得中集中注意力于可注意的资源的重要意义，并进一步用三个术语加以说明：（1）警觉，即做好处理输入刺激或资料的准备，主要涉及学习者的情感P动机状态；（2）定向，即把关注点定位于某些具体的感觉信息而不计其余；（3）发现，即对感觉刺激的认知登记，这是一个在记忆中对具体语言样板进行登记的过程。发现是关键的一步，它能促使学习者使用被发现的语法，比如数据，来形成和检测对二语习得的假设，从而使二语习得变得更容易。他们的结论是，知觉需要关注，但是关注不一定需要知觉。这一观点与 Schmidt 的有所不同，他们认为，警觉无论是有意识的还是无意识的，都是学习的充分条件。

二　注意与中心加工

注意能够影响第二语言的中心加工处理（processing）。输入域中被注意察觉到的信息，随即会被传送到中心加工阶段进一步加工。在语言习得的中心加工阶段，虽然记忆固然重要且占据着主导地位，但是是会受到注意的影响和调控的。Sharwood Smith（1981）、Rutherford（1984）和

Mclaughlin（1983）认为学习者进行语言处理时经常会经历四个步骤：（1）注意到输入中的某个特征；（2）将中介语与新的输入进行比较；（3）基于中介语与新的输入之间的不同形成新的语言假设；（4）通过对输入的注意以及在语言输出中使用新的形式来验证假设。经过这四个步骤后，学习者对于某语言特征的显性知识的注意，最终发展成为隐性知识，即被习得。

（一）Van Pattern 的语码吸收理论

对于第二语言习得来说，只有"可理解的语言输入"是不够的，对语言内容的理解不能自动转化成对语言形式的习得，这一点在 Van Pattern 的研究中得到了证明。Van Pattern 在大量研究的基础上，于 1996 年发现大脑认知机制输入加工遵循一个基本原则，即语言内容先于语言形式。由于学习者的注意力资源是有限的，在加工语言输入时，往往不能同时兼顾语言形式和意义，因而，对语言内容的加工先于对语言形式的加工。也就是说，学习者的大脑认知机制首先加工语言输入中表达意思的成分，其次才是表达语法功能的成分，形式和内容同时争夺注意力资源。只有当语言内容对学习者来说比较容易，因而无须太多的注意力资源就可以加工时，学习者的大脑认知机制才会加工处理对语言内容的了解并无多大帮助的语法结构形式（如第三人称单数）。另外，Van Pattern 认为输入和习得之间应该有一个吸收的阶段，只有被大脑吸收的输入才会进入中介语，此时语言习得完成。Van Pattern（1996）的信息加工和处理模式为：输入→吸收→习得（中间语的发展）。该模式的问题在于并没有说明输入如何才能被吸收，从输入到吸收的转化过程可以借助 Schmidt 的"注意理论"来解释。

（二）注意与记忆

记忆的规律证明引起学习者对语言点的注意是语言学习的关键。根据心理学家 D. Coon（1998）的研究，记忆就像一台加工分析各类信息的电脑，是一个非常活跃的系统，不停地在接受、储存、整理、调整和复原信息。记忆可分为感觉记忆，短期记忆和长期记忆。感觉记忆就是我们所看、所听的东西在大脑中出现的转瞬即逝的印象，只能持续一两秒，如此短暂的时间只够使所记忆的信息有选择地进入记忆的第二阶段，即短期记忆阶段。短期记忆的容量有限，我们不能把看到或听到的所有东西都记在脑子里，只有被注意到的信息才有可能进入短期记忆。短期记忆中的信息被强化的次数越多，进入长期记忆的可能性就越大。这和 Schmidt 的注意理论非常吻合。长期记忆的空间是无限的，而且长期记忆中储存的信息越多，就越容易接纳新的信息。因为这种储存在长期记忆中的信息其实就是背景知识，是认知图式，背景知识越多，认知图式结构越完善，就越容易吸纳新的知识。只有进入长期记忆的信息才能被自由地提取、使用。可以看出，在信息从感觉记忆进入短期记忆再进入长期记忆的链条中，短期记忆是关键，而注意是短期记忆的关键，可以说是关键的关键。学习过程的实质就是使学习内容由感觉记忆进入短期记忆再进入长期记忆。从信息自动化程度来说，信息被注意到的次数越多，印象就会越深刻，自动化的程度就会越高。

三 注意与输出

输出不仅是习得的结果也是习得过程的重要因素。"在某种条件下，输出可以促进二语习得；其方式不同于输入，却可以增强输入对二语习得的作用"（Swain 和 Lapkin，1995：371）。Swain 分离出了两种意义不同的习得：（1）内化新的语言形式；（2）加强已内化语言形式的自动性。输出可以激发学习者对其现存的内部语言资源进行分析，使学习者注意到目标语和中介语的差异。尤其是在学习者通过输出目标语后注意到所犯的语言错误时，利用内部（自发反思）或外部（同伴或老师反馈）信息，注意到自己产出与目标语的偏离，这种认识又反过来推动他们去检查分析自己的产出，更好地掌握目标语和中介语的不同。因此，是目标语的产出促使学习者更多地去注意自己的产出和相关语言输入的形式特征，以便更好地表情达意。同时也表明了输出本身是可以导致二语水平的发展，从而也改变了输出一直作为二语习得结果的认识。注意在二语习得中的重要作用还表现在注意对二语发展进程的促进上。Ellis 曾指出，在二语产出活动中，注意能够对输出过程进行监控，使学习者能认识其所能产出和所需产出之间、实际产出和熟练使用者（包括本族语者）所产出之间存在的差距。Swain 也指出，注意在促进学习者努力接近目标语方面起着重要的作用，"想要展现出和目标语一样的语言可能是促使学习者为了明确表达自己意思而对自己的表达更加关注的动力"。注意在语言学习中的交互式的更正以及更正反馈起到了和注意集中机制一样的功效——有助于推进语言习得进程。

（一）输出假说（output hypothesis）

注意不仅在输入过程中占据中心地位，在输出中同样起着重要作用。如 Swain（1985）在其输出假说（output hypothesis）中就论述了输出与注意有密切关系。该理论表明，中介语的产生起着刺激物的作用，它促使学习者注意到表达所需的方法，以便于成功地传达自己试图表达的意思。Swain 在承认输入作用的基础上，提出了可理解性输出（comprehensible output）的概念，认为输出本身可以导致二语水平的发展，从而改变了传统上仅把输出看作语言学习结果的认识。

Swain 提出输出假设对语言习得有三大功能，即注意功能（noticing function），假设验证功能（hypothesis——testing function）和元语言功能／反思功能（metalinguistic function）。其中，注意功能是输出的首要功能，即输出导致了注意（Swain & Lapkin，1995）。注意功能是指语言输出活动能促使学习者意识到自身语言表达存在的问题和不足，因此他们会有意识地关注语言输入中的相关信息，发现自身语言形式和目的语形式之间存在差异，从而触发第二语言学习过程中的认知加工过程，生成新的语言知识或者巩固原有的语言知识（Swain & Lapkin，1995）。在输出目标语的过程中，学习者会注意到他们想说的与他们能说的之间是有差距的，这样就会使他们认识到自己不知道的或一知半解的东西。也就是说，输出目标语言的活动可以促进学习者有意识地认识到他们在学习中存在的问题，以此激发学习者的主动性，坦然面对问题，提高自己的语言知识，增强语言输出能力，以期达到正确的语言输出。当学习者进行语言产出时，他们会通过内部（自发反思）或外部（同伴或老师反馈）信息，注意到自己产出与目标语的偏离，这种认识又反过来推动他们去检查分析自己的产出。当他们不能依靠简单的审视或复杂思考，修补产出时，他们就会转向输入，通过分配更多的认知资源去处理相关语言输入中的某些形式特征，从而更好地加工语言输入，最终导致中介语的发展。也就是说，学习者通过与对话者交互，从中接收反馈，并能注意到现有中介语与目标语的差距，或者自身中介语与对话者间语言的差距，从而有助于他们语言习得中的记忆系统。因此，正规的教学，输出和交互中的反馈都起着作用。当学习者企图产出目的语时，他们可能注意到不知如何有效地说或写出自己要表达的信息，因此，输出的语言就会刺激注意力，并指引学习者注意到自己需要进一步探索的东西。第二功能中，学习者一开始就对所要表达的信息的发音和结构提出假设，并通过产出验证假设，然后从信息接受者身上得到反馈（认为反馈是正确的），反馈的信息促使学习者修正产出以适合正确的形式。第三个功能即元语言/反思功能，这一功能作用于学习者用语言反思自己或别人产出的语言。这一功能的来源是合作对话，当学习者之间或学习者与教师之间自由分享观点，反思该说什么，怎么说。其中关键的因素是，通过说与反思过程，学习者定能意识到他/她不能理解某种语言形式的运用，反思并修正产出。就像注意和假设验证一样，能刺激认知过程，促进学习。由此可见，语言产出促使学习者更多地去注意自己的产出和相关语言输入的形式特征，以便更好地表情达意。换言之，学习者自己的产出诱发了一系列的注意（包括注意自己中介语系统的漏洞或是偏差，注意新语言输入中的相关特征），注意又反过来激活一系列的认知活动，来发展中介语系统，促进二语习得的进程（王琦，2009）。一些学者，如Swain 和 Lapkin（1995），Izumi 及其同事（Izumi et al.，1999；Izumi 和 Biglow，2000；Izumi，2002、2003），冯纪元、黄姣（2004）等，通过实验对该假设进行了验证，结果支持了其合理性。

（二）输出对注意力的激发

输出练习也可以有效地激发学生的注意力。学生在语言输出的过程中，会意识到自己还不能利用正确的语言形式表达自己想要表达的内容，这会促使他们注意之前被忽略掉的，或没有被正确掌握的有关的语言知识，使得他们重新注意、认真审查、积极练习那些还没有被自己完全掌握的分词表达形式，直到他们能利用该表达形式熟练表达自己的意思为止。这一点也是 Swain 通过实验证明了的，Swain 认为有意识的语言输出至少有三个作用。首先，输出可以使学生检测自己对第二语言的假设是否正确。他们在利用已掌握的第二语言知识满足交际需求的同时，对新学到的语言形式加以检验。语言输出的过程也是语言试验的过程，通过这一过程，学生可以了解到自己所学到的第二语言知识哪些是可用的，因而可以保留的；哪些是不可用的，因而需要改进或纠正的。其次，输出有助于学生掌握第二语言的规则和用法。学习者可以利用输出的机会谈论自己对第二语言的疑虑和问题，从老师、同学等其他人那里寻求帮助。最后，输出有助于学习者更加清楚自己的第二语言能力，能够注意到自己想表达的和能表达的之间的差距，认识到自己完全不了解或一知半解的地方。Swain 认为，在输入的过程中，学生的大脑主要忙于语言资料内容的加工，而注意不到语言形式，这非常不利于学生的语言结构知识能力的提高。只有语言输出的过程才能使学生的大脑认知加工程序从语言内容转移到语言形式，有些结构形式本身与语意并无多大的关系（如单数第三人称的词素-s 和过去时的词素-ed 等），因而很容易被忽视掉。因此 Swain 特别强调输出练习可以引起学生对语法结构和语法特征的认识，因而非常有助于中间语的发展。因此，在语言学习中要注重语言输出。

（三）反馈与注意

相对于传统教学中强调对输入语料的注意，很多研究者开始认识到注意、输出与二语习得的紧密联系。在语言输出之后，学习者会得到来自内部或外部的反馈信息，这种反馈和自身输出之间的对照会使学习者注意到其中介语和目标语之间的距离。这种认知可能会促使学习者评估和纠正自己的语言问题，从而提高第二次的语言输出，而两次输出之间的认知活动正是语言习得的过程。"注意"的主要作用在于它可以决定哪部分的输入被重视，继而被吸收，存储在短期记忆中，并作为中介语的一部分保留在长期记忆中（何花，2009）。

学习者对注意的报告受到交互式反馈形式的影响。学生从错误更正的反馈中受益，但是更正应有选择性。Ellis 认为，语言形式教学与更正的学习效果成正比。根据他的观点，外显知识和对形式的注意，对内在的学习有影响，例如，通过学习者处理和使用语言符号的方式进行，从而帮助他们有意识地构建话语，也从中起到语言输入的功能。重述式纠错反馈就是常用的反馈方法之一。重述（restatement）是积极和肯定反馈的一种形式。它由类似目的语的错误纠正方式构成，而这些错误是学习者在交流中出现的。最近的二语习得研究中，人们关注重述纠错反馈是为了检测学习者需要否定反馈还是肯定反馈。研究者也已经得出几种影响重述的因素：目的语结构的选择；学习者语言熟练程度；年龄；重述的语言特征；学习者对重述的注意程度；重述之后是否有修正后的产出等。简而言之，重述具有以下特征：(1) 直接指向学习者要获取的语言特征；(2) 归拢注意力；(3) 语言特征突出；(4) 单个语言特征多次直接重复。

综上所述，在语言习得信息处理的输入、中心加工、输出阶段，注意发挥着重要作用。王琦（2009）在 Skehan（1998）的以注意为中心的语言习得信息处理模型和 Robinson（2003）注意与记忆的关系模型基础上，提出了注意在信息输入、记忆、输出过程中所起作用的模型图（见图

3-3)。

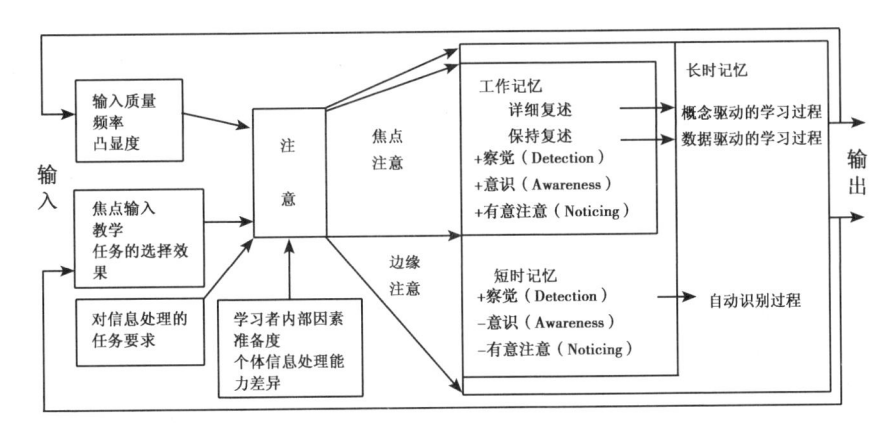

图 3-3 输入、记忆、输出过程中的注意

此图表明，首先，语言输入通过注意的中介作用进入加工阶段。而注意作用的发挥又受输入质量（频率、凸显度）；焦点输入（教学任务的选择效果）；信息处理的任务要求；学习者内在因素（准备度、个体信息处理能力差异）等的影响。这与 Schmidt 的有意注意假说的内容基本一致。其次上图还表明了注意与三种记忆的关系及信息加工过程。其中，焦点注意（focal attention）与有意注意（Noticing）本质上同构（Schmidt, 1994）。工作记忆中的"有意注意"（noticing）指选择性的焦点注意和复述；短时记忆中的察觉（detection）指意识之外的识别，"—"表示被动。由此可以看出，在中心加工阶段，被学习者注意到的语言输入特征，在三种记忆的互动下，在语言处理和元认知处理的协调作用下，将补充修正原有中介语系统，并进而输出。再次，在语言输出阶段，输出迫使学习者从单纯的语义加工转向对语言形式的加工，从而注意到现有中介语系统的问题，并提升对相关语言输入特征的敏感程度，提高下一轮语言输入加工的质量。换言之，语言输出，以注意为中介，使学习者成为了一个积极的语言输入加工者。总之，注意参与整个二语习得过程，各种因素共同作用于注意，输出输入也因注意构成二语习得的一个回路。

第五节 影响注意的因素

既然"注意"在语言习得过程中作用如此重要，那么学习者在学习过程中会想方设法给自己施加"注意"。然而，学习者所能够施加注意的对象是受某些因素制约的。Schmidt（1990）提出下面几个具体能影响学习者对语言输入的注意的因素：（1）教学（instruction），也指学习者受到的指引。在教学过程中，教学引导可以提高学生对某语言形式特征的意识程度，教学中讲授到的语言形式容易被注意，否则会被忽略；（2）频率（frequency）。Ellis 认为，输入的频率是影响语言发展的因素之一。Schmidt 认为在语言输入中出现频率高的语言特征更容易被学习者注意到，也就更有可能被学习者内化并融入其中介语。此外，对于语言水平较高的学习者，某些不常出现的内容也会由于其频率低而引起注意；Skehan（1998：201）认为，一种形式越是频繁出现，越可能受到注意。学习者通过对可理解性语言材料的处理，产生一种语际语，并在最后形成第二语言的表达，这就是语言输出。在输入和输出之间，大脑所进行的活动涉及注意、记忆、思维、分析、迁移和语际语（中介语）的形成等，其中"注意"是第一步；（3）凸显度（salience）。感知度涉及语言形式在输入中的显著度，显著度越高被注意的可能性越大。语言输入中越凸显的语言形式越容易引起学习者的注意，因而也容易被内化，从而习得；（4）学习者对输入的处理能力（processing ability）。学习者信息加工能力存在差异，能力越强效率也越高；（5）学习任务的要求（task demands）。任务要求促使学习者注意到为了完成任务所需要用到的语言形式。当任务要求超出学习者有限的加工容量时，学习者就很难注意到语言形式。后来，在 Schmidt 研究的基础上，Skehan（1998：51）又补充了另外一个因素，任务的可选效果，即任务特征突出则易于注意；（6）学习者当时所具有的中介语水平（current state of the interlanguage system）。学习者的内在中介语系统决定其是否会准备好注意，该系统越发达，越容易注意到新的语言形式。以上因素中，频率和凸显度与语言输入的特征有关，学习者受到的指引共同构成了与教学实践有关，这三个因素又共同构成了影响注意的外在因素；而学习者对输入的处理能力，学习者当时所具有的中介语水平和学习任务的要求则与学习者的个体差异有关，是影响注意的外在因素。对学习者而言，这六大因素相互交织、共同制约着"注意"的功能。

第六节　提升注意力手段

注意机制对语言学习意义重大，因此要提高二语习得效果，就要设法加大注意机制作用的发挥。为此，研究者们提议了不少诸如意识唤醒（consciousness raising）（Rutherford & Sharwood Smith，1985），输入强化（input enhancement）（Sharwood，1991、1993），重形式（focus on form）（Doughty & William，1998；Long，1991）等提升学习者注意的教学方法，来帮助二语学习者发展其中介语。所谓的提升注意力，就是通过教学手段将学习者的注意力引向其中介语系统中问题之处，提升的目标和结果就是使得学习者对这些问题产生注意。由于注意可以发生在学习者进行输入处理、产出生成和接受反馈等各个环节，所以教学中提升学习者注意的方法要涉及这三个环节。

一　增加输入频率和感知凸显度

首先，在语言输入环节，要设法使学习者分配一些注意力资源到其中介语系统中不存在的语言形式上。常见的做法是，采用注意吸引手段，增加目标语言形式在输入中的频率或感知凸显度，它包括输入洪流（input flood）、语料库手段呈现输入频率，结构化输入（structured input）（Van-pattern，1996），排印输入强化（typographical input enhancement）（即，使用诸如加黑、大写、加下划线等形式技术凸显某语言形式）（White，1998），规则解释（rule explanation）等方法。上述方法均基于 Van pattern 的注意处理输入加工理论。该理论认为，学习者在加工语言输入时，首先关注的是意义内容而非语言形式，而学习语言又必须关注相关的语言形式。然而输入不会主动转化为习得，这中间必然还有一个吸收的过程。所以，输入加工中教学的重点理应放在从输入到吸收的阶段，以最大化这一阶段在信息活动中的效率。上述种种教学手段就是引导学习者在关注语言意义的同时，分配部分注意力去有意注意语言的形式，即隐性学习与显性学习相结合，从而使输入转变为吸收，最终进入并发展中介语系统。对于这些教学建议，Van pattern 和 Oikkenon（1996）、Izumi（2002）等已予以了实证验证。

二 提供反馈信息

除上述输入阶段的提升注意力手段外,在语言产出阶段采取手段强化学习者的注意也极为重要。学习者通过输出过程来唤起自身内在的注意力,即学习者自己确定在输出中存在的问题,并应把注意力集中于何处。产出具有注意功能,但仅靠产出对语言学习是不够的,因为只有产出,学习者可能只会意识到自己中介语系统还不完整,一些思想无法表达,但他既无从知晓该如何填补这些空缺,也无法察觉其中介语系统中错误的语言知识表征。因而要使输出的注意功能最大化发挥作用,课堂环境下提供适时的互动反馈信息则是必要的(王琦,2009)。根据 Long(1996)的划分,反馈包括显性改错(explicit correction)、元语言解释(metalinguistic explanation)、隐性澄清要求(implicit clarification request)、确认检查(confirmation check)、重复(repetition)和重铸(recasting)等。在这些活动中,教师或同伴可以要求学生重述自己的语言产出,或提供正确表达的反馈话语,以此引导学习者反思自己产出的语言形式,察觉其中介语系统的漏洞,并在接收到纠正性反馈后,认识到自己原有产出的不足,进而修正或补充原有中介语系统。近年来,越来越多的研究,开始验证互动性反馈作为注意提升手段的作用,如 Muranoi(2000)探究了互动性反馈对日本英语学习者英语冠词习得的注意提升作用;Mackey(1999)探究了互动性反馈对二语学习者问句形成的影响等。

三 采用形式教学法

除上述教学方法外,重形式教学法也是一种唤起学习者注意的教学理论。Long 于 1991 年提出的"重形式"(form-focused)教学法,用来指称一种与传统的"全形式"教学法不同的方法,指引起学习者注意语言形式的交互行为。后者以强调直接教授语言形式为特色,而前者则是在以意义为导向的活动中,将对形式的注意和对意义的注意加以整合。也就是说,重形式所探究的核心问题就是如何在以意义为中心的活动中,适时地使学习者的注意力分配到语言的形式特征上,以促进学习者中介语的发展。该教学理论涉及三大认知问题。首先就是注意问题,即学习者是否拥有足够的认知资源去注意其中介语系统中的漏洞(Doughty,2001:218)。其次是干预问题(是否存在不干扰学习者自身语言学习处理的教学干预?

如果存在，如何实现？）和时机问题（如果存在这样的教学干预，什么时候进行效果最好？）。总之，重形式教学法的宗旨在于，在以意义传递为主要目的的交际活动中，适时巧妙地以最不干扰学习者意义处理的方式，引导学习者注意相关的语言形式，从而促进学习者对相关形式的吸收和掌握，进而发展学习者的中介语系统。Ellis 也对语言形式教学加以定义，与 Long 的定义有些相似之处，但包含更多内容，既有计划的也有无意的形式讨论。他认为这种教学就像任何有计划或无意识的教学活动，其目的在于引起学习者注意语言的形式。Ellis 认为，在语言形式教学中，无论是有计划的，还是无意识的，对语言的注意被划分三种类型：（1）以提前筛选的，并以归纳或演绎为呈现方式为学习目的的注意；（2）有计划的语言注意，交流任务完成时突出强调语言意义而不是形式；（3）当学习者完成交流任务时，由于语言交流意义出现的问题或形式引起的问题，无意中引起学习者对形式的注意。正如 Doughty and Varela 提出的关注形式（focus on form）的三条具体标准所述：a. 在基于内容的课程中，应该有强调形式的目标；b. 重要的关注点应该维持在意义的交际上；c. 教师应该把学生的注意力吸引到语言形式上，而不是放任学生去发现语言特征，关注形式要具备两个条件，即既关注语言的特征又不要忽视首要的交际任务。许多实证研究，如 Ellis 和 Laporte（1995）、Spada（1997）等也已经证实了形式教学的有效性：在意义交际活动中，当学习者的注意力通过外在的输入或任务操纵，被有意地吸引至加工目标语言形式，他们在目标语的使用上表现出更高的准确性；与此同时，他们的交际能力也比接受全形式教学法的学习者有更大的发展。

  语言学习离不开注意的参与，但人的注意力资源是有限的，二语学习者需要将有限的注意力做出形式和意义的分配。在现今交际教学法、任务教学法广泛流行的二语课堂上，学习者为了实现语言交际与实施任务的目标，必然会将注意的重点集中在意义的交流上，而忽略掉对语言形式的关注。长此以往，势必会造成学习者语言输出的准确性不高和中介语系统的僵化。因此，二语习得中一定程度的注意是不可或缺的，注意势必会极大地提高学习者的学习效率，提升语言输出的准确性，提高课堂互动交际的效率。因此在教学中，要采取种种手段尽量提升学生的注意力。

第七节　有待深入探索的问题

大量研究证明了注意在二语习得中的重要性，但仍有一些问题需要进一步探讨：(1) 什么类型的注意最有利于二语习得？(2) 学习内容的复杂性（complexity）如何影响注意的效果？(3) 学生本身的二语综合水平（proficiency level）如何影响注意的效果？(4) 注意在二语搭配习得中的作用；(5) 注意和词汇基本含义的习得；(6) 注意在二语语音习得中的作用。研究这些问题对于二语习得和教学至关重要。因为只有明确了这三点，我们才能知道处于某种二语综合水平的学生在习得某个二语语言点时，应该处于什么样的注意状态才能取得最大进展。只有了解了这些，学习者才能找到最佳的学习方法，教师也就能针对学生以及所教授内容的特点采用最有效的教学手段。范烨（2009）在总结过去主要研究结果的基础上，对上述问题进行了探究。

一　什么类型的注意最有利于二语习得

Robinson（2003）针对二语习得强调了外围注意（peripheral attention）和焦点注意（focal attention）的区别。根据 Robinson 的描述，感官信息首先通过外围注意被觉察到，并临时储存在感觉记录器（sensory register）中；接着，焦点注意选择一部分信息作进一步加工，其加工过程包括维持性复述（maintenance rehearsal）[即在短时记忆中通过"语音环路"（phonological loop）循环重复某些信息] 和精细性复述（elaborative rehearsal）（即花费更多的心理努力去比较新旧输入，寻找信息中隐含的规律或者验证某个假设）。可以认为，Robinson 所描述的焦点注意相当于 Posner 和 Petersen 所提出的"有意识的察觉"再加上"复述"。

学生能给予二语输入的注意资源是有限的，而且其注意程度和形态会有以下几种可能性：(1) 外围注意，不特别关注某个语言点（如语法），只是接触语言输入而已（如读一段话）；(2) 表面元素层面的焦点注意，特别注意具体的语言输入，如反复朗读词句，但不分析其隐含的规则；(3) 规则层面的焦点注意，不仅注意到具体的词句，还分析学习其包含的规则。那么究竟什么类型的、多少量的注意最能促进二语习得呢？不少研究者认为，有意识地帮助学生注意那些他们容易忽视的句法、词法特征能促进习得以及信息的保存，有的甚至认为这是必须的（Long，1991；MacWhinney，1997；Schmidt，1990、1994、1995、2001；Terrell，1991；Williams，1999）。也有一些研究者认为，对于特征形式的焦点注意并不是学习的必要条件，学生只需理解输入的意思，句法词法会自然而然地、被无意识地从输入中抽象出来（Krashen，1992、1994；Schwartz，1993；Schwartz & Gubala-Ryzak，1992；Zobl，1995）。Tomlin 和 Villa（1994）提出，人们能无意识地察觉某些信息，而且这些信息能被进一步加工，用来形成假设或验证已有假设。但是，相比之下，焦点注意显然更能提高学习效率。总之，焦点注意可以最大限度地促进句法、词法和词义的习得。Norris 和 Ortega 在比较了49项研究的平均效应量之后得出以下结论：将学生的注意引向规则的教学方法，无论是归纳型的还是演绎型的，都比不涉及规则的方法更有效。

二 注意与学习内容复杂性的交互作用

随着研究的深入，学者们逐渐认识到注意的效果可能会因所学语言内容的不同而变化。语言的各个不同方面其复杂程度不一样，加工、储存的方式也不一样，其所需要的注意类型也是不一样的（Schmidt，1995；Truscott，1998；Van Pattern，1994）。影响语言现象复杂程度的因素众多，可分为几个主要类型：（1）变化、增加、删除的量。某个语言现象所涉及的变化、增加、删除的量越多，它就越复杂。（2）语境范围的大小。如果某种形式的使用只取决于临近的环境，那它就较简单；相反，如果牵涉到较大的语境范围，那它就比较复杂。（3）规则的可靠性。有些语言现象只能用概率性规则来解释，它包含几个甚至许多例外；而有的可以用十分明确的规则加以概括。前者比后者更加复杂。（4）语义的复杂性。有些形式或结构的用法表达简单具体的语义概念，而有些与众多的语义种类或者十分抽象的语义种类相关联，从而更复杂。例如，复数形式表达了一个很清晰的概念，其功能较简单（Krashen，1982：97—98）。然而，定冠词和不定冠词之间的选择十分复杂，其隐含的规则同众多的语义、对话因素有关，学生也就较难习得（Doughty & Williams，1998）。

语言现象的复杂程度如何影响注意的效果？学者们观点不一致。Reber（1989、1993）和 Krashen（1982、1985、1994）认为，当某条语言规则十分简单时，有意识的规则学习会产生较好效果，但是当学习内容较复杂时，内隐教学/学习（implicit instruction /learning）比外显教学/学习（explicit instruction /learning）更有效。内隐教学/学习指教师引导学生无意识地、自然而然地习得某些语言现象或者学生自己以这种方式学习；外显教学/学习指教师将学生的焦点注意转向某些语言特征或规则，或者学生自己用这种方式学习。Hulstijin 和 De Graaff（1994）提出的假设则和 Reber、Krashen 的观点截然相反。他们认为当学习内容十分简单时，学生们也许会自发地寻找到其潜在规则，这时没有必要进行外显教学。但是当学习内容较为复杂时，外显教学能够帮助学生节约大量时间，促进其发现并掌握潜在的复杂规律。DeKeyser（1995）的研究表明外显学习/教学对于复杂内容的习得没有什么促进作用，但是 Carroll 和 Swain（1993）、Gass、Svetics 和 Lemelin（2003）的实验结论却相反。Ellis（1996）针对以上差异指出，我们应该区分两类复杂的语言现象。当所学内容较复杂，但只有有限的几个变量而且关键特征十分明显时，有意识地去学习一些规则会有益；但是，当所学内容包含许多变量，而且其中一些因素间的关系不明显时，内隐学习也许更加有效。Carroll 和 Swain、Gass、Svetics 和 Lemelin 实验中的目标学习内容可能属于前一类，而 DeKeyser 实验中的学习内容可能属于后一类。范烨（2009）对注意和学习内容复杂度间的交互作用作以下总结：（1）当学习内容非常容易时，外显教学没有必要；（2）当学习内容非常复杂时，外显教学没有效果；（3）只有当学习内容容易、稍复杂或复杂时，外显教学才会有效（DeKeyser，2003）。

三 注意与学生二语综合水平的交互作用

注意的效果不仅同学习内容复杂性有关，还与学习者的二语综合水平有关。二语习得包括一个个不同的发展阶段，有些较复杂的结构或形式似乎总比一些较简单的要晚习得（Pienemann，1987、1989；Pienemann & Johnston，1986）。Pienemann 认为，学生必须在掌握了某个阶段的内容之后，即在达到了一定水平之后，才有能力发展到下一个阶段。同样，Schmidt（1990）提出了"准备注意"（readiness to notice）的概念，其核心思想是如果学生没有达到一定的综合水平，即还没有做好准备学习某项新内容时，将其焦点注意转向该内容将是徒劳。Doughty 和 Williams

(1998)也阐述了类似的观点：假设某个学生仍然需要将大多数的注意资源用在输入或输出中的某些环节中，在这种情况下，将其焦点注意转向新的形式也许是没有用的，因为该学生还没有足够的空余资源去注意它；学生必须在达到一定的综合水平、对输入中的一些元素能够进行自动加工（automatic processing）之后，才能解放部分注意资源去学习新内容。总之，二语综合水平决定了学生是否具有能力去学习下一阶段的内容，而这又会影响到焦点注意的效果。不少实验都证明了注意与二语综合水平之间的这种交互作用。如 Van Pattern（1990）、Long（1988）、Pienemann（1989）、Williams 和 Evans（1998）等。

综合以往研究成果，范烨（2009）得出以下几个主要结论：（1）注意是一个包含外围注意和焦点注意的连续体，它在二语习得中扮演着至关重要的角色。（2）就句法、词法的习得而言，许多实验证明，表面元素层面上的焦点注意能促进学习；规则层面上的焦点注意不是必须的，而且有其局限性，但是它的确能加快学习进程。（3）就词汇含义的习得而言，许多实验证明，对于某个词的注意程度越深、分析越精细，就越能牢固地掌握其含义。（4）注意的效果受所学内容复杂程度的影响。目前较全面的观点是只有当学习内容处于复杂度连续体的中部时（既不非常容易，也不非常复杂），外显教学才有必要，并能促进习得。（5）注意的效果受学生二语综合水平的影响。只有当学生达到一定的水平，能够接受吸收某个新的形式或结构时，将其焦点注意转向该项新内容才有效。

四 注意在二语搭配习得中的作用

搭配关系是词汇学习的重要内容之一，也是词汇学习最大的难点。它不仅由该词的基本含义和句法决定，还取决于该词固有的搭配特征。对搭配的学习效果取决于学生所投入的注意量的多少。对于某个词的搭配特征，学生可能有以下几种注意状态：（1）仅仅接触一些包含某词的词组或句子（对于搭配特征给予了外围注意）；（2）有意识地去记一些包含某词的词组或句子（对于搭配特征给予了焦点注意——维持复述）；（3）分析、学习某词的搭配特征和规则（对于搭配特征给予了焦点注意——精细复述）。以上几种状态在短期和长期会产生什么样的学习结果？学生是如何逐渐习得搭配的？这些都是二语习得研究中需要重点探讨的问题。但是，长期以来，研究者似乎一直比较偏重于对句法、词法的研究，而忽略了这一领域。目前仅有一些关于如何学习、教授词汇搭配的讨论。如一些研究者认为人们能通过大量、反复接触二语，自然而然地习得词汇搭配，即没有必要去特别注意搭配特征（Schmidt, 1995; Ellis, 1997; Kennedy, 2003）。而另一方面，也有研究者提出对于词汇搭配特征的焦点注意能加快习得进程（Moon, 1997; Nesselhauf, 2003）。

五　注意和词汇基本含义的习得

同句法、词法的习得一样，词汇基本含义的习得也同注意的程度及类型密切相关。有一个观点为大多数心理学家和二语习得研究者所公认，那就是对于一个新词的注意程度越深、加工程度越精细，就越有可能掌握它（参见 Anderson, 1995; Baddeley, 1997; Ellis, 1997; Skehan, 1998）。此处的精细加工指从多个方面而不是单一地从某一方面去研究分析一个词，如在词形与意思之间建立丰富的联系，注意使用语境，发现该词与其他词的语义关系。有许多实验验证了这一观点（如 Hulstijin, 1992; Hulstijin & Laufer, 2001; Laufer, 2000、2003; Newton, 1995; Paribakht & Wesche, 1997; Smith, 2004; Watanabe, 1997）。Laufer 和 Hulstijin（2001）则在前人研究实验的基础上，提出了具体衡量词汇加工程度深浅的三个成分：需求（学生想要完成某项语言任务的愿望）、寻找（搜索某个词的意思或寻找某个词以表达某种意思）、评估（比较某个词和其他词，比较某个词的各种意思，或者确定某个词是否适用于某个场合）。Laufer 和 Hulstijjn 的假设是，这些成分越多，词汇加工的水平就越深，学生也就越有可能掌握该词的意思和用法。这一假设获得了实验结果的支持。以上研究结果一致表明，对于词义的焦点注意可以促进习得。但是对于各种焦点注意形态究竟孰优孰劣目前尚无定论。

六　注意在二语语音习得中的作用

有关注意和二语语音习得关系的专门研究极为缺乏。但是，从根本上讲，语音学习及教学的方法都与注意有关。究竟什么样的方法最有效？仅仅是坚持不懈的模仿吗？有意识地学习发音方法是否有用？这些问题都涉及注意。范烨（2009）认为，对于二语中的语音特征（如切分特征、超切分特征），学生可能有以下几种注意状态：（1）仅仅去听某个词、词组或句子的发音（对于语音特征给了外围注意）；（2）有意识地反复模仿某个词、词组或句子的发音（对于语音特征给予了焦点注意——维持复述）；（3）了解发音机理和规则，如发某个音时舌尖的位置、语调起伏的规则等（对于语音特征给予了焦点注意——精细复述）。对于以上几种状态，可以进行相关的实验来分析论证。

把输入的语言信息或把欲表达的语言内容和已有语言知识进行比较，找出自己所缺乏的，因而需要补充的内容。这里的已有语言知识包括一语和二语知识。Schmidt（1992）在讨论学习者二语学习的注意力（noticing）时指出，吸收是暂时存储于短时记忆里的信息，它可能融入系统中。被注意到的信息要转化为吸收，学习者就必须对他在吸收中观察到的信息和他本身现有的中介语系统的输出进行比较，这就是所谓的"注意差距"（noticing gap）。比较有以下原则：

首先，从系统功能语言学的角度来看，语言是一个用以实现一定功能的系统网络，它同时也是一种意义潜势。系统中的项目被称作选项，语言是人们在一组系统中进行选择的结果。系统中的各子系统之间有一定的层次关系，不同的层次间存在体现关系，"意义"的选择（在语义层上）被"形式"的选择（在词汇语法层上）所体现。意义的表达和理解要靠语言形式来体现，语言的意义和形式之间有一种映射关系。因此，要对一语、二语和现有中介语在某一语言项目上的语码形式进行比较。

其次，从语言哲学的角度来看，语言是人们对现实进行认知加工的结果，因而语言能够反映现实世界，亦即能够反映构成现实世界的诸多元素及其间的各种相互关系。因此可以在描述元素本身的语码，描述其特征、属性、状态和元素之间各种关系的语码方面进行对比，找对应关系。

再次，从语言迁移角度来讲，影响中介语形成和发展的原因之一是迁移，分为语际迁移和语内迁移。母语对目的语学习产生影响所发生的迁移叫语际迁移。语内迁移是学习者已有的目的语知识对目的语学习产生影响发生的迁移。母语对目的语的影响既有正面的也有负面的。那些能够促进目的语学习的正面影响被称为"正迁移"，而那些干扰和阻碍目的语学习的负面影响被称为"负迁移"，或称母语干扰。一般来说，母语中与目的语相同或相似的方面会促进目的语的学习，而有差异的方面往往会阻碍和干扰目的语的学习。补缺法学习过程中，在对语言输入进行选择时，通常要将其和自己的母语以及和自己现有的中介语进行比较，通过比较，找出异同，强化正迁移，减少负迁移，从而促进中介语的发展。同时也能找出自己所缺乏的，因而需要补充的内容，包括词汇、语法、表达方式、章法、语用、文化知识等。

第四章 "对比"与中介语建构

作为语言学的一个分支，对比语言学是从 20 世纪 50 年代发展起来的，沃尔夫认为，"对比语言学"属于共时性研究，它通过对两种或两种以上的语言进行考察和分析，指出它们在各个层级（如语音、词汇、语法、语义或篇章）上的相同点和相异点，并阐释这些异同点的哲学、心理学或逻辑学根源。作为研究方法，"比较"和"对比"是密不可分的（郑亚南、黄齐东，2008）。著名语言学家赵元任说："所谓语言学理论，实际上就是语言学的比较，就是世界各民族语言综合比较研究得出的科学结论。"这说明研究语言学的基本方法是比较的方法。语言学习也需要有适当的语言学理论作为指导，就二语习得而言，对比分析是重要的理论之一（杨自俭、李瑞华，1990）。对比语言学作为一门学科在欧美国家得到了较大的发展，有大量的论文、专著和研究项目。英汉对比研究在国外也是从 50 年代开始的。国内的英汉对比研究兴起于马建忠和严复，之后有黎锦熙、刘复、王力、吕叔湘等。从研究的目的来看，对比语言学应包括理论和应用两个方面，可称为理论对比语言学和应用对比语言学。前者的目标是完善语言学理论体系。而后者的目标主要是通过各方面的对比，找到两种语言的差异，进而指导两种语言的教材编写和教学活动以及两种语言的翻译（包括机器翻译）。建立在对比分析（CA）和误差分析（EA）基础上的外语教材和外语教学是最有成效的，这已为实践所证明。

第一节 功能语言学角度的英汉对比

从系统功能语言学的角度来看，语言具有系统性，是一个用以实现一定功能的系统网络，语言系统就是"语言的聚合关系"。语言同时也是一种意义潜势，由可进行语义选择的系统网络组成。语言系统是分层次的，是一个由语义层、词汇语法层、音系层组成的多层次系统，也就是说，意义、词汇语法和音系学是语言的三个层次。意义表现为意义潜势，是一种符号的意义资源，包括一系列可供选择的系统网络。意义潜势由三大元功能（意义成分）组成：概念功能，即语言表达人类的经验和逻辑关系的功能；人际功能，即语言表达交际者之间的交流关系和角色关系以及社会地位的功能；语篇功能，即语言表达语篇和语境的关系，以及语篇内部的组织的功能。这三个意义成分分别与情景语境的三个变项：话语范围、话语基调、话语方式相互关联。词汇语法是从功能的角度建立起来的，从两个角度进行探讨：体现语言的意义潜势的语法为系统语法，体现交际中所选择的话语的语法为功能语法。意义的三个组成部分主要由相应的三个语法系统体现：概念功能由及物性结构体现，人际功能由语气和情态系统体现，语篇功能由主位系统体现。上述三个层次之间的关系是体现和被体现的关系；从系统中进行选择便产生了在社会文化交际中实际应用的语言。语言的性质决定于语言在人类交际中所完成的功能。在系统功能语言学研究中，有两个比较重要的意义：一是语言所完成的交际任务。从这个角度讲，语言是一个由概念意义、人际意义和谋篇意义组成的概念框架；一是语言单位在语言结构中的功能，指构成一个语义系统的起具体作用的语义成分，是形式化的意义潜势的离散部分，由词汇语法来体现。体现概念意义的是及物性系统，包括行为者、过程、目标、环境等；体现人际意义的有语气系统，包括语气和剩余部分等成分；体现谋篇意义的有主位系统，由主位、述位两个功能成分组成信息系统，包括已知信息和新信息两个功能成分。语言是在语境中运用，并且由语境决定的。

就语言学习而言，Halliday（1980）认为儿童学习语言最基本的任务就是建构一个语音、词汇语法和语义的三层系统。他认为语言是在服务于参与性思维和行为中历史地发展起来的形式和意义统一的符号系统（刘永兵，2010）。而且他把语言同时看作系统和资源，编码和行为，并认为语言是表达意义的资源，语言的使用是对意义潜势进行的选择（Matthiessen，2006）。语言是一种符号、语言的使用是对意义的选择。他认为语言是思维的基础，儿童学习语言的社会化过程也是儿童构建自己的思维模式和主观世界的过程。语言学习的总体目标是发展学生的意义潜势，这是所有学习外语的人都梦想达到的目标。这个目标意味着他能够在目标文化中表达所有的意义，即他已经掌握目标语所有的意义系统。要真正掌握目标语的整个意义系统，不仅涉及语言的系统本身，而且涉及语言的所有系统和所有方面，包括与语言相关的所有外部层次和方面。语言系统中的项目被称作选项，语言是人们在一组系统中进行选择的结果。系统中的各子系统之间有一定的层次关系，不同的层次间存在体现关系，"意义"的选择（在语义层上）被"形式"的选择（在词汇语法层上）所体现。意义的表达和理解要靠语言形式来体现，语言的意义和形式之间有一种映射关系。因此，要对一语、二语和现有中介语在某一语言项目上的语码形式进行比较。

Halliday 在担任澳大利亚语言开发项目顾问期间，提出了"基于语言的学习"理论模式（1980）。在这个模式下，学习者首先要学会在各个层级上表达意义：不仅自下而上（始于语音/书写的表达层），也要从上到下（始于语境的表意层），还要从中间向两边（始自语言系统的任一给定层级）。这就是说，学习者不是孤立地学习某一个语言子系统层面的特征，而是将语言看作互相影响的子系统群来学习它的所有特征（Matthiessen，2006）。其次，语言学习自始至终是一个学习如何使用一门语言来表达多种功能的过程：概念功能是把语言当作现实的理论，也是反映识解经验的资源；人际功能用语言构建人际关系，是与他人互动的资源；语篇功能将概念意义和人际意义组织成话语，成为语境化的意义（麦蒂森、韩礼德，2009）。最后，语言学习就是学习者想方设法在由潜势、实例类型和实例构成的渐变群中畅行无阻的过程：学习者通过在渐变群中上行，不断地扩展语域范围和个人意义潜势，无限接近潜势端。在 Halliday 看来，语言有层级性、功能性和例示性，因此语言学习是一个多层次、多功能、多维度的过程。对于一语（或母语）的学习，Halliday 认为儿童学习母语不仅是建构意义潜势的过程，也是为自己建构社会意义的过程。完全可以这样说，儿童学会语言的过程就是认识世界并与世界进行交往的过程，就是学习如何通过语言表达各种意义的过程，就是使自己不断社会化的过程。对于二语（或外语）的学习，Halliday 指出学习一门外语，是建构一个新的现实，或者说是再次社会化的过程（1978b：192）。因为在一门外语建构的现实中，人们交流着不同的意义，学习者必须掌握相关情景语境并学会如何识别不同语境下表达的全部意义。

综上所述，我们可以得出如下启示：

首先，根据 Halliday 语言发展观，儿童学会语言的过程就是认识世界并建构现实的过程，就是学习如何通过语言表达各种意义的过程，就是使自己不断社会化的过程。那么对外语的学习而言，就是建构一个新的现实，或者说是再次社会化的过程。这可以分别理解成母语概念内化过程和在母语概念的基础上概念迁移的过程。因此外语学习必须考虑母语与外语的概念范畴差异及概念迁移问题。这需要进行语言对比。一方面，对比母语和外语，看某一概念在两种语言中是否都存在，如果都存在，应该怎样对应；如果不是同时存在，如何用适当的语言形式来表达此概念。如下列概念 A heavy smoker，heavy rain 和 heavy traffic，在英汉语中均存在，分别描述人抽烟之多、雨之大、交通之繁忙，但不可直接和汉语对应，把其中 heavy 的翻译为"重"，而应根据汉语表达习惯，分别译为"烟瘾大的人""大雨""繁忙的交通"。再如下列概念均为汉语特有，若要变为英语，就要进行适当的变通。如"按劳分配，安慰奖，安居工程，按资排辈，拜年，搬迁户，本命年，处世之道，姻缘，还愿"其英语表达分别是"distribution according to one's performance, consolation prize, Comfortable Housing Project, to assign priority according to seniority, pay a New Year's visit, a relocated unit or household, this animal year of sb., philosophy of life, yin yuan (prefixed fate of marriage), redeem a wish (vows)"。另一方面，要把自己的中介语和目标语对比，或者查看自己中介语系统中是否有某一概念的表达方式，或者看该概念的表达是否正确，也就是是否和目标语一致，对外语学习而言，这一点尤其重要。

更重要的是，Halliday 认为学习一门语言就是建构与扩展这门语言的意义潜势，学习者必须不断积累创造意义的资源。在一门外语建构的现实中，人们交流着不同的意义，学习者必须掌握体现在语篇中的相关情景语境并学会如何识别不同语境下表达的全部意义。语篇迁移与学习者的祖国文化习俗息息相关。在学习的过程中要把语篇与情景语境相联系，互为诠释。也即是说，在某一语境下常用的语言形式（语篇模式）是怎样的？这样的语境必定会产生这样的语篇；反之，某一交际语篇必定和特定的某一语境相结合，所以根据一定的语篇模式就可以推知与其相适应的语境类型。在外语学习过程中，这也就涉及语境对比：在英汉类似的交际语境下，其语言形式（语篇模式）分别是怎样的？通过对比，就可以把两者进行适当的转换。比如中国人见面时常用"你吃过没？""干嘛去啊？"打招呼，告别时常用"慢走""走好""有空再来"

等。这些表达当然不可能照搬到英语中去。在同样的交际语境中,英语中的表达通常用"Hello!""Hi!""How do you do?""How are you?"等,以及"See you.""Take care.""Bye-bye.""See you"等。再如下例,English speaker:Your English is very good. Chinese learner:No, no, my English is not good at all. 中国学生的句子似乎完全正确。但是从交际的角度来看,这一回答并不得体。显然,中国学生根据中国人的习惯表示谦虚,但他不知道英语的回答常常是"Thank you."或"Thank you, but I still have a lot to learn."也就是说,他没有掌握英语中此类表达赞美的语境中常用的表达形式。所以通过语境对比,来掌握英汉两种语言在某一特定语境下各自的常用表达,就显得尤为重要。这可以提高学习者的交际能力以及表达的适切性。

第二节 语言哲学角度的英汉对比

从语言哲学的角度来看,语言源于现实,是现实和人的认知结合的产物,因此语言反映现实。客观世界中的事物、现象是有结构的,事物、现象之间也会有各种相互关系,作为对现实的反映,语言也必须体现出这种关系。语言不一定总是和现实结构相对应,却必须符合现实世界状况。也就是说,语言在一定程度上受现实制约。语言与现实的这种关系有助于语言理解和语言学习。世界由各种元素及它们之间的关系构成,各种元素都有状态(包括动态和静态)、特征、属性,相应地,作为对世界描述的语言,也就由描述各元素的成分以及描述这些元素之间关系的成分构成。这些成分体现在句子中称为句素,即构成句子的各项要素,包括元素项、状态(包括动作)项、属性项和关系项。由此,我们可以高度抽象出世界的构成方式(a),以及语言描述世界的方式(b):

元素(状态/特征/属性)+元素(状态/特征/属性)→世界(a)

[元素项(状态项/特征项/属性项)]+[关系项]+[元素(状态项/特征项/属性项)]→句子(b)

其中(b)代表涉及两个及两个以上元素的句子,如"我在看书。"

"他给了我一本书。"

当句子只涉及单个元素时,(b) 就简化为 (c):

元素项(状态项/特征项/属性项)→句子(c)

如:他很聪明。小明跑得很快。

元素项和状态、属性项是浑然一体的,因为不存在没有任何状态属性的元素,也不存在不依附于任何元素的状态和属性。元素的状态、属性必须和现实或人们所认知的现实相符合,元素间的关系亦如此。由此可知,对世界的研究可以通过研究表述世界的句子来进行,而对句子的研究可以通过研究句素,即构成句子的各项要素来进行。具体来说,就是要研究元素项、状态和属性项、关系项,这也就是研究句子的三个重点方面。语言能够反映现实世界,亦即能够反映构成现实世界的诸多元素及其间的各种相互关系。在反映同一现实时,不用的语言采用的方式不同,学习外语,就是要学习该语言对世界的反映方式。因此可以在描述元素本身的语码,描述其特征、属性、状态和元素之间各种关系的语码方面进行对比,找对应关系。

第三节 英汉对比的理论和方法

在英汉对比研究的理论和方法建设上做出重要贡献的主要是吕叔湘、赵世开、王宗炎、王还和严学窘几位先生。吕先生是比较法的倡导者,他(1942:7)曾说:"只有比较才能看出各种语文表现法的共同之点和特殊之点。"他的《中国文法要略》便体现着英对比的思想。后来他在《中国人学英语》中说:"我相信,对于中国学生最有用的帮助是让他们认识英语和汉语的差别。"这和美国语言学家 C. C. Frios 关于编写最有效外语教材的观点非常相似。吕先生在《通过对比研究语法》中不仅强调了比较法的普遍性和重要性:"要认识汉语的特点,就要跟非汉语比较。无论语音、词汇、语法,都可以通过对比来研究。"而且高度概括地提出了对比研究的重点:(1)彼此不同;(2)此一彼多或者此多彼一;(3)此有彼无或者此无彼有。实践证明这个概括在理论和方法上都起到了重要的指导作用。吕先生 1990 年 8 月在为我国第一本《英汉对比研究论文集》题词中说:"指明事物的异同所在不难,追究它们何以有此异同就不那么容易了。而这恰恰是对比研究的最终目的。"这个题词高屋建瓴,给对比研究指明了方向。

英汉对比语言学的主要任务是对英汉两种语言进行共时和历时的对比研究,描述并解释英汉语之间的异和同,并将研究成果应用于语言和其他相关的研究领域。由此可见,"同"和"异"是两个基本范畴。吕先生在《通过对比研究语法》中讲到的三种情况:第一种是彼此不同;第二种是此一彼多或此多彼一;第三种是此有彼无或此无彼有。从中可知吕先生讲的都是"异"的问题。从更为全面的角度考虑,英汉对比应着重以下三个方面的研究。一是把"同"和"异"都在以上研究的基础上分种类和等级两个系统进一步探讨,既要追求异和同到底各有多少个种类,又要追求异和同的各个种类又各划分多少个等级。二是要深入研究同中之异和异中之同,因为同和异都是很难分离的,而且同都是异中之同,异都是同中之异。三是要研究吕先生提出的二级目标即造成异同的根源。一方面要研究语言系统本身;另一方面要研究思维系统,因为语言表达不同的认知基础,追根求源可以追到原始思维发生学(杨自俭,2004)。

语言对比研究跟语言教学的关系十分密切,一般都把它列入应用语言学的范围。例如,对比研究有助于发现和解释外语学习中最难掌握的部分,有助于排除母语的干扰,也有助于错误分析。二语习得领域的英汉对比研究主要是为语言学习和教学服务。英汉对比研究可以从微观和宏观层面进行。微观层面是就语言本体进行的研究,包括语音、词汇、词组、句子、句群、语篇、修辞、文体等两种语言系统本身的结构、类别、功能以及各层次之间的关系。重点应是各层次的表义功能及语用特征(杨自俭,1999)。宏观研究包括的方面很广,主要可以从社会和心理这两方面进行(赵世开,1985)。(1)结合语言的社会功能进行英汉对比研究。语言是交际的工具,交际是一种社会行为,人们用语言进行交际就实现语言的某种交际功能。因此研究语言离不开探究其社会功能,这就是社会语言学研究的内容。美国语言学家 J. A. Fishman 说过,社会语言学是考察"谁在什么时候用什么样的语言对谁说话"。它研究语言的使用和使用者的有关问题。说话不仅要合乎语法(grammatical),还要有可接受性(acceptable)和适合性(appropriate)。我们不仅要学习语言的代码,还要学习代码的运用。因此，我们有必要加强不同语言的"会话规则"的研究。通过语言使用的对比，发现两者在社会交流中的不同特点，使学习者更好地运用不同的语言代码（赵世开，1985）。（2）结合语言心理进行英汉对比研究。这其实就是思维系统的研究。研究语言离不开研究思维，思维与语言的关系是包括语言学家在内的众多领域学者们共同关心的话题。迄今为止，主要存在三种理论观点：萨丕尔-沃尔夫假说（Sapir-Whorf Hypotheses）的语言决定论（linguistic determinism），J. 皮亚杰的思维决定语言论和维果茨基（Lev Semenovich Vygotsky）关于思维和语言之间相互作用、相互转化的动态发展理论。虽然三种理论有分歧，但一直认为，即思维与语言的关系是紧密相连和不可分离的。思维以一定的方式体现出来，表现于某种语言形式之中（连淑能，2002）。思维习惯不同，语言结构也会产生差异。

第四节　对比分析和错误分析

对比分析（Contrastive Analysis, CA）和错误分析（Error Analysis, 简称 EA）是二语习得领域的重要理论。这两者和对比语言学在研究思路和方法上有共同点，都奉行唯有比较才能深刻认识语言的观点，都通过对不同语言各个层级的考察和分析来进行研究。对比分析所涉及的是母语和外语/二语的对比，错误分析涉及中介语和目的语的对比。因此从宏观思路上来讲，对比分析和错误分析也属于对比语言学。

一　对比分析

学习者在二语习得过程中不可避免地会犯语言错误，且错误会出现在习得过程中的各个阶段与各个方面。这些语言错误大部分是能够分析和认识的，它们既有个性，又有共性，常带有某些规律性，并可以概括上升为理论知识，形成一套外语学习过程的错误分析理论。20 世纪 50 年代美国应用语言学家 Lado 等人就开始系统地研究错误并由此产生了有关错误的早期理论——对比分析。Lado 提出，"人们倾向于把他们本民族的语言和文化的形式、意义以及它们的分布迁移到外民族的语言和文化中去"（Lado，1957）。他的这一假设成为后来对比分析的基本思想并影响了全世界的外语教学。对比分析方法建立在对语言的描写基础上，其语言学基础主要是 Bloomfield 的结构主义语言学理论，心理学基础主要是迁移理论。其基本观点是：学生在学习和使用外语时，试图借助于母语的语音、结构、语义或文化来表达思想，就会产生迁移现象。两种语言规则相同或相似，常对外语学习有促进作用，往往产生正迁移（positive transfer）；反之，出现差异时会出现负迁移（negative transfer），即干扰（interference）。这样，语言之间的差异被视为二语习得的障碍和阻力（C. James，1980）。对比分析所遵循的是行为主义的语言习得观。认为二语习得就是克服母语的干扰，形成一种新的语言系统的过程。对比分析假设目标是通过两种语言系统的对比，发现母语与目标语的相同点和不同点，试图预测两种语言的相同点会导致外语学习过程中的正迁移；而两种语言之间的不同点则会导致外语学习过程中的负迁移。

针对自身的局限性，对比分析经历了三次调整阶段：强式、弱式和折中式。根据对比分析的"强式说"，第二语言学习者产生的错误完全可以通过两种语言的对比来预测。对比分析的理论方法存在的致命弱点是试图用简单的语言学方法去解决复杂的心理学的问题。它把语言的"差异"（difference）等于学习中的"难点"（difficulty），认为学习的"难点"必然导致语言表达的"错误"。然而许多事实表明，大量的错误并没有在第一语言中找出根据，因此，就出现了第二阶段的诊断性弱式假设。虽然弱式对比分析仍然认为语际干扰和语际差异即为学习困难之所在，但它不再声称对第二语言学习过程进行预测，转而强调对错误出现以后的事后分析解释。然而，如强式一样，弱式仍将自己的研究范围局限在语际障碍（interlingual barriers）的圈子里，而完全忽略了来自同一语言系统内部的语内障碍（intralingual barriers）。鉴于强式太过分强有力而弱式又太过分无能，于是又出现了折中式对比分析。折中式对比分析认为，学习者在习得第二语言时的一个基本特征是，按照他们所能感觉到的异同特征，把各种抽象和具体的句型归入不同的范畴。因此，那些形式和意义上相近的语言项目往往容易给学生带来困难，这是由于人类学习具有泛化的特征，微小的区别往往被忽视，而明显的区别反倒容易被发现和记忆。由此可见，折中式对比分析走出了传统的母语与目标语对比的模式，将学习者的认知、心理等因素都考虑进去，发展了对比分析。

二 错误分析

由于比对分析难以预测二语习得过程中学习者可能犯的语言错误，20世纪60年代后期至70年代初人们便把研究兴趣和重点从两种语言的对比转移到直接研究学习者的语言本身，集中对学习者所犯的语言错误进行系统的分析研究，从而揭示第二语言的习得过程与规律。错误分析的最早倡导者是Corder，他发表了一系列有关这方面的论著。其他进行过深入系统研究的还包括Selinker和Richard等。错误分析的心理学基础是认知理论，语言学基础则与Chomsky的语言习得机制（Language Acquisition Device）和普遍语法（Universal Grammar）有密切关系。它把第二语言习得过程看成规则形成的过程，即学习者不断从目标语的输入中尝试对目标语规则做出假设，并进行检验与修正，逐渐向目标语靠近并建构目标语的规则体系。错误分析试图通过研究学习者的语言错误，对二语学习过程进行规律总结和解释。进行错误分析的目标，应该是探索产生错误的原因并对症下药，找出一种行之有效的学习方法，使学习者在犯错的过程中，不断进步，从而逐步达到对语言的准确掌握。

第五节 补缺过程中的英汉对比

一 英汉词汇对比

于海阔、李如龙（2011）从词汇的理据性入手，着重对比分析了英汉两种语言中的单纯词、合成词（包括复合词和派生词），并进行了英汉上位词及下位词的对比。

（一）英汉词汇构成对比

从构词法上来说，词汇可分为单纯词和合成词，其中合成词又分为派生词和复合词。单纯词由一个语素构成，汉语中的单纯词除少量联绵词（如：呢喃）、音缀词（如：吊儿郎当）和音译词（如：巧克力）外，一般均为单音节词。现代汉语的词汇以单音词为核心，双音词为主体。合成词由两个或多个独立的语素构成，汉语的合成词占绝对优势。现代英语的词汇单纯词比例大于汉语，合成词则汉语比英语多得多。汉语单音单纯词的理据性很强，都可以进行分析与解释。英语单纯词的理据性则较弱，难于从词形上分析。

(二) 英汉合成词的理据对比

1. 合成词与单纯词

英汉语中合成词的透明度通常要高于单纯词，如：小羊>羔、小牛＞犊、小马＞驹、傍晚＞暮，walking stick＞cane, serviceman＞soldier, bluestone>sapphire 等。可见，表达同样意思时，使用合成词意义往往更加透明，所以语言中合成词越多，理据性也就越强。从总体上来说，汉语词汇的理据性大于英语。对词汇学习的启示：注重构词理据，有利于更好地学习词汇，尤其是扩大词汇量。

2. 英汉复合词的对比

一门语言中合成词越多理据性越强。同英语比，汉语里的合成词明显占优势。从句法结构上分析合成词，汉语中复合词的结构方式基本相似，如"日出、观光、推翻、根源、轻信"分别为陈述、述宾、动补、联合、偏正结构，在英语中类似的情况也很多，如 fingerprint（指纹），headache（头痛），cease-fire（停火），set-back（挫折），bitter-sweet（苦中有甜的）等这些词结构上也可视为偏正、陈述、述宾、动补、联合。

表 4-1　　　　　　　　汉语复合词的构成方式

		名词	形容词	动词
联合	1. 意义相近互为说明	波浪、语言	鲜艳、美丽	停止、斗争
	2. 意义相关构成新义	骨肉、口舌、笔墨、皮毛		
	3. 意义相反构成新义	动静、是非、开关、往来		
	4. 意义并列形成偏义	国家、窗户、质量、忘记		
偏正	1. 名词性（定语+中心语）	火车、黑板、广场、新闻		
	2. 谓词性（状语+中心语）	动词	形容词	
		微笑、热爱	雪白、鲜红	
	3. 副词性	十分、何必、不论、岂不		
述宾	动词	毕业、放心、伤心、播音		
	名词	知己、管家、化石、垫肩		
	形容词	逼真、合法、动人、过瘾		
陈述	陈述+被陈述	形容词	名词	
		肉麻、年轻、性急	地震、口红、雪崩	
补充	述补式	扩大、削弱、改正、保进		
	量补式	花朵、人口、车辆、纸张		

表 4-2　　　　　　　　　英语复合词的构成方式

复合名词	1. （动）名词+名词	classroom 教室，newspaper 报纸
	2. 形容词（现在分词）+名词	blackboard 黑板，green-house 温室
	3. 动词+名词	pickpocket 扒手，break-water 防波堤
	4. 副词+名词	overcoat 大衣，upgrade 升级
	5. 名词+动词	nightfall 黄昏，toothpick 牙签
	6. 动词+副词	die-hard 顽固分子，breakdown 崩溃
	7. 副词+动词	outlet 出口，upstarl 暴发户
	8. 名词+介词+名词	editor-in-chief 总编辑，father-in-law 岳父
复合形容词	1. 名词+形容词	lifelong 终身的，snow-white 雪白的
	2. 形容词+形容词	red-hot 灼热的，dark-blue 蓝黑的
	3. 副词+形容词	ever-green 常绿的，over-sensitive 过于敏感的
	4. 现在分词+形容词	soaking-wet 湿淋淋的，freezing-cold 冰冷的
	5. 名词+（现在、过去）分词	peace-loving 爱好和平的，snow-covered 雪盖着的
	6. 形容词+（现在、过去）分词	hard-working 勤劳的，ready-made 现成的
	7. 副词+（现在、过去）分词	far-reaching 深远的，well-informed 消息灵通的
	8. 形容词+名词	second-hand 旧的、二手的，long-distance 长途的
	9. 动词+名词	breakneck 危险的，telltale 泄露秘密的
	10. 形容词+名词+ed	warm-hearted 热心肠的，middle-aged 中年的
	11. 数词+名词+ed	two-faced 两面派的，four-cornered 有四角的
	12. 名词+名词+ed	iron-willed 有钢铁意志的
	13. 数词+名词+形容词	five-year-old 五岁的，six-inch-tall 六英寸高的
	14. 短语转化为形容词	in-your-face 明目张胆的，dog-eat-dog 自相残杀的
复合代词	1. 某些不定代词+body（one，thing）	everyone（everybody，everything），nobody（no one，nothing）
	2. 代词宾格或物主代词+self（selves）	himself 他自己，ourselves 我们自己
复合动词	1. 名词+动词	sun-bathe 进行日光浴
	2. 副词+动词	overcome 克服，uphold 支持、主张

续表

复合副词	1. 名词+名词	sideways 横着
	2. 名词+副词	headfirst 头朝下
	3. 形容词+名词	meanwhile 同时，其间
	4. 介词+名词	beforehand 事先

从两个表格中列举的大量例子可见，英汉双语的复合词生成力都是很强的，不同的是由于汉语的特点，构成汉语复合词的语素几乎都是汉字，而汉字的常用字数量不多，有限的汉字具有无穷的生成力，可以生成无限个复合词。

(三) 英语派生词透明度考察

派生词占英语总词汇约 24%，总量上大体和复合词相当，理据性上则要弱得多。英语派生词所对应的汉语词多为复合词（如 eulogize 称赞、hillock 小丘）英语派生词构词要素为词根、前缀、后缀（有人认为还有中缀）。词缀和词根都有意义，据此可以推知词语的大概意思，或者说词缀与词根构成的词有较强的理据性。由于词缀写法上存在变体，形式和意义之间并不总是一一对应，有时存在一对多和多对一的现象，这使得英语的派生词汇变得复杂，难以做到一目了然，所以其理据比英语复合词要弱得多。可见，从理据性上说，汉语复合词>英语复合词>英语派生词。由于汉语词汇中复合词占绝大多数，并且英语派生词所对应的汉语词也多为复合词（如 hydrophobia 狂犬病），所以可以说，汉语合成词总体理据性强于英语合成词。

(四) 英汉上位、下位词对比

由于中西思维方式不同，英语强调个体和分析，汉语则重视整体和概括。英语倾向用一个具体词来表达事物的特性，而汉语一般用一个有概括性的词来概括某一类事物共性，从而突出共性，在需要反映共性中的个性时，又倾向于在该整体词前加上区别特征的语素，即"个性特征词+整体词"的结构。从词汇学的角度来说，英语的下位词特别发达，而汉语的上位词则比英语发达得多。以英汉动物词对比分析为例，从下表对 13 种动物的英汉表达方式对比中，我们可以看出：（1）在表示动物的"雄、雌、幼"特征时汉语倾向用复合词，而英语则多为单纯词，（2）在表达与生活关系不大的动物时，英语则倾向于使用派生词或复合词，（3）事物与生活关系越紧密，人们对其观察就越细致，描述得也越具体，在语言中形成的下位词也就越多。

表 4-3　　　　　　　　　英汉动物词对比

	雄（Male）	雌（Female）	幼（Young）
狮 lion	公狮 lion	母狮 lioness	小狮 cub
虎 tiger	公虎 tiger	母虎 tigress	小虎 cub
鹿 deer	公鹿 buck	母鹿 doe	小鹿 fawn
牛 cattle	公牛 bull	母牛 cow	小牛 calf
马 horse	公马 stallion	母马 mare	小马 foal
羊 sheep	公羊 ram	母羊 ewe	小羊 lamb
山羊 goat	公山羊 billy-goat	母山羊 nanny	小山羊 kid
猪 pig	公猪 boar	母猪 sow	小猪 pigling
狗 dog	公狗 dog	母狗 bitch	小狗 puppy
猫 cat	公猫 tomcat	母猫 tabby-cat	小猫 kitten
鸡 chicken	公鸡 rooster	母鸡 hen	小鸡 chick
鸭 duck	公鸭 drake	母鸭 duck	小鸭 duckling
鹅 goose	公鹅 gander	母鹅 goose	小鹅 gosling

（五）英汉构词法差异与英语词汇学习

词汇是音形义的结合体，词形和词意的联结尤其重要。学习外语时需要把母语和外语两种语言的词汇进行形式和意义的联结。如果能理解各自的构词理据，就可以加强其词形和词意之间的联系，从而更容易地学习词汇。理据性强的词语，无论是汉语还是母语，均可以采用语素分析法和语素类推法。汉语词汇的语素义同词义关系密切，由于汉语词汇多为合成词，理据性远强于英语。"从单音词到双音词，不论是重叠、并列、偏正、述宾、述补、主谓等复合词或是加上前缀、后缀的派生词，字义和词大体都有程度不同的关联。"可见，学习双音词适合采用语素分析法，透过字义（语素义）的合成去理解词义。比如，"醉驾""无照经营"可以透过字义去理解，"醉驾"意为"饮酒过度后驾驶汽车"，而"无照经营"则意为"没有获得营业执照的人擅自开店营业"。据此可以推知其英语对应词为 drink/drunk/drunken driving, unlicensed operation/operation without a license/do business without a license。语素类推法是按合成词的结构方式，保留其中一个语素，以同类表意的语素替换另一语素，类推出其他词汇。如：工龄—党龄—军龄—医龄—骨龄；竞赛—竞拍—竞猜—竞价—竞答；股票—股民—股价—股资—股评等，这些词语有相同的语素，可以以此为线索，进行串联式记忆。如 length of service/party standing/length of military service/length of service as a medical worker/bone age; contest/auction/guess/auction/vie to answer; stock/investor/stock price/stock/stock comment。

二 英汉句法对比分析

(一) 英汉致使位移构式对比研究

致使事件是指一物引起另一物发生变化这一动态事件，又称使役事件（causative event）。所发生的变化可以是人类或事物心理、生理或物理状态上的，但最基本的明显变化是方所上的位移。即一物导致另一物发生位移的过程。例如，"踢足球"意为"用脚向足球传递加速度而致使该足球发生位移"。致使位移事件图式反映下列互动过程：实体 1 的物理或心理作用力影响实体 2，因此实体 2 沿着一定的路径做出位移。人们的语言实时表述过程，我们假设有三个循序渐进阶段：（1）欲表述概念的提取、组合和形成；（2）相关事件图式的浮现；（3）相关构式的选用与词汇的选择性嵌入，即所谓的"语义与句法的连接"。"构式"即语言的形式-意义连接体，Goldberg（1995：4）最初定义为"形式-意义的配对，且此配对的某些方面不能依据其构成单位或其他已存在构式而得到完全预测"。Goldberg 后来（2006：5）进一步对构式作如下概括：所有语法分析层面上均有构式，所有习得的形式和语义/篇章功能组合都是构式。即构式是形义配对，是象征单位。因此，有独特形义的、有能产性的表达式都是构式。

致使位移事件是人类生活中的基本活动，英汉语在具体表述的构式选择方面存在差异。英语倾向于使用分析性较小、压制力较大的构式，而汉语则正好相反。英汉致使位移构式主要类型如下（张建理、路蓉，2014）：

英语构式1：主语/施事+动词+宾语/受事+介词+介宾/处所

英语构式2：主语/施事+（限定）动词1+宾语/受事+（不定式）动词2+介词+介宾/处所

汉语构式1：主语/施事+"把"+介宾/受事+动词+介词+介宾/处所

汉语构式2：主语/施事+动词1+宾语/受事+动词2+介词+介宾/处所

英汉语的致使位移事件按受事位移动作方式的不同可分为简单类（只表位移，无具体动作方式的表述）和复杂类（有具体动作方式，如，"跳""爬""蹒跚"）。简单类可细分为四个次类（编号为A1-A4），复杂类统括为一类（编号为B）。上述事件中的概念因子可在下表中归结展示。

表4-4　涉及简单类和复杂类致使位移事件的概念因子分析一览

事件类别	致事	致事动作			受事	受事动作	
	目的性	同时性	直接接触施力	强制性	自愿性	独立位移	复杂性
A1	+	+	+	+	−	−	−
A2	+	+	−	+	−	+	−
A3	+	+	−	−	+	+	−
A4	+	+	+/−	−	+/−	+	−
B	+	+	+/−	+/−	+/−	+	+

说明：表中的+、−分别表示"有"和"无"，+/−表示"可有可无"。

在表述A类直接致使位移事件时英语用构式1，汉语则用构式1和2。在表述B类致使位移事件时英汉语均分别采用各自语言的构式2。英语构式1的使用频率或能产性高，汉语构式2的使用频率或能产性高。英语构式1以方位介词为构式标志，是表述简单类直接致使位移事件的专用构式。汉语构式1以"把"为构式标志，但不是表述直接致使位移事件的专用构式。汉语和英语的构式2都是功能泛化可表述多种不同事件的表述式，因此这两构式承继句的预测性（predictability）较高。各类别实例如下：

A1 Joe kicked the ball into the bathroom. 乔把那个球踢进浴室。

A2 He urged her away from the window. 他催她离开窗户。

A3 Sam allowed Bob out of the room. 山姆允许鲍勃离开房间。

A4 Martin helped Tanya over the rail. 马丁帮扶谭雅走过铁路。

B1 Sam caused Bill to hop/jump into the room.

山姆致使比尔单脚/双脚蹦进房间。

B2 Sam ordered/allowed/helped Bill to rush /crawl into the room.

山姆命令/允许/帮助比尔奔/爬进房间。

以上 A1 次事件汉语用"把"构式来表述，A2-A4 次事件用另一构式来表述，通常称作"兼语句"。英语只在表述复杂类致使位移事件时才使用构式 2，其余均用构式 1。

以上对比分析有助于学习者在两种语言相关结构中的相互转换。在理解英文时，需要把其和相应的汉语意思联系起来，这就牵涉到英语形式和汉语意思的转换；在用英语表达致使意义时，也涉及选择相应的英语构式，这也需要汉语的意图和英语形式之间的转换。因此进行适当的对比分析，有助于语言的理解、学习和运用。

（二）英汉心理使役动词对比研究

心理动词是描述人的心理活动或者心理状态的一类动词，是典型的二元动词，有两个论元。论元表示述语跟与之搭配的名词短语之间语义关系的论旨角色；论元和论旨角色之间是一对一的对应关系。心理动词存在一个奇特的论元"错配"或交替现象：心理状态动词主、宾语与心理使役动词主、宾语存在一个颠倒的关系。如在（1）和（2）里，（a）和（b）表达的意义基本一样，但其中的论元却是颠倒的：（1）a. I like the play. b. The play pleases me. （2）a. Bill fears the police. b. The police frighten Bill. "感受者"（Experiencer）在（1a）和（2a）中的语法功能是主语，而在（1b）、（2b）中却变成了宾语。"刺激"（stimulus）在（1a）、（2a）和（1b）、（2b）中的语法功能也正好相反。（1a）和（2a）里动词 like, fear 为心理状态动词，因其以感受者作句子主语，常被称作 ES（Experiencer Subject）动词，（1b）和（2b）里动词 please, frighten 是本文讨论的主角——心理使役动词，因其以感受者作宾语，故常被称为 EO（Experiencer Object）动词。这两类心理动词论元和句法功能的颠倒匹配给外语或二语习得带来了很大的困难，学习者经常犯泛化和母语负迁移等类错误（张京鱼，2001）。

1. 类型学上的英汉使役化结构

使役化构词或结构（causativization）是人类语言的普遍现象（Pinker, 1989），是人们对事物因果关系的认识的语言表征之一，分为词汇使役化结构和句法使役化结构，即兼语式结构（periphrastic construction）两种。词汇使役化结构是英语的典型使役化结构，是无标记的（unmarked）；兼语式结构则是辅助的使役化结构，是有标记的（marked）。然而，汉语正好相反：兼语式是汉语典型的使役化结构，无标记；词汇使役化结构则是边缘性的，有标记的。这种类型学上的差异就出现在语言习得中，如 Wong（1983）和 Juffs（1996）的研究证明了中国学生有过分使用兼语式结构的倾向。

英语词汇心理使役化有三种方式。大多数心理使役动词是原生词，即其基本形式就是使役动词，和使役动词 break 一样，例如 amuse, disappoint, excite 等等。第二种方式是词缀法（affixation），即词根附加词缀构成新词。英语使动词缀有 -en、-ize、-ify 等，生成的使役心理动词如：frighten, terrorize, horrify 等。第三种方式是同形变价，即语义词性变而形态不变。英语使役动词与其名词同形的有 bore, concern, delight, interest, puzzle, scare, shock, surprise, trouble, upset, worry 等。

2. 心理使役动词的细类

根据英汉心理动词的语义结构的特点和英语心理使役动词的句法特性，可以将英语心理使役动词分为三细类。

（1）Shock-class 动词

汉语和英语一样，也有一小部分心理动词包含"使因"和"状态变化"的现象。汉语心理使役动词有：震惊（shock, startle）；惊动（alarm, alert）；吓，惊吓（frighten）；激怒，惹怒，惹恼，苦恼，触怒，激恼（anger, annoy, infuriate, irritate）；喜，取悦，怡悦，愉悦（please）；平静，镇静（calm, soothe）；感动（move, touch）；兴奋，振奋，激动（cheer up, excite）；迷惑（perplex, puzzle, befuddle）；骚扰（harass）；恫吓，恐吓（threaten, terrify, terrorize）等，它们的语义结构的句法特征与英语的对应词完全相同。我们将这些英汉都互为词汇使役动词的心理动词称为 shock-class 动词。此类动词英汉两种语言都有使因/状态聚集语义参数。按照对比分析理论，中国学生习得此类动词不易出错。例如：

（3）58 corpses shocked the whole Europe. 58 具尸体震惊了整个欧洲。

（4）Zhangsan's success excited his family. 张三的成功振奋了他家人。

（5）His snoring annoyed his wife. 他的鼾声激怒了他妻子。

（2）Satisfy-class 动词

Satisfy-class 动词和下文讨论的 worry-class 与 sadden-class 英汉都具有语义参数差异：英语 Satisfy-class 动词是 EO 使役动词，而汉语的对应词是 ES 状态动词。Juffs 所称的汉语不具备使因/状态聚集语义参数当指这几类动词。这几类动词汉语的使役化结构是兼语式，如（6）和（7）：

（6）a. The team's performance didn't satisfy the coach. *球队的表现没能满意教练。

b. The team's performance didn't make the coach satisfied. 球队的表现没能使教练满意。

（7）a. The book disappointed Mary. *那本书失望了玛莉。

b. The book made Mary disappointed. 那本书令玛莉失望。

中国学生有过分使用兼语式的倾向，会说出像（6b）和（7b）那样英美人很少说的英文句子。

（3）Worry-class 与 sadden-class 动词

Worry-class 与 sadden-class 动词是为数不多能参与使役/起始结构转换（causative-inchoative alternation）的心理使役动词。使役/起始结构转换，即使役动词转换成非宾格动词，涉及动词的及物和不及物用法。非宾格动词表示的是一种初始的，原动的状态。使役/起始结构转换实际就是使役动词转换成非宾格动词。Levin（1993）列举了下列几个能够参与使役转换的英语心理使役动词：cheer, delight, enthuse, gladden, grieve, madden, obsess, puzzle, sadden, sicken, thrill, tire, weary, worry。如：

（8）a. John angered/cheered up/ saddened Bill.

b. Bill slowly angered/cheered up/saddened.

心理使役动词与心理状态动词论元的不同句法匹配以及其句式特性都是由其语义成分和论元结构所决定的。习得英语心理使役动词的关键是对此类动词语义结构中隐性的（使因）义素的敏感性问题。学习者需要加深、加强对英语词汇化使役化结构中使役义素和其句法表现的认识。这就需要做适当的英汉词汇对比。通过对比可以发现，shock-class 动词英汉语义结构和句法特征完全一样，因此学习者在理解和表达此类结构时相对容易，错误较少。Worry-class 与 sadden-class 动词都要对应于汉语的兼语句式，所以一方面在理解该类结构时要把其和相应的汉语的兼语句式联系起来；另一方面，语言产出中把此类意思用英语表达时，就要使用到Worry-class 与 sadden-class 动词的典型句法结构。

（三）英汉典型动结式的句法结构对比研究

典型的英语动结式（resultative）是 VOR 式，而典型的汉语动结式是 VRO 式，如：

(9) a. She wiped [V] the table [O] clean [R].
　　b. He hammered the metal flat. c. Bill painted the wall green.
(10) a. 爷爷点[V]亮[R]了煤油灯[O]。
　　b. 秋风吹黄了落叶。c. 小猫打碎了花瓶。

这些表面的句法结构差异背后的深层次原因是什么？可用象似性原则进行解释。象似性原则（The Principle of Iconicity）是认知语言学中的一条根本性原则。认知结构的象似性就是指语言结构直接映照人的概念结构，这一原则是对语法结构形式形成的"理据"的高度概括，其根本意旨就是语法结构象似于人的认知经验结构。象似性原则的一个子原则时间顺序原则（The principle of temporal sequence，PTS）(Tai, 1995) 认为两个句法单位的相对次序决定于它们所表示的概念领域里的状态的时间顺序，而这样的观点可以很好的解释动结式这一表致使事件的复合结构的语序，因为在致使性事件结构中，人的认知经验是使因事件在前，使果事件在后，这样形成的致使性句法结构必然是表达使因事件的相关成分处于表达使果事件的相关成分之前。从宏观上来看，英汉典型动结式都是由使因事件和使果事件组成的致使复合事件，在象似性原则和 PTS 的作用下，它们都呈现出述语动词在前而结果谓语在后的特点。它们二者的句法配置无一例外都是对动结式所代表的因果事件的临摹（icon），句法成分的次序安排跟它所表达的概念的次序安排相对应。从这一点看，英汉典型动结式都是符合语言的这一根本认知原则的。但从微观上来看，英语典型动结式的 VOR 式似乎比汉语的 VRO 式更符合象似性原则和 PTS。如在 wipe the table clean 和"擦净桌子"这一最小对比对（minimal pair）中，先有桌子，然后才有（擦）净，所以英语中 table 在 clean 之前。而在汉语的"擦净桌子"中，"桌子"却在"（擦）净"之后，显得和象似性不太符合。简言之，英语的典型动结式就是 VOR 式；但现代汉语典型的动结式依然是 VRO 式。在象似性原则，尤其是其子原则时间序列原则（PTS）的共同作用下，英汉语典型动结式的句法结构本应都是 VOR 式。所以说英语的 VOR 式是符合认知原则的。实际上，汉语也一度出现了符合认知规律的 VOR 式，但由于汉语在某一个特定的历史时期发生了特殊的双音化趋势，导致 V 与 R 的联系越来越紧密，汉语 VOR 式最终被 VRO 式取代，所以进入现代汉语典型动结式的形式就成了如今我们随处可见的 VRO 式（何玲，2013）。

对二语习得的启示：从二语习得角度来讲，弄清楚英汉语这一结构的差异，可以减少句子汉英翻译以及语言产出时的错误，如要用英语表达"他切碎了面包"这样的句子，就不会写/说成"He cut pieces the bread"。英语水平较低的学习者很容易受到母语迁移的影响，套用汉语的结构来进行英语理解及表达，会产生上述错误的表达方式。

（四）英汉"数（量）名"结构的层次比较

数量是基本的逻辑概念之一，任何语言中都有数量关系的表达。在表述名词的数量时，英汉"数（量）名"结构的层次存在一定差异。汉语"数（量）名"结构的层次一般按其形式分析：在"数名"结构中，数词是修饰语，名词是被修饰语，如"三天"；在"数量名"结构中，数词和量词组成的"数量短语"修饰名词，"数量短语"是修饰语，如"三本书"。可见，汉语"数（量）名"结构中，名词是中心语，是被修饰的对象。英语有两种"数（量）名"。其中"数名"结构的层次与汉语一样，数词是修饰语，名词是被修饰语，如"three days"；对"数+名 1+of+名 2"结构的层次，如"two pieces of bread"有不同观点——修饰成分是名 1，还是名 2？主要观点有三种：1. 名 1 是主词，名 2 是修饰语；2. 名 2 是主词，名 1 是修饰语；3. 是"矛盾说"。张雨，王宝利（2014）认为第二种观点是正确的，即在英语的"数+名1+of+名2"结构中，名1是次词，名2是主词。有研究认为，"英语中当人们要对'a（an，其他数词）+名1+of+名2'结构进行修饰时，修饰语应加在名1而不是名2之前"，以此证明此类结构中名1是主词。其实，英语表量结构与修饰语的关系相对灵活：修饰语如果是修饰名1的，应位于名1前，如：a large crowd of people 一大群人，a small herd of cattle 一小群牛。如果要修饰名2，其修饰语有两种位置，既可位于名2前，也可位于名1前，这两种位置表义并无差别，如：a hot cup of tea = a cup of hot tea. a good stroke of luck = a stroke of good luck. a new pair of gloves = a pair of new gloves. a young group of pilots = a group of young pilots. 尽管这两种结构的意义没有区别，但夸克同时指出："这种情况下，修饰语'hot'等更适合于置于第二个名词前，相对于第一个名词而言；因为是'茶热'而并非'杯子热'"（Quirk，1985：251）。有时在英语中，人们往往把整个"名1+of+名2"（表量词+名词结构）看作一个整体性短语，即使修饰语从语义上是修饰名2的，也往往会置于冠词"a（an）"与"名1+of+名2"之间。但从语义上看，修饰语是修饰名2的。

（五）英汉中动结构对比研究

中动结构是一种介于主动和被动之间，以受事或被动参与者作主语，句中存有一个隐含论元的结构。中动结构（middle construction）作为一种特殊的句法和语义结构在近几十年内成为语言学界一个广泛讨论的话题，其本质特征是形式上表现为主动而意义上却为被动。传统英语语法认为，当主语为施事时，句子是主动句；当主语为受事，谓语具有"be+V-ed"的形式时，句子是被动句。而英语中还有些句子主语为受事，谓语动词却不具有"be+V-ed"的形式标记，这样的句子介于主动句和被动句之间，似乎是转换过程的中间环节与结构，而且这些句子在语义上都是说明句中主语具有某种内在本质属性或特征的，一般都带有与此相关的性状副词，如"well, easily, quickly"等。语法研究中，我们习惯将这类句子结构称为中动结构（middle construction）或主语受事句（subject-patient sentence）（徐盛桓，1981）。Quirk 等（1972）在所著的《当代英语语法大全》中称这类句子"主动形式表达被动意义"（active in form but passive in meaning）。中动结构这种特殊的句型既存在于英语中也存在于汉语中，两种语言的中动结构比较相似。如：

(11) a. This bread slices easily.
　　　b. The car drives easily.
　　　c. The book sells quickly.
(12) a. 这篇文章翻译起来非常麻烦。
　　　b. 这块料子摸上去滑溜溜的。
　　　c. 这把刀切起来挺顺手的。

这类句子共有的显著特征是：结构为"NP+V+ADV/Adj"。"NP"充当主语，"V"是兼具及物性质和不及物形态的简单主动动词形式，其后常需表状态或性质的形容词或副词作状语。但语义上其主语"NP"为受事或被动参与者，与谓语动词"V"存在逻辑上的动宾关系或是受动关系（李丹萍、杨廷君，2011）。

1. 英汉中动句的主要结构类型

英语中动句的句法结构一般是"NP+V+ADV"的形式。如：

(13) The book reads easily.

英语中动构式里表性状的副词通常位于谓语动词之后，而不能位于谓语动词之前，因为这个副词在构式的不同位置既影响该构式的可接受程度，也能导致该构式意义的变化，如构式"These suitcases open up easily."和"These suitcases easily open up."虽然都合格，但表达的意思却不同：前一句表达的是中动构式的内容，即这些箱子具有容易打开的内在属性或特征；后一句表达的是作格构式的意义，指这些箱子容易自动打开。关于这点，Hale 和 Keyser（1986：13）明确指出，中动构式状态状语的位置是固定的，应紧跟在动词之后，否则就不合乎语法。例如：

(14) *Easily, Washington's letters don't read.
　　　Washington's letters don't read easily.
(15) *Limestone easily crushes. Limestone crushes easily.

英语中动结构中也可以用介词结构代替"ADV"。例如：

(16) This umbrella folds up in the pocket.
(17) Woolen sweaters wash by hand only.

汉语中动句的句法结构一般可以归纳为两种类型：a. NP（受事）+V-起来+Adjb. NP（受事）+Adj（难、好、容易）+V（吴锋文，2007），a、b 都是受事"NP"充当主语，但 a 中"NP"后直接跟"V-起来"，再接形容词 Adj；b 中"NP"后通常跟形容词成分，如"容易、难、好"，句末接动词性成分"V"。两者的关键区别为 a 中动词在形容词前，b 中形容词在动词前。如：

(18) a. 这辆车（NP）开起来（V-起来）很舒服（Adj）。
b. 这个问题（NP）很容易（Adj）解决（V）。

从上例中，我们可以看出英汉中动结构构成的最大差别就在于英语中动结构中的动词"V"一般采用简单主动形态，而汉语中动结构的动词"V"后面常常带有"起来""容易"等黏着语素。这是由英汉语言本身的特点和中动结构的特征决定的。

2. 英汉中动结构共性
(1) 句法层面"NP"施事的隐含性、任指性

中动句主语"NP"为受事或被动参与者，施事论元不出现于句法表层。若主语为施动者，则不能构成中动结构。例如：

(19) a. 他跑起来慢腾腾的。
b. Some problems arise easily.

尽管这些句子都符合"NP+V+ADV/Adj"的句式结构，而各句的主语都不是受事或被动参与者，却是施事或主体，即我们所熟知的主动句，所以这些句子不能构成合法的中动句。中动结构一个重要特点就是其施事论元没有得到句法投射，句子存在一个隐含的论元（implicit argument），这个隐含论元为中动句谓语动词语义上的施事，但在句法层面没有显现出来。尽管没有显性地表达出来，但人们不难感觉到它的存在。另外，隐含的施事在语义指称上一般来说具有任指性的特点，即可以泛指任何一个施事。

(2) 语义特征层面的非事件性

中动结构不是陈述受时间限制的某一具体事件，而旨在描述某种具体事物的内在属性和状态。Keyser 和 Roeper（1984）指出中动结构的作用是泛指陈述，因而不用于描述特定过去时间内的特定事件。曹宏（2003）指出"从句子所表述的意义的情状类型（situation type）特点上看，中动句具有状态性（stative）和非事件性（non-eventive）"。我们主张从中动结构表述事件的经常状态和一般特征入手，看待中动结构的"非事件性"所表征的人们概念中的虚拟事件的恒时性特征。中动句中动词表示同类动作的集合，其作用相当于状态动词，不表示具体的动作行为；整个结构用来描写某种事物或事件的性质和状态，与具体特定时间无关，中动结构所表述的命题是不受时限的，因为事物的固有属性不会随着时间的推移而有所改变。因而，英语中动句中不能出现特定的时间状语，汉语中动句中"V"后不跟时体标志词"着、了、过"等。如：

(20) a. Yesterday, the mayor bribed easily, according to the newspaper.
   b. At yesterday's house party, the kitchen wall painted easily. (K&R, 1984: 384)

(21) a. *官员贿赂起来了/过很容易。
   b. *官员贿赂了/过起来很容易。

上例（20）（21）中，a、b 两句采用中动句式的同时，都使用了表示发生在过去某一时间的具体动作即一般过去时态，在语义和句法层面都不可接受。不论是"市长容易被贿赂"还是"厨房墙面好上漆"的特性都不是在特定时点发生的某一具体动作，而是一种稳定的性质。那么，汉语中动结构如何体现非事件性这一典型语义特征呢？我们可以通过两个句子看出来：a. 侦探小说读起来很过瘾。b. "三农"政策口号喊起来容易落实起来很难。可以看出汉语中动结构同样以其特有的句法形式体现了非事件性这一中动构式的典型特征。

(3) 英汉中动结构的差异

①英语非受事主语中动结构少于汉语非受事主语中动结构

中动结构的主语可以由工具、处所等事件的外围参与者充当，还可以是方式、对象等其他角色。这在汉语中动结构当中表现得更为突出。如：

(22) a. 这把刀切起来很省力。("NP"表工具) The knife cuts sharply.
b. 这房子住起来很舒服。("NP"表处所) The house lives comfortably.
c. 小口小口尝起来才有味儿。("NP"表方式)

汉语非受事主语中动结构构句比英语的更自由。
②汉语排斥述补式动词，英语不排斥

英语中动结构谓语采用一般现在时形态来表述事件的经常状态和一般特征，因而其中动结构允许动补结构的嵌入。现代汉语动补结构是在动词的后面连接上形容词作补语。动词表动作，而动补结构表示动作所达到的结果状态（石毓智、李讷，2001：176）。汉语中动结构的形态特征之一就是使用黏着语素"起来"（上去/着），这使得汉语中动词对主语"NP"的选择宽松很多，因而汉语中动结构比英语多产，同时"起来"也造成一些障碍，比如说汉语中动结构排斥述补式动词（resultative compounds），而英语中动结构却不排斥，允许动结式嵌入，因为动补结构表达的结果状态、语义内容与"起来"不相容。如：

(23) a. Those cookies break into pieces easily. (Carrier & Randall, 1992：191)
b. *细树枝折断起来很容易。c. 细树枝很容易折断。
(24) a. Plastic tires wears flat easily.
b. *塑料轮胎磨平起来很容易。
c. 塑料轮胎很容易磨平。
(25) a. These buildings burn down easily.
b. *这些大楼烧毁起来很容易。
c. 这些大楼很容易烧毁。

从以上例句可以看出，在汉语中，"折断""磨平""烧毁"与"起来"连用，导致句子不通顺。究其原因，英语动词短语充当谓语，动词短语的作用是一个整体，因而语义内容单纯一致。而汉语中，"起来"表示动作开始并继续下去，"折断""磨平""烧毁"与单纯表动作"折""磨"及"烧"不同，它们表示一种结果状态，再与表示动作延续的"起来"连用时，造成语义上的不兼容，因而导致句子不通顺。

中动句更为通俗的表述就是"主动形式表达被动意义"，这是中国英语学习者的典型难点之一，在学习被动语态时学习者往往把此类句子当作被动句来处理，因而会出现诸多错误。比如，把"这些书很畅销"表述为"These books were sold well"。究其原因，就是未能从语义层面深刻理解其构成原理。以上对比分析有助于学习者对中动结构有较为深刻透彻的理解，从而更好地掌握这一语言现象。尤其是通过详细的英汉语对比分析，使学习者能清楚两种语言在这一表达式上的差异，从而在理解和运用该结构时更多地留意差别，正确处理差别，避免错误。

（六）英汉偏正结构语序的差异

英汉偏正结构的语序有重大差别，汉语规律是修饰语在前、中心语在后，如"狗的尾巴""破旧的衣服""昨天来的人"。英语有两种语序，一种跟汉语一样，如 the dog's tail, worn clothes；一种是中心语在前、修饰语在后，如：handle of the teapot, an attempt to across the river, The man who came yesterday。我们的基本假设是，人通过对外部世界的感知而形成的概念结构，跟语言结构之间在很大程度上存在一种对应关系，或称"象似性"（iconicity）。英汉偏正结构语序的差异有可能跟空间概念形成过程的差异有关。英汉偏正结构的共同之处在于"不可逆性"。见到一座教堂和一所学校相邻，英汉都有两种偏正结构来描述这一场景：

(26) a. 教堂附近的学校 The school near the church
    b. 学校附近的教堂 the church near the school

但如果把学校换成一辆自行车，有一种表达式就很成问题：

(27) a. 教堂附近的自行车 the bike near the church
    b. 自行车附近的教堂？the church near the bike

如要描述一把茶壶和壶把的关系，有一种偏正结构根本不成立：

(28) a. 茶壶上的把 the handle of the tea Pot
b. 壶把上的茶壶 the teapot of the handle

　　这种偏正结构的"不可逆性"有其认知上的原因。当人感知两个物体的空间关系时，总是把一个物体作为注意的对象，把另一个物体当作这个注意对象的参照物。通常把注意的对象称作"目标"（figure），参照物称作"背景"（ground）。例如（26a）中学校是"目标"，教堂是"背景"，（26b）则相反。通常情况下，固定的物体为"背景"，不固定的为"目标"；较大的物体为"背景"，较小的为"目标"；整体为"背景"，部分为"目标"（见 Langaeker, 1987/1991；Talmy, 1988；刘宁生, 1995）。上面（26）教堂和学校都是固定物，大小也差不多，所以可以互为"背景"和"目标"。（27）教堂是"背景"，自行车是"目标"。（28）茶壶是"背景"，壶把是"目标"。

　　不是表达空间关系的偏正结构可以看作空间关系的引申或抽象，例如，"弟弟的书包"可看作以"弟弟"为背景来确定"书包"的领属对象；"紫色的裙子"可看作以"紫色"为背景来确定"裙子"的颜色属性。这样的偏正结构一般也具有"不可逆性"。偏正结构总是以"目标"作为中心语，以"背景"作为修饰语。在这一点上英汉两种语言是一致的。既然在认知上"目标"是人"注意的中心"，在偏正结构中表示目标的词语充当"中心语"也就是很自然的了。英汉偏正结构共同具有的"不可逆性"有共同的认知基础，而偏正结构语序的差异只是有可能跟认知方式的差异有关（沈家煊，1996）。

　　（七）英汉空间、时间和因果关系表达差异研究

　　1. 空间关系上的对比

　　英汉语在表达方位方面的差异可以用图形—背景理论来解释。中国人经常先说背景然后说图形，而英语国家的人们的说法却相反，即先说图形然后说背景。所以说方向的时候，汉语中是先"东""西"、后"南""北"；而英语中是先图形后背景，所以英语中是先"south""north"后"west""east"。比如，Tom made holes in the wall. 在这个例句中，有两个实体即"holes"和"wall"；这两个实体中，"holes"相对较小，而"wall"则相对较大，相对比较固定。因此很容易判断出来，"holes"是图形（figure），而"wall"是背景（ground）。因为汉语中的表达顺序是：

背景—图形，所以我们在用汉语表达的时候就只能说"吉姆墙上打洞"，而不能说"吉姆洞打墙上"。而英语的表达顺序是：图形—背景，所以只能说"holes in the wall"而不能说"in the wall the holes"。

2. 时间关系上的对比

图形—空间理论也可以用于表示时间关系的句子。作为图形的事件一般是发生较短时间段的事件，作为背景的事件一般是发生在较长时间段里的事件。关于在这种非简单句中判断图形和背景的问题，泰尔米指出："对于任何无标识的（或仅可能的）语言表达来说，要确定处于时间顺序中的两个事件的特定关系，都会把先发事件作为参照点或背景，而后发事件作为需要参照的对象，即图形。在具有完整句法形式的完整复杂句中，这两个事件则分别属于从句和主句"（Talmy，2000；赵艳芳，2001）。

3. 因果关系上的对比

含有因果关系的句子中由两个分句组成：表示原因的句子和表示结果的句子。在汉语中，表示因果的词是"因为"和"所以"。在英语中，表示因果的词是"so"和"because"。一般情况下，"被强调的部分是图形而相对表达语气较弱的是背景"。刘国辉（2006）、张久全（2012）认为，在因果句中，判断图形和背景可以从以下几个方面考虑：（1）在含有因果关系的句子中，如果出现表示因果关系的词，那么一般情况下，由这些因果词所引导的分句就是句子的图形，另外一个分句就相应的成为句子的背景；（2）如果句子同时出现表示因果关系的词，那么一般情况下，传递较新信息的分句就是句子的图形，另外一个传递的信息相对比较被大家熟知的分句就是句子的背景；（3）如果句子没有出现任何表示因果关系的词，可以根据（2）中的方法进行判断，但如果因果关系又有先后关系，可以根据泰尔米的理论"先发事件一般为背景，而后发事件则为图形"。

综上所述，英汉语的部分差异可用图形—背景理论来解释。背景的本质特征是："作为参照实体，具有可以表明图形之未知行的已知特征，而图形的本质特征是：具有未知的，需要确定的时空特征"（李福印，2008）。这就是说，在图形—背景关系中，背景具有已知性，而图形则具有未知性。在确定物体在时空、因果中的相互关系时，背景具有实施定位的作用，为确定图形提供参照；而图形则是有待定位的对象，需要依据背景来确定其时空位置。总体而言，在人们的感知中，图形获得的注意总是大于背景，图形总是比背景更加突出。也就是说，图形是感知中突出的部分，是注意的焦点部分,背景是用以突出图形的衬托部分(张久全,2012)。

三 英汉思维模式差异对句子结构的影响

季羡林教授(1998)曾明确提出,汉英思维模式的不同是中西文化差异的根本原因。东方的思维模式是综合的,而西方则是分析的(乐黛云等,1998)。综合型思维注重整体的关联性,往往从整体上把握事物。分析型思维注重用分析法认识世界,即把事物分解为各个组成部分进行细致入微的剖析,其结果是将个体与部分置于首位。中国传统哲学思想主张"主客体统一",故中国传统思维倾向于把自身作为认识的出发点。西方文化则注重客体思维,这种思维模式以对自然客体的观察探究作主导。中国人偏好形象、直观、类比思维,西方人偏好概念、逻辑思维。汉英两个民族思维模式不同,所以两种语言也有差别。

韩霜(2014)从汉英思维模式角度探究了英汉词序及句子结构的差异。语言是思维的载体,是思维得以凸显的外在表现形式,句子是语言运用的基本单位。汉英民族思维模式不同,对同一客观事实的表达在句子词序排列上存在差异。汉民族的思维是整体综合的,注重整体思维优先;而英民族的思维是分析、独特的,强调个体思维优先。体现在句序为:汉语叙述和说明事物时,习惯于从大到小、由远及近、从一般到具体、从整体到个体;而英语的顺序则相反。如时空表达方面,汉语从大到小,英语从小到大:

(29)吉林省四平市铁西区海丰大街 1301 号吉林师范大学。
Jilin Normal University, 1301 Haifeng Street, Tiexi District, Siping City, Jilin Province

(30)2013 年 11 月 11 日上午 8 点 20 分   8:20a.m., the 11th of November, 2013

英汉思维模式差异对句子结构的影响大致总结如下:
(1)意合与形合

句子结构上,美国著名翻译理论家 Eugene A. Nida(1982)指出,英语重形合,汉语重意合。意合(parataxis)是指无须借助语言形式手段,仅靠词语或句子所含意义的逻辑关系和语境及语用因素的存在来实现它们之间的连接。形合(hypotaxis)则是把字词以及语句通过借助于关联词或语言中的形式结构而联结在一起。体现在语言，就是语句连贯的隐显不同：汉语通常依靠语义逻辑联系成句；英语借助于添加表示逻辑关系的连接词（and，but so，therefore，etc.）、关系词（that，which，who，where，etc.）、介词（in，on，to of，etc.）等，使语义连贯起来。

（2）主体意识与客体意识

中国传统思维以"人"为本，注重发挥人的主观能动性和主体参与意识。西方文化则强调接受客观事物对主体的作用和影响，执着于主客分离和区别，用"人"还是事物作为主语，视需要而定，但以事物作主语者居多（何善芬，1997）。这就使得汉英句子在运用时出现主语、主位或重心的结构差异：（a）汉语常以有生命的名词作主语或潜在主语，常用主动句，即便必要时用到被动句，常说明实施者。英语多用无生命的名词作主语，运用被动式和物称表达法；（b）汉语句子通常是按照事物发展的时间先后顺序、逻辑关系顺序展开论述，因此，汉语的句子结构一般为后重心，即将主要思想或主要结果放在句尾表达，遵循先叙述（前提、背景、事件）后表明个人态度、观点、结论的原则，应用"主位（概念的出发点）—述位（话语的目标）"的句型模式；英语句子则不同，其结构一般为前重心，先说明事件产生的结果或影响，后陈述理由、事实及条件，采用"主语—谓语"的语法句型（S+V）。

（3）具体性与抽象性

东方人思维趋向于具体化，常常运用形象的手法来捕捉事物形态、描绘内心感受，因而汉语用词倾向于具体：常以"实"的形式表达"虚"的概念，利用具体的形象素材再现客观的真实存在（Halliday，1976），西方人却趋向于抽象化思维，英语常以表达抽象概念的词语反映客观现实。反映在汉英句子结构上主要表现为：汉语多用动词或多动词连用描写，以形象化的成语达意，构成以动态为主的语言特色；英语只是利用大量的抽象名词表达抽象概念，句子表达出现名词化倾向，形成英语语言的静态特质。

第五章 "迁移"与中介语建构

第一节 迁移的概念

迁移是指已经获得的知识、技能、学习方法或态度，对学习新知识、新技能和解决新问题所产生的影响。20世纪50和60年代，语言迁移在第二语言习得理论中占有重要地位，它和当时占统治地位的行为主义语言学习理论联系在一起，成为对比分析的理论基础。在习得第二语言过程中，学习者可以从母语或目的语迁移相关语言规则。在性质上，迁移形式有正迁移、负迁移和零迁移。(1) 正向迁移。指母语与目的语的相同之处会促进第二语言学习，加速通过中介语中某些发展序列。(2) 负向迁移。即母语干扰，主要是由于母语和目的语的某些形式和规则系统不同而被（学习者）误以为相同所致。零迁移是指一种学习对另一种学习没有影响，也称中性迁移。在第二语言习得过程中，正迁移可以在母语和第二语言之间、第二语言内部产生。后者指学习者已经掌握的第二语言相关知识，对学习这种语言其他知识有积极的促进作用。这种情况往往发生在所使用的规则和迁移的规则相同或者接近的条件下。在第二语言内部正迁移，可以使学习者能够比较快的掌握第二语言知识，其发生机制可以用皮亚杰发生认识论关于认知发展的同化和顺应机能进行解释（皮亚杰，1980）。通过同化和顺应，学习者把环境中的语言刺激整合于自己的语言结构之内，或改变自己的语言结构以适应语言刺激，从而促使自己的中介语语言结构不断得到发展。同化的常常是一些抽象程度不高的比较简单的语言项目；顺应的则是抽象程度较高、相对复杂的项目。零迁移是指一种学习对另一种学习没有影响，也称中性迁移。在第二语言习得中，学习者会避免使用第二语言的某些规则或项目，从而使他们在使用中对第二语言发生零迁移——回避。回避现象揭示了第二语言习得过程的复杂性。中国学生学习英语时，在词汇、句型、语用等方面都存在回避现象。其中词汇回避现象最突出，它表现在使用上义词（用 vegetable 代替 cabbage）、使用近似的表达方式（用 say big words 代替 exaggerate）、使用同义词（用普通的 salt 来回避 sodium chloride）、母语词汇的迁移（在 erotic film 中用 yellow 代替 erotic）、迂回说法或改述（用 fail 代替 do not succeed）等方面。这一现象是外语学习中的一种必然现象，其存在的根源在于学生外语知识的缺乏，是第二语言学习者用以补救缺乏必要的目的语知识而实施的交际策略。从目的语中负迁移即是对目的语规则的过度使用，它也是习得中常出现的现象。首先，它表现为学习者在第二语言内部不适当类推而产生形态变化错误。例如，在英语习得的早期，学习者会常出现 costed 之类的动词形式错误。产生错误的原因在于，学习者把英语规则动词构形规则使用在不规则动词上，造成对规则动词构形规则的过度使用。其次，它还表现为所习得的规则较难，学习者因避免这一结构而过度使用母语中相关语言结构规则来替代（王永德，2008）。

第二节 迁移的实质

一 迁移是经验的整合过程

鉴于迁移对学习尤其是外语学习的重要性，许多研究者对该领域进行了深入研究。心理学领域的研究者提出迁移是新旧经验的整合过程（如冯忠良，1992；姚梅林，1994、1997）。整合是经验的一体化现象，即通过分析、抽象、综合、概括等认知活动，使新旧经验相互作用，从而形成在结构上一体化、系统化，在功能上能稳定调节活动的一个完整的心理系统。整合可通过三种方式实现：同化、顺应与重组。

1. 同化

同化是指不改变原有的认知结构，直接将原有的认知经验应用到本质特征相同的一类事物中去，以揭示新事物的意义与作用，或者将新事物纳入原有认知结构中去。同化性迁移的根本特点是自上而下，原有结构是较概括的上位结构，新的结构是较具体的下位结构。其中，决定迁移的关键成分是在最初的学习中建立的，原有认知结构在迁移过程中不发生实质性的改变，只是得到某种充实。迁移的唯理论实际上就是论述的同化性迁移。在外语学习中，无论是语间迁移还是语内迁移，都有可能存在正的或负的同化性迁移。如外语的某些语言规则错误地推广、过度概括即是语内的一种负同化性迁移。而母语向外语的各种层面上的正、负迁移更是为人们所熟知，比如，从母语中直接借用（borrowing）某些语言规则或术语。母语作为原有的认知结构，其存在是客观的，因此必然要影响外语的学习，产生同化性迁移也是不可避免的。关键是要弄清同化性迁移的性质，充分利用或防止该类迁移。

　　2. 顺应

　　顺应指将原有认知经验应用于新情境中时所发生的一种适应性变化。当原有认知结构不能将新事物纳入其结构内时，需调整原有的经验或对新旧经验加以概括，形成一种包容新旧经验的更高一级的认知结构，以适应外界的变化。顺应性迁移表明，迁移并非仅是先前的学习或经验对以后的影响，也包括后面对前面的影响。顺应性迁移的根本特点是自下而上，原有结构是下位结构，新的结构是上位结构。在学习过程中，经常需要将前后所学的内容进行概括，形成一种更高级的、包容范围更广泛的上位认知结构。也就是说，新的认知结构的建立是由前后两种学习共同决定的。迁移的经验论实质上属于顺应性迁移。可以说，外语学习过程中所形成的新的言语心理结构主要是通过顺应来实现的。通过母语与外语之间的双向的迁移和相互作用，通过外语内部的新旧经验结构的相互作用，言语心理结构不断地改造和更新，形成既不同于母语心理结构、又不同于外语心理结构的、具有新质的言语心理结构，也即中介语结构。该结构既包括与母语有关的认知与操作经验，也包括与外语有关的认知与操作经验，且各经验间相互联系。顺应可以发生于语言的各个层面上，正是通过各个层面的顺应，新的言语心理结构才得以形成和不断地发展。

　　3. 重组

　　重组指重新组合原有认知系统中某些构成要素或成分，调整各成分间的关系或建立新的联系，从而应用于新情境。在重组过程中，基本经验成分不变，但各成分间的结合关系发生了变化，即进行了调整或重新组合。重组体现了不同认知经验之间的多重联系，这些经验之间可能并不存在上位或下位的关系，但可以根据要求组合成多种新的经验形式，使基本的经验具有较强的增殖性，同时也扩大了基本认知经验的适用范围。最典型的重组性迁移可以从词汇学习中得以体现。将已掌握的字母进行重新组合，形成新的单词；将已掌握的词根与前缀、后缀或其他字母、单词等分别组合，又可以产生多种新的词汇。充分利用重组性迁移，可以使学习更为有效和有意义。通过同化、顺应与重组这三种整合形式，言语心理结构进一步概括化、精确化、一体化，成为稳定地调节言语活动的内在机制。显然，从经验的整合的角度来解释迁移，有助于解决不同理论中出现的矛盾，也有助于客观地理解语言迁移的本质和特点。若仅将迁移理解为某种单一的形式，则难以触及言语心理的实质，也难以全面揭示语言学习的规律（姚梅林、吴建民，2000）。

二 迁移是一种语言心理过程

Faerch 和 Kasper 认为语言迁移是一种语言心理过程，在此过程中，第二语言学习者激发其母语知识去发展或使用中介语。他们认为学习者激发自己的母语去使用中介语或理解外语的时候，会出现两种情况，一是迁移只作为一种交际过程（procedure），对学习者掌握目的语的规则作用不大，因为学习者不一定将激发起来的母语规则保留在自己的中介语里面，这就是所谓的交际中迁移（transfer in communication），它只在说话和理解言语时发生，学习者利用母语去实现暂时的和个别的交际目的，或帮助理解目的语的意思。另一种情况是学习中的迁移（transfer in learning），它与交际中的迁移不同之处在于：学习中的迁移不是在说话和理解话语时发生，而是早在这之前已经发生，已在学习者中介语里形成了某种规则（转引自 Ellis，1994）。

三 迁移是一种制约

Schachter（1974）不认为迁移是一种心理过程，她把语言迁移现象视为语言学习过程中的一种制约（constraint）。这是一种认知的观点。她认为学习者先前获得的知识在学习者对目的语进行假设时产生制约。学到的语言知识都是先前的知识，都可能在外语学习过程中发生迁移。这些知识包括母语知识、有关其他语言的知识、学习者已掌握的外语知识以及学习者对目的语的看法。在第二语言学习过程中，学习者对目的语做出某种假设，在检验假设的过程中发展其中介语。先前获得的各种语言知识对假设都有约束作用。

四　迁移是一种影响

美国应用语言学家 Odlin（2001）认为迁移是一种影响，这种影响源于目的语和已习得（或未完全习得）语言之间的相似或相异。Odlin 采取的也是认知的观点，他强调语言迁移是一种"跨语言影响"，这种影响源于目的语和学习者已习得或未习得语言间的异同。影响是如何起作用的呢？他认为可能源自学习者自觉或不自觉地对母语和目的语的某些成分做出的判断，这些判断不一定符合实际情况，做出这些判断的条件我们也并不完全了解。另外，我们对语言习得过程也知之不多，现在许多理论语言学家、心理学家和应用语言学家都在研究语言习得过程，试图发现语言的本质以及语言习得的真实过程，为此也提出了多种语言习得模式，但目前为止还没有一种完全被人们接受。另外，人们对迁移、过度概括（overgeneralization）和简化（simplification）等之间的界限也不十分清楚。认识到了这些不足，他把自己的定义称为工作定义（working definition）（戴炜栋、王栋，2002）。

第三节　迁移的必然性

研究表明，二语学习经历假设建构和假设验证的创造性过程。学习者总是不可避免地要将当前的二语习得任务跟先前的语言学习经历进行类比，因而激活母语中的概念形式，在母语结构类别的基础上建立二语结构类别。在二语学习和使用中，如果学习者不能激活需要的语言项目或者不能完全激活与该项目有关的内容（如词语搭配等），那么他就可激活并使用母语中对等的项目，这就造成母语对二语使用的迁移。神经语言学的研究成果也表明，青少年以后才开始学习第二语言的学习者，其母语和第二语言在布洛卡区处于不同的位置，即他们用母语和第二语言思维时牵动的并不是同一大脑区域。这就印证了 MacWhinney 提出的母语和第二语言分别处于两个模块，而这两个模块之间的关系则主要靠迁移维系的观点，因此迁移在二语习得中的影响非常重要。在二语学习过程中，通过建立二语形式与意义的直接连接，学习者可以建立新的概念体系，随着这种概念与语言形式连接的不断增强，学习者可以逐步获得二语词汇提取的自动性。这种自动性的稳固建立可以有效防止母语干扰二语。二语形式与意义之间的连接越牢固，母语对二语的干扰就越小。因此，这种概念的连接是一种渐进的、逐步深化的过程。在二语学习初级阶段，学习者的二语形式要依赖其母语的概念系统，随着学习的深入和二语水平的提高，二语形式与母语概念的连接将逐渐脱离。这一过程的最终结果是，二语系统内部的连接越来越强，两种语言之间的连接越来越弱，二语学习者逐渐形成相对独立的二语系统。

二语词汇习得中的跨语言迁移词汇习得是二语习得的一个重要方面。在二语词汇学习过程中，很多学习者经常相信，对不同语言、文化的感知具有大量共同之处，他们进而将两种语言的语义大致对等起来。这种假设一方面，有利于二语词汇意义习得；另一方面，对于词汇使用也有潜在危险（Ijaz，1986）。Faerch 和 Kasper（1986）曾经提出，注意和自动化是母语迁移的两大认知因素。在加工词汇各类信息所需的注意力资源不足的情况下，学习者对词汇知识的运用不得不依靠迁移。词汇的迁移不只是词义迁移，母语词汇的组织方式、词义关系和隐含意义同样也会迁移。根据连结主义观点，在学习过程中，连接网络根据已经储存的先前经历，对新输入的信息进行类比，然后反应。母语习得跟二语习得的最大差异是二语习得之前大脑中已经存在母语体系，建立了一整套联想模式。它既是外语学习者可利用的"语料库"，同时也是干扰二语学习的主要根源。二语习得的主要学习方式一开始就不同于母语习得的学习方式，前者倾向于采用在母语基础上进行扩展的方式，后者采用创新的方式。这可以从联结主义的语言习得观中得到印证。绝大多数中国学习者都是先建立较为完整的母语系统，然后开始学习第二语言。二语系统的建立过程是较不完整并寄生在母语系统上的，学习者大脑的表征已经深深打上母语烙印，随时都在向二语渗透，所以母语影响不可避免（郭红霞，2011）。

第四节 概念迁移研究

迁移是作为语际干扰效应出现在双语词库研究中的。在修正的层级模型（revised hierarchial model）中，Kroll 和 Stewart（1994）从语言水平、年龄、语言输入等方面对母语、二语与概念之间动态的投射关系进行了阐释。根据该模型，早期二语学习者二语词汇的提取是以母语对等词为中介来实现的，二语词汇意义系统的建立寄生在母语词汇与概念之间的投射关系上。因此,其二语使用中会出现较多母语对等词词法、句法和语义特征的痕迹;随着二语水平的提高,二语词汇与概念的直接连接逐渐建立。但是,由于受到年龄、学习环境等因素的制约,对于一般的二语学习者而言,母语与概念的连接始终强于二语与概念的连接。因此,即使一些水平较高的学习者在进行一些复杂的认知活动时(如写作),仍然倾向于用母语而非二语思维(王文宇、文秋芳,2002:6)。如 Mac Whinney(2007)的线索竞争模型(competition model)就依据概念与词汇之间投射关系的变化,从语言理解的角度阐释了语言的标记性、二语泛化等因素对母语迁移的制约。

Pavlenko(2009)提出概念是一个包含共享概念、母语概念和二语概念的复合系统,并且在语言社会化过程中不断得到重构。这对语言迁移研究有三点启示:一是许多迁移现象的产生可以从概念结构的语际差异上找到原因,如二语词汇语义常被错误地延伸或缩小,究其原因,是因为母语概念通过母语词汇被投射到与其部分对等的二语词汇上;二是概念的重构表明语言迁移并不总表现为母语对二语的影响,随着二语概念成分的逐渐增多,二语会对母语产生反向影响,且日益深入;三是从研究方法上看,传统的探究概念表征的心理学(如语义启动、词汇联想等)实验,仅限于考察对等词汇,但实际上两种语言中完全对等的词汇极少,且概念对语境具有依赖性。因此,新的迁移研究模式应该注重考察词汇与指称物之间的投射关系,关注具体语境中的语言运用。这三点启示构成了当前概念迁移研究的主要理论和方法框架(徐庆利、蔡金亭,2013)。以上研究表明,强化正迁移,减少负迁移首先要从两种语言的概念系统对比入手。

概念迁移研究认为二语学习者(双语者)的概念表征系统是一个复式的混合表征系统(即两种语言的概念系统经过重组后是表征在同一个知识存储库里的),它设想在这个混合的表征系统内存在三种类型的概念:基于母语的概念(L1-based concepts)、基于二语的概念(L2-based concepts)和共享的概念(shared concepts)。"基于母语的概念"是只与母语形式相联系的母语概念。"基于二语的概念"是只与二语形式相联系的概念,它们是学习者在大量接触二语、获得足够经验的基础上产生的新概念。"共享的概念"则是同时与母语形式和二语形式相联系的概念。由于二语学习者的母语和二语接受一个单一的概念表征系统的服务,概念迁移研究认为，存在于该表征系统内的上述三种概念，不管学习者当前使用的语言如何，它们都具有直接参与学习者当前概念过程的可及性（accessibility）。概念迁移研究注重考察语言迁移随二语水平的变化关系。根据概念迁移研究对语言习得过程的理解，随着学习者二语水平的提高或其接触二语经验的增多，其概念重组将更加深入地进行。一方面，学习者将对原有的母语概念进行充分修正、扩充，使共享概念能容纳二语经验的要求；另一方面，学习者将产生许多新的、为二语独有的概念。其结果是二语概念（包括经过充分重组后的共享概念和二语独有的概念）参与概念活动的可及性大大提高，学习者对母语概念的依赖性大大减弱，从而使母语迁移发生的概率大大降低。

研究人员发现语言迁移与学习者所感知的第一语言与第二语言的距离有关。随着习得者在语言和知识上的进步，他们对两种语言的距离感也随之改变，负迁移的可能性就越来越小（王文宇，1999）。因此要强化正迁移、减少负迁移，就要通过对两种语言进行不断地对比，发现其异同，充分利用相同之处来促进正迁移，同时仔细辨析相异之处，并采取一定形式沟通两种语言的差异，从而减少负迁移。因为学习一种语言首先意味着掌握一种新的概念系统，所以进行两种语言概念系统的对比尤为重要。体验主义（experientialism）认为，不同民族的人尽管都有共同的对经验进行概念化的概念化能力（conceptualizing capacity），但是由于各民族具体的生活经验、环境和文化等的差异，他们形成了互不相同的概念系统（Lakoff，1987）。语言作为建立在人类概念系统之上的符号系统，它必然意味着不同民族的语言受不同的概念系统支配，语言之间的差异往往都能找到概念内容和组织上的差异。概念迁移研究吸收了这一思想，坚持认为语言概念系统具有语言特定性，学习一种新的语言除了要学习一种新的形式系统以外，还必须掌握一种新的概念系统。

二语习得的一个基本过程是对先前的母语概念表征系统进行重组。近三十年来，双语研究取得了很大进展，其中一个重要共识便是认为语言在心理上是分形式（形态、书写、语音等）和概念两个层次分别表征的。就双语者而言，其两种语言的形式系统是分两个存储库独立表征的，而概念系统则是混合表征在同一个存储库里的。概念迁移研究吸收了这一思想，坚持认为二语习得包括三个基本的过程：一是建立二语的形式表征；二是将二语形式表征映射到已有的母语概念表征上；三是根据所获得的二语经验对母语概念表征进行重组（对原有的母语概念进行修正和扩充、调整原有的二语形式与母语概念之间的联系、产生新的二语概念及建立与对应二语形式的联系，等等），以最终建立起一个双语者特有的复合式心理表征系统。概念迁移研究认为，如果学习一种语言仅仅是将新的语言形式映射到一个新的概念系统中的全新的概念上，那么母语影响二语习得过程的可能性就会非常小。外在的语言行为差异与内在的心理概念过程差异有关。认知语言学主张一种弱式的"语言相对论"（linguistic relativity），它认为"我们对概念的使用方式影响我们对经验的理解方式"；反过来，用不同的语言表达同一经验需要讲话人选择不同的概念来将该经验概念化。这就是说，不同语言在表达同一经验时之所以存在差异乃是因为不同语言选择了不同的概念来进行概念化活动所造成的。概念迁移研究吸收了这一思想，坚持认为语言概念影响基于语言概念的心理活动。语言概念不同，基于语言概念的心理活动的结果也就不同。一切外在的语言行为上的差异都与行为主体内在的心理概念过程上的差异有关。

  不同语言反映不同思维模式，因此学习外语是转换一种思维方式和习惯。外语学习者必须学会用外语思考。在英语词汇习得过程中如何才能克服母语负迁移，进入目标语思维模式？这就需要进行母语和二语的对比。根据语言相对论，虽然人类所处的客观世界相同，但是经过不同认知，反映在不同语言之中会有不同表达方式。同一事物在一种语言中用属性定义，在另一种语言中则可能从功能或其他方面命名，这些往往是认知方式上的差异。实质上，语言迁移现象最早就是在对比分析领域里展开的。Lado（1957）提出了对比分析假说：语言迁移现象是语言习得中的主要障碍，而通过分析比较母语与目的语可以预测第二语言学习者易犯的错误和学习上的难点。"两种语言（母语和目的语）相似引起正迁移（positive transfer）；两种语言相异引起负迁移（negative transfer）"（Weinreich，1953）。因此要适当进行语言对比，不但在母语和二语之间对比，还要在学习者的中介语和目标语之间对比，通过对比找出两种语言的相近和相异之处。因为相近之处容易产生正迁移，而相异之处容易发生负迁移，所以尽可能多地找出词汇、语法、语用等方面的相近和相异的语言材料，认真分析总结，尽量强化正迁移，减少负迁移，使自己的中介语不断接近目标语。

第五节 迁移现象的实证研究

Lado 等人在进行对比分析时研究了迁移现象，通过大量研究得出以下结论："母语与目的语中相似的成分容易学、相异的成分难学"这种观点可以简单表述为"距离＝难度"，即母语与目的语的距离大小和目的语学习难度成正比。大量的实证研究在对比分析的基础上展开，从语音、语法、词汇各个方面探讨"距离"与"难度"的关系。其中，相当一部分研究确实证明了 Lado 等人的理论。

一　语法迁移

大量研究表明母语对二语语法习得有一定的影响。Nagara（1972）、Gilson（1985）、Bickerton 和 Givon（1976）、Meisel 等（1981）的研究结果显示两种语言（一语、二语）句式相差较大会给学习带来困难，具体表现在：（1）二语学习者避免使用这些句式。例如，学英语的日本人和中国人较少使用定语从句，因为他们的母语中修饰名词的成分大多在名词前面（Schachter，1974）；（2）二语学习者借用母语句式。例如，日本人说的英语句子里有相当一部分是具有日语特色的 SOV 结构（Nagara，1972）；菲律宾人说的英语常常是 VSX（X 为其他成分），类似于菲律宾语言 VSO 结构（Bickerton & Givon，1976）。相反，当两种语言句式较为相似时，学习难度将减少。德国学生学英语疑问句时进步很快，很大程度上归功于两种语言中疑问句式的一致（Keller-Cohen，1979）。此外，母语对二语语法习得的影响还表现在其他方面。Nielson（1986）给学法语的德国人和英国人进行语法测试，所测的内容是法语、德语共有而英语没有的语法特征。结果发现德国学生在名词阴阳性、关系代词用法、动词变位三方面都明显优于英国学生。冯威、冯冬慧（2009）通过调查发现，母语负迁移现象发生在中国英语学习者的词汇、语法、语用等各个方面，其中句法迁移如表 5-1 所示。

表 5-1　　　　　　　　　句法迁移问卷调查

No.		问卷项目	A（%）	B（%）
1	祝你有个	A. I wish you a... B. I wish you have a...	48.75	51.25

续表

No.	问卷项目		A（%）	B（%）
2	你真要走吗	A. You really want to go B. Do you really want to go?	31.25	68.75
3	广场在放礼花	A. The square is firing firecracker. B. It is firing firecracker in Sauare.	13.75	86.25
4	他已经完成作业两个小时	A. He finished his homework two hours ago. B. He has finished his homework for two hours.	36.25	63.75
5	创新是一个民族进步的灵魂	A. Innovation is the soul of a nation's progress. B. Innovation sustains the progress of a nation.	71.25	28.75

二 词汇迁移

人们早就发现两种语言中存在大量音义皆似的词汇将有利于词汇习得（见 Hammerly，1991）。词汇层面上的语言迁移现象研究不多，但都证实了这一点（Ard & Hammerly，1983）。学英语的西班牙人、瑞典人词汇增长很快就是这个原因。两种语言在词汇上的差异会给学习造成影响。例如，汉语中没有冠词，因此中国学生刚开始学英语时倾向于用指示词"this"代替冠词（Zobl，1982）。当母语的某些特征同目的语相类似或完全一致时，往往产生正迁移。如中文和英语的基本语序均为 S+V+O（主语+谓语+宾语）。在这种情况下，中国学生就可以驾轻就熟地借助于母语的词序用英语的词汇构成一句正确的句子。但是，当母语与目的语的某些特点相迥异爵，学习者若借助于母语的一些规则作为拐棍，就会产生负迁移现象。在这种情况下，由于母语对目的语起干扰作用，就容易产生错误。

语汇的意义在不同的语言中有各自的系统。在英语中有许多常用词，如 get，have，take，make 等，其含义很多且搭配又是极其广泛。如果只把"have"作"有"解，"make"当"做"用，那么是不可能真正掌握这些单词的。所以要进行相关的英汉语言对比，找出其适当的对应表达。又如，汉语的"青"可以表示"蓝"（青天—blue sky），"绿"（青椒—green pepper），"黑"（青布—black cloth）。英语中的 hot 既可表示"热"（hot water—热水），也可表示"辣"（hot pepper—辣椒）。这是由于本族语与外语词汇除概念完全相同外，并不是同一个概念体系的不同物质外壳，而是代表着不完全相同的概念体系。词汇学习要善于辨析本族语与外国语词汇所表达的概念体系的区别，逐渐形成与本族语不同的概念体系，这离不开适当的英汉（概念）对比（王文宇，1999）。

对现有的中介语语码系统各参数进行增设、补充、调整，即重新建构。当学习者的现有知识结构中纳入新的信息时，它就会发生变化，建构一个新的知识结构，即原有的知识结构进行了重新建构。这一建构过程是通过同化和顺应来进行的。不断的输入会导致不断的重构，学习者也就是在这种建构—重构不断交替的过程中不断吸收新的语言知识。重构可以在语音、词汇、句法、语义和语用层面上起作用。

补缺法学习过程中，学习者首先比较语言输入，选择需要补充的新语言内容；然后把这些新内容和已有的中介语进行联结，或者分门别类纳入现有体系，或者调整现有中介语，由此重新构建自己的中介语系统。也就是说，对中介语进行补充，就是把新材料储存于中介语中的适当位置，使其和现有中介语相结合。对于实位参数，即中介语中已有的类别，缺乏的语言项目要进行补充，即把所选材料（参数）储存于该类别（参位）；错误的语言项目要进行调整，即把其替换为正确的形式。对于空位参数，即现有系统中尚未存在的类别，要进行另行设定，即增设，也就是要建立新的存储点（参位）来存储该材料（参数）。这一过程也就是同化和顺应的过程。

要建构中介语，需要对语言进行分类，再把新内容补充到相应的类别中去，合理储存。分类有不同的方式。可以分为日常生活用语，特殊用途英语，文学用语三大类；也可以按词汇、语法、语用、文化知识等来分。如词汇方面，要根据心理词汇的规律来存储。心理词汇指储存在内心的一个统一的词汇集合。词汇不是孤立存储的，它主要是按语义，语音和词形几方面的联系组织在一起，语义是其中心组织原则。根据认知语言学，人类是按照范畴来认知和划分世界的，因此表达同一范畴的词可以归为一类，存储在一起。比如 surprised, shocked, astonished, amazed 等词都表示人的"吃惊，惊讶，震惊"之意，可归入"心理感受"这一范畴，因而可以放在一起。这里的"心理感受"这一范畴就是一个"参位"，"吃惊，惊讶，震惊"就是参项，而具体的词，如 surprised, shocked, astonished, amazed 等就是参数。二语习得者应按以上规律来存储自己的二语词汇。又如，从功能意念角度出发，可对句子进行分类，比如，日常生活用语中包含某些特殊功能的语句，像表达请求，道歉，致谢等。特殊用途英语中的程式语等，都要分类存储。

第六章 中介语项目之"存储(一)"

重新建构现有中介语需要对语言材料进行分类。分类的原则是按照范畴和图式。因为语言学习就是拓展思维,思维的构成单位是概念;同时语言具有交际功能,所以还要从交际方面来研究语言分类。综合起来,就是要从拓展思维、促进交际的角度来学习词汇。无论是概念还是交际功能,都可以按照范畴和图式来分类。概念是思维的基本单位,体现着范畴,词汇是概念的体现形式。所以扩展词汇不仅仅是语言问题,它所体现的是语言下面的思维本质。范畴是人对世界的分类,体现着人的认知方式,概念范畴由一组相关的概念组成,属于同一个类别。各个范畴及其成员都需要用具体的语言/词汇来表达,它们的组合与聚合关系从思维方面体现着人的认知的关联性,从语言方面来看就体现为句法关系。范畴理论扩展词汇,体现着延展性和纵深性,即思维的广度和深度。前者为同级联想,即同一层面上范畴的联想,后者为不同层面上,即上下位范畴的联想,如从上义词到下义词。这种联想有助于思维的发展,使其向宽广度和纵深度,即精细程度的发展。从语言方面体现出其语言的丰富和精确,从思维方面,体现出思维的开阔和缜密。

第一节 范畴和认知

范畴指的是事物在认知中的归类,它是人们在互动体验的基础上对客观事物普遍本质在思维上的概括反映,是由一些通常聚集在一起的属性所构成的"完形"概念构成的。没有范畴,我们将无法对这个世界进行正确的把握。程琪龙认为,人们对外部实体(包括其他信息)的认知过程,要经过一个输入信息范畴化的过程(程琪龙,2001)。范畴化是一种抽象的认知活动,是概念和语义形成的出发点。它基于身体体验,随着认识的发展和特殊的需要不断形成新范畴,扩展老范畴。因此,对于范畴的界定应该是动态的。在英语词汇学习中，可以通过形成词汇链、建立多义词语义网络和积累下义层次词这些静态手段，培养学生的范畴化能力。在词汇学习中要运用逻辑推理和思维能力，探究语言深层概念之间的关系。认知语言学研究语言与认知方式之间的密切关系，解释语言事实背后的认知规律（王寅，2007）。从本质上讲，范畴化就是一个概念形成的过程，而概念的形成是一个运用各种策略进行假设的思考过程。范畴与人们的类属划分密切相关，其间必然要涉及人的认知，不可能排除主观因素。范畴是各科知识的基础，是人类认识发展的历史产物，以往认识成果的总结，又是认识进一步发展的起点。人类对于范畴的认识存在很大分歧，大致可分为两大理论体系：经典范畴理论和原型范畴理论。经典范畴理论是指从亚里士多德到维特根斯坦之前2000多年的范畴化逻辑观。经典范畴理论认为范畴是一组拥有共同特征的元素组成的集合，还认为范畴的边界是明确的，范畴成员隶属一集合的程度是相等的，没有核心和边缘之分。原型范畴理论常被简称为原型理论或典型理论，是认知语言学提出的重要观点，其哲学根源基于Wittgenstein的"家族相似性"（family resemblance）研究。它是美国心理学家Eleanor Rosch（1975：192-233）针对传统范畴模式中充分必要条件在实际运用中存在的缺陷而提出来的一种新的概念构建模式，对语言各个层面的研究产生了深远的影响。20世纪70年代中期，以Rosch为代表的认知心理学家建立了"原型理论"。即同一概念范畴中的成员不需要有共享的必要条件，但需要有一个能反映本范畴基本特征的典型成员作为原型。比如，在"鸟"的范畴内，"知更鸟"常被视为典型成员，而企鹅、鸵鸟等则被视为非典型成员。原型范畴理论认为人们不可能完全客观地认识外部世界，隶属于同一范畴的各成员之间不存在共享所有特征的现象，充分必要条件不能很好地说明它们，这些成员只具有家族相似性，范畴的边界是模糊的，范畴内的成员地位不相等。"原型理论"是在家族相似性理论的基础上建立起来的。家族相似性原理是维特根斯坦（1953）提出的，其本意是指：一个家族成员的容貌都有一些相似之处，但彼此的相似情况和程度不很一样。维氏将范畴比作家族，范畴中的成员与家族中的成员一样，彼此之间只是相似，而不是相同或一致，意在摆脱经典范畴的束缚。这种相似联系就是维氏所说的"家族相似性"。原型理论最有价值的贡献在于它把注意力集中在内部结构上，提出了范畴具有"核心"和"边缘"即"典型"和"非典型"这个事实。在范畴化过程中，这些具有"凸显性"的典型成员最容易被储存和提取。在形成概念的过程中，它们也最接近人们的期待和预料。

Lakoff（1987：57）认为：语言结构就像非语言的概念结构一样，也有原型效应。Taylor（1989）认为，语言中的范畴都是原型范畴，如语言中的语义范畴就具有原型范畴的许多性质，一个多义词所形成的语义范畴中的各义项地位是不相等的，这也像原型范畴一样，有典型义项（或中心义项）和边缘义项之分。"原型"具有典型性和无标记性，它是基本层次范畴的代表，具有最大的家族相似性。维氏认为：当人们掌握了原型后，就可以此为出发点，根据家族相似性的原则类推到其他实例中，从而可了解到范畴的全部所指，因此一个范畴就是围绕一参照点建立起来的。

第二节 根据范畴内容确立词汇学习目标

人的语言能力是建立在认知能力发展基础上的，语言是人们认识客观世界的工具和产物。人先接触某个物体，该物体的特征就通过感官刺激大脑。随着认识的发展，人们会在意识中产生了一个映像，该映像通过理性活动，如抽象、归纳便形成概念，最后通过编码赋予这个概念一个符号，便产生了词语。词语的使用过程实际上是通过一系列语言符号为一组有逻辑联系的概念命名过程，语言就是通过这一过程与外界发生联系的。词语的形成和使用具有一个相同的特征，即都要经历外部—刺激—反应识别—心理图示—概念形成—概念命名（编码）。从认知角度看，人首先是对可感知的事物进行概念编码，然后在已知概念基础上对其他由近及远的事物进行概念编码，即认知是从具体到抽象。因此，人们记住能感知形象的具体词语要比依靠想象而感知的抽象词语容易且快得多。例如，记住"tree"这个具体形象随处可见的单词要比记住 universe 容易得多。另外，根据人们的认知经验，人们在已知信息基础上接受、处理、理解新信息比较容易，对具有同一特性的事物概念比特征相异的事物概念易于感知（应国丽，2010）。以上论述表明，词汇量越大，对世界的认知就越丰富全面；反过来说，要想更为全面丰富地表述、认知世界，就必须有更大的词汇量。另外，对具体概念的认知较抽象概念容易，亦即表达具体概念的词语比表达抽象概念的词语更易于理解、学习和记忆，因而要先从表达具体概念的词语学起。

但是由于语言的词汇系统庞大、繁杂，使得学习者甚至研究者不容易认识到其规律。在正确的二语词汇学习目标的基础上确定的二语词汇学习范畴才更具针对性，才更有可能使得二语学习者真正突破词汇的限制，达到二语学习的高水平。这个目标就是发展思维能力和提高交际能力，前者要结合认知语言学，后者要结合社会语言学。戴曼纯（1998）指出：学习一门新的语言，对二语学习者来说实际上是开始建立一个新的概念系统。而人类的概念体系是以词汇为基础的，因此，可以认为，尽管戴曼纯未明确提出二语词汇学习目标，但这个论断是关于二语词汇学习目标的。戴曼纯（2002）对二语词汇个体的习得应达到的状态进行了研究，认为"习得一个词就是掌握其完备的知识"。词汇深度和词汇广度有着同等重要性；习得词汇知识也不只是熟悉词形和标记，它还指熟悉各种（新）意义、概念和已知词的意义关系。陈士法（2006）从二语词汇语义表征的角度进一步研究了词汇习得，他对二语词汇个体习得的语义表征发展过程描述得很细致，也符合高级二语学习者的学习经验和感受。其他的一些研究从侧面支持了陈士法的研究，即在学习的初始阶段，学习者是通过母语中的语义系统来和二语建立联系的。比如，杨欣欣（1999）的研究显示，在绝大多数情况下学生们会自觉或不自觉地将二语转译成母语来学得新词的意义；张淑静（2005）的研究表明，学习者的大部分二语词汇都没有建立相应的语义联系；缪海燕、孙蓝（2005）的研究显示，学习者受母语的影响采取母语等值翻译法。综合上述研究可以得出结论，对于某个词汇来说，达到高级水平（也就是通常说的"掌握"）的标志是该学习者对该单词的掌握达到"独立语义表征"的程度，也就是不再依赖该单词的母语语义系统。达到独立语义表征水平的二语词汇数量越多，二语学习者的水平就越高。

据此，我们可以得出结论：二语学习者词汇习得最后的目标是形成以一定词汇数量为基础的独立的二语词汇语义表征系统，这一表征系统是由相互关联、数量巨大的范畴和图式构成的。范畴和图式是从认知的角度来研究语言和语言习得，两者都是认知语言学研究语言的有力工具，认知和语言结合便产生了认知语言学（王崴，2009）。认知语言学从认知的角度观察语言中词汇的组织和规律，以人的经验和认识事物的规律为基础说明语言中词汇的产生、发展与习得的内在机制。词汇是范畴和概念的载体，实际上就是人类对概念的表征。组成范畴和图式的各个成员词汇，就是学习者的学习对象。

第三节 按照范畴理论学习和记忆词汇

范畴化的产物范畴储存在认知主体中的大脑中，人的大脑就像一个巨大的知识库，如果能够将大脑中混杂的词汇信息变成有序的信息，建立一个系统的词汇网络，就可以帮助学习者快速、准确地调取大脑中储存的词汇。语言能力越高，对语言现象进行归纳、总结的能力越强，相应的范畴化能力也越强，反之亦然（林慧英，2012）。学生在词汇学习过程中，为了语言输出时迅速、准确地使用词汇，应该有意识地把词汇按不同的范畴储存在一起，比如，分别把某个基本层次词和它的众多下义层次词，同义词或者反义词归类存放。范畴越精细，越容易检索和提取。人们把概念和意义用词语来表示，由于每个概念都有一个对应的范畴，大部分词是用来指称范畴的，所以意义、词语与范畴是紧密联系在一起的。存储过程中的规律性和特征越明显，越便于人们提取。Lakoff（1987）提出的"理想认知模型"强调范畴内部的复杂结构。每一个理想认知模型在使用过程中都形成一个 Fauvonnier 描述的心理空间。例如，Monday，Tuesday，Wednesday 等就形成一个时间心理空间。束定芳认为，范畴化可以分为以下三种情况：（1）基于原型的范畴化。某一范畴中有一个或一些原型成员，其他成员与原型成员之间具有或多或少的相似关系；（2）基于图式的范畴化。图式建立在所有成员共同特征的基础上，其中各个成员不分层次，一个图式可以涵盖该图式中所有的成员；（3）目标衍生的范畴。实例有宿营需要的物品、节食时吃的食品等（这样的范畴与一般分类范畴的原理不一样，包括理想的东西或极端的东西，相互之间除了共同目标，没有其他共同点（束定芳，2008）。Rosch 认为一些表示范畴的类名（如"家具""鸟"）往往是同他们的"范例"（如"椅子""知更鸟"）一起储存在人们的记忆里。发现一个范畴的五个最典型范例，比如在衣服范畴里（pants, shirt, dress, skirt and jacket）要比这个范畴里的五个边缘成员（hat, apron, purse, wrist, watch, necklace）具有更多的特点。实验也证明人们倾向于将事物归类，建立"原型"——最典型的例子。并且人们在潜意识里将事物根据离"原型"的远近排名，结果是当他们掌握一个词的意思时往往先记住和原型义最近的意思。

一 根据基本范畴学习基本范畴词

在经验世界中，事物被划分为不同的范畴，并且同一事物又同时属于多层范畴。认知科学发现，基本范畴层面是人们对事物进行最有效的分类和组织的层面。在这一层面上，人们的分类与客观主义的自然分类最接近，人们处理自然的事物最有效、也最成功。语言的意义也在于人类如何对世界进行范畴化和概念化，语言正是从基本范畴、原型这些基本认知层面上建立起来的。因此，原型理论对语言学习同样具有一定的建设性意义。人们对词语的记忆也趋于归类、范畴化。此外，认知心理学认为人们对经深层加工的词要比一般加工的词记得持久。根据人对同一特性概念较易感知的特点，采取最有效的方式对其进行存储和记忆，把词汇范畴化，即在原型基础上将具有同类特征的事物归于同一范畴。分类以后，如同把杂乱的东西放进了不同的抽屉里，打开每个抽屉就可以轻易地快速提取想要的东西。范畴化是人类思维、感知、言语最基本的能力。认知心理学认为人们在基本范畴的基础上，处理自然事物最有效、最成功，较容易掌握。根据这一规律，在进行词汇学习时可以将具有同一范畴特点的词进行归类。例如，下列同时出现在单词表中的词汇：boil, flute, bake, fry, carrot, horn, cinema, office, block, cookie, piano, church, pineapple, drum, pub, roast 运用认知范畴法，可以将它们分为不同类型的单词：1. Food 2. Building 3. Cookery 4. Instrument。

语言中代表事物范畴的词汇可以分为中心成员和边缘成员，中心成员就形成了语言当中的基本范畴词汇。它们是人们与世界相互作用最直接、最基本的层面。基本范畴词汇与我们所说的常用的基本词汇在很大程度上是相对应的。在英语词汇学习中应该充分重视基本范畴词汇，把基本范畴词汇的习得放在第一位（杨琳琳，2007）。在词汇中有基本词汇（Basic Vocabulary）。这些词使用频率较高，较贴近生活，容易记忆。我们把这些基本词汇当作词汇范畴中的原型。原型记忆模式之所以能解决这一问题，它的出发点是，记忆中相关的概念是相互靠在一起的。有的处在中心位置，有的处在边缘位置。处于中心位置的概念更易于接近。原型指那些处于某一范畴中心位置的实例。构成范畴的各个成分既有区别又有相似之处。原型在这些成分之间起着协调的作用。范畴成分与原型相距越远，接近它所需要的时间就越长（王初明，150）。Rosch 认为一些表示范畴的类名（如"家具""鸟"）往往是同他们的"范例"（如"椅子""知更鸟"）一起储存在人们的记忆里（Rosch & Mervis, 1975: 573-605）。实验也证明人们倾向于将事物归类，建立"原型"——最典型的例子。并且人们在潜意识里将事物根据离"原型"的远近排名，结果是当他们掌握一个词的意思时，他们也自动激活他们在记忆里的潜意识的排名系统。Rips, Shoeben 和 Smith（1973）也曾做过对属于某一范畴的典型与非典型成员语义验证的实验。他们发现典型的范畴成员比非典型的更容易提取。所以在记忆中，这些"范例"和接近范例的词更易于记忆。我们可以利用他们去记与它比较接近的引申意义和比喻意义。比如，"power"一词的基本和中心意义是"能力"，由"能力"这一意义可以衍生出它如下的引申义：控制权，权限，体力，机械能，道义力量或智力，有权利的人。围绕"head"的基本意义"身体的上部分，顶部"可以得出的比喻义"首脑，首长"。原型模式对我们的另一个启发是词汇的记忆可以按词汇的语义范畴来记。心理学上的实验也可以充分证明这一点。Meyer 和 Schvaneveldt 曾做过语义激活实验（1971），结果表明，有意义联系的对子的反应时间要显著地快于没有意义联系的对子，这说明对子里的第一个词激活了第二个有意义联系的词。这在某一方面显示我们的心理词汇是按语义相关组织起来的（桂诗春，268）。因此我们就可以利用语义场中的上下义词的关系来记一些单词。比如，如果我们把 walk 作为"行走"的词义作为原型，就很容易联想到它的下义词：trudge（跋涉）、saunter（闲逛）、totter（蹒跚）、stride（大步走）、stroll（漫步）、hobble（蹒跚）、limp（跛行）、tiptoe（用脚尖走）、waddle（蹒跚而行）、pussy-foot（轻轻地走，偷偷走路）、stagger（摇晃地走）、hop（单足跳）、amble（缓行）等。由于能够表达同一或相似逻辑概念的词相当多，在给词汇习得增加难度的同时，也提供了不少有利的方面。这些表达相同或相似逻辑概念的词，往往结合在一起构成通常的同/近义词。每个同/近义词家族中都有一个是相对凸显的、起支配作用，我们可以将其视为这个家族内的原型。比如，当我们在识记 drink 这个词时，也可以习得 absorb, drain, gulp, guzzle, sip, swallow 等一系列词，这样可以做到有的放矢，使识记的思路变得清晰，记忆负担得以减轻。以基本范畴词 man 为例，man 的派生词 manly, manish, manful, manless, manned, manhood；复合词 airman, businessman, chairman, Englishman, ploughman, postman, workman, maneating, manlike, manmade, manpower, manservant, man-Friday, mantrap, man of letters, man of parts, the man of the match, a man of straw, the man in the street, a man of his word, a man of the world 等。以上基本范畴词 man 构成了数个派生词和复合词。

二 按照范畴层次学习英语词汇元语言

1933年,波兰逻辑学家塔尔斯基在研究命题真值问题时提出了"元语言"理论。"元语言"指描写和分析某种对象语言时所使用的语言或符号。因强调其对对象语的解释功能,元语言概念从哲学扩展到了语言学。雅柯布逊指出:在现代逻辑中,已经区分语言的两个层次——谈客体的"客体语言"和谈语言本身的"元语言"。然而"元语言"不仅仅是逻辑学家和语言学家的一种必要的科学工具,它还在日常语言中起到十分重要的作用……我们在实际使用着这种"元语言",但没有意识到在我们说出的话中包含着元语言特征[1]因涉及多个学科和领域,其定义和范围存在种种分歧。李葆嘉先生率先提出"逻辑学的元语言和语言学的元语言"两大分野,并指出元语言包括词汇元语言,释义元语言和析义元语言,分别用于日常交流、词典释义和语义分析。词汇元语言体现为日常交际的最低限量词汇,其主要功能是满足基本的口语和书面交际需要。这些词汇是学习者习得新词的基础,也是课堂上教师用于生词或文章释义的首选,因而具备元语言的特征。词汇元语言在语言教学或日常交流中使用频繁,往往充当释义词汇的角色,是学习新词,消除交际障碍的重要手段。从本质而言,词汇元语言是词汇中最核心、最常用的部分,它们语义丰富,搭配多样,适用面广,与其他词汇相比,应该被语言学习者优先掌握。英汉词汇元语言作为语言中的核心部分,都反映了各自语言群体中最基本的概念和人们最关心的事物,两相对比完全可以透视东西方文化特征和思维模式的差异。因此对英汉词汇元语言的研究有极高的理论和实践价值。

白丽芳(2006)对词汇元语言进行了研究,其对词汇元语言的语义分类主要参考了《朗文分类》(2004)词典。《朗文分类》按照语义先将所有词汇分为若干个一级义场,具体为生命与生物,身体机能与健康,人与家庭、建筑物、房屋、家庭、服装、财务与个人护理,食物、饮料与农业,感觉、情感、态度与知觉,思想与交际,语言与语法,物质、材料、

---

[1] 见赵毅衡主编《符号学文学论文集》,百花文艺出版社2004年版,第179页。

物件与设备，工艺美术、科学技术、工业与教育，数字、计量、货币与商业，娱乐、运动与游戏，时间与空间，移动、位置、旅行与运输及泛指词与抽象词。在每个一级义场下面下还有若干二级义场，二级义场下面是三级义场，三级义场下面是具体的词项。例如，在"生命与生物"大类下面是生命与生物、动物、鸟类、植物等10个二级义场，在第一个二级义场下面是三级义场（白丽芳，2001）。在以上分类的基础上，通过适当调整增补，制作了英语词汇元语言分类表。这些语义场实质就是语义范畴，所以对语义场的划分就是对语义范畴的分类。各个语义场概况如下。

第1类：生命与生物（life and living things），包含三个二级义场：生命、动物和植物。"生命"包含"出生、繁殖""生存"和"死亡"三个三级义场。动物按照常识罗列人们较为熟悉的动物名称或类别。"植物"义场包含三个子义场：总称及类别、组成部分、果实。植物从高到低主要包括：tree（较高大树木）、bush（灌木）和grass（草）。植物的主要组成部分为：根、枝、干、叶、花、刺。"果实"义场包含概括性成员水果、坚果、谷物等。

第2类：身体机能与健康（The body: its functions and welfare），包含三个二级义场：身体及其组成、身体活动及其状态、健康与疾病。"身体及其组成"包含四个三级义场：总称、构成物质、构成部分和分泌物。"构成物质"从生物学的角度分析组成身体的内在物质，如：血液、骨骼、肌肉、脂肪等。"构成部分"主要从解剖学的角度分析身体从上到下，从里到外的组成部分（主要为可见部分）。"身体活动及状态"包含三个义场：活动、生理状态和心理状态。"活动"专门指整个身体都参与或身体不断在进行的活动。"生理状态"包括强壮与虚弱、有精力与无精力、肥与瘦。"心理状态"主要包括紧张与平静两种状态。"健康与疾病"包含六个三级义场：健康、疾病、症状及原因、受伤、残疾和治疗及康复。

第3类：人与家庭（People and the family）包括各类人及家庭关系，以及人在社会中的方方面面。共包含8个二级义场：各种人、恋爱与婚姻、死亡与埋葬、人与社会、政治、法律、战争和宗教。"各种人"包含6个三级义场，分别为：总称、男女、老幼、家人与亲属、关系及单个与群体。"恋爱与婚姻"包含"恋爱""婚姻"两个子义场。"人与社会"包含：地域、组织、社会文化、阶层地位四个三级义场。其中"地域"

包括人们生活的国家、省份、城市、乡村等。"政治"义场包含四个子义场：国家、政府、选举和政治运动。"国家"主要包含了各种性质的国家及其王室。"法律"包含三个子义场：文书和规定、法庭相关、警察与犯罪。

"战争"包含三个子义场：过程、结果和参与者。"宗教"义场包含宗教类的信仰、神话、场所、仪式及其他普通用语。

第4类：建筑物、房屋、家庭、服装、财物与个人护理（Buildings, houses, the home, clothes, belongs, & personal care），主要指人的生活空间，包含四个二级义场：建筑物、财物、衣物、个人清洁及护理。"建筑物"义场包含四个三级义场：种类、功能、组成、家具和装饰。"财物"义场主要指对财物的获取或给予，分为拥有、拿进和给出三个子义场。"衣物"分为：泛指、上身、下身和其他。"其他"指衣物的某个部分和附属物。"个人清洁及护理"包含三个子义场：清洗整理、个人护理和干净与肮脏。

第5类：食物、饮料与农业（Food, drink, and farming），有关食物及其生产，包含三个二级义场：食品、品尝与制作和农事。"食品"义场包含了八个三级义场：总称、餐次、调料或原料、饮料、各类食物、餐馆、餐具和有害食品。"品尝与制作"包含四个三级义场：摄入、口味、制作与保存和感觉。"农事"义场包含两个子义场：农民相关和土地相关。

第6类：感觉、情感、态度和知觉（Feelings, emotions, attitudes, and sensations），包含了各类与心理或情绪相关的义项，可以分为四个二级义场：态度、行为、情绪、评价和感觉。"态度"主要反映的个人的喜好，包含三个子义场：一般、接受和排斥。"行为"义场包含一般行为、积极行为和消极行为三个子义场。"情绪"义场也包含三个子义场，分别表示一般的情绪、积极的和消极的情绪。"评价"包含积极和消极评价两个义场。"感觉"包含触觉、视觉、听觉、嗅觉和味觉五个义场。

第7类思想交流，语言语法（Thought and communication, language and grammar），包含了与学习交流相关的义项，包含认知活动、交流活动、交流手段和语言四个子义场。"认知活动"包含六个三级义场：思考与推论、假设与想象、判断与结论、了解与记忆、学习与指导及智力与才能。"交流活动"包含六个子义场：一般交流、告知或提问、争论或讨论、抱怨或叫喊、要求或建议及同意或拒绝。"交流手段"分为四个义场：读写、信件、杂志报纸和其他媒介。"语言"包含"语言相关"和"语法"两个子义场。"语言相关"主要包含各类语言单位，"语法"包含各类虚词。

第8类：物质、材料、物件与设备（Substances, materials, objects, and equipment），分为两个子义场：物质或材料以及物件或设备。"物质或材料"分为四个子义场：总称、常见物质及特征、动力类物质、物质的包含或聚集。"物件或设备"包含四个义场：设备仪器、小物件、物件形式，容器。

第9类：工艺美术、科学技术、工业与教育（Arts and crafts, science and technology, industry and education），包含四个义场：工业、科学技术、工艺美术和教育。"工业"包含工业主体、生产行为、变化发展和功能作用四个三级义场。"科学技术"包含科学和技术两个义场。"工艺美术"包含工艺和美术两个义场。"教育"包含场所、主体、内容或形式以及结果四个三级义场。

第10类：数字、计量、货币及商业（Numbers, measurement, money and commerce），包含三个子义场：数字和计量、金融以及商业。"数字和计量"包含了数字、计算、计量、模糊数量和图形四个三级义场。"金融"包含了总称、货币和银行三个义场。"商业"义场包括主体、买卖、管理和待遇四个子义场。"管理"主要针对公司的员工。

第11类：娱乐、运动与游戏（Entertainment, sport and games），包含两个义场：娱乐义场及运动和游戏义场。"娱乐"包含总称、视觉类和听觉类三个三级义场，"总称"包含各种和娱乐相关的名称和活动。"运动和游戏"由总称、形式、比赛和其他四个子义场构成。"形式"义场包含了常见的运动项目和类型。"其他"包含了一些娱乐或游戏方式。

第12类：时间与空间（Space and time），包含空间和时间两个义场。"空间"主要涉及与天文地理相关的义项，包含六个三级义场：宇宙、气象、方向、光和色、地理和自然灾害。

"地理"包含了多种地形和地域名称。"时间"包含了9个义场，总称、时间段、时间点、时间的持续、现在过去和将来、开始结束、年轻年老、频率，以及日期和月份。

第13类：运动、位置、旅行、运输（Movement, location, travel and

transportation），包含所有与位置变化相关的词项，分为四个义场：移动或静止、交通工具、旅游参观和位置。"移动或静止"包含六个三级义场：不移动、晃动类、定向移动、非定向移动、速度和他动。"交通工具"包含与交通工具相关的移动及涉及的场所和概念。该义场分为车辆、船和飞机三个子义场。"旅游参观"包含三个三级义场：迎接陪同、拜访会晤和旅游。"位置"包含三个子义场：场所、方位和位置关系。

第 14 类：泛指词和抽象词（General and abstract terms），包含了难以归类的泛指词和抽象词，这些词一般不属于上面出现的 13 个义场，或者可以跨越多个义场，因为其含义并非专门针对某类事物或现象。该类别大概分为三类：存在或变化、抽象或泛指特征和操作实践，第一类和第二类与 be 或 become 相关，而第三类和 do 相关。"存在或变化"义场包含三个子义场：出现存在、变化发生和倾向习惯，分别表示存在、变化和趋势。"抽象或泛指特征"包含：真实虚假、幸与不幸、可能性、重要性、简单复杂、平常异常、程度和其他。该类别包含了各类泛指或抽象的形容词及由此派生的副词或名词。"操作实践"包含 12 个义场：影响结果、尝试实践、成功失败、支持反对、致使要求、比较对比、作用目的、倒空填满、分割合并、破坏伤害、拯救保护及探索发现。

以上词表共有词汇元语言词项 2598 个，具体如下：

第 1 类　生命与生物

1.1 生命相关

1.1.1 出生、繁殖：birth, birthday, bear, bom, cell, *gene

1.1.1 生存：life, live, alive, survive

1.1.1 死亡：die, dead, death, *decay, kill, rot

1.2 动物

1.2.1 总称：animal, creature, species

1.2.2 性质：female, male, domestic, wild

1.2.3 常见动物或类型：monkey, horse, cow, cattle, deer, elephant, sheep, goat, donkey, *mule, cat, mouse, dog, rabbit, pig, chicken, duck, *goose, bird, fish, *insect, snake, worm

1.2.4 动物的重要部分：fur, shell, feather, stripe, tail, wing

1.2.5 饲养：*zoo, produce, raise

1.3 植物

1.3.1 总称及类别：plant, tree, bush, grass

1.3.2 组成部分：root, stem, leaf, trunk, branch, straw, skin, *thorn, flower, rose

1.3.3 果实：fruit, grain, nut, corn, wheat, rice, bean, seed

第2类 身体机能与健康

2.1 身体及其组成

2.1.1 总称：body, figure, constitution, physical

2.1.2 构成物质：flesh, bone, joint, *organ, tissue, blood, bloody, muscle, *nerve, fat

2.1.3 构成部分：hair, head, brain, face, *jaw, beard, cheek, *forehead, *eyebrow, eye, ear, nose, mouth, lip, tooth, tongue, neck, throat, back, shoulder, chest, breast, *hip, *waist, arm, wrist, hand, finger, nail, thumb, leg, knee, foot, toe, skin, stomach, heart

2.1.4 分泌物：*sweat, tear, spit, waste

2.2 身体活动及状态

2.2.1 活动：wake, awake, conscious, sleep, asleep, breathe, breath, dream, relax, rest

2.2.2 生理状态：strong, strength, strengthen, tough, weak, active, energy, lazy, tire, fat, slight, thin, well, fit

2.2.3 心理状态：attention, tension, relax, nervous, upset, easy, calm

2.3 健康与疾病

2.3.1 健康：health, healthy, fine, well

2.3.2 疾病：ill, illness, sick, severe, disease, attack, cancer, cold

2.3.3 症状及原因：*fever, cough, suffer, pain, ache, *infect, poison

2.3.4 受伤：hurt, injury, *wound, cut, scratch, break, beat, blow

2.3.5 残疾：deaf, blind, *dumb, *disabled

2.3.6 治疗及康复：doctor, nurse, patient, hospital, ＊clinic, examine, test, treat, treatment, operate, operation, attend, care, medical, medicine, drug, ＊cure, recover, recovery, restore

第3类 人与家庭

3.1 各种人

3.1.1 总称：people, person, human, everybody, everyone, nobody, self

3.1.2 男女：sex, man, gentleman, fellow, Mr., sir, boy; woman, lady, Mrs., miss, ＊madam, girl

3.1.3 老幼：adult, ＊infant, child, baby; old, young

3.1.4 家人与亲属：＊grand-, parent, father, mother, couple, husband, wife, member, child, son, daughter, brother, sister, relative, uncle, aunt, ＊nephew, ＊niece, cousin, ＊generation; raise, adopt

3.1.5 关系：friend, neighbor, colleague, partner, enemy, friendly, close, distant, alone

3.1.6 单个与群体：individual; private, personal, population, crowd, group, family, household

3.2 恋爱婚姻

3.2.1 恋爱：single, date, kiss, love, dear

3.2.2 婚姻：＊engage, ring, wedding, marry, marriage, ＊divorce

3.3 死亡与埋葬：lose, bury, loss, ＊funeral, ＊grave, ＊grieve

3.4 人与社会

3.4.1 地域：world, international, nation, national, country, foreign, ＊native, local, state, region, district, ＊province, capital, centre, county, city, citizen, town, ＊suburb, countryside, village, urban, rural

3.4.2 组织：company, institution, institute, association, organization, club, committee, membership, community, union, circle, league

3.4.3 社会文化：society, social, culture, civil, tradition, traditional, conventional, popular, ＊classic, ＊ethnic, (in) formal, manner, polite, rude

3.4.4 阶层地位：rank, status, class, position, name, fame, reputation, entitle, boss, master, lord, servant, *slave, freedom, free, priority

3.5 政治

3.5.1 国家：republic, kingdom, empire, *colony, king, crown, queen, prince, *princess, royal

3.5.2 政府：rule, govern, government, power, powerful, democratic, democracy, authority, president, chairman, parliament, council, cabinet, department, office, official, representative, secretary, *welfare, leadership, ministry

3.5.3 选举：policy, elect, election, campaign, vote, candidate, opposition, party

3.5.4 政治运动：*politics, political, politician, reform, resist, protest, oppose, demonstrate, revolution

3.6 法律

3.6.1 文书和规定：rule, law, constitution, legislation, discipline, custom, institution, principle, standard, order, provision, regulation, will, *licence, ticket, allow, allowance, permit, permission, let, grant, *forbid, keep

3.6.2 法庭相关：justice, court, lawyer, judge, trial, charge, accuse, appeal, evidence, witness, sentence, fine, (il)legal, guilty, *innocent, defendant, responsible, responsibility

3.6.3 警察与犯罪：police, policeman, protect, guard, arrest, punish, penalty, release, commit, break, criminal, *thief, trick, prison, crime, violence, victim, steal, rob, cheat, murder, hang

3.7 战争

3.7.1 过程：attack, *invade, gather, resist, resistance, war, fight, battle, conflict, campaign, front, struggle, action, defend, defense, bomb, weapon, strategy, military, gun, arrow; bow, sword, shoot, shot

3.7.2 结果：occupy, win, *seize, defeat, victory, loss, overcome, *sumender, peace

3.7.3 参与者：force, army, troop, general, soldier, captain

3.8 宗教：belief, religion, religious, faith, god, spirit, *angel, devil, soul, *ghost, heaven, hell, *ceremony, priest, church, * temple, blear, *pray, save, holy, *magic, mystery, Chrishnas

第4类 建筑物、房屋、家庭、服装、财物和个人护理

4.1 建筑物

4.1.1 种类：bolding, construction, house, nest, tent, cottage, ace, flat, castle, tower, camp, build

4.1.2 功能：home, house, stated room, study, studio, bedroom, library, kitchen, bathroom, yard, garden, park, home, *shelter, toilet, resident, five, stay, settle

4.1.3 组成：roof, chimney, ceiling, wall, window, door, gate, entry, access, *exit, ground, floor column, passage, hall, stair, lift, fence, rail, *balcony, garage, drive

4.1.4 家具和装饰：furniture, table, desk, chair, seat, cushion, bed, cupboard, drawer, carpet, curtain, mat, ladder, mirror

4.2 财物

4.2.1 拥有：own, ownership, belong, be, of, have, possess, possession, own, keep, maintain, store, hold, property, share, obstain; without

4.2.2 拿进：get, receive, gain, earn, deserve, take, pick, choose, choice, option, select, selection, pick, gift, award, grasp, grab, catch

4.2.3 给出：return, change, replace, remove, rid, instead, supply, give, offer, provide, submit, *devote, reward, contribute, contribution, present, presentation

4.3 衣物

4.3.1 泛指：clothes, fashion, style, suit, dress, wear

4.3.2 上身：cap, hat, coat, jacket, shirt, tie, *glove, *scarf

4.3.3 下身：shoe, boot, pair, sock, *trousers, skirt, belt

4.3.4 其他：*collar, button, pocket, *purse, *wallet

4.4 个人清洁及护理

4.4.1 清洗整理：wash, *laundry, clean, dry, iron, fold, wipe, polish, sink, pipe, tap（水龙头）, soap, swap

4.4.2 个人护理：brush, shave, comb, shower, bath, towel

4.4.3 干净与肮脏：clean, tidy, neat, dirty, dirt, mark, pollution, *mess

第5类 食物、饮料与农业

5.1 食品

5.1.1 总称：food, diet

5.1.2 餐次：breakfast, lunch, supper, dinner, meal

5.1.3 调料或原料：sauce, oil, salt, *pepper, sugar, butter, crean, flour, cheese

5.1.4 饮料：drink, water, juice, *alcohol, beer, wine, milk, coffee, tea, pub, bar,

5.1.5 各类食物：bread, cake, *noodle, rice, chip, dish, soup, meat, fish, egg, potato, tomato, vegetable, fruit, orange, apple, *banana, *pear, sweet

5.1.6 餐馆：restaurant, *waiter, menu, service

5.1.7 餐具：knife, fork, straw, spoon, plate, tray, bowl

5.1.8 有害食品：drug, cigarette

5.2 品尝与制作

5.2.1 摄入：eat, drink, have, taste, feed, bite, snap, swallow, *suck, smoke, *absorb, *digest

5.2.2 口味：strong（烈性的）, hot, sweet, fresh, *stale, raw, delicious

5.2.3 制作与保存：cook, boil, fry, bake, make, stir, spread（涂）, turn（翻转）, roast, preserve, freeze

5.2.4 感觉：full, *hungry, *thirsty

5.3 农事

5.3.1 农民相关：agriculture, farm, grow, raise, plant

5.3.2 土地相关：*fertilizer, rich, *barren, field, range, *yield, crop

第6类 感觉、情感、态度和知觉

6.1 态度

6.1.1 一般：attitude, *optimistic, *pessimistic

6.1.2 接受：enjoy, suffer, like, love, prefer, fancy, favor, interest, keen, thank, *admire, *envy, respect, pity, want, wish, long, will, hope, desire, miss, lack, need, requirement

6.1.3 排斥：hate, *prejudice

6.2 行为

6.2.1 一般行为：act, treat, experience, behavior, action, conduct, treatment, duty, obligation, commission

6.2.2 积极行为：*conform, consider, understand, appreciate, wonder, rely, depend, relax, dare, comfort, moral

6.2.3 消极行为：lie, cheat, fool, trick, pretend, hide, *boast, *offend, *embarrass, *revenge, bear, stand, violence, puzzle, confuse, confusion, risk

6.3 情绪

6.3.1 一般的情绪：mood, emotion, emotional, temper

6.3.2 积极的情绪：happy, glad, merry, gay, willing, pleasure, laugh, joy, content, grateful, relief, peace, ease, enjoy, please, smile, *excite, quiet, calm, satisfy, satisfaction, nod

6.3.3 消极的情绪：sad, sorry, *depress, regret, upset, disturb, bother, anxious, anxiety, nervous, trouble, concern, problem, *terror, *panic, anger, angry, *disappoint, mad, cry, *groan, tension, stress, worry, fear, frighten, shock, surprise, *bore

6.4 评价

6.4.1 积极评价：objective, ideal, good, positive, better, best, perfect, well, nice, comfortable, pleasant, fine, great, grant, gentle, excellent, brilliant, wonderful, *noble, fair, average, *considerate, *tender, moral, right, appropriate, kind, proud, *frank, open, direct, constant, patient, correct, beautiful, beauty, pretty, popular, proper, interesting, favorite, *handsome, honest, secret, sensitive, lovely, brave, bold, firm, famous, grace, charm, appeal, attract, attractive, charm, virtue, charity, *mercy, *generous, *courage, spirit, *honour, fame, pride, *conscience, alright, ok, careful

6.4.2 消极评价: bad, worst, negative, evil, mean, *greedy, *selfish, terrible, awful, terrible, *horrible, afraid, wrong, *shy, *coward, cruel, *naughty, wrong, *miserable, poor, *disgusting, ugly, shame, mistake, error, fault, *trap

6.5 感觉

6.5.1 触觉: feel, touch, feel, sense, contact

6.5.2 视觉: see, look, watch, observe, observation, notice, note, glance, sight, vision, view, clear, obvious, *transparent

6.5.3 听觉: hear, listen, sound, voice, noise, silence, silent, loud, crash, roar, ring, whistle

6.5.4 嗅觉: smell

6.5.5 味觉: taste, flavor, delicious, sweet, *bitter, hot, salt, sour

第7类 思想交流，语言语法

7.1 认知活动

7.1.1 思考与推论: think, reason, consider, consideration, reflect, regard, prove, proof, mind, brain, reason, reasonable, *logic, idea, theory, mind, concept, notion, opinion, analysis, basis, cause, definition, mental, philosophy

7.1.2 假设与想象: assume, suppose, imagine, imagination, fancy, expect, expection, intend, intention, plan, guess, scheme

7.1.3 判断与结论: draw, judge, review, criticize, criticism, solve, solution, believe, belief, conclude, conclusion, decide, decision, determine

7.1.4 了解与记忆: know, recognize, recognization, understand, realize, see, remember, recall, remind, forget, memory, impression

7.1.5 学习与指导: learn, gain, study, teach, train, training, instruction, aware, knowledge, education

7.1.6 智力与才能：clever, bright, wise, able, curious, capable, slow, stupid, silly, normal, *wisdom, ability, capacity, initiative, skill, gift, fool, mad

7.2 交流活动

7.2.1 一般交流：say, repeat, speak, relate, call, talk, express, remark, stress, emphasize, explain, interpret, interpretation, explanation, describe, description, define, promise, commitment, imply, mention, refer, quote, whisper, according, communication, conversation, conference, speech, statement, emphasis, reference, response, *forgive, pardon, excuse, *apology, *congratulate, comment

7.2.2 告知或提问：tell, inform, contact, address, declare, state, claim, announce, announcement, ask, inquiry, reply, answer, question, doubt, suspect

7.2.3 争论或讨论：argue, discuss, discussion, argument, dispute, debate, *contradict

7.2.4 抱怨或叫喊：complain, complaint, blame, shout, call, cry, *cheer, scream

7.2.5 要求或建议：request, require, request, appeal, beg, apply, order, warn, threaten, threat, tell, direct, command, obey, call, invite, recommend, advice, advise, suggest, suggestion, convince, persuade, proposal, urge, encourage

7.2.6 同意或拒绝：agree, agreement, approve, approval, confirm, support, accept, admit, admission, reject, refine, deny, object, objection

7.3 交流手段

7.3.1 读写：read, *pronounce, tone, write, *translate, register, print, type, sign, spell, copy, publish, publication, story, novel, version, pen, pencil, chalk, rubber, ink, paper, sheet, card, page, notebook, *stationery, code, document, record, note, article, book, series, *dictionary, poem, poet, author, editor, literary, literature, press, mean, meaning, implication, subject, topic, theme, aspect, content

7.3.2 信件：post, mail, address, send, deliver, letter, envelope, *stamp

7.3.3 杂志报纸：newspaper, magazine, *journalist, issue, information, news, report, data, message

7.3.4 其他媒介：media, *adverdisement, radio, television, *broadcast, movie, film, telephone, *fax, sign, signal

7.4 语言

7.4.1 语言相关：language, term, title, expression, sentence, context, phrase, paragraph, chapter, text, word, letter, English

7.4.2 语法：grammar

a. 各类人称代词：如表 6-1 所示。

表 6-1　　　　　　　英语人称代词

人称		主格	宾格	反身代词	形容词性所有格	名词性所有格
第一人称	单数	I	me	myself	my	mine
	复数	we	us	ourselves	our	ours
第二人称	单数	you	you	yourself	your	your
	复数	you	you	yourselves	your	yours
第三人称	单数	he she it	him her it	himself herself itself	his her its	his hers its
	复数	they	them	themselves	their	theirs

b. Some 或 any 类代词和副词：any, anybody, anyhow, anyone, anything, some, somebody, someone, something, somehow, somewhat, somewhere, sometime, anyway, anywhere

c. 关系代词：who, whoever, whom, whose, what, whatever, which, where, wherever, why, when, how

d. 限定或指示：that, the, this, that, these, those, a/an

e. 连词或连接副词：and, than, thus, therefore, so, hence, but, whereas, although, though, in spite of, despite, however, nevertheless, still, if, whether, unless, because, since, as

f. 强调：certainly, definitely, exactly, precisely, of course, indeed

g. 招呼：hello, bye

h. 是否：yes, no, not

第 8 类 物质、材料、物件与设备

8.1 物质或材料

8.1.1 总称:substance, material, matter, stuff, resource, nature (特性), composition (组成), element, factor, item, feature, detail, nuclear, simple, complex, chemical, solid, *liquid, gas, things, everything

8.1.2 常见物质及其特征:rock, stone, brick, soil, earth, sand, dust, mud, dirt, *jewel, metal, gold, golden, silver, steel, iron, wood, wooden, logs, rubber, cloth, cotton, wool, *silk, leather, plastic, plastic, paint, polish, paste, plaster, wax, clay, fire, *flame, bum, *spark, light, ash, powder, rubbish, heavy, light, thick, thin, hard, soft

8.1.3 动力类物质:fuel, power, energy, coal, oil, gas, *petrol, electricity, electric, electronic

8.1.4 物质的包含聚集:cover, include, contain, involve, involvement, exclude, except, exception, consist, make, surround, circle, wrap, *enclose, gather, collect, collection, combine, bunch

8.2 物件或设备

8.2.1 设备仪器:equipment, facility, tool, instrument, machine, mechanism, device, engine, motor, pump, meter, frame, framework, structure, network, software

8.2.2 小物件:object, clock, watch, lamp, stove, glass, bell, scale, needle, pin, flag, lock, key, handle, knife, scissors, hammer, panel, guitar, nail, rake, wheel, screw, wire, sharp, *blunt

8.2.3 物件形式:piece, lump, part, section, bit, pile, layer, mass, share, block, bar, board, pipe, roll, tube, rod, band, belt, ribbon, strap, string, thread, rope, chain, line, roll, bail, global, ring, hook, umbrella

8.2.4 容器:vessel, cup, glass, dish, saucer, bowl, pot, pan, bucket, barrel, basket, box, cage, tin, tent, tube, package, bag, pack, cap, lid, bottle, *basin, tank

第9类　工艺美术、科学技术、工业与教育

9.1 工业

9.1.1 工业主体：industry, industrial, lbor, factory, plant, milt

9.1.1 生产行为：make, manufacture, produce, product, production, generate, build, building, construct, form, construction, prepare, preparation, mix, mixture, work, mine, dig * grind, operate, effort, busy, spare, active, assembly

9.1.2 变化发展：destroy, change, vary, variation, taro, switch, correct, repair, fix, mend, develop, development

9.1.3 功能作用：use, apply, application, waste, function, serve, do, purpose, aim, sake

9.2 科学技术

9.2.1 科学：science, scientist, scientific, * biology, * physics, * chemistry, * laboratory, experiment, test, pure, practical, physical, natural, social, medical

9.2.2 技术：* technology, technical, engineer, invent, create, creation, design

9.3 工艺美术

9.3.1 工艺：way, means, manner, method, technique, technical, sew, process, procedure, natural, * artificial

9.3.2 美术：art, style, paint, draw, illustrate, outline, picture, museum, image, background, style, shape, form, pattern, model, artist, master, real, false

9.4 教育

9.4.1 场所：nursery, school, primary, secondary, middle, grade, college, university, classroom, * playground

9.4.2 主体：* professor, expert, authority, master, pupil, student

9.4.3 内容或形式：class, lesson, course, * lecture, term, subject, field, topic, exercise, examination, homework, project, academic

9.4.4 结果：* diploma, * bachelor, master, doctor, degree, qualification, prize, *graduate, quality, educational, education

第 10 类　数字、计量、货币及商业

10.1 数字和计量

10.1.1 数字：sum, amount, number, figure, zero, nothing, none, one, two, *three, *four, *five, *six, *seven, *eight, *nine, *ten, *dozen, *hundred, *thousand, *million; single, double, pair, couple, half, quarter, percent, ratio, whole, total, altogether, overall; first, second, *third, last, once, twice

10.1.2 计算：*mathematics, count, add, addition, plus, *minus, *multiply, divide, calculate, computer, estimate, reckon; average, proportion

10.1.3 计量：size, quantity, amount, volume, weigh, weight, heavy, light, measure, long, length, wide, narrow, *width, broad, high, height, tall, long, short, deep, depth, area, volume, mile, meter, kilometer, inch, foot, mile, *gram, *kilogram, *ton, *liter（公升）, pound, *gross, net, unit

10.1.4 模糊数量：big, large, great, grand, huge, massive, considerable, average, small, little, major, majority, many, much, enormous, numerous, more, most, less, least, few, a/an, some, several, any, only, mere, just, hardly, short, lack, enough, adequate, sufficient, plenty, extra

10.1.5 图形：circle, round, square, spot, dot, straight, row, sector

10.2 金融

10.2.1 总称：finance, financial, economy, economic

10.2.2 货币：money, cash, currency, coin, penny, note, change, check, pound, dollar, cent, rich, wealth, fortune, fund, poor, poverty, income, budget, inflation

10.2.3 银行：lend, loan, borrow, owe, due, debt, credit, bank, account, save, interest, invest, investment, capital, exchange, rate, stock, bill

10.3 商业

10.3.1 主体：market, shop, store, shelf, customer, consumer, client, company, corporate, office, agency, agent, deputy, firm, private, state, public, base, department, business, merchant

10.3.2 买卖：commerce, sell, buy, rent, sale, cost, worth, spend, afford, pay, price, value, cost, payment, trade, export, *import, contract, deal, order, *goods, insurance, tax, tip, fee, expense, profit, loss, expensive, cheap, free, valuable

10.3.3 管理：work, job, task, career, profession, employ, employment, appoint, fire, dismiss, retire, resign, promote, promotion, staff, team, crew, EAM, make, *hire, clerk, employee, manage, management, board, chair, clerk, file, union, strike

10.3.4 待遇：holiday, break, pay, wage, salary, pension

第 11 类　娱乐、运动与游戏

11.1 娱乐

11.1.1 总称：*entertainment, play, fun, funny, party, celebrate, festival, interest, activity, keen, praise, *clap, fan, *humor

11.1.2 视觉类：music, song, sing, tune, record, tape, radio, joke

11.1.3 听觉类：dance, photograph, camera, screen, project, develop, film, movie, *cinema, stage, theatre, drama, dramatic, star, act, role, audience, scene, video, ticket

11.2 运动和游戏

11.2.1 总称：sport, game, exercise

11.2.2 形式：run, jump, ride, race, swim, *skate, *ski, dive, shoot, target, aim, dive, hit, miss ball, football, *basketball, golf, tennis

11.2.3 比赛：game, match, compete, competition, challenge, champion, championship, round, score, goal, team, enter, win, beat, lose, defeat, result, tie, prize, judge, *stadium

11.2.4 其他：*gamble, card, toy, pet

第 12 类 时间与空间

12.1 空间

12.1.1 宇宙：universe, universal, space, nature, world, sun, star, moon

12.1.2 气象：weather, *climate, sky, air, cloud, *fog, steam, rain, fall, pour, snow, *hail, wind, ice, storm, blow, *thunder, lightening, dry, wet, warm, hot, heat, temperature, melt, cold, freeze, cool, fine, fair, had

12.1.3 方向：direction, degree, west, western, east, eastern, north, northern, south

12.1.4 光和色：light, dark, shadow, *shade, ray, flash, shine, bright, clear, color, white, black, red, green, blue, orange, brown, gray, pale, pink, purple, yellow, *dull

12.1.5 地理：*geography, angle, map, view, scene, land, island, *continent, sea, ocean, channel, lake, pool, flow, flood, current, wave, coast, shore, beach, sand, river, stream, spring, source, bank, hill, mountain, top, hole, cave, valley, plain, desert, forest

12.1.6 自然灾害：*disaster, flood

12.2 时间

12.2.1 总称：time, clock, watch

12.2.2 时间段：while, break, pause, moment, period, occasion, phase, second, minute, hour, morning, afternoon, evening, night, day, week, month, quarter, season, spring, summer, autumn, winter, childhood, year, age, decade, century, point, long, short, brief, temporary, permanent, during, almost, within, through, throughout, until, by, for, since, afterwards

12.2.3 时间点：sudden, when, while, as, whenever, after, from, at, on, upon, meanwhile

12.2.4 时间的持续：delay, spend, pass, continue, last, proceed, persist

12.2.5 现在过去和将来：history, past, old, ancient, then, ago, before, previous, yesterday, now, new, modern, contemporary, present, today, tonight, current, recent, lately, soon, immediate, tomorrow, future, will, shall, would, should, about, original, novel, fresh, constant, steady, fate, chance, predict, prospect, see

12.2.6 开始结束：begin, start, introduce, launch, end, stop, *halt, finish, shut, close, cancel, complete, completion, conclude, origin, introduction; initial, first, prime, early, former, late, latter, last, fatal, *urgent, eventually, have, already, yet

12.2.7 年轻年老：youth, young, age, junior, mature, middle, adult, ripe, old, senior, grow, develop

12.2.8 频率：annual, never, rare, hardly, seldom, occasional, occasionally, ever, sometimes, often, regular, frequently, frequency, always, again, everyday, occasional

12.2.9 日期和月份：date, daily, Monday, Tuesday, Wednesday, Thursday, Friday, Saturday, Sunday, weekend, January, February, March, April, May, June, *July, August, September, *October, *November, December

第13类 运动、位置、旅行、运输

13.1 移动或静止

13.1.1 不移动：stay, remain, stop, wait, stand, sit, lie

13.1.2 晃动类：band, bow, lean, shake, swing, rock, wind, spin, curl, wave, hang, twist

13.1.3 定向移动：come, go, leave, arrive, arrival, get, return, attend, reach, enter, entrance, entry, approach, near, sink, board, fall, drop, pour, advance, head, progress, cross, pass, passage, circle

13.1.4 非定向移动：move, movement, step, motion, walk, nut, ride, fly, *float, sail, swim, climb, *crawl, roll, slide, slip, slippery, wander, march, race, hurry, rush, follow, chase, escape, avoid, flow, stream, spill, stir, drift, turn, jump

13.1.5 速度：quick, fast, rapid, slow, gradually, speed, rate, race, *brake

13.1.6 他动：carry, lay, set, fit, fix, place, position, take, bear, bring, *fetch, lift, shift, remove, pull, drag, draw, push, stick, throw, cast, send, transfer, transport, deliver, delivery

13.2 交通工具

13.2.1 车辆：drive, vehicle, traffic, car, carriage, cart, accident, taxi, bus, cycle, bicycle, tube, train, station, limit, way, road, street, route, avenue, corner, bend, curve, path, track, railway, bridge, *tunnel

13.2.2 船：sail, steer, boat, ship, port, crew, captain

13.2.3 飞机：fly, plane, airport, land, flight, ground, pilot

13.3 旅游参观

13.3.1 迎接陪同：welcome, meet, take, lead, guide, conduct, show, direct

13.3.2 拜访会晤：call, drop, invite, meet, interview, visit, appointment, meeting, session, guest, host

13.3.3 旅游：travel, tour, tourist, passenger, journey, trip, hotel, book, reserve

13.4 位置

13.4.1 场所：place, location, site, space, edge, boundary, border, environment, home, abroad, elsewhere

13.4.2 方位：surface, edge, top, middle, bottom, center, central, core, base, front, back, side, left, right, inner, *internal, external, far, further, distant, distance, gap, extreme, *vertical, *horizontal, nearly

13.4.3 位置关系：about, around, round, everywhere, nowhere, on, onto, in, inside, into, at, within, out, from, outside, upper, here, there, absence, across, over, along, through, against, with, near, close, together, next, beside, between, among, away, apart, aside, back, to, towards, up, forth, forward, on, off, below, beneath, under, above, underneath, after, behind, front, before, ahead, through, throughout, via, by, past, beyond, up, down

第14类 泛指词和抽象词

14.1 存在或变化

14.1.1 出现存在：be, exist, existence, seem, appear, appearance, presence, disappear, emerge, look, arise, *phenomenon, evidence, situation, circumstance, state, condition, quality, feature, character, personality, kind, sort, list, sequence, type, variety, class, form, formation, nature, example, instance, sample, represent, typical, representative

14.1.2 变化发生：become, get, grow, fall, rise, raise, happen, occur, arise, mow, growth, develop, spread, expand, increase, extend, extension, decrease, decline, reduce, lower

14.1.3 倾向习惯：tend, trend, habit

14.2 抽象或泛指特征

14.2.1 真实虚假 truth, reality, fact, actual, virtually, substantial, true, real, ideal, apparent, imagine, imagination, false, data, clear, obvious, fair, just, justice

14.2.2 幸与不幸：event, incident, affair, emergency, crisis, trouble, danger, dangerous, risk, threaten, threat, luck, lucky, unfortunately, advantage, nuisance

14.2.3 可能性：possible, possibility, probably, impossible, likely, maybe, perhaps, may, might, able, enable, ensure, can, could, should, ought, will, would, certain, certainly, sure, confident, confidence, definitely, must, chance, opportunity

14.2.4 重要性：matter, significant, important, importance, serious, basic, fundamental, necessary, essential, vital, key, main, principal, chief, senior, minor, minority, junior, small, tiny, big

14.2.5 简单复杂：easy, simple, basic, *convenient, difficult, difficulty, hard, tough, complex

14.2.6 平常异常：general, common, usual, normal, ordinary, regular, average, routine, standard, familiar, strange, specific, special, especially, extraordinary, unique, particular, remarkable, strange, odd

14.2.7 程度：degree, extent, full, complete, total, absolute, entire, all, whole, lot, quite, very, rather

14.2.8 其他：severe, *strict, stretch, tight, loose, even, smooth, steady, rough, flat, level, high, tall, deep, short, low, *shallow, wide, extensive, narrow, broad, long, thin

14.3 操作实践

14.3.1 影响结果：limit, control, govern, direct, affect, effect, effective, efficiency, efficient, influence, impact, organize, organization, master, maintain, result, consequence, outcome

14.3.2 尝试实践：do, work, active, activity, *passive, reaction, respond, response, repeat, practice, behave, behavior, potential, try, attempt, effort, perform, performance, assume, arrange, arrangement, organize, organization, system, establish, establishment, base, set

14.3.3 成功失败：manage, cope, succeed, success, successful, improve, improvement, better, achieve, achievement, pass, fail, failure

14.3.4 支持反对：help, accept, support, assist, assistance, benefit, refuse, avoid, prevent, stop

14.3.5 致使要求：make, force, impose, press, pressure, promote, require, demand, insist, need, must, ought

14.3.6 比较对比：identity, like, alike, same, similar, as, equal, even, level, such, compare, comparison, contrast, distinguish, different, difference, distinction, various, vary, other, another, alternative, oppose, opposite, opposition, balance, match, suit, suitable, fit, relative, depedent, too, also, besides, moreover, both, each, every, per, else, either, or, otherwise, neither, nor, rest

14.3.7 作用目的：use, useful, function, purpose, worth, aim, concentrate, concentration, focus, ready, available

14.3.8 倒空填满：empty, part, fill, load, pack, crowd, occupy, *hollow

14.3.9 分割合并：cut, open, separate, part, divide, division, split, *pierce, tear, break, crack, join, connect, connection, attach, union, unite, unity, link, tie, knot, bind, relate, relation, relationship, relevant, associate, association, close, shut, lock

14.3.10 破坏伤害：press, pressure, depress, hit, rub, strike, knock, kick, burst, pinch, scrape, * explode, hurt, harm, damage, destroy, ruin, wreck

14.3.11 拯救保护：save, reserve, preserve, protect, protection, conservation, loss, safety, secure, security, safe

14.3.12 探索发现：find, discover, * trace, seek, search, research, survey, investigate, investigation, explore, examine, check, discovery, examination, reveal, hide, cover, secret, show, display, point, indicate, demonstrate, exhibition

以上研究按照语义关系列出了英语词汇元语言词项 14 种大类，这些类型实质上就是语义范畴，对应到词汇上就是词汇范畴。在语言中，学习者一方面可以学习记忆上表所列词汇，建立自己的语义范畴和词汇范畴，这些词汇元语言词项有助于提高学习者的基础表达能力和思维能力；另一方面，学习者可以按照如上范畴来学习记忆词汇，并基于以上元语言此项不断丰富扩展自己的词汇量。从而使得自己的语言表达能力和思维能力不断得到增强和深化。

三 根据原型理论学习多义词

认知语言学认为一个多义词就是一个意义范畴（sense category），其中有原型意义、中心意义、非原型意义、边缘意义和隐喻意义。每种意义都是意义范畴的一个成员，它们相互关联（王寅，2007）。可见，一个典型的词项代表了一个复杂的范畴，其多个相关的意义构成一个网络。根据原型理论，语义范畴的义项成员具有不同的地位，它们有中心义项、典型义项和边缘义项之分，即以某个语义原型为基础或核心意义（prototype meaning），进一步延伸或辐射出其他词义，从而形成词义辐射范畴，这时词义的抽象程度也随之不断提高。Taylor（2001）称这种彼此不同却互相关联的意义关系为意义链。例如，英语动词 break 的核心意义是"打破"，其最基本的搭配用法 break a glass（打破玻璃杯），其他的用法，如 break a strike, icebreaker 等虽然都是 break 的用法，但是不是它的核心意义用法。同样，对于"打"来说，"击打"的意义是最为基本的，也是最典型的，其余的如打电话、打篮球、打水等离原型意义就比较远（李雪萍，2015）。

  类典型理论揭示了词义范畴的向心性和开放性。该"辐射"趋势说明，在多义词的语义范畴中有一个更为核心的意义即类典型意义，其他意义都是在这个意义基础上进一步引申或辐射出来的。向心性和开放性即词汇各义项间具有的家族相似性保证了词义扩展的连续性和可能性。词汇学习中，范畴的建立可使人们对客观世界的认识不断深入。随着认知水平的提高扩大，词义也随之扩大，从而形成一词多义现象。人的记忆是以最经济的方式进行的，随着对新事物的认识，大脑总是在记忆中寻找已存在的概念，根据新认识事物的属性将其与已认识的事物发生某种联系并进行归纳。这样原有的概念不断被扩充，形成一个更大的语义范畴。语言学家王宗炎认为英语词汇是一个语义网络，词项之间有各种关系。因此英语词汇习得就可以从词义的基本等级范畴出发，根据家族相似性特征归纳一个语义范畴的词汇，构建语义场，有效扩大词汇量。

  词汇得是一种认知活动，应该遵循认知规律。原型范畴理论认为，在多义词的各个义项中，有一个是更为基本或核心的意义，因而成为其他词义的原型，其他词义则是在这一基本词义的基础上根据家族相似性以隐喻、转喻等方式向外不断衍生或拓展出来的，从而构成词义之间的辐射范畴，形成一个词义辐射网。以 head 一词为例，最初它只是指人的头部，其后被用来指动物的头部（head of the lion，狮子头），后来又用来指物体的头状部分（head of the nail，钉子头部），进而又被用来指空间处所关系的词（head of the river，河流源头），最后还被引申为抽象意义的头（head of a state，首脑/首长）。由此可见，多义词各义项之间是有深层联系的。表示人体部位的词其词义拓展常常遵循以下几个规则：（1）与人体部位外形上的相似（leg of a horse）；（2）与人体部位上的相似（foot of a mountain）；（3）功能上的相似（leg of a chair）；（4）以上几方面的综合（the body of the mountain）。学习词汇时应该有意识地探究这种语义拓展的规律和线索。

四　利用隐喻建立语义链

  隐喻本质上是一种认知现象，是人类将某一领域的经验用来认知、理解另一领域经验的一种认知活动。所谓隐喻是指用指某物的词或词组来指代他物，从而暗示他们之间的相似之处，它是以相似和联想为基础的。隐喻是人类理性和想象相结合的产物，是词汇产生新义的方法，是人类拓展和延伸认知范畴的认知方式。人类语言从整体上讲是一个隐喻性的符号系统，即人们通过隐喻来认知事物，建立新的理论，并利用隐喻来创造新词或新的意义。在原型效应的影响下，人们认识事物总是在基本范畴的基础上开始的。认知语言学家 Lakoff 和 Johnson（1980）更是将隐喻作为人们的思维、行为和表达思想的一种不可或缺的方式。他指出，在日常生活中，人们往往参照熟悉的、有形的、具体的概念来认识、思维、经历和表达无形的、难以定义的概念，从而形成了语言中的跨概念的认知思维方式，这种思维方式基本上是在概念隐喻的基础上进行的。因此语言的隐喻性为我们进行词汇学习提供了理论前提。在英语词汇中，人的身体部位、颜色、常见动物名称、山川河流、日月星辰、花草树木等蕴含的隐喻意义非常丰富，在学习的过程中要特别注意。以 heart（心）为例，由于功能和形状的相似性，这个词通常会被喻指"心状物，中心，核心部分，实质"等，如，the heart of the cabbage（卷心菜的菜心），the heart of city（市中心），the heart of the matter（事情的实质）。在英语词汇习得中，学生在重视掌握词汇核心意义的同时，也要逐步通过词语的隐喻意义建立词汇意义链，进而提高词汇的学习效率。基本范畴词的一个特点是隐喻用法多，表示人体各个部位的词如 head, nose, ear, face, hand, foot 等比表示笼统的人体（body）一词的隐喻用法多。例如，the head of the college（人头，校长）；the eye of the needle（人眼，针眼）；have a head for mathematics（有数学天才）；the nose of a car（鼻子，汽车头）；the shoulder of a mountain（肩，山肩）；the mouth of a volcano（人口，火山口）；the navel of a block（肚脐，街区中心）；the lip of a jug（嘴唇，嘴壶）；the elbow of the road（肘，路的急转弯处）；the foot of the mountain（人脚，山脚）；同样各种具体动物要比动物的统称（animal）一词更普遍地用于隐喻：如说某人是 pig, fox, wolf, mule, lion, lamb 等，便赋予他这些动物的属性：pig（懒惰，贪食，肮脏），fox（狡猾），wolf（残忍，凶狠，贪婪），mule（固执），lion（凶猛），lamb（天真，温驯）。基本范畴词的这种隐喻用法非常普遍。反映人们认知事物的规律：近取诸身，远取诸物；由自身到周围世界，由此及彼，由具体到抽象，由简单到复杂，由熟悉到陌生。人们习惯于把自身作为认知事物的尺度（the measure of everything）（Lakoff &

Johnson 1980)。运用人体各部分的不同形状或位置去类比各种事物，借助不同特点的具体动物去描绘人的属性，有助于快速、高效、准确地认知客观世界和人类自身。通过这种隐喻用法，基本范畴词的词义得到了迅速而丰富的发展。

传统的语言学研究认为隐喻只是一种修辞手段，是语言在运用中变化的结果，隐喻现象被排除在语言学研究之外。受此影响，传统的词汇教学不太重视隐喻意义的学习和学生隐喻思维能力的培养。而认知语言学则将隐喻作为语言中极为重要的现象来进行研究。Lakoff 和 Johnson (1980)认为：隐喻不仅是一种修辞手段，而且是一种思维方式和认知方式。人类思维的基本特性就是隐喻性，人们的概念体系在很大程度上也是以隐喻方式建构的。在原型效应的影响下人们认识事物总是由自我开始，而后认识到熟悉的周围事物，进而认识到较远的事物，最后认识到抽象概念。因此学习词汇时不仅要重视词语的基本意义，还要掌握其隐喻意义。隐喻思维能力是随着人的认知发展而产生的一种创造性的思维能力，是认知发展的高级阶段，是人们认识世界，特别是认识抽象事物不可缺少的一种认识能力。因此，隐喻思维能力不仅在词汇习得中有着重要作用，而且对二语习得的其他方面，甚至对任何其他认知活动都有着重要作用。

五　建立语义网络图和词汇链，存储同类词汇

人们头脑中的知识是有组织的，长时记忆中语义范畴的信息是以概念为单位、以网络的层次形式有组织地存储的。外语长时记忆中词汇意义的记忆结构也不例外。这是因为，有组织的新信息更容易进入原有信息网络，与更多的节点（nodes）建立连线。于是，形成了更多的回忆线索，回忆时可利用的通路便更多。鲍尔（G. H. Bower, 1969）等人在一项实验中用两种学习情境比较被试学习单词的回忆情况。一种是有组织的情境——范畴层次树。具体步骤见图 6-2。另一种是随机安排的：被试看到的也是树状图，但每个名词的位置被打乱，随机安放。

结果显示，学习有组织的材料的一组被试在回忆时显出很大优势。由图中看出，在这个树状图中，各项目（实验中为名词单词）之间的相互关系是范畴式的。被试已经在学习阶段就形成了像图 6-2 那样的层次序列的记忆网络，将同一概念范畴的词集合在一起，组合成较大的组块（chunk），或者根据基本范畴进行等级分类。这种组织方式使他们便于在

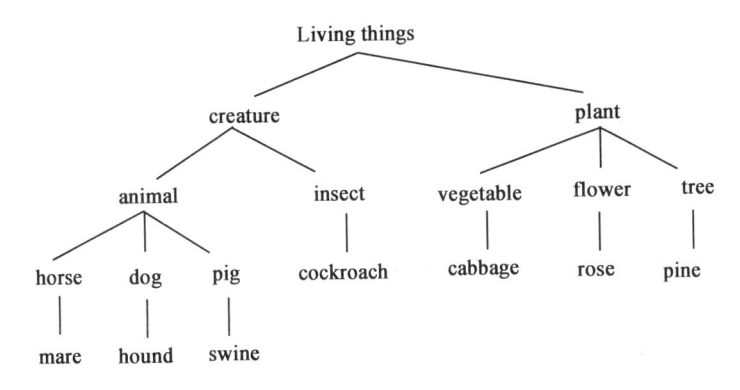

```
                    Living things
                   /            \
              creature          plant
             /      \          / |    \
         animal   insect  vegetable flower tree
        / |  \       |        |      |     |
   horse dog pig  cockroach cabbage rose  pine
     |    |   |
   mare hound swine
```

图 6-1 英语词汇树形

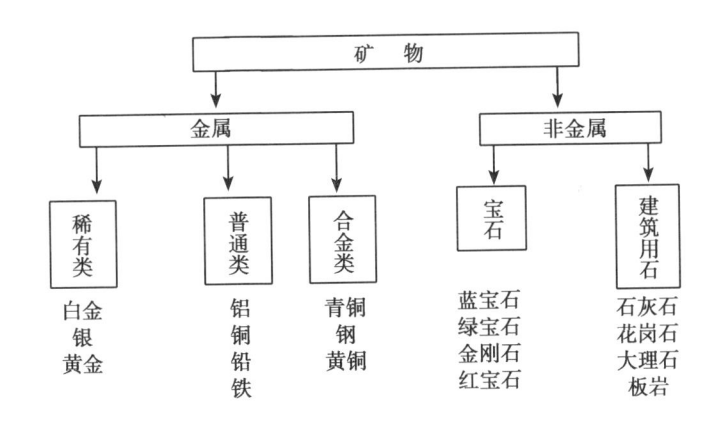

```
              矿  物
             /      \
          金属       非金属
         / | \       /   \
     稀  普  合     宝   建
     有  通  金     石   筑
     类  类  类          用
                        石
     白  铝  青     蓝宝石  石灰石
     银  铜  铜     绿宝石  花岗石
     黄  铅  黄     金刚石  大理石
     金  铁  铜     红宝石  板岩
```

图 6-2 树状图

资料来源：J. R. 安德森《认知心理学》。

记忆中寻找线索，即按树状图的层次序列来组织自己的回忆。这种信息保持的组织化策略也符合认知语言学的原型范畴理论。

如前所述，人类为了认识世界，将世界万物划分为不同的范畴，如交通工具、动物、植物等。而且同一事物又同时具有多层范畴的属性，如柏树，它同时属于植物、长绿乔木、柏不同的范畴，可见范畴化在细致程度或范围上有不同的等级。认知科学已经证实，大脑对事物进行最有效的分类和组织所依靠的有力工具是基本范畴，如狗、猫、树等。在基本范畴这个等级上，人类大脑的经验范畴与自然界的范畴最接近、最匹配，因而使得人们区分事物最容易，处理自然的事物最有效、最成功。各范畴成员之间具有最大的家族相似性，并具有明显的原型成员。对学习语言来说，基本范畴以及在此基础上产生或习得的基本概念词语具有快速识别的特点，所以更容易被感知和记忆。鲍尔等人的实验中的有组织的情境回忆正是符合了人类对基本范畴认知规律，记忆效果自然明显提高。原型范畴理论已经阐明：人类的基本认知能力是共同的；在多数领域里，范畴化等级认知是人类共同的认知规律；而且基本范畴是认知的重要基点和参照点（cognitive reference point）。语言中的动词也是原型结构。最常用的表示与人的肢体有关的动作之一"走"就有很多动词表达。如：move, walk, clump, limp, creep, hobble, march, pace, roam, stroll, stump, tiptoe, wander。可以按图6-3所示的语义范畴组织网络来记忆这些单词。图6-3就比较简单明了地说明人类心理表征中的概念的原型特征与非原型特征，如果再辅之以例句及造句等语言运用活动，学生就可通过具体上下文加深理解词义，进而提高记忆效果。

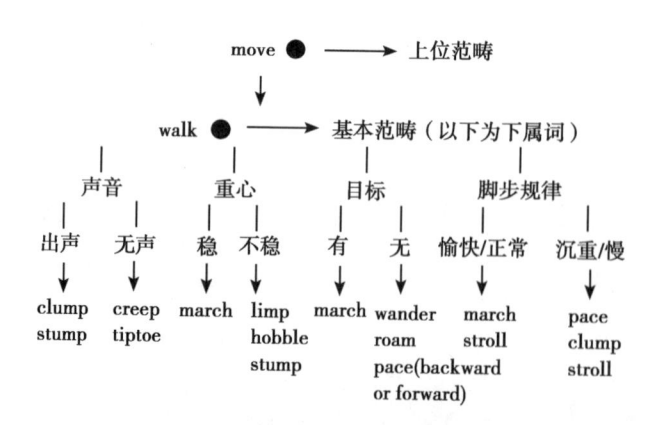

```
                    move ●———→ 上位范畴
                         ↓
                    walk ●———→ 基本范畴（以下为下属词）
         ┌──────┬──────┼──────┬──────┐
        声音    重心    目标    脚步规律
       ┌─┴─┐  ┌─┴─┐  ┌─┴─┐  ┌──┴──┐
      出声 无声 稳 不稳  有  无  愉快/正常 沉重/慢
       ↓   ↓   ↓   ↓   ↓   ↓     ↓        ↓
     clump creep march limp march wander  march   pace
     stump tiptoe     hobble     roam    stroll  clump
                     stump              pace            stroll
                                    (backward
                                    or forward)
```

图6-3 语义范畴组织网络（Category network）

同时根据人的认知对有意义的概念记忆较深的特点，可运用语义网络激活相关词汇。认知心理学家A. Mcollins和M. R. Quillian认为人的大脑中存在知识的不同层次网络。网络中有许多代表一定事物和事物意义的概念，每个概念在网络中的位置称为节点，各节点通过一套接线连接起来构成网络。在这个层次网络模型中，所有节点都是相连的，语义网络和词汇网络既相互独立又相互联系。当认知系统激活某节点或词项时，就会加速其周围与之有语义关联的词项的提取，如canary连接bird，bird连接animal。每个节点上又连接各自不同的特征词，如提取fish一词就相应地激活了fin，swim和gill等与其特征的词汇，关系越近越容易激活。当某个词项被要求提取时便进入相关的语义网络，使另一个节点得以激活。激活的节点又朝外激活其他概念节点。所以，语义网络结构有利于促进词语的深加工。在认知深度方面，学习者必须激活原有的词汇知识和经验，再将新旧知识联系起来，在旧知识的基础上进行新信息的加工，建立一个具有横组合关系和纵聚合关系的完整的语义场。语义层次的认知加工是外语词汇学习的有效手段，它可以充分发挥学习者的认知潜能，激活其背景知识，激发其学习热情。

词汇链和网络图都是组织存储词汇的方式，但稍有不同。部分词汇适合用网络图，部分适合用词汇链，还有部分两者均可（燕芳，2012）。对常用的基本词汇进行归类总结，让同一类的词汇形成词汇链，有助于记忆和理解。例如，可把常用基本词汇归纳为衣服、食品、住房、交通、行业、动物、植物等，也可以根据话题方式，把基本词汇归纳为自然现象、环境、教育、家庭、友情、爱情等范畴。每一个基本范畴可包含很多下位范畴，下位范畴下面又可以包含很多子范畴。这些基本范畴词汇一经归纳整理就很容易在学生头脑中形成一条基本词汇链。然后随着词汇量的不断增加，会逐渐形成一个基本词汇为核心的发散型词汇网络。认知语言学认为，大脑的认识活动是在记忆知识的基础上以最节约的方式进行的，新事物一经产生，大脑便在记忆中寻找已存在的概念，根据新认识事物的物理、功能等属性将其与已认识的事物发生某种联系，对其进行归类。这样，原已形成的概念不断被扩大，形成一个更大的语义范畴。语义范畴的义项成员具有不同的地位，它们有中心义项、典型义项和边缘义项之分，即以某个语义原型为基础意义或核心意义，进一步延伸或辐射出其他语义，从而形成了语义的辐射范畴，词义的抽象程度也不断提高。再如，把有关食物方面的基本词和其下位词归纳如下，也可以更好地"整理"自己的心理词汇，使其更有规律，便于记忆、存储和提取。

vegetable: cabbage, lettuce, carrot, cucumber, garlic, spinach, tomato, bean, onion, mushroom, pepper, pumpkin, potato, bean, sprout, cauliflower, etc.

fruit: apple, pear, peach, orange, banana, watermelon, grape, mango, pineapple, strawberry, plum, lemon, papaya, coconut, etc.

meat: pork, beef, lamb, chicken, mutton, bacon, turkey, fish, etc.

cereal: rice, wheat, maize, corn, oat, millet, barley, etc.

语义延伸策略是以某一个词汇的基本义项为参照对象，联想到意义更加具体、内涵更加丰富的义项或者词汇。如学到"smile"这个词时，就可以以它的基本义项"笑"为参照对象，联想到其他近义词：laugh（大笑，嘲笑），grin（露齿而笑），chuckle（抿着嘴轻声地笑），snicker（窃笑，想笑而又想尽力掩盖住），giggle（咯咯地笑），guffaw（狂笑），chortle（哈哈大笑），simper（痴笑，傻笑）。同样以/law0 这一范畴的基本义项"规则"为基础，联想到 rule（指导行为的规则，法规），regulation（限制大众行为的规章，条例），statute（成文法规），decree（政府法令），by law（地方法，细则，附则），standing orders（军队、警察等的常规），再由"lawyer"想到 solicitor，attorney，barrister，advocate，counsel，jurist，judge，magistrate，justice 等等。

第七章 中介语项目之"存储（二）"

第一节 图式与外语学习

20世纪初，格式塔心理学家们以及瑞士心理学家皮亚杰把图式概念引入心理学。现代认知心理学家鲁梅哈特（转引自师璐，2004）把图式称作认知的建筑组块，信息加工所依靠的基本要素，语言理解机制进行信息处理时所依赖的认知单元，它包含知识本身怎样表征及如何运用，具有可变性、结构性与主动性的特征。图式也是认知语言学的理论基础之一。心理语言认知观点认为，图式是指一系列相关范畴在人脑中的表现。是学习者以往习得的知识（背景知识）的结构，是人们用已有的结构来记住新资料的一种方法（桂诗春，2003）。按照认知语言学，人脑所保存的一切知识都分成节点、单元，并形成网络，这些节点、单元和网络就是图式。Taylor就指出，原型是范畴的概念核心的图式表征（J. Taylor, R 2001）。加州大学语言学家Hatch Brown则总结说：原型是词概念的表征，图式是原型的拓展，是一个总体原型（a general prototype）或事件的模板（template for an event），概念的原型是事件图式的一部分并随着图式的激活而激活（E. Hatch & C. Brown, 2001）。可见，原型理论与图式理论正在融合统一，成为认知理论研究新的亮点。Devine（1987）将图式定义为：关于知识的理论，一切知识都是以知识为单元（schemata）的形式构筑而成的，这种知识单元就是图式。Widdowson（1978）也认为图式是一种认知构架，是不同层次、不同抽象程度上对事物、事件认知的完型。由此可知，对词汇的认知也是一种某个词汇所激发的图式信息与语境相互作用的过程。根据范畴化理论，每个多义词都可视作一个多义范畴。它是对事物认知的一种概念化。这种概念化是一种相对稳定的知识单元，也是一种认知图式按照图式理论的观点，我们无时不在修正和调整对世界的认识。外语学习者通过语言文化教学在不断地改变对世界的认识。在外语学习中，学习者应根据原有知识图式的特点，充分调动其已有的知识，从而完成对新语言点的学习。比如，对于词汇的学习、记忆和运用，方法众多。然而，无论何种方法，都离不开与学习者原有图式的联系。在学习英语新词汇时，需要将储存在长时记忆的旧词汇知识与新输入头脑中的词汇联系起来，进而使短时记忆的新词汇经过加工进入长时记忆。利用已掌握的一些构词知识来学习新单词就是一个很好的做法（常芳，2004）。

一 认知图式的建构与语言习得

图式论原理对我们的一个重要启发是，充分利用已有的背景知识能够起到"以旧引新"的作用。语言的习得过程就是一种对新信息的识别、加工和整合的过程。无论是对句法，还是对词汇、篇章、语用知识，学习者都会用自己的认知图式进行加工存储。由此可知，学习者原有的知识图式对语言学习有非常重要的影响。同时，由于语言对外部世界及思想内容具有指称与承载功能，语言的习得与发展也可以被视为一种图式的建构过程。Widdowson（1983）和Skehan（1993）就用语言的图式建构观看待交际能力的发展（转引自Aston，1997：51）。在此过程中，语义记忆起着重要的作用。N. Ellis（2002）指出，本族语者能够获得语言的范畴、图式和原型是因为他们记住了大量先前经历过的事件及其相匹配的语言表达式，而相同的表达式又倾向于聚集在一起。Bolinger（1976）、Fillmore（1979）和Pawley和Syder（1983）用不同的术语，提出了有关母语能力形成的相似观点。他们认为本族语者并没有完全使用理论语言学家所描述的句子规则来产出各种句子，而是使用各种固定的语块（lexical chunks）或结构。记忆中的这些语言片段可以说是成千上万，使用者往往是信手拈来，脱口而出（桂诗春，2004）。学习者在外语学习中可以构建语音图式、词法图式和语境图式等，以便提高学习效率，增强学习效果。

学习外语的过程中同时注意陈述性和程序性知识，学习者在理解、记忆外语时要充分利用已有图式，"从无到有"构建图式，"从有到优"或"从泛到详"重构图式。Schmidt（1990，2001）指出，形式上的凸显是引起学习者注意的重要原因之一，能够为认知图式的建构、确认、扩展和重构提供良好的语言环境。Guy Aston（1999：262，1997：56）指出，习得新图式的过程其实是不断对已有的图式进行组构（composition）和解构

(decomposition),这个过程有两种相辅相成的途径:一是"从具体到抽象";二是"从抽象到具体"。前者指将反复出现的带有具体语境(context-specific)的语言形式归纳和提升为抽象的认知图式。后者则是将抽象的认知图式分解为次图式,并通过反复呈现的语境(contextual repetitions),形成更大规模、更为具体的图式的合成。以语块 I don't know...为例,学习者可以从带有具体语境的语例中将 I don't know 抽象为一种否定回答形式,并在以后的类似语境中脱口而出。而当他们反复接触出现在其他语境下该语块的各种变体时,如 I don't know what else to do/ I don't know where they're going to/ I don't know who I'll be meeting but it 则又可以从 I don't know 这个抽象的图式进一步分析出 I don't+ know+ what-clause/ I don't+ know+ where-clause/ I don't+ know+ who-clause 等一批比较具体的图式,进而再合成 I don't know+wh-clause 这样一种更高层次的、抽象的图式。而语料库的语境共现正可以为这两种建构和重构图式的途径提供合适的语言材料。

二 图式与词汇学习

(一)词汇学习与知识学习

图式理论解释了词汇学习与知识学习相辅相成的关系。一方面在人的知识结构中包含着词汇。词汇就是概念,学习新知识就是学习新概念。同时词汇的意义可以产生变化(developing),人以往的知识会影响到词义的理解。另一方面词汇语义与部分认知能力是相关的,词义是主观与客观的结合。研究语义不可避免地要涉及人的主观看法或心理因素,需要依靠大脑中已经存在的图式知识来帮助消化新的信息(司晓蓉,2013)。由此可见,图式与英语词汇习得关系十分密切。在词汇习得过程中如果学生缺少相关背景知识就不能较好地掌握单词的语义。词汇的习得过程并不是一个单向的将单词输入大脑的过程,而是一个背景知识图式与新词汇之间双向互动的过程。根据图示理论,词汇习得与人脑中已经存在的知识紧密联系,词汇习得的过程并不是单向接收信息的过程,而是新知识与旧知识双向互动的过程。当我们学习新单词的时候,大脑的记忆中心就开始搜索相关的图式与信息单词的语义关系,包括同位词(coordination)、下位词(hyponymy)、同义词(synonymy)及反义词(antonym)等。根据这些语义关系,我们可以把新学的单词与原来学过的单词按照语义关系联系起来学习记忆。

例如，在围绕情感话题学习词汇时，应先掌握 emotion（情感）这个基本的感情范畴词，写出 joy, happy, angry, sad, anger, desire, love, hate 等。

（二）根据图式组织心理词汇

英语中图式和词汇是密不可分的。大脑词库与激活扩散模型的概念图实现心理语言学研究表明，词汇呈现和联系的方式与大脑词库的组织方式越接近，词汇储存、提取和记忆越容易。所以词汇输入、储存和提取应充分运用有效的元认知策略以及图式认知策略。学习者要根据具体学习内容对所学词汇进行分类组织整理，建构新词汇与旧知识结构之间的意义联系，以优化词汇的输入、储存和提取，即充分利用图式认知策略提高词汇习得效果。学习者还要根据目标词汇所属的不同类型图式进行优化输入和储存：一是"从无到有"构建新的词汇知识图式，二是"从有到优""从泛到详"重构已有的词汇知识图式，从而促使学习者以成串成群的方式分类和组织自己的词汇知识网络，由此构建高效的词汇知识联想和激活机制，形成词汇能力。还可以利用语料库促进语言图式的建构，如以"家庭火患"的话题为例，通过语料库形成有关图式以及习得与其相匹配的语言形式。可见语料库资源和工具可以为学习者的词汇知识的图式性组构（composition）和重构（decomposition）提供基础。在图式理论知识的辅助下，通过建构词汇的各种联系，可以使学生进行发散思维，摆脱线性思维的束缚，很好地把线性思维和非线性思维联合起来，开发大脑，同时结合其他词汇学习工具，高质量地提高外语词汇教学和学习的效率。

利用图式不仅可以学习词汇，还可以学习句法、语篇、语用等各个方面的语言知识。因为图式本来就是一种认知结构，是学习一切知识的基础。就外语学习而言，结合前文图式的分类，可以建构以下五种图式来促进语言学习：（1）自然范畴图式；（2）事件图式；（3）文本图式；（4）文化图式；（5）语用图式。

第二节　自然范畴图式与语言学习

单词也是图式。Rumelhart（1980）指出，图式具有识别作用，能够识别自身在信息资料处理过程中的作用。词汇不是孤立地储存在人的记忆中，而是以图式储存和记住的。在外语词汇学习中一个广为接受的观点是：真正的词汇习得来自于各种有意义的交际语境中对生词的足够的接触，即许多学者简而言之的"大量接触"（Hudson，1990：235）。在词汇习得中，大量的接触必须与有意识的注意相结合（李明远，2007）。

　　词汇的输入与输出都与语义密切相关，有意义联系的词容易记忆和提出。在学习生词时，尽量使新词语与记忆库中已有的类似词语发生联系，按词汇储存的规律给记忆库增添新的概念，充分利用词之间的图式，共同完成对新词汇的记忆。随后按图式的储存记忆模式又对新学的词汇进行归类以显示词与词之间的联系，使其相互补充与扩展，这样储存在大脑里的词汇就像树枝一样相互连接，形成所谓的"记忆树"。如：当我们学 food 这个词时，我们就想到有 meat 和 fruit；而 meat 又分为 pork，beef，mutton，steak 等肉类食品；同时 fruit 又包括 mango，lemon，tangerine，coconut，pineapple，plum 等水果名称，进而在头脑中就形成了向横向和纵向无限延伸的"记忆树"。"记忆树"上单词所处的网络结构越庞大，组织关系越紧密，连接点或触发点越多，单词就记忆得越牢固，被回忆起来的可能性也就越大。

　　图式能促使学习者把词义与语境联系起来，利于词汇的迁移和扩大，利于正确的选词和用句，利于交流中顺利的达到听话人的预料和期待。例如，对于 classroom（教室）和 courtroom（法庭）两个概念，我们相应的心理图式可以由特定场景中的人物、事物、动作、语言、表情等构成，教室里的人物有 teacher，student，甚至 teacher's assistant，principal，法庭的人物是 judge，defendant 等；教室里的典型物品是老师的 desk，法庭里的是法官的 gavel 和他身着的 robe，教室里老师通常 illustrate a point 或者 walk about the room，法庭里法官通常 raise the gavel 或者 make the announcement，等等，所有这些，都是图式上的节点或单元，这些节点和单元组成网络，构成图式，随着相应信息的输入，图式被激活，网络里相应节点上的词汇概念也随之激活，这样，表达就会流畅、自然、地道。

　　运用图式理论进行词汇学习时，学习者应当尽可能地把零散的词语加以分类整理，努力在它们之间建立各种有意义的联系，使之符合大脑自身记忆的习惯，有效地提高学习效率。词与词之间有着内在的逻辑关系及规律，所以要在词汇的规律上下功夫，在学习过程中把词汇进行归纳、演绎、分类、综合、比较等，这样可大大提高词汇学习的效率。如我们可用归纳记忆法将同类词汇收集在一起，同时背记。这里所说的同类词不仅仅是同义词，还指基本词性相同，但具体意义的层次级别或涉及范围有所不同的一类词汇。例如，柜子类：wardrobe, chest, drawer, cabinet, commode, cupboard, bookcase；有关费用工资：fare, charge, fee, fund, grant, scholar-ship, tuition, pension, pay, salary, wages；以及凳子类：bench, stool, taboret 等，当我们看到其中一个词时，就应即刻出现这一类的其他词（燕芳，2012）。对常用的基本词汇进行归类总结，让同一类的词汇形成词汇链，有助于记忆和理解。例如，可把常用基本词汇归纳为衣服、食品、住房、交通、行业、动物、植物等，也可以根据话题方式，把基本词汇归纳为自然现象、环境、教育、家庭、友情、爱情等范畴。每一个基本范畴可包含很多下位范畴，下位范畴下面又可以包含很多子范畴。这些基本范畴词汇一经归纳整理就很容易在学生头脑中形成一条基本词汇链。然后随着词汇量的不断增加，会逐渐形成一个以基本词汇为核心的发散型词汇网络。认知语言学认为，大脑的认识活动是在记忆知识的基础上以最节约的方式进行的，新事物一经产生，大脑便在记忆中寻找已存在的概念，根据新认识事物的物理、功能等属性将其与已认识的事物发生某种联系，对其进行归类。这样，原已形成的概念不断被扩大，形成一个更大的语义范畴。语义范畴的义项成员具有不同的地位，它们有中心义项、典型义项和边缘义项之分，即以某个语义原型为基础意义或核心意义，进一步延伸或辐射出其他语义，从而形成了语义的辐射范畴，词义的抽象程度也不断提高。再如，把有关食物方面的基本词和其下位词归纳如下，也可以更好地"整理"自己的心理词汇，使其更有规律，便于记忆、存储和提取。

vegetable：cabbage, lettuce, carrot, cucumber, garlic, spinach, tomato, bean, onion, mushroom, pepper, pumpkin, potato, bean, sprout, cauliflower, etc.

fruit：apple, pear, peach, orange, banana, watermelon, grape, mango, pineapple, strawberry, plum, lemon, papaya, coconut, etc.

meat：pork, beef, lamb, chicken, mutton, bacon, turkey, fish, etc.

cereal：rice, wheat, maize, corn, oat, millet, barley, etc.

语义延伸策略是以某一个词汇的基本义项为参照对象，联想到意义更加具体、内涵更加丰富的义项或者词汇。如学到"smile"这个词时，就可以以它的基本义项"笑"为参照对象，联想到其他近义词：laugh（大笑，嘲笑），grin（露齿而笑），chuckle（抿着嘴轻声地笑），snicker（窃笑，想笑而又想尽力掩盖住），giggle（咯咯地笑），guffaw（狂笑），chortle（哈哈大笑），simper（痴笑，傻笑）。同样以/law0 这一范畴的基本义项"规则"为基础，联想到 rule（指导行为的规则，法规），regulation（限制大众行为的规章，条例），statute（成文法规），decree（政府法令），by law（地方法，细则，附则），standing orders（军队、警察等的常规），再由"lawyer"想到 solicitor, attorney, barrister, advocate, counsel, jurist, judge, magistrate, justice 等等。

第三节 事件图式与外语学习

外语学习离不开相关的语境。语境图式是指影响词汇意思产生的语言成分的前后逻辑关系以及各种主客观环境因素，泛指语言使用的环境，包括学习者对语境进行理解、分析、推断的背景知识。语境是决定词义的唯一因素，因此，建立语境图式对词汇的准确运用至关重要。事件图式就是一种典型语境。由于可以被理解的所有事件具有连贯性，事件顺序之间的关系就可以用图式说明，这样的事件图式被称为典型事件图式。例如，去饭店的图式包括进门、点菜、吃饭和结账。根据图式理论，学习者的大脑受文章中的关键词或短语的刺激后就会激活一个相应的图式。图式的认知特征使得学习者把已有的信息和即将学到的信息联系起来。我们头脑里储存着各种各样的图式，包括事物、事件、场景、活动等。日常生活中经常重复的熟悉事物和场景不断促使认知图式的形成，而与其匹配的语言形式，如 I'm glad that you..., I don't know whether..., it sounds interesting, but... 等则在图式的触媒作用下被提取和使用。语言使用者是在相近的语境中不断运用相似的形式之后，才逐步形成抽象的语言知识、发展起语言能力的。图式与词语之间的关系可以理解为，图式是"语义记忆中的一种结构"，是语义所反映的概念的依托。在具体的词汇学习中，图式所创造的大语境可以刺激词类图式的形成。辅助性生活图式相当于 Hatch 与 Brown（2001）所提出来的图式（script），与 schema 的意思大致相同，表示一个事件的典型表征。概念是事件图式的一个部分，表达概念的词汇与事件图式一起被激活（Hatch & Brown, 2001: 145）。图式使概念具体化，从而激活与之相关的词汇。

Nelson（2000）对商务英语前 100 位的核心词中的 50 个核心词进行

分析研究。他将这些词按语义分类，分为从事商务人员（如 customer, supplier, distributor 等）、商务活动（如 investment, delivery, payment 等）、商务行动（如 manage, confirm, provide 等）、商务描述（如 global, strategic, financial 等）、商务事件与事物（如 sale, merger, package, export 等）。由此我们可以发现，我们的生活经验实际上为语言学习提供了一个大的语境（转引自龚敏，2012）。

龚敏（2012）利用图式理论研究了商务英语词汇习得，认为商务英语语境提供了大语境下学习者所需要的更为具体、细化的图式知识。比如，在国际贸易中汇付（remittance）这个词的理解就涉及与银行、买方、卖方等相关的生活图式，对这个词的理解的同时激活了相关的事件图式与各方在这个事件中所扮演的角色。另外，如支付工具（pay-ment instrument）与支付方式（payment terms）是两个让学习者费劲的概念。但是，如下图所示，做饭时要使用的东西（cooking facilities）与不同的烹饪方法（ways of cooking）这些与日常生活相关的概念，以及这些概念在日常生活中的具体表现（锅与煎或蒸），可以帮助学习者确切地区分支付工具与支付方式的区别。这里生活图式提供的是概念上理解的帮助，而非词汇本身的信息。各个词间的上下义关系，对这些词的理解也起到促进作用。这些概念与它们表征的词汇就可能以一种隐性知识的形态存在，促进学习者词汇的习得。图式的建构需要在反复接触近似的语境情况下，不断分析和综合过程。

第四节　文本图式与语言学习

一　什么是文本图式

Bower 和 Cirilo 把与语篇结构相关的图式分成故事图式（Story Schema）和说明文图式。故事图式（Story Schema）是描写原形故事及其变异的图式。"它识别构成故事的单元、这些单元的顺序、以及特别容易出现在单元之间的各种连接"（Bower and Cirilo，1985：93）。说明文图式（Expository Schema）指用于理解各种不同的说明文的图式。人们假设这些图式有序地排列在论述原形模式的周围（Bower and Cirilo，1985：94）。Kramsch 在她的著作中引用了 Fillmore（1981）所提出的在语篇理解中的下列三种图式：

(1) 语篇图式 (Text schema): 与语法结构和形式有关的图式。(2) 风格图式 (Genre schema): 隶属于不同语篇风格（童话、信函、报刊文章等）的修辞结构的图式。它们帮助读者弄清该语篇是童话还是讽刺，是悲剧还是喜剧。(3) 内容图式 (Content schema): 涉及主题的图式。它们帮助读者把该故事置于得体的逻辑关系之中 (Kramsch, 1993: 124, 141)。Carrell 和 Eisterhold 划分了形式图式 (formal schema) 和内容图式 (content schema) (Carrell & Eisterhold, 1988)。形式图式包括有关语法结构的知识和有关不同类别文本原文（文体）的知识。Kern 依照上述分类对这两类图式进行了进一步的阐述。在他看来，"形式图式涉及与语言应用形式有关的知识；内容图式则与主题知识、对现实世界事件了解的程度以及文化概念有关" (Kern, 2000: 82)。

由此可见，形式图式就包括上文 Fillmore 所说的语篇图式和风格图式，因为风格也是要通过一定的结构特点和语言特征体现的。而这一切都是关于文本形式的，所以都可以归入文本图式。本书所研究的文本图式关注对象包括篇章结构、段落发展、文章衔接、语句特点等问题，注重对二语习得者语言思维能力的培养，因此有助于学生写作能力的提高，大量的研究已证明了这一点（沈玉如，2007；龙欢，2008；曲萍，2009；吕欣、邹静洁等，2009）。（常宗林，2002）

二 文本图式和语篇创作

学习者在语篇写作以及口语表达中，总是要调动大脑图式库中相应的文本图式。图式库中的图式大致是按照类型——特征、要素和框架——实体范本这样的三级结构形式进行存储的。第一级或最高级图式为文本类型，写作者在写作时会首先去搜索头脑中的文本类型及相应的语段和语句结构类型。类型主要是指整篇文本类型、语段类型和语句类型。整篇文本类型分为基本文本类型和实用文本类型，基本文本类型包括描写文、记叙文、说明文和议论文四种；实用文本类型分为故事、诗歌、书信、广告、便条、合同、应试作文等。语段类型包括首段、结尾段和自然段，自然段又分为由不同方式展开的段落类型以及有主题句和无主题句的段落类型。同样，语句也可以根据不同角度划分为诸如简单句、复合句、复杂句、松散句、圆周句、对偶句等各种各样的句型。以上图式类型都有各自的特征、要素和框架结构，这构成写作图式的第二级结构，这里的二级结构就类似于桑代克的故事语法规则的功能。然后，就是第三级图式结构——实体范本，实体范本相当于二级结构的诠释和注脚，或其具体化。在每一个二级结构下都有一定数量的实体范本。写作图式结构模型如图 7-1 所示。

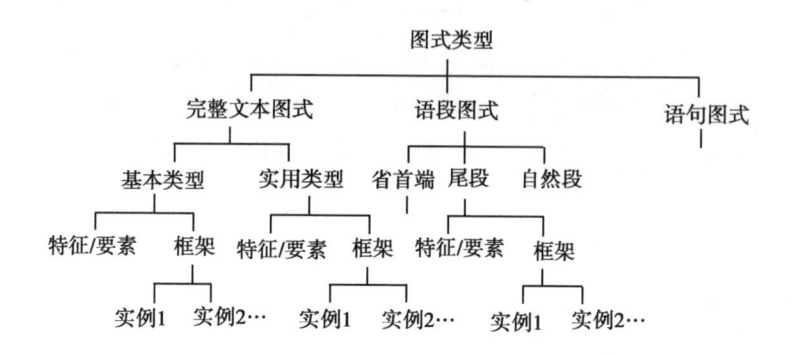

```
                            图式类型
            ┌─────────────────┼─────────────────┐
        完整文本图式         语段图式          语句图式
        ┌─────┴─────┐    ┌─────┼─────┐
     基本类型    实用类型  省首端  尾段   自然段
     ┌──┴──┐   ┌──┴──┐  ┌──┴──┐  ┌──┴──┐
   特征/要素 框架 特征/要素 框架 特征/要素 框架
         ┌──┴──┐   ┌──┴──┐   ┌──┴──┐   ┌──┴──┐
       实例1 实例2… 实例1 实例2… 实例1 实例2…
```

图 7-1　写作图式结构模型（刘安洪、张安律、杜荣芳，2011）

三　文本图式的类型

文本在语篇语言学中被称为语篇。语篇泛指一个完整的语材料，可以是一个标语，一个广告，一张请柬，一封信，一篇新闻报道，一篇文章，甚至一部小说，由于各种语篇的交际功能不同，其内容、主题和文体会不相同，语篇的结构形式也不相同，但这并不意味着语篇的结构无规律可循。王佐良、丁望道在《英语文体学引论》中指出："不论哪个类型的语篇，都在长期使用中形成了一个特定的模式（pattem），具有一种区别于其他语篇的组织结构。"（1987：166）例如，一篇新闻报道的结构可分为开头，具体内容和结尾三部分。第一部分先简要介绍新闻的中心内容；第二部分再介绍新闻事件的起因、过程、结果、影响等；第三部分总结或评价。Richard 等人（1985）认为，图式即语篇的"宏观结构"，是构成语篇或话语的底层结构。不同的文章（如叙事、报道、描写、诗歌、说明、信件、议论等）之所以不同，是因为它们的主题、命题和其他信息的连接形式各不相同，这便构成了文章的"结构图式"，即"底层结构"。（Richard，1985）荷兰语言学家 T. Van Dijk 经过多年研究，提出了篇章总结构（superstructure）的概念，认为叙事体、论证体、新闻体、说明体、会话等语篇的结构都有自己特定的程式（schema），并画出它们的结构树形图。其中叙事体和论证体的结构图分别如下（转引自刘鸿坤，1987）。

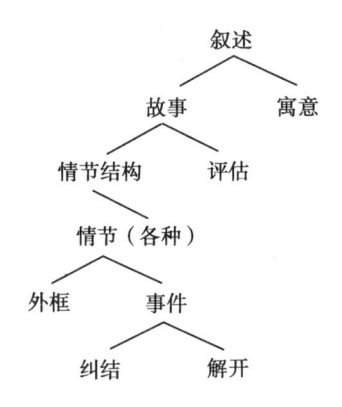

图 7-2 叙事体树形结构

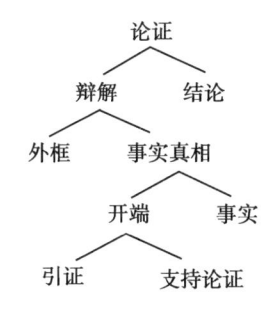

图 7-3 论证体树形结构

传统修辞学将语篇分为四种类型：记叙文体（narration）、描写文体（description）、说明文体（exposition）和议论文体（argumentation），这实质上就是 4 种基本文本类型，即描写文、记叙文、说明文和议论文。实用文本类型分为新闻、故事、诗歌、书信、广告、便条、合同、应试作文等，各个文本类型都有各自的图式特点。其中新闻语篇因重要性突出，在下文和以上四种类型一并探究（鲁忠义、王哲，2003）。不同的写作目的、不同的体裁决定了不同的文体图式。其图式分别如下所示。

（一）记叙文本图式

记叙文主要用于讲述一个故事或记述一个事件。不论是记事还是写人，一般按事件发生的先后顺序来写，通过语言来刻画人物心理等，包括：when, where, what, who, why。这种图式是阅读中最经常使用的图式之一。弗里德（Freedle）和希尔（Hale）把记叙文的要素归纳如下：

（1）背景（setting）；（2）起因（goal）；（3）开始（beginning）；（4）简单反应（simple reaction）；（5）尝试（attempt）；（6）结果（outcome）；（7）结尾（ending）（Freedle，1979）。当然，并不是所有的记叙文都包含这些要素，但是一般来讲，记叙文包括背景、主题、情节和结尾。请看下面的例子：

> It happened that a fox was ambling along a country lane when he spied a bunch of ripe grapes hanging from a vine high above his head. Hungry as he was, the fox determined to have those grapes for his dinner. He stood tall on his hindlegs, but could not reach the grapes. He leapt high in the air, but missed the grapes and fell painfully onto his back. He was too sore to make a further attempt at the grapes, so he sighed and turned away down the road. "Well", he said to himself "The grapes were probably sour anyway."

这是一个典型的记叙语篇，几乎包含了以上提到的所有要素：第一句交代了背景："It happened that a fox was ambling along a country lane..."；起因是："when he spied a bunch of ripe grapes hanging from a vine high above his head"；反应是："the fox determined to have these grapes for his dinner"；接下来是狐狸的尝试："He stood tall on his hindlegs...He leapt high in the air..."；尝试的结果："He was too sore to make a further attempt at the grapes, so he sighed and turned away down the road"；故事的结尾揭示了狐狸吃不到葡萄而说葡萄酸这种自欺欺人的心理："The grapes are probably sour anyway."读者借助于头脑中的记叙图式可以容易地理解这个故事。记叙文体的一个重要特征就是按照时间顺序组织材料。所以，在理解此类语篇时充分利用那些表示时间的转折词也有利于准确地理解语篇。这一点在此不作赘述。

（二）描写文本图式

描写文也是日常交际中常用的文体。简明扼要地讲，描述就是通过语言向读者"展示"自己的感官（sensory）经历。描写文通常按空间顺序组织材料，如描述一个人可以从头到脚，从外到内——从他的外貌特征、衣着打扮和具有代表性的姿势动作到他的行为和内心世界的心理活动；描写一个物体可以从左到右，从远到近，从全景到具体的某一点，等等。不管从哪个角度或方向描写，一般描写文都有一个"支配性印象"（dominant impression），而读者的任务就是发现所描写的人物、地点、事物和场景的"支配性印象"。请看下面的例子：

> I know not how it was—but, with the first glimpse of the building, a sense of insufferable gloom pervaded my spirit... I looked upon the scene before me—upon them are house, and the simple landscape features of the domain—upon the bleak walls—upon the vacant eye-like windows—upon a few rank sedges—and upon a few white trunks of decayed trees—with an utter depression or sour (Edgar Allen Poe, The Fall of the House of Usher)...

该语篇是对一幢房子外部的描述。描述从总体到具体——从"房子"到"凄凉的墙壁"和"窗户"，然后从近到远——从"建筑"到"莎草"和"树木"。读者根据其空间顺序和语篇中的形容词（insufferable、mere、bleak、vacant、eye-like、decayed），可以得到该语篇的支配性印象——荒凉、凄惨、阴暗。在阅读描述语篇时，空间顺序是读者理解语篇的重要线索。

(三) 说明文本图式

说明文是用来解释客观事物的性质、特征或介绍某种操作程序，或解释某些抽象概念或阐明某种科学原理或阐释某种现象等。简单地说，就是主要用于解释说明某个事物是什么，或者它如何运作。它通常有一个需要通过修辞手段解释和阐明的"话题"（topic）。说明图式一般包括如下方面：(1) 背景或假设的背景；(2) 问题或假设的问题；(3) 为解决问题而推荐使用的工具或必要的条件；(4) 为达到预想的解决问题的效果，提供至少一个尝试性的程序建议；(5) 指出用什么手段来检测问题是否已经解决；(6) 结束语（表明假定的程序已经结束）(Freedle, 1979)。尽管在说明语篇中并不是所有的因素都包括在内，但是其中的主要方面，如问题（话题）、程序和解决方法，都应该涉及。

说明文体通常按照以下方法组织材料：定义法（definition）、举例法（examplification）、比较与对照法（comparison and contrast）、程序分析法

(process analysis)、因果分析法（cause-and-effect analysis）和分类法（division and classification）等。请看下面这个语篇：

> A smooch is a quick kiss. The lips of two people press together for a short time, just a second. The eyes close while the closed lips protrude to touch the other set of lips. Smooching is not limited to members of opposite sexes, for you can smooch with anyone. It is considered a sign of affection, not a sign of deep feeling but a gesture of pleasant emotion like a warm smile. A smooch is a causal kiss that can be done anywhere and still be considered proper. A person mostly smooches with relatives and friends. More intimate kissing is experienced by lovers, although they occasionally smooch also; for example, a husband and wife may smooch beforethey go to work in the morning. Anyone can tell a smooch from an intimate kiss by length of lip contact (Elizabeth Mc Mahan and Susan Day, The Writer's Rhetoric and Handbook).

该语篇为了解释清楚"smooch"的意思，同时使用了说明文体常用的几种方法：第一句先下了一个简单的定义；随后解释了"快吻"的情形——闭上眼睛、合上双唇、接触对方的嘴唇；接着又用了一个更准确的定义——"快吻是一种非正式的接吻，可以用于任何场合……"；然后又把"快吻"与读者熟悉的"亲密的接吻"作了对比，便于读者理解；最后的例子使对比更有说服力。上面这个例子说明，如果读者头脑中具备说明图式的话，他就能比较容易地建立语篇的连贯，并且准确、高效地理解语篇。

（四）议论文本图式

议论文是一种说理性文体，主要借助于事实和数据，通过严密的逻辑推理，证明某个现象或事实的真实性，并使别人相信这种真实性，说服、劝导读者同意作者的观点。论点（主题）、论据（主题句）、结论是议论文的三要素；议论文的写作步骤是：提出问题、分析问题、解决问题。议论文一般都采用下面两种逻辑推理方式或其中某一种：归纳（induction）——从特殊事例到一般性规律；推论（deduction）——从一般性规律到特殊事例。当然，归纳和推论依赖于定义、分析、对比、因果分析等材料组织方式。请看下例：

When the GNP data for the first quarter of 1982 are released, the American economy will be back to where it was in the first quarter of 1979. Unemployment is 9 percent and headed up. Thirty percent of our manufacturing capacity is idle. In the industrial heart land between Buffalo, N. Y., and Gary Ind., it is no exaggeration to say that the Great Depression has been recreated in living color. In the last two years net farm income after correcting for inflation has dropped 44 percent. Think of the major American firms, balancing on the edge of bankruptcy——Chrysler, International Harvester, Braniff. Entire industries—— autos, savings andloans, rubber, trucking, housing, airlines——are awash in red ink (Lester C. Thruow, "Hanging on a cliff", *Newsweek*, 19April, 1982).

在这个议论语篇中，斯鲁（Thurow）首先列举了美国经济不同方面的状况——失业率上升，整个工业出现赤字等，然后归纳出美国经济的总体状况。既然经济的各个方面都不景气，那么总体经济状况肯定萧条萎靡了。利用推理图式可以很容易理解该语篇。

（五）新闻文本图式

作为一种重要的大众语篇体裁，新闻语篇的研究一直是语言学界的一个热点。汉英新闻报道有各自的语篇特征，研究这些特征有助于更准确地理解和体会汉英思维方式和表达方式会有所帮助。另外，新闻是大众获得信息的重要来源之一，了解英语新闻语篇的模式有助于更好地获取新闻信息。研究表明，绝大多数英语新闻结构是倒金字塔型，即将新闻中最重要的信息在第一段给出，或是以新闻提要的方式呈现在新闻的最前端。其基本格式是：先在导语中描写一个新闻事件中最有新闻价值的部分。然后，在报道主体中按照事件各个要素的重要程度，依次递减进行描述。通常一个段落只描述一个事件要素。这种格式有助于读者快速领会新闻重点，比较迎合受众的接受心理。汉语新闻将近一半也采用倒金字塔型，但也有同样比例的正金字塔型发展模式。此种方式刚好与倒金字塔型相反，是以时间顺序作为行文结构的发展模式，依序分别是引言、过程、结果，采用渐入高潮的方式，将新闻重点摆在文末，一般多用于特写。此外，折中型在汉语语料中也占有相当的比例。折中型是倒金字塔型和正金字塔型的折中，即新闻中最重要的讯息仍然在导言中呈现，然后则依新闻的时间性或逻辑性叙述。其基本格式是：先把事件中最重要的部分在导语中简明地体现出来。然后，进一步具体阐述导语中的这个重要部分，形成支持，不至于使受众在接受时形成心理落差。因而，这一部分实际上是一个过渡性段落。再次，按照事件发展的时间顺序把"故事"陈述完（须文瑜，2010）。

四 英汉文本图式对比

文本图式涉及文章行文及谋篇、结构等知识。文章结构是按照一定的思维模式（thought pattern）组织起来的，它是思维形式的具体表现。思维方式不同，其对应的语言形态特征也存在差异。不同民族思维方式不同，其语篇思维方式也不同，从而构成不同的文本图式。R. Bander 在《美国英语修辞》中指出：由于语言的不同，俄国人、埃及人、巴西人、日本人用一个段落表达同一思想时，会以完全不同的方式思维。从语言哲学的高度来看，英汉两种语言结构存在明显差异的根源在于中西方思维模式的差异。中西迥异的思维模式是影响其语言差异的深层根源。一个民族其思维模式的形成是在该民族长期的哲学背景、文化传统之下逐步确定的。西方的传统哲学宣扬"神凡二分""主客二分"，主张把物质与精神、社会与自然、本质与现象对立起来。在分析事物的过程中，主张把具体问题从总体中分离出来，把复杂的问题划分为比较简单的形式和部分，然后逐个去研究，从而形成了其个体或者说是分析思维模式。西方哲学不仅强调个体，同时讲究形式，亚里士多德的《形式逻辑》就是对这种思维模式的高度总结。总而言之，西方民族在思维形式上具有一种重理性、重分析、重个体、重形式完备的鲜明特征。西方思维强调"个人主义"，强调个人意见的表达，倾向于用直截了当的态度待人。这种思维模式反映在语言上，其一就是组织语篇时习惯于开门见山，在开篇处点明主题；习惯于"果"在前、"因"在后，这是一种从主到次的逆潮式话语组织模式（anti-climaxing）；其二就是不论词句还是篇章，都具有形态标志，注重形式上的连接（cohesion），结构清晰、脉络分明。

而相比之下，中国传统哲学宣扬"天人合一"的思想，认为万物相生相克。中国人处理事情注重从总体上、从一物与他物的联系上加以认识、予以解决。受儒家、道家及佛教三大哲学思想的影响，汉民族从总体而言表现出一种重悟性、重含蓄、重暗示、重综合、重整体的思维模式和认知心理。这一思维模式反映在语言上，其一就是语篇的开始往往是从相关外围问题入手，陈述观点的手法委婉曲折，习惯于绕圈子，常常先避开主题，从宽泛的时间和空间入手，从整体到局部，从大到小，由远及近，往往把主要内容或关键问题保留到最后或含而不露，这种从次要到主要、从相关信息到中心话题的话语组织模式是逐步达到高潮的渐进式模式（climaxing）；其二就是不论词句还是篇章，形态标志都不明显，语句之间靠一种隐藏的、内在的句法或逻辑关系来相互衔接，注重意义上的连贯——意合（coherence），以神统形。

中西文化语篇思维模式影响着中国学生的英语学习。对两种语篇思维模式进行对照和分析，找出英语语篇思维模式的规律，了解汉英文本图式的差异和构建英文文本图式，有利于帮助中国学生学习和掌握英语语篇结构，亦即文本图式，从而更好地学习和运用语言（王燕萍、夏珍，2005）。

(一) 英语语篇思维模式

现代认知主义心理学研究表明，语言与思维之间有着一定的联系，他们之间既相互独立又相互作用。对语言掌握越是精通，思维能力就越会得到锻炼，越能促进思维的发展，反之亦然。生活背景不同的人，尽管认知能力和认知机制相同，但是思维方式和认知图式是不同的。因此语篇实际上也是按照某种固定的思维模式组织起来的，语篇的内容会影响语篇的结构，而思维模式则会影响语篇的结构。由此可以认为，语篇模式是语篇语义内容的组织方式，是语篇的宏观结构。语言学家 Hoey、Winter 以及 McCarthy 和 Carter 等对英语的语篇模式做了深入研究，认为英语中可能存在许多种语篇模式，但常见的模式是"问题—解决模式""一般—特殊模式""提问—回答模式"、"主张—反应模式"、对照—匹配型（Matching Pattern）等。这些语篇模式反映了英语文化中的修辞规约，成为人们文化的一部分。

1. 问题—解决模式

问题—解决模式（problem-solution pattern）是英语中极为常见的语篇模式，经常用于说明文、广告、科技文章、新闻报道和故事等作品中。问题—解决模式的宏观结构一般由情景、问题、反应、评价或结果四个成分组成。各成分可以是一个句子，也可以是由两个以上多个小句组成。其中，情景可有可无。反应指解决问题的办法，但可能没有或完全没有解决问题，这样评价或结果是否定的，语篇生产者可能转而求助于其他解决办法。如此，问题—解决模式就会出现循环，直至找到有效的解决办法。问题—解决模式的宏观结构一般由情景（situation）、问题（problem）、反应（response）、评价（evaluation）或结果（result）四个部分组成。例如：

> Speak to your community in a way they can hear. Many communities have a low literacy rate, making impossible passing out AIDS literature and expecting people to read it. To solve this problem, ask people in the community who can draw well to create low-literacy AIDS education publications. These books use simple, hand-drawn picture of "sad faces" and "happy faces" to illustrate ways people can prevent AIDS. They also show people who look like those we need to educate, since we can relate more when they see familiar faces and language they can understand. As a result, such books actually have more effect in the communities where are used than government publications, which cost thousands of dollars more to produce.

该语篇列举了与艾滋病进行抗争的几种方法，每种方法首先呈现一个概括陈述，紧接着以问题—解决—评价的组织模式进行阐述。就这两个段落而言：

概括陈述：Speak to your community in a way they can hear.

问题：Many communities have a low literacy rate, making impossible passing out AIDS literature and expecting people to read it.

解决：To solve this problem, …

评价：As a result, …

在语篇分析中要注意具有标记性的衔接词或词组，例如，段落中的"To solve this problem"和"As a result"，这两个构成问题—解决模式的衔接性词组。衔接是实现语篇连贯的主要手段。衔接不仅仅提供叙述的连续性，而且把主次话题连接成具有连贯性和逻辑性的统一体。

问题—解决模式在词汇标志（lexical signals）方面有其鲜明特色。最突出的莫过于语篇中有时出现 problem, solution, result 等明显的词汇标志（冯利琴、杜民荣，2007）。列出一些高频词汇标志：问题成分的词汇标志有 concern, difficulty, dilemma, drawback, snag 等；反应的词汇标志有 change, cornbat (v), come up with, develop, find, measure (s), respon (d/se) 等；解决与结果的词汇标志 answer, effect, consequence, outcome, result, solution, (re) solve 等；评价的词汇标志有 (in) effective, (un) successful, overcome, succeed, manage, viable, work (v) 等。

在实际应用中，"情境—问题—反应—评价/结果"这个序列可能会有变化，或在顺序上有所调整，或在四个构成成分中缺少某一个（如情景或反应成分），但都能组成完好的篇章。例如，I was on sentry duty. I saw the enemy approaching. I tried to open fire. The gun's bolt jammed. Staying calm, I applied a drop of oil. That did the trick. I opened fire. I beat off the attack. 在这个问题—解决模式篇章中，其情景—问题—反应—评价/结果是：I was on sentry duty. — I saw the enemy approaching. — I tried to open fire. — I beat off the attack. 在这个情景—问题大模式中，还嵌有一个完整的小模式，其嵌入的情景—问题—反应—评价/结果为：I tried to open fire. — The gun's bolt jammed. — I applied a drop of oil. — That did the trick. — I opened fire.

2. 一般—特殊模式

一般—特殊模式（general-particular pattern）又称作概括—具体模式（general-specific pattern），综合—例证模式（general-example pattern），即先作一般的概况，后提供例证予以阐发；也可称作预览—细节模式（preview— detailed pattern），即先给出总体轮廓，后叙述细节。一般—特殊模式的宏观结构由三个部分组成：概括陈述、具体陈述和总结陈述。总结陈述可有可无。Mc Carthy（1991：7）认为这种模式的宏观结构大致有以下两种：第一种：概括陈述—具体陈述 1—具体陈述 2—具体陈述 3—具体陈述 4……—概括陈述；第二种：概括陈述—具体陈述—更具体陈述—更具体陈述……—概括陈述。如图 7-4 所示。

概括—具体模式使用最典型的例子当属房地产商的推销文件，但在其他篇章中，这样的例子也不鲜见。该模式主要体现在自然科学、社会科学的论说文中，有时候也体现在文学巨著、百科全书之类的书中。例如：

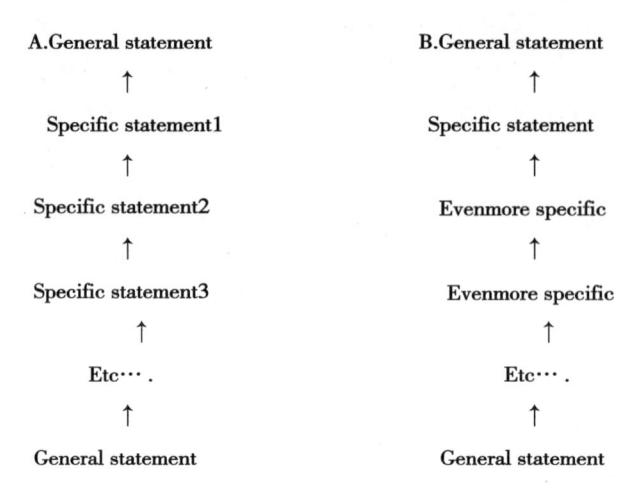

```
A.General statement              B.General statement
        ↑                                ↑
  Specific statement1             Specific statement
        ↑                                ↑
  Specific statement2             Evenmore specific
        ↑                                ↑
  Specific statement3             Evenmore specific
        ↑                                ↑
       Etc….                            Etc….
        ↑                                ↑
   General statement               General statement
```

图 7-4　一般—特殊模式宏观结构

　　I said hello in quite a few yards before the message registered that this wasn't normally done. Occasionally, I got a direct reply from someone who looked me in the eye, smiled, and asked, "How are you?" or "Isn't this a nice day?" I felt human then. But most often the response was either nothing at all, or a surprised stare because I had spoken. One woman in a housecoat was startled as I came around the corner of her house. At the sound of my greeting, she gathered her housecoat tightly about her and retreated quickly indoors. I heard the lock click. Another woman had a huge, peculiar animal in her yard. I asked what it was. She stared at me. I thought she was deaf and spoke louder. She seemed frightened as she turned coldly away.

　　该语篇以第一人称的口吻，叙述了做一名清洁工的经历。作者和史蒂夫都是清洁工，他们与业主礼貌地打招呼并希望得到同样的待遇。然而，事实恰恰相反。作者以例证的形式展开了论述。

　　概括陈述：Reactions to my greetings showed that people weren't often friendly.

　　具体陈述 1：Occasionally, I got a direct…, smiled and re-sponded.

　　具体陈述 2：But most often the response was either…or…

　　具体陈述 3：One woman in a housecoat was startled…and retreated

quickly indoors.

具体陈述 4: Another woman... frightened as she turned coldly away.

语篇概括陈述了社区人们并不尊重我们的问候，接着以四个例证进行了具体的陈述。在进行语篇分析的过程中，要善于抓住核心词或者关键词，例如"occasionally"，"But most often"，"one woman"，"another woman"等具有延续话题的关键词语，以及描述人们反应的词语，如"smiled and responded"，"surprised stare"，"startled"，"frightened"等惟妙惟肖地刻画出社区人们不友好的词语。在分析及讲解语篇的过程中，对这些起着线索作用的关键词语进行突出，引导学习者抓住叙述、表达的核心，加深对语篇的理解，进而掌握英语语篇叙述、表达的技巧。

3. 主张—反应模式

主张—反应模式（claim-response pattern）又可称为主张—反主张模式（claim-counter claim pattern）或假设—真实模式（hypothetical-real pat-tern）。主张—反应模式是论辩、评论、政治新闻等类型语篇的典型模式。在这一模式中，一般情况下，作者首先提出一种普遍认可或某些人认可的主张或观点，然后进行澄清，说明自己的主张或观点或者提出反主张或真实的情况。在较大的篇章中，主张可以有多个，而反主张一般只有一个，少数情况下有一个以上。主张—反主张模式的主张部分也可以是假设的观点，反主张部分可以是对真实情况的描述或肯定。因此，这一模式也称作假设—真实模式。主张（或假设）部分包括内容、证据和争论，反主张（或真实模式）部分包括论据和实例。例如：

> Every other critic has said that On Food and Cooking is brilliant, and revelation and a unique combination of scientific insight and literacy which sweeps aside all myth and jargon as none have done before. Mc Gee's book is indeed well written, is full of good things and is good to have on the shelves as a continuing source of reference and quotes. But it also has its fair share of mistakes, omissions and misalignments of emphasis.

在这个例子中，第一句提出其他评论家对书的看法，即别人的主张。第二句是作者对该书优点的认可，第三句是作者对本书的不同的看法，即反主张。

Winter（1994）对主张—反应模式的词汇标志作了小结。其中主张部分的词汇标志有 assert，assertion，assumption，belief，say，claim，state，conclusion，expect，feel，guess，illusion，image，proposition，rumour，speculation，suggestion，suppose，theory，think 等。反应部分的词汇标志有：affirm，agree，confirm，concur，evidence，fact，know，real，right，true，contradict，challenge，correct，deny，dismiss，disagree，dispute，false，lie，mistake，object to，rebut，repudiate，not true，wrong，in fact，in reality 等。

4. 提问—回答模式

提问—回答模式（Question-Answer Pattern）。一般是在语篇的开头提出一个问题，随后语篇的展开主要是寻求对所提问题的令人满意的回答。其宏观结构是情景、提问、回答与肯定或否定评价，但主要组成成分是提问、回答，情景可有可无。肯定评价预示语篇的结束，但有时也可以不出现；但若回答是否定评价（Negative Evaluation Rejection），则预示着模式的循环，直到出现令人满意的回答。在实践中，提问—回答模式可以用于多种语篇类型，比如、演说、政论、说教、广告、报道等。例如：

London-too expensive? No surprise that London is the most expensive city to stay in, in Britain, we've all heard the horror stories. But just how expensive it is? According to international hotel consultants Horwath, Horwath's recent report, there are now five London hotels charging over £ 90 a night for a single room. But even if your hotel choice is a little more modest, you'll still be forking out nearly twice as much for a night's stay in London as else where in Britain. Average room rates last year worked out at around £ 19 in the provinces compared to £ 35 in London.

该语篇第一句设置一个情景，其中含有一个待回答的问题，接下来对这一问题提供一些答案，并有令人信服的证据支持。

5. 对照—匹配型（Matching Pattern）

这种思维模式常用于比较两个事物的异同；通过比较和对比，作者可以把自己的观点阐述得更加清楚明了。这种思维模式常用于较长的语篇中，与第一种类型相结合构成更复杂的思维模式。它有三种表现形式：

A. 整体比较法：先全介绍 A，再全面介绍 B，最后结尾。B. 分项比较法：按两个事物的不同性质和特点分类，逐项比较。C. 异同法：先把两种事物的相同点列出，然后再把它们的差异列出。

（二）"螺旋型" vs. "直线性"

汉英语篇图式特点可分别用"螺旋型"和"直线性"高度概括，这一特点体现在篇章整体结构以及段落发展方面。学习者头脑中英语文本图式数量的多少和完善程度决定着其语写作谋篇能力。我国的英语学习者在用英语写作时往往套用汉语文章的结构，写出了"英语的肉，汉语的骨"的文章，这和中国传统思维方式有关。罗伯特·卡普兰在研究中国英语学习者写作时难于达到连贯性时假设：那主要是由英语语段的线性结构和汉语中典型的"螺旋型"结构之间存在的差异所致。连淑能（2002）也提出，东方民族习惯于直觉体验，从主体意想出发对实践经验和内心体悟加以总结归纳。由于思维模式的差异，英语语篇和汉语语篇在修辞结构上存在明显的模式差别。

大多数中国学生在写作时反映出来的思维方式则是"迂回型"或"螺旋型"。在表达思想时，往往不从主题直接入手进行叙述，总是先把思想发散出去，绕着主题的外围作圆周形思维，最后再收拢回来，得出一个模棱两可的答案。在表述时他们惯于绕圈子，常避开主题，从宽泛的空间和时间入手、从整体到局部、从大到小、由远及近，往往把主要内容和关键问题保留到文章最后或采用含而不露的所谓"不言而喻"模式。譬如，在选择某一观点或方法是否可行时，往往从不同角度出发，认为从某一方面考虑是不行的，从另一角度考虑也未尝不可。这样正反两面，反复说明。例如下面这篇短文，作者是刚升入大学本科三年级的英语专业学生，作文的题目是"Is TV Advantageous or Not?"

In recent yeats, TV is very popular in our daily life. Many people watch TV every day. However, if you ask me whether TV is advantageous or not, it is difficult to say "yes" or "no", becacse we have to answer this question according to different aspects. On the one hand, TV programmes provide us information. We can know news at home and abroad. We can also gain a lot of knowledge. It provides entertainment for us, too. But on the other hand, TV makes us lazy. Many people may sit on the sofa watching TV seveval hours without moving. What's worse, some TV programmes present violence and sex, which do bad to children. Therefore, we can't say TV is advantageous or disadvantageous. It depends on different situations.

  从这篇文章的思路可以看出，作者先提出问题，再给出一个模棱两可的回答。然后在论述自己的观点时，对两种答案给予理由，证明事物具有两面性，最后在结尾一段重复自己的观点。这种"迂回式"思维方式在中国学生中相当普遍。许多学生在讨论这类两者选一的题目时都会采取"一分为二"的态度，说明事物具有多面性。这种思维方式的形成是与中国谦和、含蓄的文化观念和民族心理习惯分不开的。和英语语篇相比，这种思维模式显得回避主题，兜圈子，态度不鲜明。（王枫林，2000）另外，汉语段落也倾向于包括较多的概括性层次和较长的节结系列。除了若干非常短小的过渡段以外，汉语段落的最高概括层次靠近段落的中间或末尾处，汉语段落中也有包含较多次主题的倾向，它并不像英语段落那样严格地受到起支配作用的主题句的线性展开所制约（王昭，2002）。

  英语思维模式采用直接切题的方法，以逻辑、分析和线性为特点。因此，典型英语文章的行文方式基本为"直线型"，这反映出英美人直截了当的思维方式。在遣词造句、谋篇上遵循从一般到具体、从概括到举例的顺序；在语篇的开始就直接切入正题，先提出话题或结果，在写作结构上习惯于把"果"置于"因"之前，以达到开门见山、引起读者注意的效果；在表现手法上，通常是以一个主题句（topic sentence）开头来提出自己明确的观点，然后再按照一条直线展开，在以后的支撑句（supporting sentences）中给出例证，发展这一中心思想，最后结尾（王慧，2008）。或者先给出例证句，最后用一个主题句总结出自己的观点结尾。这一思维方式从各类英语文章中都可发现。例如：

> Dictionaries are very important for students of English as a second language. Most students use two dictionaries: a bilingual dictiorary and an English dictionary. A bilingual dictionary tells you the meanings of English words in your own language. An English dictionary tells you the meanings of English words in English. An English dictionary also gives you information about the pronunciation, spelling, and forms of English words（选自"Basic Skills For Academic Reading p. 11）.

这一段文章的第一句为全文的中心句，即主题句。第二句为例证句。第三句和第四、五句分别说明第二句，讨论范围进一步缩小，内容更加具体。这段文章的结构可归纳为主题句、例证句具体说明。作者的思路紧紧围绕一个中心，直截了当地说明自己的观点，没有与之无关的其他叙述，语句连贯、严密。英美人的这种"直线型"语篇思维方式与他们独立、率直的民族性格，直截了当的思维习惯等文化观念是分不开的。

此外，汉语文章的主体思维主观性很强，往往对读者的判断力持怀疑态度，表现在篇章结构上是作者结尾结论化倾向，即由作者给出结论。而英语民族强调"物我分立"，其思维强调客观、公正，信奉"let the facts speak for themselves"，写作追求最大限度的客观性，使读者确信作者并未掺杂个人的观点。他们往往摆出大量的事实数据，让读者自己得出结论（吕欣等，2009）。

和篇章图式一样，英语段落发展也呈典型的直线性，往往先陈述段落的中心意思，而后对主题句进行展开说明，并为在以后的段落中增加其他意思做好准备。大部分英语段落以主题句起头，结尾处往往有结尾句。段落展开方面，西方人习惯以主题句（topic sentence），即表达中心思想的句子开头。然后从不同侧面对该主题分别阐述，体现出主题平行发展模式；或是通过对主题句中的关键词或短语的信息源引入一个或数次主题，展开一个次层次，即主题垂直发展模式（G. Brown & Yule，2000）。正如 Bander（1978）在《美国英语修饰》一书中的介绍："英文段落通常以一个包含中心思想的陈述句开始，称为主题句（topic sentence），然后把主题句的内容划分为一系列句子加以说明。"Ramsay 也在《学术英语阅读基础技巧》一书中指出："每一个段落有一个主题和中心思想。许多段落有主题句。主题句常常是段落的第一句，但它也可以在段落的结尾和中间部分"（1986：201）。作者往往用主题句对一个题目做出陈述，之后再通过表示具体细节、例证或原因的辅助句（supporting sentences）来说明其陈述的正确性。主题句概括段落的中心思想，它的位置一般在段首和段尾，有时也可以放在段中，先以信息开始，引导读者接近自己的观点之后给出主题句，然后再给出更多的信息和例证加以说明。还有一些段落没有明显的主题句，作者只给出信息、事实、例证等，由读者自己归纳出中心思想。在展开中心意思的过程中，段落中的每一个句子顺其自然地从前面的句子产生出来，体现出层层递进、纵深发展的势头，段落中的意思以有秩序的顺序清晰地互相联系。这种段落的发展方法之一是把段落中的细节围绕主题系统地展开。把材料按照其重要性的程度组织起来时，往往把最次要的细节放在前面，而把重要的细节放在结尾处。另外，这种段落也按时空的顺序，一般到具体或具体到一般等顺序展开，每一个句子中每一个细节都是以其重要性而递进的，随着段落向纵深高峰发展，结尾的细节就其描述过程达到高潮。

总结上述研究可知，英语段落的呈现通常围绕一个主题而展开的多侧面、多层次的线性结构（linear structure）。汉语的语段发展模式是以反复而又发展的螺旋型（spiral structure）的形式对一种意思加以开展，它没有明确的段落中心思想句；行文逻辑是顺着思想自然发展，如流水或螺旋向前运动的，即段落的语义呈自然流动（Widdowson，2004）。

（三）"形合" vs. "意合"

句子是语篇的构成单位，语篇图式的研究自然应包括句子图式。了解英汉句式图式的特点，有助于学习者运用英语时尽量符合英文句式、图式，以符合英语表达习惯。英汉句子图式特征可分别用"形合"和"意合"来高度概括。美国翻译理论家奈达在《译意》（TranslationMeaning）一书中指出："就汉语和英语而言，语言学上最重要的一个区别，就是意合和形合的对比。"（Nida & Taber，1982）"形合"（hypotaxis），又称"显性"（explicitness/overtness），指借助语言形式，主要包括词汇手段和形态手段，实现词语或句子的连接；"意合"（parataxis），也称"隐性"（implicitness/covertness）或"零形式连接"，指不借助于语言形式，而借助于词语或句子所含意义的逻辑联系来实现语篇内部的连接（余泽超，2003）。以上两概念最早由王力先生在《中国语法理论》一书中提出。两者均为"衔接"（cohesion）特征。汉语的句子靠意思来连贯（coherence），即"意合"（parataxis），指的是借助词语或句子所含的逻辑联系实现的连贯；而英文则要求结构上的完整（cohesion），即"形合"（hypotaxis），指的是借助语言形式手段（包括词汇和形态手段）实现词语和句子的连接（马绪光，2010）。英语句子以形统意、结构谨严、关系完整；汉语句子以意统形、形态松散、内容完整（彭增安，1998：112）。

英汉语言形式的以上差别和中西方民族的思维方式有关。西方民族具有"形式逻辑"式的思维特点，其语言依赖于连接词或逻辑连接词来表述逻辑关系，因而多用"形合法"（hypotaxis），具体表现为在句法形式上使用连接词语将句子或分句衔接起来,叙述的顺序往往是由近及远。汉语民族具有模糊性思维的特点,其语言在使用连接词或逻辑连接词时比较灵活、简约,呈现出意合的特征;因而多用"意合法"(parataxis),具体表现为靠意义上的衔接而不一定依赖连接词语,汉语在空间的描述上由远及近,呈递进式开展。

汉语的意合法注重隐性连贯(covert coherence),注重逻辑事理顺序,注重功能、意义,注重以神统形。汉语的形合手段比英语少得多,重意合而不重形合,词语之间的关系常在不言之中,语法意义和逻辑联系常隐含在字里行间。汉语的意合法往往通过语序、反复、排比、对偶、对照、紧缩句等来实现语义连贯。英语的形合法显得行文更加严谨,强调句子形式的显性连接,注重句子结构的完整性和以形显义,语篇更加注重形合。因而英语采用各种手段来衔接语言单位,主要包括"词汇手段"和"形态手段",其中词汇种类繁多且频繁使用,有介词、连接副词、连接代词、关系副词、关系代词等,统称为连接词。英语中连接词不胜枚举,根据其自身意义和文章连接所需的逻辑意义可分为 20 余种,最常用的举例如下:

(1) 表示开场: to begin with, in the first place, in general, generally speaking...

(2) 表示总结: to sum up, to conclude, finally, in other words, in a word, in brief, to put it in a nut shell, in summary, on the whole, hence, in short...

(3) 表示原因: because, because of, now that, being that, for, since, owing to, due to, thanks to, for the reason that, in view of...

(4) 表示结果: as a result (of), consequently, accordingly, therefore, under these conditions, hence, so, thus...

(5) 表示对照: rather, neither...nor, conversely, unlike, as opposed to, on the contrary, whereas, in contrast, instead, however, nevertheless, even though, while, in contrast...

(6) 表示强调: particularly, certainly, above all, surely, actually, chiefly, especially, primarily, of course, indeed, in particular, believe it or not, undoubtedly, absolutely, most impotant; ...

（7）表示转折：but, even so, though, reckless of, despite that, in spite of that, regardless of...

（8）表示条件：if, unless, lest, provided that, if so, if it is the case, in this sense, once...

（9）表增补的有：in addition, furthermore, again, also, besides, moreover, what's more, similarly...

（10）表比较的有：in the same way, likewise, similarly, equally, in comparison, just as...

（11）表例证的有：for example, for instance, namely, such as, in this case, by way of illustration...

在表达不同的人有不同的观点时可用 Different people have different ideas about... vary from person to person People differ in... 等句型。

直接表达自己的观点时可用 In my eyes I uphold /hold..., As far as I am concerned, From my point of view, 间接表达观点时可用 This paper will discuss, look at 等。

对于观点论证型可用以下模式。第一段：It is true that（指出普遍存在的观点）。However,（谈不同的观点）。The author (The writer) claims（提出自己的观点，即文章的论点）。（过渡句，转向观点的论证）can be listed as follows。第二段：Firstly,（论证理由一）。Secondly,（论证理由二）。For example,（举例具体说明理由二）。Thirdly,（论证理由三）。A case in point is that（举例具体说明理由三）。第三段：It goes without saying that（转折句，提出执行该观点时应注意的事项）。There is no doubt that（得出结论）。In conclusion（总结全文）。

（四）主语型 vs. 话题型

除过"形合"与"意合"的差别外，"主语型"与"话题型"是英汉两种语言句子图式的另一组特征。Halliday 在《功能语法导论》（An Introduction to Functional Grammar, 以下称《导论》）一书中指出，英语中的一个句子不但可以按句法结构划分为主语、谓语，还可以从语言交际功能的角度，划分为主位和述位两个部分。主位是说话者表达的信息的出发点，是陈述的对象，述位则是发展主位的部分，是对主位的叙述。汉语句子也可以按句法结构划分为主语、谓语，按语义划分为主位、述位两个部分。

主位又常常称为话题（topic），即陈述的对象；述位又常常称为说明（comment），即对话题的陈述。在 SVO 与 SOV 句型中，主位与主语重合，成为句子的非标记主位；在其他句型中，宾语或状语，甚至动词都可成为句子的主位，成为标记主位（方琰，1989）。英语句子必须有一个主语和一个动词谓语，而且也只能有一个主语和一个谓语。赵元任先生曾指出，50%以上的汉语句子结构是属于"话题—说明"框架，如果主语是显而易见的，以不用为常，即主语有时省略或隐含。在很多情况下，汉语主语只是一个话题（topic），其余部分则是表述话题的述题（rheme），构成"话题—述题"（TR）句型（刘宓庆，2001：163）。而英语则不然，主语表示主位（theme），其他成分表示述位（rheme）。以上事实表明，英汉两种语言都含有主谓型和话题型句子，但是总体而言，汉语是主题突出型语言（topic-prominent language）即汉语注重主题—述题这一结构。而英语是主语突出型语言（subject-prominent language）（李纳 & Tompsom，1984）。

英语作为主语突出型语言，主谓具有一致关系，句子结构成分和特定的词类相对应；汉语作为话题突出的语言，既没有主谓的一致关系，也不强求句子成分和词性的对应，汉语的句子结构经常表现为一种以话题语为支点、以说明语为语义重点的开放式句子结构（申小龙，1996）。在话题的制约下，说明语块序列铺排，形散而意合。就结构而言，话题句强调的是话题的确立以及话题和说明的关联性。它没有语义和语法规则的强制要求，也没有主谓一致的要求，词性和句子成分之间未必要保持一一对应的关系。主谓句则恰恰相反，主语和动词之间必须保持语义上的选择关系、形式上的一致性以及词性和句子成分的对应关系。总之，主谓句对语义和语形都有严格的要求（参见 Li & Thompson，1976：466）。主谓句是强制性、封闭性的语言结构，句子结构如树状，枝干相连，庞杂而不乱，而话题句则是开放性的，在话题限定的范畴内说明语块滚动而出，形成汉语的"竹节"句式结构，简洁明快。控制这种结构的主要是话语链而非句法成分和一致性原则。这是开放式结构和封闭式结构的一个重要区别。英语以主谓为纲，衍生出树型句子结构，汉语以话题为起点衍生出竹节式句子结构。

以上英汉句子的不同构句原则说明了两点：第一，英语主谓句结构严谨，语法成分位置和词性一一对应；第二，汉式话题句更注重话题语和说明语之间的语义连贯性，语法成分位置及序列则处于次要地位。因此，话题句取向的句式结构转换有一种淡化句子成分分析和词类句法功能的倾向

（徐莉娜，2010）。

　　英汉语这种语言类型的差异给两种语言的句式结构转换带来困难。学生往往把汉语的主题直接转化为英语的主语，造出许多汉语式的英语句子。作为主语优先型的语言，英语主谓结构是高度语法化的句法结构（所谓语法化，就是一定的内容和一定的形式在特定语言的语法系统中实现结合，形成该语言的特定语法现象和语法范畴），可以充分运用形态变化、词序和虚词来表达语法关系；造句注重形式接应，结构完整，句子以形寓意。作为话题优先型的语言，汉语中话题跟主语不一致并且话题比主语语法化程度更高，主要借助词序和虚词来表达语法关系，造句注重意念连贯，不求结构完整，句子以意寓形。研究主语优先型语言的语序类型，应该看S、V、O三者的排列，但研究话题优先型语言和主语话题并重型语言的语序类型，必须考虑另一个成分即话题T，因此要确定话题优先语言及主语话题并重型语言的语序应该看T、S、V、O四者的排列顺序。普通话的顺序是TSVO占优势（徐烈炯、刘丹青，1998：274—275）。汉语是分析性语言，主语不能像印欧语系语言那样靠形态辨别，如主语有主语的格标志。汉语主语没有形态作为它的格标志，从语义上进行切分的主位和述位，不同于从语法上进行分析的主语和谓语。有时，主位同述位的划分，与主语同谓语的划分刚好一致，但有时二者却不一致。例如，(2) The rest (T) //he spent on chemicals for his experiments (R)。很明显，这里"the rest"并不是句中的主语。同样，汉语的主语和话题有时可以重合。如：①学生们来看我。"学生们"既是句法上的主语，又是语用上的话题；但有时又不能重合。如：④那场大火，多亏了消防队员来得快。话题是"那场大火"，主语却是"消防队员"（刘道英，2001）。这样话题与主语常常混淆，给析句带来了困难，成了语法研究中的一个难题。

第五节　语用图式与外语学习

一　语用图式概论

（一）功能主义和语用学

　　西方语言科学经历了从索绪尔时期形式主义到韩礼德功能主义路径的发展。20世纪30年代，语言功能被纳入研究重点，功能主义在欧美兴盛起来。功能主义学派把语言看作一个用于交际的，由多种表达手段构成，为实现某种目的服务的功能系统。交际能力（包括语用能力）习得是语言习得的出发点和归宿。语用能力是交际能力的重要方面。Chomsky 在20世纪60年代初提出了"语言能力"的概念。语言能力是生成某种所有合乎语法句子的语言的能力，包括三个内容：意义知识，即语义学；语音知识，即音位学；语法结构知识，即句法学。社会语言学家 Hymes 指出，乔氏"语言能力"未能充分解释语言使用中社会规则和语言社会功能，因此提出"交际能力"，亦即能够使交际参与者在特定语境下彼此传递、理解和协调意义的能力。交际能力包括：①语法性，即能够判断一个句子是否合乎语法；②可行性，即能够确定一个句子在心理上能否被对方接受；③合适性，即在不同场合和时间使用恰当语言的能力；④得体性，即知道某个语言形式是否是当今使用的（Hymes，1972）。后来 Canale（1983）提出了包含语法能力、语篇能力、社会语言能力和策略能力的交际能力模式；Bachman（1990）提出了由语言能力、策略能力和心理生理机制组成的动态交际能力模式。综上所述，语言能力指关于语言形式的普遍知识，交际能力指使说话者能得体顺利地完成交际任务所需的能力。二者在言语交际过程中相辅相成，共同促进交际成功。

从语言能力到动态交际能力概念的提出，表明言语交际中社会语用能力已成为语言研究的焦点。Berns（1990）认为"交际能力中语用重要性是不容低估的"。在交际中，话语的生成和理解过程受到诸如语境、社会因素、说话者心理因素等的影响。语用能力不足势必会极大地影响交际的顺利进行。

（二）语用图式的主要内容

1. 言语行为和话语功能。日常语言学派的分析哲学家 Austin（1962）对言语行为理论作了详尽的讲述，后经 Searle（1965）继承和发扬，该理论日臻系统、严密和完善（何自然、张巨文，2003）。语用学中的言语行为理论指出，语言除用以陈述外还具有许多其他功能，如指令、承诺、表达、宣告等。在交际中，除了掌握一门语言的发音和语法体系，学习者还需知道正确的语言结构式在特定的语境中的不同功能，能够用言语的表述来实施某种行为，达到某种交际意图，如提问、问候、致谢、道歉，抱怨、拒绝、请求等，这就是"以言行事"。这需要掌握以上特定交际场景中特有的固定语式。如表达遗憾的语言结构式有 I wish I've done it./If only

I hadn't gone there. / Why didn't I buy it when I had the chance? 等。完成这一言语行为的可以是陈述句，也可以是疑问句或其他句型，如 What a pity! 因此，在特定语境中如何理解及实施这些言语行为，是语用学习的原则和出发点。

2. 会话含义。1967 年英国哲学家 Grice 提出的合作原则指出在言语交际中，人们所表达的远远超过话语的字面意义。在积极参与意义建构的过程中，听话者必须使用推理来获取说话者的会话含义，以保证交际顺利进行。对会话含义的理解是语用能力的一个部分。例如：

A：What time is it?
B：The bus went by.

根据会话含义理论，在交际中一个看似无关联的回答可能在特定的语境下就是恰当的答复。上例中的语境包括每天只有一趟巴士；早上 7：45 分准时经过说话者 B 门口而说话者 A 也知晓这一事实，因此根据 B 的答复知道了大概的时刻。又如：

3. 目的语礼貌级别与策略。语言的功能与常识和普遍礼貌分不开。Leech 指出人们交际中应遵循策略准则、宽宏准则、赞扬准则、谦虚准则、赞同准则和同情准则。语言礼貌是说话人有目的地选择语言项目，掩盖其真实意图的言语行为，涉及说话人和听话人的心理、认知假设和特定的社会文化模式。礼貌除了与文化相关，还受交际双方的身份地位、年龄、权利、社会距离和价值取向等因素影响，具有动态性，一个在一般情况下礼貌的表述，很可能在某一语境中被视为不礼貌，如：

(1) Peel the potatoes.
(2) Can you peel the potatoes?
(3) Will you peel the potatoes?
(4) Would you peel the potatoes?

例中（1）—（4）句的礼貌程度是递增的，但这不意味着交际时使用越礼貌的词语表达越好，如对待亲密的家人使用句（4），反会令人感觉有言外之意，暗示双方关系有隔阂，从而令人感觉别扭。

4. 互动话语标记语。语用能力的培养包括在交际中具备使用大量可供选择的会话模式和会话策略的能力以顺利实现与听话者的交际互动。话语标记语又称话语联系语，是在语言中不影响句子真值、只表达态度或步骤意义的语言成分。英语中常见的话语标记语有 well, so than, you know, I guess, I mean, as I said, Im afraid 等。对话语标记语的熟练运用将有助于学习者更有效地表达命题之外的语义信息，顺利实现与听话者的交际互动（梁燕华，2008）。

以上几点中，除第二点之外，其他三点都具有较为明显和相对固定的特定表达式，可以通过适当方式进行收集整理来学习，因此应当成为学习的重点。

二 中国英语学习者语用能力现状

大量研究表明，我国英语学习者总体语用能力较弱，普遍存在语用失误。李怀奎（2005）对 10 年间（1991-2004）国内学习者外语语用能力实证研究的调查分析表明，我国学习者外语语用能力普遍较为低下，外语语用能力和语言能力并不成正比。孙秀芳、齐俊（2006）通过研究发现，非英语专业本科生对英、汉口语语用差异不够敏感，在答题中出现了大量的语用—语言失误和社交—语用失误。周燕宇等（2008）的研究表明，学生的语用能力远远低于其语言能力。有关言语行为理论、指示等语用学基础知识的失误最多，大多数学生无法识别间接言语行为。薛山（2009）对普通全日制大学非英语专业本科生、高中生、成人教育学生进行的语用能力测试结果表明，这三种层次的学生在特定的语言环境中，语用失误的现象均比较明显。王雪（2012）通过研究发现，大学生学生语用能力总体较低，语用知识相对缺乏，不能正确使用相关语用策略。不能正确使用语用策略，语用知识匮乏以致违反语用原则，产生了语言语用方面的失误，滥用完整句，忽视完整句在特定场合下可能带来的特殊含义。李伟英、李正娜（2013）的研究表明，学生的综合语用能力、语用语言能力和社交语用能力三项能力均呈较低水平。周秀敏（2013）对英语专业学生的英语语用能力现状进行调查后发现，英语专业学生在使用英语进行交流时语用失误率仍然很高，其语用能力发展水平落后于其语言水平。李燕，姜占好（2014）对新时期英语专业学生的语用能力进行调查后发现：随着学生语言能力的提高，语用能力并没有自然而然地随之提高；研究还发现，从语用能力的三个构成维度来看，学生对文化知识掌握最好，其次是适切度，在言语行为知识层面，学生的表现最差。以上研究表明，无论是重点大学还是一般院校，无论是英语专业还是非英语专业，无论是高年级还是低年级，我国学习者外语语用能力普遍较为低下，同时学习者的外语语用能力并不随着他们语法能力的提高而提高。因此语用能力需要专门学习和培养。

（一）中国英语学习者跨文化交际中的语用失误

1. 语用失误及其类型

1983年，英国著名的语用学家Jenny Thomas在《跨文化交际中的语用失误》(Cross-Culture Pragmatic Failure) 一文中给语用失误（pragmatic failure）下的定义是"the inability to understand what is meant by what is said"。即无法正确理解对方所说的话。我国语用学家何自然（1997）指出：语用失误不是指一般遣词造句中出现语言运用错误，而是说话不合时宜或说话不妥、表达不合习惯等导致交际不能取得预期效果的失误。简单地说，语用失误就是指脱离特定的语境，违背目的语特有的文化价值观念，不顾及双方的身份、地位、场合等而使语言交际遇到障碍的语言语用中的失误。

语用失误包括语内语用失误和语际语用失误，前者指使用母语时所出现的失误，后者指使用外语时所出现的失误。二语习得所涉及的是语际语用失误。语际语用错误指学习者在习得某一目的语时，由于受L1思维定势、文化习惯的影响，常常把L1文化带入目的语文化的交际情境，不自觉地把L1的表达套用于目的语的交际中，违反了目的语的语用规则，导致了目的语言语行为的不妥。此类偏误在跨文化交际中严重影响交际的进行，甚至使交际中断。如果没有适当的学习和指导，此类偏误随二语知识的提高而增加（Klein，1986：27）。语用失误还可分为语用—语言失误（pragma-linguistic failure）和社交—语用失误（social-pragmatic failure）之分。语用语言失误是指人们在交际过程中没有根据当时的语境条件选用恰当的语言表达形式，违反语用原则造成的失误（Thomas，1983）。常见的语用语言方面的失误主要包括以下几种情况：不符合使用英语的本族人的表达习惯，误用英语的表达式；虽懂英语的正确表达式，却按母语的语义和结构套英语；将汉、英词语等同；只了解字面意义，弄不清说话人的真正用意；滥用完整句，忽视完整句在特定场合下可能带来的特殊含义；混淆同一结构的不同使用场合。社交语用失误主要指由于不了解或忽视会话双方的社会、文化背景差异等而引起的语用失误。它与谈话双方的身份、语域、话题熟悉程度、话题选取、人际关系远近、价值观念的异同等方面密切相关（何自然，1997）。其中，不了解中西文化差异是社交语用失误的重要原因。当然上述两种语用失误的区分不是绝对的。由于语境不同，双方各自的话语意图和对对方的话语理解都可能不同，因而某一不合适的话语从一个角度看，可能是语用语言方面的失误，但从另一个角度来看，也可能是社交语用方面的失误（廖淑梅，2006）。

语际语用失误是中高级学习者在二语习得过程中普遍存在的问题。要提高交际能力，取得交际成功，就必须尽量减少语用失误。

2. 语用失误产生的原因

跨文化交际中产生语用失误主要是以下三方面因素所致。

（1）思维方式的差异。思维方式是指主体反映客体的思维过程中，定型化了的思维形式、思维方法和思维程序的综合。中国人的思维是整体性、演绎性、具体性的，而西方人特别是英美人的思维却是分析性、归纳性、抽象性的。这些思维方式的差异在跨文化交际中将会产生不同的话语策略和交际风格，从而引起语用失误（张灿灿，2008）。

（2）文化背景的差异。文化是人类社会历史实践过程中创造的物质产品和精神产品的总和。不同文化背景下的人们必然存在社会规范、价值取向、思维习惯等多方面的差异。在跨文化交际中，一些我们习以为常的现象，对于异文化的人来说，可能很奇特，甚至很难理解。若只习惯用自己的文化标准来衡量和解释他文化人们的言语行为，必将导致不必要的误会和冲突。

（3）价值观念的差异。中国文化是群体性文化，而西方文化则是个体性文化。这种中西价值观念的差异，突出表现在对待隐私问题的态度。在西方，个人主义取向特别强调对个人私生活的保护和尊重，不允许对之进行刺探、干涉或侵扰；而在中国人的氛围里，隐私观念比较淡薄，刚认识的朋友彼此交流时，常问及对方的年龄、收入、婚姻、家庭状况等，以表示关心。而这在英语文化中，常被视为极不礼貌的询问。当被问及这些情况时，往往会使他们不快，感觉对方有意刺探隐私而拒绝回答，导致交流无法继续。

3. 跨文化交际中语用失误的规避

减少和防范语用失误对于跨文化交际的顺利进行起着不可低估的作用。对于二语习得者来说，要想有效规避跨文化交际中的语用失误，主要应从两方面着手。

(1) 语用能力的提升。

中国学习者语用失误主要是由于其头脑中缺乏相关语用图式知识。语用图式知识的不足在很大程度上阻碍英语学习者交际能力的提高。交际双方共享的知识是交际顺利进行的关键，这里的共享知识就包括语用图式。具备丰富的语用图式知识是英语学习者与英语本族语者顺利进行交际的前提。因此，英语学习者需要构建和扩充头脑中的语用图式知识。这需要接触丰富、真实的语言材料。可通过观看英语影视作品、阅读英语文学作品、英语杂志、英语报纸读物、英文戏剧、访问英文网站、多与外籍人士接触交流、利用网络与外国人实时聊天等，培养和提升语用能力。学习者还可通过多种渠道收集语料，构建常用的语用语料库。如问候用语语料库（greetings corpora）、感谢用语语料库（thanks corpora）、道歉用语语料库（apologies corpora）、英语习语典故用语语料库（allusions/idioms corpora）、请求用语语料库（requests corpora）等，以便在下次交际中迅速提取。随着输入的增加，学习者头脑中的语用语料库也随之扩充，逐渐建立更为庞大的语用语料库，如宗教信仰用语语料库（religions/beliefs corpora）、民族风俗用语语料库（ethnic customs corpora）、餐桌礼仪用语语料库（rituals corpora）等，见图7-5。

建立丰富的语用知识语料库为学习者以后的顺利交际提供更为丰富的语用资源，会帮助他们减少语用失误，不断提高语用能力。

(2) 语用策略的运用。

要根据具体情况恰当运用语用策略去解决交际中的冲突和分歧，尤其要注重运用礼貌得体的语用策略。英国著名语言学家利奇（G. Leech）提出了如下六条礼貌准则：得体准则，说话者要尽量减少有损他人的观点，使他人受损最小，受惠最大；慷慨准则，说话者要尽量少使自己受惠，使自己得益最小，受损最大；称赞准则，说话者要尽量少贬低别人，多赞誉别人，对别人大加赞扬；谦虚准则，说话者要尽量少赞誉自己，多贬损自己；一致准则，说话者要尽量减少双方分歧，尽最大努力与他人一致；同情准则，说话者要尽量减少自己对别人的厌恶感，尽量增加同情感

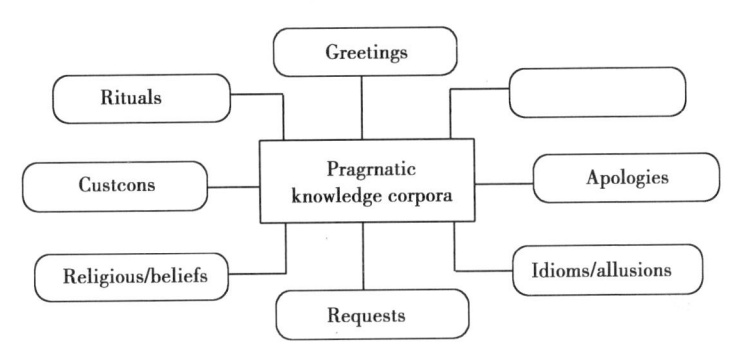

Table 1　Rich Pragrnatic knowledge Corpora

图 7-5　常用语用语料库

(Leech, 1983)。这些礼貌准则基本上可适用于各种跨文化交流。

(二) 二语习得中语用知识习得的困难

二语习得者语用能力低下和语用知识习得困难有关。二语习得多是在正式学校语言环境中进行，在这种情况下交际能力的习得很难和语言能力同步增长。语用知识习得的困难主要体现在以下几方面。

1. 社会语用和语用语言制约

当交际中社会语用或语用语言制约出现时，二语习得会变得极具挑战性。Holmes (1987) 及 Harlow (1990) 指出，由于跨文化的微妙差异使得传授语用规约时难度增加，其中礼貌和语体正式程度变异尤其难以处理。如：

American: What an unusual necklace. It's beautiful!
Samoan recipient: Please take it.

上例中，美国客人采用赞誉方式，意在礼貌地展开会话，而萨摩亚人明显误解了该语境下美国朋友的意图，把它理解为客人通过赞美表达渴望得到项链的欲望。

American teacher: Would you like to read?
Russian student: No, I would not.

此例中，美籍教师的语用用意是以常见的、非正式的有关业余爱好的话题来发起会话。由于该教师并未明示，所以该语用用意具有不确定性，而俄罗斯学生显然将对方的语用用意曲解为常规正式语体中的一般疑问句，误认为教师让他朗读，就语气坚决地拒绝了，从而令会话难以顺利、流畅地进行。

以上两例中非本族语学习者都没能够准确理解特定语境下说话者的语用用意，因此导致交际失败。言语交际中，听话者要不断借助即时信息以及大脑中储存的社会文化语用信息，来推导出说话者的交际意图，从而使交际成功。一旦需要调用的社会语用规约在听话者大脑中缺失，或其选择的语用规约信息与说话者的交际意图相悖，交际就难以顺利进行。

2. 语言形式与功能的不完全对应

语言形式与功能不完全对应是语用知识难以习得的第二个原因。如果学习者不能得体地完成交际功能，即恰当地传递思想、表达情感、发表观点，那么习得语言词汇、语法规则、语篇规则和其他的组织能力就是毫无用处（H. D. Brown，1994）。形式是语言外在的表现，而功能就是对形式的实现。但 Searle 的间接言语行为理论表明，语言形式和功能常常并不是线性对应并界定清晰的。"I can't find my umbrella"，如果说话者是一位因下雨而工作迟到满脸沮丧的人，那么其语用用意很可能是使用这一语言形式表示抱歉，请求上司或同事对其谅解。

Halliday 提出语言有七种功能：工具功能、控制功能、告知功能、交流功能、个体功能、启发功能、想象功能（Halliday，1994）。这些功能并非互为排斥，一个句子或对话中可能同时完成不同功能。Van Ek and Alexander（1994）总结了大约 70 种在英语课程大纲中应传授给学习者的语言功能。部分列举如下：①问候、告别、邀请、接受；②赞誉、祝贺、恭维、引诱、诱惑、自夸；③打扰；④请求；⑤避开质问、撒谎、推卸责任、转移话题；⑥批评、谴责、嘲讽、侮辱、威胁、警告；⑦抱怨；⑧指责、拒绝等。这些功能都属于 Halliday 所提出的一种或多种功能范畴，它们是二语学习者语言交际能力的一部分。

3. 母语语用规则的干扰

如果两种民族语言文化传统和思维模式差异较大，则其语用规则差异也较大（如汉语与英语），学习者在使用第二语言时易受母语语用规则干扰而产生语用失误，如：

American: You're charming today!

Chinese student: No. No. No (instead of "thank you").

美国人通常以 thank you 来表示对恭维或赞誉的接受，而中国人通常要表示自谦。因为汉文化中的礼貌准则是"贬己尊人"，接受赞扬时需要表示谦虚，这被认为是一种美德。因此导致上例中的语用失误。"饭菜不好，请多用点。"这是中国人待客常用语，但不能直译成英语。其他类似"Please eat more"，"Eat slowly"，"Are you full?"等语用失误明显受到母语语用规则的影响。因此，学习第二语言时，了解跨文化差异十分必要，否则易产生语用负迁移现象，即将母语语用规则不恰当地直接应用到第二语言言语交际中，造成交际障碍或困难。

三 建立语用图式，提高语用能力

(一) 了解一定的语用学基础理论

语际语用学理论的两大支柱是语用学理论和二语习得理论。语用学研究所依据的语用学理论主要有：言语行为理论、会话含义理论、礼貌理论等。适当介绍一些指示语、语境、言语行为理论、合作原则、礼貌原则、会话含义等语用学基础知识是提高学生语用能力的基础。二语习得相关理论主要有：文化适应模式理论（the Acculturation Model）、认知处理模式理论（Cognitive Processing）、社会文化理论（Sociocultural Theory）、语言社会化理论（Language Socialization）和互动交际能力模式理论（Interaction-al Competence）（Kasper 和 Rose，2002）。这些理论提出了语用学习的方法和途径。

1. 语用学理论

言语行为理论。该理论认为，人们使用语言不仅是为了表达思想，而且要通过语言来实现某种目的，即以言行事。人们进行交际时，不仅要善于理解说话人的"言内行为"或"显性施为"，更重要的是要理解说话人的"言外行为"或"隐性施为"和"间接言语行为"。语际语用学就是用言语行为理论来解释学习者是否能够理解以及如何理解英语本族语者的言语行为，并在特定语境中正确实施相应的言语行为。

会话含义理论。该理论以话语双方都有合作以求交流成功的愿望为基础，提出在交际中双方必须遵守真实、充分、关联、清楚的"合作原则"。如果说话人违反了合作原则，那么听话人就要根据当时的语境推断出说话人的真正意图及话语的真正含义。语际语用学研究会话含义的理解问题以及"合作原则"的体现问题。

礼貌理论。Leech（1983）提出言语交际活动中的礼貌原则，并认为要提高话语的礼貌程度应在交际中遵循以下六条准则：策略准则、宽宏准则、赞扬准则、谦虚准则、赞同准则、同情准则。Brown 和 Levinson（1978、1987）提出"面子理论"，认为礼貌体现在对他人面子的尊敬上。语际语用学通过对比观察本族语者的礼貌言语行为，揭示学习者对礼貌的感知以及礼貌在跨文化交际中的作用，从而更有效的指导跨文化交际。

2. 二语习得理论

文化适应模式理论。该理论由 Schumann 于 20 世纪 70 年代末创建，它从学习者所处的社会环境和个人心理角度解释二语习得的动机及学习者语言中的洋泾浜化现象。文化适应通过学习者与目的语社团社会和心理的结合实现，是学习者对新文化的思想、信仰和感情系统及其交际系统的理解过程。Schumann 认为，学习者与目的语社团之间的社会距离是制约文化适应程度和第二语言习得水平的主要原因。

认知处理模式理论。用认知心理学理论解释目的语语用发展，主要指 Schmidt 的注意假设（noticing hypothesis）和 Bialystok 的二维信息处理模式（two-dimensional model），这两个理论用于解释不同阶段的二语学习过程。注意假设关注学习的初级阶段，强调学习者有意识地注意语言输入来获得语用能力；二维信息处理模式则解释学习者在已具备一定的目的语语用知识基础上，如何发展其目的语语用能力。

社会文化理论。该理论既强调学习过程的认知参与，也强调学习过程的全人参与。语言学习从本质上说是社会化的过程，即首先是集体活动或社会活动（心理间机能），然后才是个体活动（内部心理机能）。Vygotsky 的亲情语境论（Zone of Proximal Development，即 ZPD）认为学习者习得第二语言的过程和儿童习得母语的过程一样，都受本族语者或二语水平较高的学习者的影响。

语言社会化理论。该理论认为学习者习得社会文化知识的过程就是语言社会化的过程，要求学习者使用语言时要达意、恰当、有效。语言社会化过程是终身学习过程，学习者不是处于被动接受的地位，即由身边的人直接教授社会规范，而是积极主动地在日常交往中无形地习得社会规范。

互动交际能力模式理论。该理论认为交际能力是学习者在一定的语言能力基础上，根据具体的交际语境、对象、话题和目的等，采用恰当的会话技能和交际策略来进行人际交流的能力。在口语交际中，受话者和发话者可根据不同需要变化角色，在两者之间来回替换，这就是人际交往所具有的互动性，在这种互动交际中表现出来的交际能力被称为互动交际能力。

综上所述，言语行为理论、会话含义理论和礼貌理论等语用学理论适用于目的语语用学习目标的研究，而文化适应模式理论、认知处理模式理论等二语习得理论则在认知和社会文化层面上对目的语语用学习的过程进行了有效的解释。

（二）掌握言语行为手段

语用知识主要包括了解言语行为和话语功能，理解会话含义，正确运用目的语礼貌级别与策略，掌握互动话语标记语。就言语行为方面，可以学习施为性言语行为的典型表达式。L2学习者的施为性言语行为是二语习得语用研究的重点。王立非（2001）研究了请求、道歉和拒绝三种典型施为性言语行为，施为性言语行为较为典型，通过少数极易识别的语言成分就能实现。对母语使用者的语料研究发现，95%的恭维言语行为只靠9种语义套语结构就能实现（Wolfson，1983）。另外，这类言语行为从本质上都与面子相关，这就为研究不同语言背景的L2学习者如何使用礼貌策略提供了手段。

1. 请求言语行为

请求在交际中的使用频率最高，这种言语行为直接威胁面子，跨文化差异很大，学习者必须掌握较高的语言技巧才能完成。请求的话语意图是让听话人实施或停止实施某种行为，表现出交互性、以言行事和语言交际的特征。交互特征表现在：（1）请求在话语中具有引出话题功能；（2）请求可由单独一个话轮完成，也可与准备性言语行为或预先请求构成几个话轮共同完成，请求按照直接程度排列共有3种策略模式（根据Ellis，1994）。

（1）直接请求：

a）语气可推测：You shut up.　　b）施为句：I am telling you to shut up.

c）隐性施为句：I would like to ask you to shut up.

（2）常规性间接请求：

a）以言指事：I want you to shut up.　b）建议性套语：Let's play a game.

c）准备性询问：Can you draw a horse for me?

（3）非常规性间接请求：

a）强暗示：This game is boring.　b）弱暗示：We've been playing this game for an hour now.

从语言交际特征看，请求具有"内在威严性"（Blum－Kulka，1989a），因此，请求时要尽量给对方"保留面子"。采用何种请求方式取决于说话人和听话人之间的关系以及许多相关的社会因素，以及听话人所感到的威严程度。在具体语境中说话人偏爱何种请求形式，存在语用语言差异，因此在选择内部和外部修正手段等语言特征时存在跨语言差异。

2. 道歉言语行为

道歉行为是中介语语用学研究的又一重点。道歉有广义与狭义之分。狭义的道歉是指含有 sorry、I apologize 等字样的句子。道歉与请求一样都属于威胁面子的言语行为，但存在以下差别：第一，道歉给说话人造成压力，要求说话人承认自己对某种行为（或未能完成某种行为）负有责任，使说话人受损，而请求的压力是施加给听话人的；第二，道歉只针对过去的事件，而请求是针对未来事件；第三，请求方式在不同语境中存在很大的跨文化差异，但不同文化背景中的道歉方式基本上大同小异（Olshtain，1989：171），换句话说，道歉的策略具有广泛的共性。L2 学习者表达歉意的话语行为受到学习者的外语水平、母语、世界观、目标语类型、具体道歉语境等一系列因素的影响。

黄永红（2001）以 J. 霍姆斯（J. Holmes，1990：79）广义的道歉定义为标准来研究道歉策略：假设 A 为致歉者，B 为被冒犯者，道歉是 A 为了弥补自己的冒犯行为，向 B 致歉，以挽回 B 的面子，从而恢复 A 与 B 的平衡的言语行为。乔斯勃格（A. Trosborg，1987：147）将道歉策略分为 7 种（其中将"拒绝道歉"作为策略 0）。策略 0。冒犯者拒绝道歉（strategy of rejecting）；策略（1）轻化自己的冒犯程度（strategy of minimizing）；策略（2）承认自己的责任（strategy of acknowledging）；策略（3）说明理由（strategy of explaining）；策略（4）直接道歉（strategy of apologizing）；策略（5）采用弥补手段（strategy of offering repair）；策略（6）

下保证（strategy of promising for bearance）；策略（7）对被冒犯者表示关心（strategy of showing concern）。

　　语境对人类的交际起着巨大的作用，道歉言语行为在很大程度上受本民族的文化观念、交际距离和文化禁忌等文化语境所决定。不同文化语境中道歉采用的语用原则不同。中国属于高语境文化（high-context culture），而美国属于低语境文化（low-context culture）。两种不同的文化导致了两种截然不同的交际方式和价值取向。低语境文化的模式是分散、差异。在这种模式中，个人的意见和与别人的分歧是被称赞的，一定程度的冲突被认为是有积极意义的。在美国，意见的冲突和据理力争被认为是一种民主的表现。所以美国的交际方式是富有冲突性的（confrontational）。人们因而无可避免地冒犯别人。这种文化方式决定了他们在致歉时常辩解自己应负的部分责任，因而多采用形式（1）（轻化自己的冒犯程度 minimizing）。高语境文化的模式是统一、同一。人们主张和谐，尽量避免紧张气氛。人们通常采取各种策略避免矛盾发生，而一旦有冲突，又马上诚恳道歉，从而避免冲突激化。因此，中国的道歉多采用形式（4）（直接道歉 apologizing）。低语境文化的价值取向是推崇个人主义（individualism）。人们可以为了保住自己的面子而争吵。高语境文化的价值取向是集体主义（collectivism）。因而在公共场合发生争执被认为是一种令双方丢面子的事情。中国人采用形式（4）（apologizing）来保住双方（其实是他人）的面子；美国人采用形式（1）（minimizing）保住自己的面子。社会关系亦是跨文化交际研究的重点。社会关系是影响人们交际的重要因素之一。中国的社会交往关系遵循下列原则：（1）人们应该服从上级或长者；（2）等级观念强；（3）遵循集体主义价值取向。因此，如果每个人成功地扮演自己的社会角色——领导、下级、父亲、儿子、朋友、妻子等，就能取得社会的和谐。欧文·戈夫曼（Erving Goffman, 1971）在研究美国中产阶级的日常行为后表明，道歉等言语行为的功能是保持一种公共关系 0（the public order）。谁冒犯了别人，谁就应道歉，以达到社会的和谐。中国学习者由于受传统礼仪文化的教育，在跨文化交际道歉时表现出较强的遗憾情结和过度礼貌，有时总想解释理由，甚至显得低声下气。从回答道歉方式来看，由于中国人的交际方式重和谐，尽量避免冲突，所以通常表示对方不必道歉；美国人通常在感到自己的确被冒犯时接受道歉，认为自己并没被冒犯时表示对方不必致歉，同时为对方提出的补偿建议表示感谢。当然，双方都存在因非常不满而不接受对方道歉的另一种情况。

L2 学习者选择道歉的方式有多种，道歉的强弱程度也不同，常见的模式如下：

（1）直接采用道歉策略

a）表达后悔：I'm terribly sorry.　b）提出道歉：I apologize.　c）请求原谅：Excuse me./Forgive me.

（2）通过解释或说明情况表达歉意：The bus was late.

（3）通过承担责任方式表示歉意：

a）接受责备：It's my fault.　b）表示自身过错：I wasn't thinking.

c）承认应该道歉：You are right.　d）表明无此意图：I didn't mean to.

（4）提出补救措施：I'll pay for the broken vase.

（5）允诺或保证不再犯错：It won't happen again.　I won't do it again.

L2 学习者由于受语言水平的影响，无法像母语那样自如地找到恰当的道歉语义结构，因而产生显性或隐性语言错误或表达不充分。例如：

a）I'm very sorry but what can I do? It can't be stopped.（显性语用错误）

b）I'm really very sorry. I just forgot the meeting. I fell asleep. Understand?（隐性语用错误）

句 a）中的说话人显然是想对自己的行为所造成的不良后果表示道歉，但由于用词不当，用 stop 来表达了 avoid 的意义，结果所产生的语用效果成了推卸责任，造成显性语用错误，正确的语义表达方式应该是 I'm very sorry but it could have been avoided。句 b）语言形式虽然正确，但不恰当，造成隐性语用错误。正确的道歉方式应该是对忘记上课提出补救办法：I think I can arrange another meeting with you.

"道歉语"也是文明礼貌用语，使用多少从一定程度上反映出一个社会的和谐和文明程度。刘思、刘润清（2005）对汉语本族语者（调查组）和英语本族语者（对比组）使用 I'm sorry 和 Excuse me 的情况进行了均值对比和方差分析。研究发现汉语本族语者对这两个表达的使用存在误用现象，调查组在该用 I'm sorry 和 Excuse me 处而不用的现象却较多。就语用功能而言，I'm sorry 和 Excuse me 都是英语会话中常用的"弥补表达法

（remedies）"。"弥补"就是说话人认识到自己有过错，或即将做对不起对方的事，所采取的一系列诚心的认错或抱歉行为。根据 Searle（1969）的"言语行为"理论和分类，二者都实施"道歉"言语行为。但是，在同一语境中使用，其语用效果是不同的（1998）。例如，两个人在超市买东西，突然在过道迎面遇上了。在撞上前那一霎间，用 Excuse me 才算得体。Borkin 和 Reinhart（1988）探讨了两者进行"弥补"的不同原因：Excuse me 是因为"我违背了或不得不将违背社会公德"；I'm sorry 是因为"你受到了或可能将受到伤害"。Palmer 和 Esarey（1985）指出，"都用作'道歉语'时，Excuse me 隐含着一种人与某种社会公德或整体社会道德之间的关系；I'm sorry 隐含着一种人与人之间的关系"。在涉及"让路"问题语境中，Excuse me 用得比较多；但总体上讲，Excuse me 比 I'm sorry 用得少，因为它的功能相对较少（House，1988）。从调研的结果来看，对比组用 Excuse me 限于对过失表示"弥补"，而 I'm sorry 还表别的情感，如"同情"（I'm sorry to hear about your cat.）、"失望"（I'm sorry that he didn't get the job.）等。在 I'm sorry, please let me pass 中说话人请对方让路，对对方的利益或情感并没有什么损害，所以不用 I'm sorry。此处涉及的倒是个公德问题，即在别人谈话、行走时，不应该打扰别人。所以应用 Excuse me。在 Excuse me, I'd like to go but I don't have time 中，这里的 Excuse me，暗示说话人违背了或即将违背某种社会公德。但在美国人心中，说话人因为拒绝美国朋友的邀请，是对这位朋友的小小伤害。既然是对朋友个人的伤害，应该用 I'm sorry。

3. 拒绝言语行为

拒绝是交际中又一个威胁面子的言语行为，是对邀请、请求、建议、给予等各种施为性言语行为做出的反应。Brown 和 Levinson（1987）在著名的"面子论"中指出，某些言语行为，如拒绝言语行为，在本质上是威胁交际者面子的行为，这使得拒绝是最容易引起交际失败的言语行为之一。因此为了维护交际双方的面子，保证交际的顺利进行，需要采取一定的面子补救策略（redressive strategies）。比如，拒绝言语行为之前或之后常常出现辅助性话语（adjuncts），如"I'd love to...", "Thank you"，这些话语本身并不表达拒绝言外之力，它们只是对其前或其后的拒绝言语行为起辅助作用，用来减弱对交际双方面子的威胁程度。不同文化背景的人，由于语言、文化的差异，往往采取不同的补救策略，因而常常引起双方的误解，导致交际中断或失败。因此对英汉拒绝用语进行研究有利于跨文化交际的成功。

拒绝的语用方式完全取决于说话人与听话人之间的地位和权势关系，要求说话人具备高度的语用能力。拒绝言语行为通过少数直接和间接的语义句型实现。拒绝言语行为的常见语义模式如下：

（1）采用间接拒绝方式： a）施为句：I refuse. b）非施为性陈述：I can't do it.

（2）采用间接拒绝方式：

a）陈述遗憾：I'm sorry. b）表达愿望：I wish I could help you.

c）抱歉、说明理由、解释：I have a head-ache. d）陈述偏好：I'd prefer to do it this way.

e）为过去或以后不再拒绝设置条件：If you'd asked me to do it for you, I'd have...

f）允诺下次不再拒绝：I'll do it next time. g）陈述原则：I never do business with friends. h）陈述哲理：One can't be too careful. i）规劝会话人：The party won't be any fun tonight. j）表面同意实际拒绝：Well, maybe. k）回避（沉默或含糊等）：I'm not so sure.

中国的英语学习者由于受汉语语用迁移的影响，往往按照母语的语言交际规则实施请求、道歉、拒绝等言语行为，比较含蓄礼貌，避免直截了当地当面拒绝别人，尽量不说逆耳之言，同时遵循汉语文化中的贬己尊人原则、称呼原则、文雅原则、求同原则、德言行原则等礼貌原则（顾曰国，1992）。朱晓宁（2010）的研究结果表明，我国大学生英语学习者在实施言语行为时尚未达到与本族语者相当的礼貌程度，尽管他们能够使用多样的策略，但无论是在语用语言还是社交语用方面与本族语者还有很大的差距。因此进一步提高大学生英语学习者的语用能力和文化沟通能力，尤其是礼貌地实施言语行为的能力，显得尤其重要。

徐晓燕、夏伟蓉（2003）通过实证研究调查了中美大学生的拒绝策略，然后参照张绍杰（1997）所采用的请求言语行为的三个请求策略类型，将拒绝言语行为的策略类型划分为直接策略、规约策略和间接策略，并按这三个策略将收集到的汉英拒绝语料分类，进行统计，统计如下：

（1）直接拒绝策略。拒绝言语行为通过透明度高的话语直接传递出，说话者毫无保留地拒绝他人，语气较生硬。直接拒绝意图可通过以下方式表达：

①使用"no"，"not"

　　a. No, you can't.　　b. No, you mustn't play now.　　c. I can't let you go.

②提供别的方法：说话人向听话人建议用别的方法。这类话语是听话人指问。由于指示语"you"的使用，拒绝语伤害了听者的负面脸（negative face），因而，这类话语的礼貌级别不高。

　　a. You'd better finish your homework at first.　　b. You should first do your homework.

③声明请求之事对听话人没好处。如：

　　Give me three good reasons with valid support and I'll consider it. There will still be a penalty of 1 point off each day.

（2）规约性拒绝策略。拒绝之意通过一定的固定句型传递，可分为以下几类：

①道歉/遗憾语+辅助语

I'm sorry. I already have plans tonight.

I'm afraid my English is not good enough to help you.

虽然以上两句没有使用"no"，"not"，但拒绝之意明显流露在辅助语中。

②No, thanks 句型 A：What would you like to drink?　　B：No, thanks.

以上两类的表达法虽带有较强的拒绝力，但"sorry""thanks"和"I'm afraid"等词语降低了话语对听者脸面的威胁程度，因而这类句型并不给人以生硬之感。

③感谢+辅助语

Thank you, but I have to prepare for my exam tomorrow.

④表示高兴+辅助语

I'm glad to be invited to have dinner with you. But I can't this time. I'm sure we'll have such a chance later.

⑤表示态度+辅助语

Oh, I'd like to go.　　But I have a date at that time.

（3）间接拒绝策略。拒绝之意通过另一言语行为表示出来，可分为以下几类：

①给出理由

I'm so busy these days.

②移情：拒绝者对被拒绝者的情况表示理解、关注。 Don't worry about it.

③哲理性的表示

Accidents happen.

④许诺 I wish I could come, but I already have plans. Maybe next time.

⑤回避 I'm a little too busy right now.

⑥请求 Sir, I'm busy these days. Could you allow me to have two more days?

研究结果显示，中国学生很少采用直接拒绝策略，只有8.7%的同学直接拒绝他人，而有35.7%的美国留学生用直接拒绝策略。规约拒绝策略普遍被中国学生采用，使用率是68%，美国留学生的使用率是45.4%，高于直接拒绝策略使用率。对中国学生来说，间接拒绝策略比直接拒绝策略更礼貌，使用率是22.6%。而美国留学生似乎不太喜欢间接拒绝他人，使用率是20%，是三种策略中使用率最低的。可见，（1）在用目的语拒绝他人时，中国学生普遍使用规约拒绝策略。（2）中、美学生对直接拒绝策略选择的巨大悬殊体现了不同的礼貌观。（3）中国学生采用的拒绝方式比美国学生更间接。

李玮（2005）通过对80名受试者进行调查，探讨中、澳两组受试者在表达拒绝言语行为时使用语策略的差异。并参照 Beebeetal（1990）《第二语言学习者表达拒绝时的语用迁移》一文中对拒绝言语行为的分类，将其调查中出现的表达拒绝的语用策略归纳如下：

（1）直接拒绝策略（Direct）

A. 施为句（performative）：I have to refuse…我不得不拒绝你的要求。

B. 非施为句（non-performative）

a. 直接回答"不"（No）

b. 否定意愿或能力（Negative willingness/ability）： I can't. 我不能借给你。

（2）间接拒绝策略（Indirect）

A. 表达遗憾或道歉（Statement of regret）：I am sorry... 对不起……

B. 表达愿望（Wish）：I wish I could help you. 我也希望给你加薪水，可是……

C. 给出借口、理由或解释（Excuse, reason, explanation）：
I have to meet my friend at the airport at six.
星期天我已和朋友约好去看电影。

D. 建议或提供别的办法（suggest or offer alternative）：
Why don't you ask someone else? 你先向别的同学借一下吧。

E. 提出假设条件（set condition for future or past acceptance）：
If you had asked me earlier, I would have lent you.
要是平时我倒可以借给你，可是现在我正用着呢。

F. 许诺（Promise of future acceptance）：
I promise I will do it next time. 下次一定去。

G. 陈述原则（Statement of principle）：I never like diets. 我从不喜欢节食。

H. 陈述哲理（Statement of philosophy）：Everyone makes mistakes sometimes. 每个人都会有出错的时候。

I. 试图使对方放弃（Attempt to dissuade interlocutor）

a. 威胁或声明对对方没好处（Threat or statement of negative consequences to the requester）：
My note is too scribble, you can't understand. 我的笔记太乱了，恐怕你看不清呀。

b. 追究对方以往过错（guilt trip）：
Last time I wanted to borrow your tape, but you didn't lend it to me.
上次想借你的磁带，但是你没借给我。

c. 对请求者或请求行为提出批评，侮辱或攻击对方（Criticize or reprimand the requestor; insult or attack.）：You shouldn't wait till the last minute. 你不应当等到最后一刻。

d. 请求对方帮助、同情或理解（Request for help, empathy and understanding）：请你理解。

e. 使对方摆脱窘境（let interlocutor off the hook）：Don't worry about it. 没关系。

f. 自我辩护（Self-defense）：1am doing all 1can do（我已经尽力了）。

g. 主动承担责任或过错（offer to share the responsibility）：I was wrong too. 我也有错。

J. 回避

a. 玩笑（Joke）：我的胃已经开始罢工了。

b. 部分重复（Repetition of part of speech）：Next Sunday? 下星期？

c. 推迟（Postpone）：I'll think about it. 再说吧。

d. 模糊回答（Hedging）：I am not sure. 还不清楚。

（3）辅助语策略

A. 肯定的态度或赞同（Statement of positive opinion/feeling or agreement）：

I'd love to... 我很想去，可是……

B. 移情（Statement of empathy/understanding）：我了解你们的心情。

C. 停顿语（pause filler）：Well, ... 噢，……

D. 感谢（Gratitude/appreciation）：Thank you. 谢谢。

E. 明确双方关系（Define relationship）：谢谢，老板。

4. 称赞言语行为

（1）称赞概述

语言具有一系列的交际功能，例如，打招呼，感谢，称赞，道歉等。而每一种功能都有不同的表达方式。称赞是指说话者直接或间接地褒扬人或物的一种话语行为，其所褒扬的是谈话双方都认为好的一切内容（如外表、个人所有物、性格和技能等），它是一种礼貌的言语行为，是美好感情的传递。称赞语（compliment）是人们对人或物表示赞美、欣赏、钦佩等感情的话语，它是一种十分普遍的语言现象。大量研究表明称赞表达和称赞回应是极为复杂的言语行为，因为它不仅反射出一定的社会价值观念，而且还具有积极鼓励被称赞的人和事的功能。赞扬的信息功能在于它的评价意义，而其情感功能在于它能在表达欣赏、羡慕、敬佩或鼓励的同时，创造一种融洽和谐的交际氛围，因此，又被称为"社会润滑剂"（Manes 和 Wolfson, 1981; Holmes, 1988, 1995; Herbert, 1989）。美国语言学家 Pomerantz 指出，称赞语是一种"支撑性行为"（supportive action），也是一种评价性行为 0（assessment action），也就是说，称赞语不仅有称赞的性质，也有评价的性质。作为一种社会交际用语，称赞语已成为人们的一种社会交际策略，是人际交往中一种常见的语言行为，用于打招呼，表示谢意，开始交谈以及避免尴尬等。称赞语有双重或多重言语行为作用，表达多种语用意义，它除了寒暄功能外还经常用来表示鼓励。它不仅可以缩短交际者之间的距离，而且可以联络感情，维系社会正常的人际关系。作为交际中的一项重要功能，称赞及应对被许多学者进行了广泛的研究（Chen，1993；Herbert，1989，1990；Knapp，Hopper&Bell，1984；Manes，1983；Manes 和 Wolfson，1981；Nelson，Al-Batal&Echols，1996；Nelson，Bakery 和 AlBatal，1993；）等。

由于称赞语的话语结构是一种"配对性结构（adjacency pair）"（Wardhaugh，1986），称赞与应答呈共现状态。在这一结构中，称赞与回应（compliment-response）必须共现，即被称赞人必须对称赞做出回应：接受或是拒绝。也就是说，有称赞必要有应答。称赞及应对是一种具有多种重要社会功能的言语行为。例如，称赞可以用来与人打招呼，"好久没见，你变漂亮了"。或在初次见面时表示友好，"你的英语说得真好"。如果对方称赞你，那么这实际上是希望促进友谊或拉近关系的一种暗示，如何得体地回答对方的称赞就显得很重要。说话者在表扬别人的同时希望听者能够做出积极的反应。如 a) You look great. b) Thanks, you too. 如果忽略了这种暗示，那么就会影响双方交际行为的顺利进行。因此称赞应对在某种意义上比称赞更为重要。所以单一研究称赞语这一言语行为是不够的，还必须对其应答行为进行探讨。

（2）称赞语遵守的语用原则

在不同的文化背景下，称赞的方式以及回应所遵循的语用原则不同，其中最主要的是面子原则、礼貌原则以及合作原则。

Face（面子）的概念

"面子（face）"问题在 20 世纪 50 年代由 E. 高夫曼（E. Goffman）作为社会学概念提出，后来布朗（Brown）和勒维逊（Levinson）对面子的概念做了详尽的阐述和分析。他们将面子分为正面子（positive face）和负面子（negative face），正面子是指希望获得他人的赞扬或认同；负面子即希望不受他人的干涉。面子与说话者及听者的身份、形象密切相关。在交际过程中双方都希望维持各自的面子，避免伤害对方的面子。称赞这一言语行为一方面满足了听者的正面子，另一方面听者的负面子又受到了损害，因为说话者的表扬或欣赏损害了听者"不希望受他人干涉"的负面子。如果称赞被拒绝，就等于礼物被拒绝，说话者的"负面子"又受到了损害。也就是说，由于赞扬满足了听话人的积极面子需要（希望得到他人的赞同和喜爱），因而一般被看作一种积极礼貌言语行为。但是，它也可能威胁到听话人的消极面子（希望自己的行为不受干涉），因为赞扬也意味着赋予自己品评他人的权力（Brown and Levinson，1987）。而且随着赞扬双方社会距离的拉大，这种威胁性可能会增加（Holmes，1995）。所以称赞的场合、方式以及对称赞的得体回应是成功交际必不可少的一部分。英语文化注重个人观念，他们的交际以利益均衡为标准，以回避不和为目的。因此，邀请、道歉、承诺、提供帮助在他们看来都是有损交际双方面子的言语行为（Face Threatening Acts，FTA）。假如甲向乙发出邀请，乙的自由就受到干涉，其负面子受到威胁。相反在汉语文化中，这类言语行为是礼貌的。可见，汉语背景下的面子概念有较浓的道德伦理色彩。

礼貌的概念

礼貌是与称赞有关的另一概念，面子与礼貌有直接关系。布朗和勒维逊认为称赞是一种与正面子相关的礼貌策略，用来保持和加强交际双方之间的和谐一致。后来，英国著名语言学家利奇（Leech）又根据前人的理论提出交际中的礼貌原则（Politeness Principle）。"礼貌原则"的六条原则中就有一条赞扬原则（Approbation Maxim），即尽力缩小对他人的批评，尽力夸大对他人的表扬。这一原则强调交际中话语的得体性，即礼貌问题。正是出于礼貌，人们在交际中才采用不同的语用策略（何明智，2002）。

合作原则

合作原则是 Grice 1968 年提出的会话原则，该原则具有四条准则：量的准则——要求所生成的话语不应当含有超出需要的信息；质的准则——要求人们不要生成自己知道是虚假的话语及没有证据或缺乏足够证据的话语；方式的准则——要求生成的话语要简练，让听话人一听或一看就明白，避免歧义；关联准则——要求所生成的话语，前后有合理的关联或联系，以便人们一听就懂。礼貌原则要求人们在交际中必须尊重对方，它也包含几项准则：得体准则——少表达有损他人的观点，多让别人受益；慷慨准则——尽量少使自己得益；赞誉准则——尽量减少对他人的贬损，多赞誉他人；谦逊准则——尽量少赞誉自己；一致准则——在观点上减少自己跟他人的不一致；增加一致。同情准则——尽量避免使对方反感，增进双方的感情成分。从礼貌原则诸准则看，汉语与英语各遵守着不同的准则。汉语称赞语的应答多以遵循谦逊准则和慷慨准则。此外还采用其他的礼貌原则，如"同情准则"——受到称赞时也回赞对方。英语遵循的礼貌原则是"一致准则"，主要体现在 Thank you 的使用上。"一致准则"要求在观点上与他人一致，尽量减少分歧。英语应答中众多的 Thank you 正是起着维护一致、体现礼貌和尊重的桥梁。此外，同情准则与得体准则也是英语称赞应对所遵守的礼貌原则。

由此看来，英、汉称赞语应答方式的矛盾在于各自遵守不同的语用原则。汉语称赞语的应答多遵守礼貌原则，尤其是其中的谦逊准则与慷慨准则，而违背合作原则，尤其是质的准则和方式准则。英语称赞语的应对既遵守合作原则（尤其是其中的质的准则），也遵守礼貌原则（主要是一致准则与得体准则）。同情原则是两种语言都使用的一种礼貌原则。对合作原则中的质的准则遵守与否和对礼貌原则的不同取舍是造成汉、英称赞语应对方式截然不同的主因所在。

(3) 典型的称赞表达模式及其回应

赞扬是一种程式化程度很高的言语行为（Manes and Wolfson, 1981; Holmes, 1988; 李悦娥、冯江鸿, 2000）。英语赞扬中第一人称的使用频率比较高，占总数的三分之一；而汉语中，第二人称赞扬占总数的近三分之二。第一人称赞扬侧重于主观性评价，给对方以较大的余地来应答；第二人称赞扬则显得客观直接，往往使对方难于拒绝。由此反映出英汉在文化和礼貌方式上的差异（李悦娥、冯江鸿, 2000）。英语称赞不仅在词汇选择上有很大的规范性，其句型结构也高度形式化。根据 Manes 和 Wolfson 的统计，以下三种型式占所采集赞扬语料的 85%：

(1) NP（Noun Phrase, 名词短语）+ is/looks +（really）ADJ（形容词）

Your apartment is really nice.　You look beautiful today.

(2) I +（really）like/love + NP（名词短语）

I love your dress.　I like your gift very much.

(3) PRO（代词）+ is +（really）(a) ADJ（形容词）+ NP（名词短语）

That's a good question.　It is an interesting film.

除此之外他们还发现其他六种型式：

(4) You V (a)（really）ADJ NP. (3.3%) (e.g., "You did a good

job."）

（5）You V（NP）（really）ADV.（2.7%）（e.g.,"You really handled that situation well."）

（6）You have（a）ADJ NP！（2.4%）（e.g.,"You have such beautiful hair."）

（7）What（a）ADJ NP！（1.6%）（e.g.,"What a lovely baby you have!"）

（8）ADJ NP！（1.6%）（e.g.,"Nice game！"）

（9）Isn't NP ADJ！（1.0%）（e.g.,"Isn't your ring beautiful！"）
（Wolfson，1989：111）

关于称赞回应方式的对比：

语言学家Pomerantz总结出五种不同的回答策略：升级称赞，弱化称赞，贬低称赞，转移称赞与回赠称赞。K. Herbert在Pomerantz研究的基础上，总结出12种对称赞的反应：（1）感激标志（Appreciation Token），即听到称赞后用"谢谢"（Thanks），"谢谢你"（Thank you）或微笑来回答，表示同意称赞；（2）评论接受（Comment Acceptance），即接受并表示赞同性意见；（3）夸奖升级（Praise Upgrade），即接受称赞，但认为赞扬的程度还不够，还需要自我称赞；（4）评论来历（Comment History），即说明被称赞者的来历。听话人用介绍背景的方法来表达"接受+同意"的态度；（5）转移称赞（Reassignment），即把话题转移到第三者或者其他物品上去；（6）回敬称赞（Return），即接受称赞的同时再将称赞回敬给对方。这种情形往往出现在会话的开始或结束。这种策略妥善地处理了对方的称赞，同时，还加强了交际双方的一致；（7）弱化称赞（Scale down），即通过指出被称赞者的缺陷来表明不同意或降低对方的称赞；（8）质疑称赞（Question），即通过对称赞提出质疑，表明不同意对方的称赞；（9）否定称赞（Disagreement），即对称赞表示异议并予以否定；（10）限定称赞（Qualification），即对称赞进行限定、修正，比完全否定程度要弱些，常用but, although（though）之类的连词；（11）不予表态（No Acknowledgement），即对称赞不表态，往往不吭声或岔开话题；（12）他种解释（Other Interpretation），即把称赞理解为请求。由此可以看出，现实生活中，英美人对称赞的应答方式是多种多样的，并非全盘接受并致谢。因此有必要进一步了解英语称赞应答的一般规律与常规模式。

高志怀、李娟（2004）对英语应答方式加以分析归纳如下：

（1）接受（Acceptance）

Female 1：I really like your blouse.　　Female 2：Thanks. It's my favorite, too.

Male 1：That's an excellent model ship.　　Male 2：Yeah. I did the body work myself.

（2）转向（Transfer）

Female 1：That's a beautiful sweater.　　Female 2：It was my grandmother's.

Female：You're funny.　　Male：No, you are a good audience.

Female 1：You look pretty good today, Mary.　　Female 2：Thanks. So do you.

（3）不同意（Non-agreement）

Female：That's a nice tie. I like the colors.

Male：Yeah. It's a little too wide. I'd like to get it narrowed down.

Female：Charlie, your haircut looks nice.

Male：Bullshit! She cut it too short.

（4）作为要求来理解（Request interpretation）

Female 1：That's a nice pen.　　Female 2：Let me know if you want to borrow it.

Herbert 把称赞应对分为三大类："同意称赞"，"不同意称赞"以及"认为索要物品"，每大类又分成以下几小类。王陆（2001）据此列出了称赞应对模式分类表如下：

Ⅰ.同意称赞

1. 欣赏表示　　　　　　　女1：你这套衣服真好看！
（Appreciation Token）女2：谢谢。

2. 评价接受　　　　　　　女1：阿姨，您这套裙子真好看
（Comment Acceptance）女2：天太热了。

3. 使称赞升级　　　　　　女1：我喜欢你穿的衬衫。
（Praise Upgrade）　男1：你不是第一个也不是最后一个这样说的人。*

4. 评价器物来历　　　　　女1：你这顶帽子挺漂亮！
（Comment History）女2：在哈尔滨买的。

5. 转移称赞　　　　　　　男1：工作不错吗！
(Reassignment)　男2：领导的帮助。
6. 回赠称赞　　　　　　　女1：你的字写得真好。
(Return)　女2：你的也不错。
7. 问题+评论　　　　　　女1：你的普通话真好！
女2：是吗？我觉得一般。
或　　　　　　　　　　　男1：你的工作干得不错？
男2：真的吗？

Ⅱ. 不同意称赞

1. 弱化称赞　　　　　　　女1：这件衣服很适合你。
(Scale Down)　女2：已经买了好长时间了。
2. 否定称赞　　　　　　　女1：你的英语说得真好。
(Disagreement)　女2：哪的话呀。
3. 限定称赞　　　　　　　女1：你的裙子很时髦。
(Qualification)　女2：要是再短点就更好了。
4. 质疑称赞　　　　　　　男1：好漂亮的毛衣！
(Question)　女2：有什么不对吗？ *
5. 对称赞不表态　　　　　男1：你的歌唱得真好。
(No Acknowledgement)　男2：再喝点酒吧！

Ⅲ. 认为索要物品　　　　男1：你的打火机挺别致。
(Request Interpretation)　男2：送给你吧！

称赞应对模式分类表

以上分类法解释如下：

Ⅰ. 同意称赞

(1) 欣赏表示。这是对称赞的一种习惯性回答，常用的方式为微笑，点头或"谢谢"而同时不提供其他额外的信息。如果欣赏表示之后还有其他的信息，那么应该按照额外的信息来划分应对的范围。而在汉语应对时，英文"Thank you"也出现在回答中，因此笔者也将其划分到这一范畴。

(2) 评价接受。这种应对一般用来解释受称赞者使用受称赞物品的原因，是对称赞的一种委婉接受。

(3) 使称赞升级。这种应对不仅接受对方的称赞，而且进一步进行自我称赞，一般发生在相当熟悉的朋友之间。但是在汉语的对话中却没有属于这类情况。

（4）评价器物来历。使用这一种回答，受称赞者可以"忽略称赞中赞扬的暗示而将其看成一种要求引入话题的一种表示"（Herbert，1989：14）。这种回答与评价接受的区别在于后者解释使用受赞器物的原因而这种应对提供关于受赞器物其他方面的性质。

（5）转移称赞。这种应对方式在接受称赞的同时将其转移到第三者，这样就可以避免自我赞扬。

（6）回赠称赞。回赠称赞是一种非常礼貌的应对方式，是将称赞回赠给对方，即称赞的发出者，用来夸赞相同或类似的方面。

（7）问题+评价。这种应对方式是指以｜"是吗""真的吗"为开始的回答，许多汉语的称赞应对属于这种模式。

Ⅱ. 不同意称赞

（1）弱化称赞。受称赞者通过指出受赞器物中隐藏的缺点来对称赞表示异议。

（2）否定称赞。受称赞者不同意对方的称赞或认为受赞方面不值得所受的赞美，这种应对方式符合避免自我赞扬的原则，但同时影响了交谈中的一致性（solidarity）的原则。因此在否定了称赞之后，受称赞者一般会增加一些其他的话语来弱化否定。

（3）限定称赞。通过指出受赞器物其他方面的缺点来对受到的称赞进行限定。通常是以"但是"或"如果……就好了"的形式出现。

（4）质疑称赞。这是一种类似于要求对方进一步确认一下称赞的应对模式。与"问题+评价"不属于同一类型，质疑称赞更注重于确认对方的话语是一种称赞。

（5）对称赞不表态。受到称赞者显出假装没有听到对方的赞美，用一句无关的话引到其他话题（Topic shift）或不做出反应。或者继续原来的话题。

Ⅲ. 认为索要物品

在受到称赞后，会认为对方是希望得到该项物品，因此受称赞者会提出将该物品送给对方。

何明智（2002）通过调查发现，英汉国家的人在面对称赞时，心里产生的最初情感反应实际上是一样的，都是既愿意听到称赞，但又感到不安，不好意思接受，担心自己其实不如别人说得那么好。并把英汉国家对称赞的回应大致分为以下三类。

第一类是直接接受式（Acceptance）。这种接受式可分为：（1）感谢式（Appreciation token），用"Thanks"或"谢谢"作答，感谢别人的称赞，这种回答可以避免对赞扬内容表态。一方面，在称赞不能再返回对方，只能单向传递时，人们总是对别人的称赞报以"谢谢"；另一方面，当双方地位不同，地位高的夸奖地位低的人时，也通常以"谢谢"作答；（2）同意式（Agreement），以"I like it, too"，（我也挺喜欢的）这样的形式回答，表明与称赞者意见一致；（3）愉悦式（Pleasure）一般用"I'm very glad to hear that"（我听了很高兴）来回答，表示被称赞者听到别人的称赞后的快乐心情；另一种是微笑式（Smile），以微笑或点头对对方的称赞表示认可和同意。

第二类是修正型接受（Acceptance with Amendment）。这种方式也可分为：（1）回赠式（Return），通常回答说："Yours are nice, too"（你的眼镜也挺漂亮的）；（2）降格式（Downgrade），比如，a）It's a delicious cake. b）It's not really beautiful to look at. b通过指出称赞目标的不足之处，最终使称赞目标的价值得以降格；（3）夸大式（Magnification），即接受称赞，但认为称赞的程度还不够，还需要自我称赞。此类情况常出现于熟人之间。这种回应方式表面上看起来违背自谦的社会礼貌原则，因此常带有自嘲、骄傲或开玩笑的口气，如：a）这幅画真漂亮。b）你也不看看是谁画的；（4）转移式（Transfer），即把话题转移到第三者或其他物品上去，如：a）That's nice work. I don't know how you did it. b）It's easy when you have good tools；（5）评论式（Comment），即说明被称赞物的来历，听者用介绍背景的方法来表达"接受+同意"的态度，如：a）That's a beautiful wedding gown. b）It's 100% cotton；（6）质疑式（Question），用提问的方式证实对方的称赞，如：a）That's a nice sweater. b）Do you really think so？

第三类是非接受式（Non-acceptance）。一般以"No"或"不行"作为回答也可以转移话题，如用"你吃了再说吧"，"别开玩笑了"等来回应对方的称赞。汉英称赞的回应方式虽然有很多相同之处，但各有侧重。西方人侧重于接受，而中国人则侧重于否定拒绝。

赵英玲（1998）对英语称赞语的应答模式进行了以下分析归纳，以进一步深化对这一交际性用语的系统研究。

(1) 接受式 (Acceptance)

Pomerantz (1987) 指出，称赞语既是一种"支撑性行为"（supportive action），也是一种"评价性行为"（assessment action）。也就是说，称赞语不仅有称赞的性质，而且也有评价的性质。这种言语行为要求交际双方共同"支撑"来完成。如果 A 称赞 B，B 必须做出语言反应，表示接受或拒绝。在英美文化背景中，采用接受式应答，总是得到优先的考虑。接受式应答大致可分以下几种：

①感谢式

在接受式应答中，感谢式（Appreciation Token）是最常见、最普遍的应答方式。这种应答的特点是只对对方的称赞表示感谢，回答只是"Thanks"或"Thank you"，语义上不涉及称赞的具体内容。例如：

(1) A：You look smart in your sweater. B：Thank you.
(2) A：Your blouse is beautiful. B：Thanks.

在这两例中，A 对 B 的服饰给予较好的评价，以示友谊与善意。B 用豁然的语言"谢谢"来表示接受 A 的称赞。这种应答既能表示"接受"，同时又蕴涵着"同意您的评价"的态度，体现了社交中一种"以礼待礼"的"礼貌原则"。

②同意式（Agreeing Utteranee）

这种应答的特点是直接表示同意对方的评价。从语义上看，这种应答与对方的称赞内容相一致（Pomerantz, 1978：83）。这种一致性表明被称赞的一方表示接受对方的称赞，同时也表示同意对方的评价。请看下例：

(3) A：That's really a great shirt. B：See, it matches my shorts.
(4) A：What a lovely baby you have! B：Well, I think so too.

从上例可以看出，B 采用了直接的方式来表示同意对方的评价，因而，其话语的清晰度（transparency）是很高的。

③回赠式（Compliment Return）

这种应答是以回赠称赞的方式来表示接受对方的称赞。我们知道，维持良好的人际关系要求交际者之间不仅有"赠予—接受"的关系，有时，还要求有"赠予—回报"的关系。大多数人在赠予时总期望得到某种回报。于是，在对称赞语做出语言反应的过程中便产生了"回赠称赞"的应答模式。例如：

(5) A: Those are nice glasses.　　B: Yours are nice, too.
(6) A: You look great.　　B: So do you.
(7) A: I like your shoes, Sharon.　　B: Thanks, Deb. I like yours, too.

在上述例子中，B 都采用了"你夸我，我也夸你"的方式来回赠对方的善意，妥善地处理了对方的称赞。可见，与"同意式"相比较，这种应答更突出双方关系的一致性和平等性，维系一种和睦、亲善的关系，使交际者之间的团结得到了进一步的加强。

(2) 缓和式

缓和式（Mitigating Response）应答又可分为降格式、指称转移式和请求式三种。不管其中哪一种，都具备两个特征。"非接受"（non-acceptance）与"非拒绝"（non-rejection）是这种应答模式的两大特征。由于这种应答模式以各种途径来转移对方的称赞目标，或降低对方的称赞程度，所以可使答者避免了"自我表扬"（self-praise），也避免了"否定他人"（other-disagreement），是一种应答良策。Pomerantz（1978）在她的有关称赞语的论文中曾指出：被称赞人在对称赞做出语言反应的过程中，常常受两种会话原则的制约，而这两种会话原则又使人们常常处于进退两难的境地。这两种会话原则是：(1) 同意或接受称赞原则；(2) 避免自我表扬。如果被称赞人同意或接受对方的称赞，在一定程度上就等于自我表扬，这就违背了第二条原则。反之，如果被称赞人拒绝称赞，这又违背了第一条原则，显得过于无礼。可见，这两种应答在一定程度上都不利于人际关系的发展。而缓和式应答既没有违背第一条原则，也没有违背第二条原则，不失为一种折中的办法。

①降格式（Scaledown）

社会文化因素对被称赞人的应答模式有着制约作用。尽管社交规范鼓励回答者选择"接受式"应答，但在选择此模式时，回答者经常要兼顾其他社会规范。回答者首先遇到的问题是如何在表扬面前表现自己。一般来说，社会规范鼓励人们遵守"谦虚原则"。所以在别人的称赞面前，被称赞人不应再拔高称赞的程度，这样做不利于人际关系的发展。在英美社会中，比较恰当的做法是适当降低对方的称赞程度。例如：

(8) A：I've been given a scholarship to Oxford.　B：That's absolutely blooming fantastic!

　　A：Thanks, it's quite pleasing.

(9) A：I like your jacket.　B：I bought it on sale.

(10) A：It's delicious cake.　B：It's not really beautiful to look at.

在例（8）中，B用"absolutely blooming fantastic"来称赞"A获牛津大学奖学金"一事，显然，他的称赞程度是极高的，而A却用"Pleasing"一词对此事加以评价，缓和了称赞程度。在例（9）和例（10）中，B通过强调夹克的廉价、蛋糕的难看来降低称赞程度。也就是说，答者通过发现称赞目标的"不足之处"最终使称赞目标的价值得以降格。

②指称转移式

"指称转移"（Referent Shift）实际上是"转嫁称赞"，也是一种缓和式应答。当被称赞者觉得"有愧"于夸奖时，便采用"指称转移"的办法，把称赞目标转移给他人或别的事物上去（Downes, 1984）。请看下例：

(11) A：You are the best pastry cook in town.　B：It's that Kenswood Mixer.

(12) A：That's nice work. I don't know how you did it.　B：It's easy when you have good tools.

(13) A：You did a good job last night.　B：Did I? Thanks to John; helped me a lot.

在例（11）中，B把A的称赞转移到另一个指称对象（Kenswood Mixer）上，从而把自己排出称赞范围，因而B显得既谦虚又诚实。这种做法表面上看似乎是否定了称赞人的评价，其实不然。这种否定仅仅是否定"评价方向"，并没有否定评价性质。可见，B既没有接受称赞，也没有否定称赞，而是转嫁称赞。这不失为一种得体的应答。

③请求式

Gaylel Nelson（1996）认为"请求式"（Requesting interpretation）应答也是一种缓和式应答，我们也可以称其为"反问式"应答。这种应答既没有接受对方的称赞，也没有否定对方的称赞，而是以反问的形式要求对方给予解释。请求式应答主要可分为"请求保证"（Reassurance Request）和"请求重复"（Repetition Request）两种。面对他人称赞，被称赞人有时以反问的形式要求对方保证称赞内容的真实性。一般说来，这种应答的语义往往是不明确的，可能有两种或多种解释，因为很难分辨出被称赞人发问的真正意图。或许是要求详述称赞，或许是要求重复称赞，或许是询问称赞人的诚意？例如：

（14）A：I like your dress. B：You don't think it's too bright?
（15）A：Nice shoes.　B：Do you really like them?

从例中我们很难判断 B 是否同意 A 的评价。B 以问作答，既可避免"自我表扬"，也可避免"否定他人"，使自己变被动为主动。

（3）拒绝式（Rejection）

不同意对方的评价就等于拒绝对方的称赞。在英语中，这种应答模式总是竭力避免的。在别无选择的前提下，不得已而用之。因为这种言语行为违背了话语规则，违背了社会规范。利奇（1983）把这种话语规则命名为"一致准则"。"一致准则"要求人们在接受他人的称赞时把交际双方的一致性扩大到最大限度；把交际双方的非一致性缩到最小限度。可以说，在所有的应答模式中，"拒绝式"应答对交际双方的关系破坏性最大，使交际者之间的团结受到损害，不利于人际关系的发展。操英语的人会把这种"否认"看作对谈话对象的无礼。如：

（16）A：How did you get to be so organized?　B：I'm not organized.
　　　A：I mean you are very neat.　　　B：I'm not.
（17）A：Your sweater is beautiful.　B：It's not beautiful.

称赞语作为"社会润滑剂"（social lubricants），其功能是巩固和加强交际者之间的团结（Hofmes，1988：486）。所以这种不利于人际关系发展的"拒绝式"应答很少被人采用。除非出于交际的特殊需要，如被称赞人有意拉大双方之间的社会距离；被称赞人怀疑对方评价的真实性，认为对方的评价是虚假的，无诚意的……这时被称赞人会公然地违反交际准则，采用"拒绝式"应答。一般而言，当"拒绝式"应答不可避免时，其言外之意清晰度越低越好。例如：

(18) A：You did a great job cleaning up the house.
B：Well, I guess you haven't seen the kids' room.

很显然，B 的言外之意清晰度不是很高的。首先，Well 流露出了模式选择上的犹豫；其次，在孩子们的房间的话题之下，掩盖了"拒绝式"的应答，委婉地"否认"了对方的评价。

(4) 称赞注意事项

根据社会语言学的理论，受社会因素和个人因素的影响，人们运用称赞语的模式不可能是完全一致的。人们在运用称赞语时，不仅要考虑被称赞人的社会地位、与自己的关系，还要考虑称赞的话题和程度，目的在于巩固和加强交际者之间的团结。相同形式的称赞在不同的文化背景下的功能是不同的。就汉语和英语而言，由于中国和英美西方国家有着截然不同的文化传统和风俗习惯，人们的生活方式、思维方式、语言习惯、价值观念、行为准则、个人信仰乃至对人生价值的追求都有很大差别。外语学习者在使用外语的过程中存在着一定的语用负迁移。

通过对比，可以减少语用负迁移。因此进行一定的英汉语用规则对比也很有必要。所以，在称赞语的运用过程中应注意如下几点（高志怀、李娟，2004；何明智，2002）。

1. 注意中英文的语用差别

由于中西文化的差异，人们对同一事物的看法不尽相同，表达也不一致，中国人的语言较含蓄委婉，英美人的表达则较热情直率。在使用称赞语时可考虑英语特点及其习惯用语，及时、准确、恰当地表达出对对方的善意和友谊，以增进双方的交流。根据谈话双方社会地位的差异，使用不同礼貌程度的语言对社会地位较高的人礼貌程度较高，以示尊敬；对社会地位相等或较低的人礼貌程度较低,以示亲近;与关系陌生者交谈,礼貌程度高,以利于建立新的人际关系;对关系密切的亲戚、朋友礼貌程度较低,以示随和亲切,有利于进一步加强双方的关系。在称赞回应方面,西方文化强调以自我为中心,强调独立的人格、个性,推崇个人的成就和荣誉。在西方人的价值取向上,价值的判断以事实为依据,认为"谦辞"近乎虚伪。因此,在称赞语的应答模式中,英美人表现出认同和感谢的心态。当然由于受社会规范的制约和一些因素的影响,英语称赞语的应答模式也并不是单一的,而是多种多样,呈现一定的规律性。许多学者对此进行了调查和研究,其中较具权威性的调查分析结果是:接受称赞并致谢的占36.33%,升级称赞的占0.38%,转移称赞的占29.56%,拒绝称赞的人数占34.17%。

2. 注意英汉关于称赞内容的比较

赞扬的话题虽然可以包罗万象,但研究表明大部分赞扬局限在外貌、成就/表现、财物和品德等少数话题上(Holmes, 1988; Herbert, 1989)。其中,外貌和成就是英语赞扬中最常涉及的话题。在英语国家,特别是在美国,人与人之间互相称赞的内容最突出,占据了最主要地位的就是关于个人外貌仪表的积极评论。个人的服饰与发型更是称赞的重心所在。这类称赞的接受者多以女性为主,这与美国社会注重女性外表吸引力的风尚紧密相关。例如,西方社会青年男女之间经常说"你很性感",对他们来说,这是一种恭维语,听者一定会说"Thanks",而不会怀疑说话者心怀不轨。在中国,女性的外貌仪表也同样是被称赞的一个内容,但不占主导地位,并且更多地局限在女人与女人之间。男性一般不称赞女性,女性也较少主动称赞男性,否则会被认为轻浮、不正派或别有用心。就对外表的称赞来说,美国人侧重"刻意修饰的效果";而中国人在称赞别人的外表时更注重自然气质。例如,美国人对发型称赞很多,但对拥有良好的发质欣赏却很少。他们会说"You look nice today"而很少用"You are beautiful"这样表示一个人本身外表漂亮的话来称赞别人。可以看出,美国人的称赞强调适用性,"You look nice today"可用于任何人,不管他(她)事实上是否漂亮。西方人在外面喜欢恭维自家人,包括自己的配偶、父母及子女。经常当众夸奖自己的孩子、丈夫或妻子。而中国人在别人面前夸耀自己或家人会被人瞧不起,认为他不懂"礼"或太虚浮,成为讥笑的对象。所以一般就以他人的家庭成员为恭维对象。在中国文化中，"胖"与"福"的概念经常相倚并存，人们常用"发福"这个词语来恭维对方长胖，而发胖常常被西方人看成体质下降的一种迹象。另外，美国是个新兴的国家，喜欢新事物，欢迎新事物，不喜欢墨守成规。美国人喜欢有变化，生活丰富多彩，社会崇尚一切新的事物，所以生活中新买的衣服、房子、汽车、新的发型更容易引起人们的称赞。在西方的文化背景下，宗教信仰、收入、年龄、容貌和外表的改变等是需要避讳的话题，如对此类话题进行称赞会使谈话陷入尴尬境地，影响双方的进一步交流。

3. 关于称赞使用场合和形式的对比

虽然英汉称赞语的主要功能在很大程度上都是为了保持双方和谐一致的关系，但英语称赞语倾向于表达平等一致的关系，而汉语则侧重于表示尊重和关心对方。不同的场合，或者是在相同的场合，英汉文化背景下称赞语的表达方式都不太一样。比如，去别人家做客即将离去时，英语文化背景的客人会感谢主人的招待，并称赞他（她）的晚饭做得很好，自己过得很愉快。常用"It's so nice to be with you this evening"，"This dish is delicious"，"I had a pleasant time"等作为告别语。而汉语文化背景的客人一般却以道歉的方式表达对主人的谢意，诸如，"今晚做了这么多菜，辛苦你了"，或者"今晚打扰你这么久，真不好意思"之类。沃尔夫逊（Wolfson）指出：西方称赞语在形式上有一个非常大的特点，那就是它们的格式相，（Manes）和沃尔夫逊的研究表明，英语80%的称赞语都是靠形容词来表达正面评价。其中 nice、good、beautiful、pretty、great 是使用频繁的五个形容词，占2/3强。其余的一些称赞语由动词来承担，最常用的动词是 like 和 love。美国人在称赞别人时特别强调个人的看法，比如"I love it"，"I like it"。

4. 抱怨言语行为

抱怨语是一个值得研究的言语行为，是语用学研究的重要课题。广义上讲，抱怨指说话人心中不满，数说别人不对。Olshtain 和 Weinbach（1993：108）给抱怨语作了如下的定义：在抱怨言语行为中，由于过去或正在进行的活动对说话人产生不利的影响，所以说话人表达不满、烦恼、责难以作为对该活动的反应，并且这一抱怨常常讲给对这一冒犯行为至少要负部分责任的受话人。根据受话对象，抱怨语可分为直接抱怨语与间接抱怨语。直接抱怨语与间接抱怨语的区别是，在直接抱怨语中，受话人即是这一冒犯行为的实施者，所以受话人要对这一冒犯行为负全部或至少部分责任。在直接抱怨语中受话人即是被抱怨的对象，这一特点决定了直接抱怨语为一种面子威胁行为；而在间接抱怨语中，说话人向受话人表达对某人、某事的不满，受话人对这一冒犯行为不负任何责任。

(1) 实施直接抱怨语的先决条件

抱怨言语行为的实施需要具备四种条件：(1) 受话人施行了一个社会上不可接受的行为，这一行为违反了社会行为规范；(2) 说话人发觉这一行为已对他/她或公众产生了不良后果，已构成了冒犯行为；(3) 说话人领悟到这一冒犯行为已使说话人至少部分地摆脱了与受话人的社会合作关系，所以说话人决定表达他/她的不满或烦恼，尽管结果可能是"冲突型"的言外之力 (Leech, 1983: 104)；(4) 这一冒犯行为使说话人具有了合法权力要求补救，为了他/她的利益或公众的利益，挽回、消除这种冒犯行为。说话人实施抱怨言语行为，旨在改变那些不符合标准或并非期望的行为，确保受话人采取一些补救行动，如履行诺言、承认责任、纠正错误等。

(2) 抱怨语的实施模式及其语言特点

Olshtain 与 Weinbach (1986) 根据抱怨的严重程度，把抱怨语分为以下几种模式：

低于指责水平

在这种模式中，说话人避免明显提到那个冒犯事件，最小限度地威胁受话人的面子。说话人有意缩小代价并增加受话人的利益。这种模式有意留给受话人一席空间，让受话人自己去解释是否说话人真正表达了抱怨言语行为。例如，如果受话人把果汁溅到了桌布上或纸张上，你可以说 Don't worry about it, there's no real damage. 或 Such things happen all the time. 也可以说 Never mind, nothing serious happened. 这种模式的语言特点是完全避免直接或间接提及受话人或那个不可接受的事件。

表达不满或烦恼

在这种模式中，说话人间接地、模糊地、并非明显地提及受话人或那个不可接受的事件，但的确表达了心中的烦恼。在此，说话人仍然尽量避免与受话人的公开冲突，然而明确指出所存在的某种妨碍与侵害。例如，Such lack of consideration! This is really unacceptable behavior. 或 What terrible bureaucracy! 这些抱怨语并没有确切地说明哪件事是错的，谁该负责任。在使用这种模式的抱怨语中，受话人能够把它解释为抱怨语，但他/

她也有可能忽视其言外之用意。总之，这种模式的语言特点是避免直接地、明显地提及受话人或那个不可接受的事件，但清楚地暗示某一事件或行为已构成了对他人的冒犯。

明显的抱怨

在这种模式中，说话人决定对受话人采用公开的面子威胁行为，明显地提及受话人或那个不可接受的事件，甚至提及两者，但并没有表达要采取制裁。例如，一个医生没有通知病人就推迟了手术，下面这些例句则是在这一情境下病人所实施的明显抱怨语。

You're inconsiderate.

You shouldn't have postponed such an operation.

又如，B约会迟到，A可以明显地抱怨道：

You are always late. I've been waiting here for nearly an hour.

总之，这种模式的语言特点是抱怨者提及受话人或冒犯事件，甚至两者都提到。

谴责和警告

在这种模式中，说话人对受话人采用公开的面子威胁行为，并暗示要对受话人采取可能性的制裁。例如，对一个开会迟到了很长时间的人，如果采用这一模式进行抱怨，我们可以说 Next time I'll let you wait for hours. 总之，这种模式的语言特点是不仅提及受话人及受话人的冒犯行为，而且也明显提及了说话人将要采取的行动以作为对受话人的制裁，所以这些抱怨语的语句都是将来时态，并且采用第一人称。

立即威胁

在这种抱怨语中，说话人公开地攻击受话人的面子，并表示立即威胁。如：

This is the last time I'm letting you touch my car.

I'm not moving one inch unless you change my appointment.

总之，这种抱怨模式经常采用带有立即后果的最后通牒的形式。其语言特点主要表现为使用现在时，并且常常提及说话人现在的行为，这一行为构成对受话人的即时威胁，以突出刻不容缓性。

(3) 抱怨语的主要句法形式

英汉抱怨语主要有以下几种句法形式（赵英玲，2003）：

祈使句（Imperatives）

Get feet off the table. (explicit complaint)　　Pay the money right now. (threat)

陈述句（Declaratives）

That bathtub is filthy.　　Some people are horribly inconsiderate.

You have left some dirty dishes in the sink again.　　You keep interrupting me.

疑问句（Interrogatives）

How can you litter paper on the floor?

Are you crazy? Where is your consideration for the neighbors?

Why do you interrupt me all the time?　　Is this acceptable behavior?

在交际中，选用哪种语用策略更适合、更得体，且能实现抱怨言语行为的行事功能，要根据交际的具体情境而选定。选用得当，不仅可以增进交际双方的相互理解，维系正常的人际关系，而且可使问题迎刃而解。选用不当，则可能适得其反，不仅使人际关系遭到破坏，而且也不能达到解决问题的目的。

(4) 间接抱怨语的人际功能

间接抱怨语作为 conversational opener 具有重要的人际功能 Halliday (1978: 123) 把语言的功能高度概括为概念功能、人际功能和语篇功能三个方面。间接抱怨语作为语言的一部分，同样具有语言的人际功能，能够建立、维系、发展人际关系。可以说，间接抱怨语更重要的是体现它的人际功能。例如，What a terrible weather! It's raining again. The bus is late again.

间接抱怨语作为一种 small talk，常用来维系、发展人际关系。在日常交际中，普遍存在一种抱怨语，这种抱怨语并不是指那些对人们已产生不利影响的事情而进行的那种严重的直接抱怨语，而恰恰是一些无关痛痒的小小的间接抱怨语，如抱怨天气不佳、抱怨教授课讲的枯燥、抱怨某样东西不好用、抱怨公共汽车晚点等。这些小小的间接抱怨语作为 small talk 的重要组成部分，却发挥着积极的人际功能。

（5）间接抱怨语的应答模式

同意式/同情式

在间接抱怨言语事件中，说话人通过讲述烦恼试图与受话人建立一个共同的连接点，那么如何能实现这种可能性？只有当受话人对说话人的抱怨给予肯定时，双方才能建立一个共同的连接点。请看下例：

A：My husband talks to his mother, but he won't talk to me. If I want to know how his day was, I listen to his conversation with his mother.
B：Well, I know how you feel.
A：You do?
B：In a way, I do, I do have this kind of experience.

在这个例子中，A 向 B 抱怨她丈夫有些话只向他母亲说，而不对她讲。B 对 A 的抱怨首先表示同情，给予理解，然后告知对方生活中她也有同样的感受。可见，B 通过阐述一个相匹配的问题，表明交际双方处境相同，面临同样的问题。可见，同意式应答强调的是相互理解，表明交际双方的一致性，体现人际关系的对称性，即/We're the same, you are not alone。

建议式

建议式是间接抱怨语的又一种应答模式。受话人常常根据说话人所抱怨的事情，提供一些合理化的建议以达到解决问题的目的。

反驳式

由于反驳式应答常常会威胁对方的面子，很容易造成与交际对方的正面冲突，所以反驳式应答多用于知己、熟友之间。这是因为与疏远的熟人相比较，知己之间或熟友之间的关系，相对说来比较确定，所以说起话来无须顾忌，可以做到直言不讳。

零回答/话题转换

零回答或话题转换是一种回避策略。对积习难改的、习惯性的抱怨者，受话人往往采用这种应答模式。受话人采用这种应答模式主要有两种情况，一是由于说话人经常抱怨，所以受话人对这种无关痛痒的抱怨置若罔闻，根本不予理睬；二是出于人际关系等方面因素的考虑，受话人对说话人所抱怨的人或事不便参与，难以评论，所以受话人故意回避，绕开话题。

5. 承诺言语行为

（1）承诺类言语行为的概念

Austin 把言语行为分为五大类：裁决型、行使型、承诺型、行为型、阐述型。Searle（1969）在对 Austin 言语行为分类批判继承的前提下，也把言语行为分为五大类：阐述类、指令类、承诺类、表达类、宣告类。Searle（1976）认为，承诺类言语行为指的是说话人对未来的行为做出不同程度的承诺，表明自己有责任在不同程度上去做某件未来的事情。英语中的承诺类动词主要有：promise, commit, pledge, offer, refuse, threaten, undertake, guarantee, vow 等（何自然、冉永平，2002：191）。根据 Searle（1976）的观点，承诺类言语行为的适从方向是让客观现实发生改变，以适应说话人的话语；说话人的心理状态是怀有意图的（李健雪，2006）。根据 Searle 关于言语行为的"适切条件"（Felicity Condition），承诺类言语行为的"适切条件"是：（1）命题内容条件：说话人言及一个他自己将要做的动作；（2）准备条件：说话人相信他所要做的事情是符合听话人的利益的，但这件事并非是他通常所做的；（3）诚意条件：说话人真心实意地想实施这一动作；（4）根本条件：说话人承担起做某一件事情的义务（何兆熊，1989）。承诺类言语行为主要体现为：允诺、答应、打赌、发誓、保证等，英语中常见的属于这一类的行事动词有：promise, undertake, vow, swear, bet。

（2）承诺类言语行为与语用原则的选择

承诺类言语活动中，说话人言及一个他自己将要做的动作，这一动作通常是为听话人做一件事。这类言语行为中，从损惠层级来看，听话一方一般来说不会从这种言语活动中蒙受损失，多数情况下还是受惠者，这时，其言外之意和礼貌是一致的，它们之间的关系是和谐的，所以称承诺类言语行为是和谐类言语行为，因为这类行为本质上是礼貌的。可以说合作原则在这里就显得更为重要一些，承诺的内容及其诚意大小很受听者关心，如：

> I promise I'll bring you the books you want tomorrow.
> I pledge myself to fulfilling the task ahead of time.

上述两句都清楚地表明了说话人诚恳地履行自己诺言的决心或态度，都遵守了合作原则，尤其是"质""量"准则。合作原则对承诺类言语行为的调节作用主要表现在：（1）承诺的内容必须是真实的，即说话人是真心实意地想做这一动作，而且会在不久的将来认真履行，也就是要遵守"质"的准则。"质"的准则可以说是承诺类言语行为中最为重要的一条准则，没有质的真实性，承诺就是一句空话、废话；（2）承诺涉及的时间、范围、程度等量的范畴也必须是说话人所能保证的，即要符合"量"的准则；（3）承诺是听话人所需要的或与当前语境有一定关联，即要符合"关联"准则；（4）承诺应该清楚明了，而不应含含糊糊，即要符合"方式"准则。一般说来，"承诺"是说话人对自己的言语行为做出的表态，合作原则是承诺类言语行为的主导原则，但也不能排斥礼貌原则在很多情况下的重要作用，甚至是主导作用。礼貌原则及其准则对承诺类言语行为的调节作用主要表现在说话人努力维护听话人的面子，如：

（1）表示深知听话人的需求，而且对其加以考虑（得体、慷慨、一致、同情等准则）。I know you are hungry. I'll go to the shop to buy some food for you.
（2）提供帮助（慷慨准则）。You can use my car if you need.
（3）尊重对方、寻求一致（一致准则）。

A：I will have a party in my apartment tomorrow, come if you want to.
B：I promise I'll.

在一般应酬性的交谈中，说话人出于礼貌会客套性地做出一些承诺，但不打算履行，而且双方都知道这只是一些客套话，这时，礼貌原则就起着主导作用。例如：

a. A：O K. I must be going now. Come and see me when you're free.
B：O K. I promise.
b. Let me carry these cases for you.
c. We will write to inform you when we discuss it over.

a 句可能是说话人 A 在道别时的客套话，只是为了达到社会目的（增进彼此之间的友谊），听话人 B 的回答也可能是应酬性的，没有表明自己去的时间。即使对方真心邀请，这样说也是得体的，而不会说："No, I won't"，或 "I will go to see you at three o'clock tomorrow afternoon"，因为这样说分别违背了礼貌原则中的"一致"准则和"谦逊"准则。b 句是说话人主动提供帮助，可以说是符合礼貌原则的"得体"准则和"慷慨"准则的。如果说话人是真心去帮助对方，可以说他既维护了礼貌原则，尤其是"慷慨"准则，又遵守了合作原则中"质"的准则。但当说话人并非真心想帮助对方，而只是出于对礼貌原则的考虑，这时他就违背了"质"的准则，虽然这只是一种虚假的助人为乐，但比起袖手旁观来要显得得体一些。c 句是用人单位对被面试者的客套答复。也许用人单位的确要经过讨论后方能告知对方有关决定（符合合作原则）；也许用人单位在委婉地拒绝对方（违背了"质"的准则，但符合礼貌原则），但委婉地拒绝总比直接地拒绝要礼貌得多。以上 a b c 三个句子中，说话人不惜违反合作原则及其准则，是出于对礼貌原则及其准则遵守的需要。这几个句子通常是应酬性的、敷衍性的，确切地说它们不是真正意义上的承诺行为，因为它们没有满足言语行为适切条件中的诚意条件，即说话人真心实意地想做这一动作。承诺类言语行为中，人们对语用原则及其准则的把握也存在文化差异，在一般情况下，做出承诺时，美国人更注重"质"的准则，而中国人多注重礼貌原则，尤其是"一致""慷慨""赞誉""谦逊"等准则，但对"质"的准则不如美国人注重。如：在接受别人去吃饭的邀请，并做出承诺时，美国人更注重"质"的准则，真能前往，则接受邀请（像 OK., I promise 之类）；不能前往，则谢绝邀请（像 Sorry, I have to do my homework 之类）。中国人崇尚贬己尊人（顾曰国，1992），多注重礼貌原则，尤其是"一致"准则，对"质"的准则不如美国人注重，虽然口头答应了，却不一定会真正赴约。语用原则是言语活动的调节性规则，这些原则及其准则可以帮助说话人有效地实施承诺行为，也可以帮助听话人有效地理解说话人的承诺。当然，在实际言语活动中，在实施承诺类言语行为时，人们对语用原则的遵守与取舍存在一定差异，有时是出于个性差异，有时是带有一定的语用含义，这就需要进行仔细分析。

(三) 学会理解会话含义

1. 会话含义的概念

会话含义（conversational implicature）最初是美国语言哲学家 Grice 于 1967 年在哈佛大学的 William James 讲座中提出来的。该理论认为，话语交际双方都有相互合作求得交际成功的愿望。人们在话语交际中必须遵守真实、充分、关联、清楚的"合作原则"（Cooperative Principle）。如果在言语交际中说话一方的话语在表面上违反了合作原则，那么，听话者就要根据当时的语境，推断出说话者表现违反合作原则的目的或隐含意义。Grice 把这种在言语交际中推导出来的隐含意义称为"会话含义"（杨连瑞、张德玉，2004），也就是说话人话语意思的暗含（implying）及听话人对其所（隐）含（what is implied）的理解。

Grice 提出的会话含义理论（conversational implicature）引发了有关语用推理和自然语言的理解的研究，也就是从语言使用的角度来研究语言的意义。话语具有规约性意义和非规约性含义。规约性意义（conventional meaning）也就是语句的字面意思，仅凭语言知识而无须话语使用时的语境知识就可知道。语词的规约性意义除了帮助确定语句所言（what is said）以外，在有些情况下也会帮助确定其所（隐）含（what is implied）。格赖斯称这种含义为规约性含义（conventional implicature）。规约性含义由于借助前提和逻辑知识就可导出，因此它不在格赖斯对会话含义的论述之列。和规约性含义相对的是非规约性含义（non-conventional implicature）。格赖斯认为非规约性含义就是会话含义，或者更确切地说，会话含义属非规约性含义，因为前者是后者的一个次类。会话含义是说话人通过说话所含蓄地表示的意义。人们用语言所表达的意义可分为两种：一种是说话人说出的词句所表达的字面意义，另一种是说话人通过说话所含蓄地表示的意义。也就是说人们在交谈时，有时不是直接说出自己想要说的话，而常常是含蓄地向对方表示自己的意思。由此说话内容可为两大范畴：直说内容和含蓄内容。直说内容也就是说话的语义内容，含蓄内容又可分为规约性的和非规约性的。规约性的含蓄内容是由所使用的词句本身所具有的规约意义决定的；非规约性的含蓄内容是以语义为基础，与说话人所用的词句之间的关系是间接的，但说话人所要表达的内容要超出语义内容。话语的"直说内容"和"含蓄内容"之间的区别相当于"字义"和"用意"之间的区别。当我们说的话与我们说话的用意之间有一定距离时，这种话语的用意就是"会话含义"（王宏军，2004）。格赖斯将会话含义分为一般性会话含义（generalized conversational implicature）和特殊性会话含义（particularized conversational implicature）。言语交际时往往有这种情况：某种（形式的）语词除字面意义之外，通常还携带着仅在语言使用过程中显现的某（类）隐含意义。这种隐含意义对于具有语用常识的人来说是不言而喻的。格赖斯称这种含义为一般性会话含义，如：X is meeting a woman this evening. （X今晚要见一个女人）。和规约性含义一样，一般性会话含义因是一种常识性存在而不属于合作原则及其准则来加以解释的会话含义（即特殊性会话含义）之列。对于特殊性会话含义，格赖斯从说话人的角度做了解释（Grice：169）："当某人通过使用an X表达式的形式隐含该X不属于与其同一或者密切相关的人时，含义就有存在。因为说话人未能按别人所期望的那样对该含义加以明确，从而容易使人以为他不想明确。"这种含义仅凭语用常识已经不能感知，因此不是一般性会话含义，而是特殊性会话含义了。格赖斯认为，会话含义的存在完全可以搞清。仅凭直觉领悟而不据理推断所得出的含义不属会话含义而是规约性含义（杨达复，2003）。

2. 会话含义的特征

Grice认为会话含义必须具有以下特征（程雨民，1983）：（1）含义的必要条件是遵守合作原则，但又可以宣布不遵守，所以即使一般具有会话含义的语句，在具体情况下也能因明言声明或上下文的作用而不产生会话含义。这可以称为"可取消性"；（2）既然会话含义取决于说话的内容而不取决于它的表达方式，所以改变说话方式不能阻止会话含义的产生。这可以称为"不可分离性"；（3）会话含义应该是不包含在话语的规约含义之内的。即使有些会话含义可能逐渐规约化，至少在初始阶段会话含义不应是话语意义的一个部分；（4）既然话语可以是真实的，而会话含义可能不真实，所以含义的媒介体不是话本身，而是说这话的事实；（5）会话含义常有各种可能的解释，因此具有不确定性。会话含义的产生，诚如上述第二条特征所说，取决于说话的内容，而不取决于它的表达方式（即所用的语言）。

3. 会话含义的产生和理解

随着研究的深入，会话含义理论已从格氏的以合作原则为代表的"古典理论"（研究会话含义理论的"特殊含义"）发展成为列氏的以会话三原则为代表的"新理论"（研究会话含义理论的"一般含义"），对语用推理形成新的推动力（王宏军，2004）。会话含义的产生和理解与合作原则、礼貌原则、关联原则和语境有关（杨连瑞、张德玉，2004）。

（1）合作原则与会话含义

合作原则（Principle of Co-operation）是关于人们怎样使用语言的理论，由美国哲学家格赖斯（Grice）在60年代后期首次提出。作为一名语言哲学家，格赖斯在他的会话含义理论中充分体现了德国著名哲学家康德的哲学思想。他提出的"合作原则"里的四项准则——量的准则（Quantity Maxim）、质的准则（Quality Maxim）、关系准则（Relevance Maxim）和方式准则（Manner Maxim），实际上是对康德提出的"量、质、关系、方式"这四个范畴的体现。格赖斯借用康德的这四个范畴来作为规范交际话语的基本准则。具体体现为四条准则（Levinson，1983）：（1）数量准则（Quantity Maxim）。①说的话应包含交谈所需要的信息；②说的话不应包含超出需要的信息。（2）质量准则（Quality Maxim）。说话要真实：①不要说自知是不真实的话；②不要说缺乏足够证据的话。（3）关联准则（Relevance Maxim）。说话要贴切（与谈话有关联）。（4）方式准则（Manner Maxim）。要清楚明白：①避免晦涩；②避免歧义；③简练（避免啰唆）；④井井有条。

格赖斯认为，人们的言语交际总是互相合作的，谈话双方都怀着一个共同的愿望：双方话语都能互相理解、共同配合；因此，交际双方都应遵循合作原则（cooperative principle），以达到交际的目的。如果交际双方遵循了这个原则，那么说话人的意思就是字面所表达的意义，即话语的自然意义（natural meaning）。但在实际的生活中，人们常常不遵守这些准则，有时故意违反某些准则。此时话语的意义就不再是字面的所表达的意思了，即非自然意义（unnatural meaning），说话人的意图或目的隐含在字里行间，这就使得听话者要通过说话者话语的字面意义推测出话语的真正意义。作为听者，是否理解非自然意义就决定他是否能够理解话语的真正含义，即会话含义（conversational implicature）。由此可见，Grice的会话含义理论中的会话含义是指那些遵守或违反合作原则下的"四准则"而推导出来的特殊会话含义。Grice在这方面概括了四种情况：（1）说话人根本就不愿意遵守合作原则，不论你说什么，问什么，他都不作答或者表示他不能说更多的话。这是一种十分极端的情况。这种情况必然导致交际过程中断。这一违反准则的情况不会产生会话含义，只是表明听话人不愿继续进行交际而已。(2) 说话人不想让对方知道他违反了质量原则,如果他的目的是要使对方相信他所说的话是真的,那么他是在说谎,是在设法制造假象,而说话人并未察觉,误以为说话人一直在遵守合作原则。(3) 说话人可能面临一种顾此失彼的局面。为了维护一条准则,不得不违反另一条准则,这种冲突常发生在数量准则和质量准则之间。(4) 说话人可能有意不去遵守某一准则,但他相信听话人会察觉出这一点,并认为他仍然是合作的;而听话人也知道,说话人并不成心让他蒙蔽。简言之,会话含义指的是因说话人遵守或违反某项准则而由听话人结合语境所推导出的超出话语本身意义的另一层意义,通常分为一般含义和特殊含义,前者指的是由于说话人遵守合作原则的某项准则所产生的含义,后者指的是因说话人违反某项准则而产生的含义(王相锋,2002)。为了推断特殊性会话含义的存在,听话人要有下列依据(Grice:164-165):(1) 所用语词的规约性意义及牵涉到的指称;(2) 合作原则及其准则;(3) 话语的语言和非语言语境;(4) 其他背景知识;(5)(假定)说话人双方要均知他们共享上述所有相关项(1—4)所示内容。在此基础上,就可推断会话含义了,其范式是:(1) 他已经说了 p;(2) 没有理由假定他违反准则,或至少合作原则;(3) 只有当他想 q 时,才可能违反准则或合作原则;(4) 他知道(且知道、我知道、他知道)我会明白需要假定他想 q;(5) 他没有干任何阻止我想 q 的事;(6) 他欲让我想 q(或至少愿意允许我想 q);(7) 所以他隐含了 q(杨达复,2003)。

(2) Levinson 的会话含义

列文森(1987)在前人研究的基础上提出了他的会话含义三原则,后来的学者将其称为"列文森三原则"。其内容包括:(1) 量原则。说话人准则:不要说从信息上看来弱于你的知识范围内的话语,除非较强的说法同信息原则相违背。受话人推论:相信说话人提供的已是他所知道的最强的信息。(2) 信息原则。说话人准则:最小极限化。尽量表达最小极限的话语信息,只要能够达到交际目的即可。受话人推论:通过找出最好的理解来扩展说话人所要表达话语信息的内容,直到认定为说话人的真正意图为止。(3) 方式原则。说话人准则:不要无故用冗长、隐晦或有标记的表达形式。受话人推论:如果说话人用了一个冗长的或有标记的表达形式,就会有与用无标记表达形式异同的意思,尤其要尽量避免那种无标记的表达形式带来的常规性联想和依据信息原则所推导出来的含义。

Levinson 赋予了"会话含义"以特定的含义,专指用古典格赖斯会话含义理论的"合作原则"下的四准则推导出来的含义。从含义的推导是否依赖于上下文或语境来说,可以区分出特殊含义和一般含义。前者有这种依赖关系,后者没有这种依赖关系。也就是说,一般含义的产生,并不需要任何的特定上下文或专门的语境,而特殊含义的推导,则需要这种推导的语境。这是 Levinson 对一般含义和特殊含义不同点做出的原则性区分。

(3) 礼貌原则和会话含义

合作原则只说明了有意违反某项准则可以获得特殊的会话含义这一事实、却未能解释人们为什么要如此拐弯抹角地说话。为了说明这些现象,英国著名的语言学家利奇在前人(如 Brown 和 Levinson)研究的基础上,效法格赖斯划分合作原则的次准则,提出了"礼貌原则"(Politeness Principle),认为在人际交往中,人们总是要顾及面子的,要给面子,留面子,不丢面子。"礼貌原则"可划分为六类,每类包括一条准则和两条次准则(邱天河,1998)。如:(1) 得体准则(Tact Maxim):a) 尽量少让别人吃亏;b) 尽量多让别人得益。(2) 慷慨准则(Generosity Maxim):a) 尽量少使自己得益;b) 尽量多让自己吃亏。(3) 赞誉准则(Approbation Maxim):a) 尽量少贬低别人;b) 尽量多赞誉别人。(4) 谦逊准则(Modesty Maxim):a) 尽量少赞誉自己;b) 尽量多贬低自己。(5) 一致准则(Agreement Maxim):a) 尽量减少双方的分歧;b) 尽量增加双方的一致。(6) 同情准则(Sympathy Maxim):a) 尽量减少双方的反感;b) 尽量增加双方的同情。利奇提出的这六条准则和十二条次准则,从社会学、心理学、修辞学、语体学的角度回答了人们为什么要违反合作原则,用于解释为什么使用间接手段传递交际意图。人们这样讲话是出于礼貌的需要,为了礼貌,说话人常常不愿坦率明言,为了礼貌,说话人常常故意声东击西。Leech 认为礼貌可以在合作原则和言内之意(sense)与言外之力(force)之间建立起联系。Leech 的礼貌原则深化了会话含义的研究,帮助"会话含义"学说解答了合作原则无法解答的问题,合理地说明了人们有意违反合作原则的原因,并能在一定程度上指导了礼貌语言的运用。特别是它总结了礼貌语言要注意的六个方面——得体、慷慨、赞誉、谦逊、一致、同情,实际上是三个值得注意的问题中对人对己的六个方面,从而丰富、发展和完善了格赖斯的"会话含义"

理论。

中西方文化的巨大差异导致其礼貌语的使用差异。从礼貌原则的角度来看，英汉礼貌用语在称呼、谦逊与客套、隐私及交际等方面存在以下语用差异：

称呼上的差异。中国人的称呼体现了"上下有义，长幼有序"的观念，也可以体现身份、地位、职业、年龄、社会关系、心理距离等。如中国学生不能对老师直呼其名，以表示尊重。英美学生往往直接称呼老师的名字以示亲切。再如，汉语中可用"老师""医生""经理"等表示职业名称和头衔的词作称呼语，如"李老师""张医生""王经理"。英语中却不能这样称呼，只能称作"Mr/Ms/Miss Li/Zhang"，或直呼其名。

谦逊与客套语的差异。贬己尊人是最富有中国文化特色的礼貌现象。中国人受到别人赞扬时，往往会客套一番，说一些自我贬低的谦虚话。这种方式会造成与英美人交际的失败。因为英美人会把这种"否认"看作对谈话对象的无礼，或者把表示谦虚的自贬看作自卑或言不由衷的虚伪。反过来，中国人也会把英美人对称赞的直接接受看作他们不够谦虚。另外，在敬语和谦词方面，英汉两种语言也有很大区别。英语中表示尊重和礼貌的方式远不如汉语中那么多，如汉语中的"请教""高见""贵姓""拜读""鄙人""拙作""愚见""寒舍""薄酒"等敬语很难在英语中找到对应的表达方式。

隐私语言的差异。中国人的人际关系突出社会性，强调社会群体对个人的约束，强调集体作用，人们不觉得有什么隐私。而西方人强调个人主义，个人利益至高无上，竭力摆脱社会的束缚，不希望自己的事暴露于大庭广众之下。

交际语言的差异。中西在打招呼、感谢、道歉、告别等方面也有明显差异。打招呼时，中国人除了说"你好！"还说"干啥去？""去哪儿？""吃了没？"等。英美人会对此非常反感，认为这是在打听别人的隐私，而非打招呼。"Thank you"和"Sorry"在英语中的使用频率远远高于汉语的"谢谢"和"对不起"。汉语中，熟人、亲朋好友、夫妻以及兄弟姐妹之间较少说谢谢，因为那样被认为生分、见外。英语中则应用于任何人之间，夫妻间也不例外。对谢谢的回答中西方也不一样。中国人会说："不用谢，这是我该做的。"译成英语是"That's all right. It's my duty."。这样的回答让英美人不快，因为"That's my duty"是值班人员用语，含义是"责任在身，不得已而为之"。通常他们用"You are welcome""Don't mention it"等来回答。分手道别时英语中常说"Bye-bye""See you""Drive carefully"等，汉语中则常说"请留步""请慢走"等。这也会让英美人疑惑不解，为什么要慢走呢？我老了吗？快走不行吗？在接受邀请方面，中国人出于礼貌，一般不会当面爽快地答应，而是半推半就地应承：我尽量来。这种回答让英美人很费琢磨：I'll try to come 到底来还是不来，该不该算他一份。英美人则非常干脆，或"Thank you. I'll come."或"I'd love to, but I'm afraid I can't. Because I'll have to attend a lecture then."等。

英汉两种语言中礼貌用语的语用差异比较说明：礼貌在中西方不同文化中的表现形式、实现方式和判断标准均有较大差异，也充分说明了语言形式的语用功能和其文化背景密切相关，且呈正相关。不同文化背景的人进行交际时，一定要了解文化的差异性，以避免语用失误，交际中断或失败（王毅敏，2001）。

(4) 关联理论与会话含义

关联原则（Relevance Principle）是关联理论中的一个重要概念，即根据与之有关联的信息来认知事物。该原则由 Sperber 和 Wilson（1986）在 Grice 合作原则的基础上提出，旨在将 Grice 提出的四准则统一起来。Sperber 和 Wilson 认为，言语交际是人类认知活动的一部分，人类认知的基本事实之一就是，人类只对那些具有足够关联性的现象给以关注、表达和处理。交际双方之所以能够配合默契，主要是由于有一个最佳的认知模式——关联性。说话人不仅要表明他有某种信息要传递，更要表明他所提供的信息有某种关联；这种关联使人们对说话人的意图做出合理的推导，达到对话语的理解。要认知，就要找关联，要找关联，就要思辨和推理。关联理论把语用解释视为一种心理现象（psychological matter），受认知原则的支配（governed by cognitive principle）。关联在关联理论中被定义为命题 P 和一个语境假设 $C_1, \cdots, C_n$ 集合之间的关联。关联理论认为，听话者在处理信息时，有很多语境（context）假设。这种语境假设是最广义的语境，不仅包括眼前的物质环境（the immediate physical environment）和上一个语篇（the preceding text or discourse），还包括记忆中的世界知识、信念以及说话者和听话者之间的相互了解等。当两个人的认知环境互为显映（mutual manifestness）了相同的事实和假设时，或者说对认知环境中的事实或假设在双方心里做出共同的认知和判断,双方便达到了沟通。关联理论把话语理解看成一个认知——推理的过程。在这个过程中会话双方遵守的是非规定性的关联原则。也就是说双方在试图正确理解对方的话语时,他有许多背景信息可以选择供他推理,但听话人只选择那些与说话人的话语相关联的信息(语言的和非语言的知识)从一个假定(presumption)推出另一个假定,直到得出结论——说话人的真正意图。"理解一个话语就是证明它的相关性"(Grundy,1995)。关联是一个依赖语境的概念,Sperber 和 Wilson 把语境看作听话者大脑中一系列假设,推理是在新信息和语境假设之间进行的。话语的相关是语境效果和处理努力共同作用的结果。他们提出了两条相互联系又相互制约的规则对关联性做出如下定义:(1)在同等条件下,为处理话语所付出的努力越小,其关联性越强;(2)在同等条件下,获得的语境效果越大,其关联性越强。如果把以上两条结合起来,就是说付出的努力最小而又能产生足够的语境效果,这就具有最佳的关联性。Sperber 和 Wilson 宣称,当且仅当新的信息在某一特定语境中取得语境效果,该新信息才算与该语境有关联;而且,取得的语境效果越大,表明话语与该语境的关联越强。为求得语境效果,信息与语境的关联越弱,听话人需要付出的努力就越多;而需要付出的努力越少,话语同语境的关联必然越强(何自然,1995)。新的信息和现有认知假设构成的语境之间由三种关联方式来产生语境效果:(1)使新的信息同语境相结合;(2)用新的信息加强现有语境;(3)使新的信息与现有假设互为矛盾或排斥。这三种情况会产生不同的语境效果。在言语交际中,说话人要为处理话语付出努力,在处理话语中得到语境效果。这样,这三种关联方式就会在处理话语的过程中表现出来。如果听话者在处理话语所传递的新信息时能以最小的努力获得最大的语境效果,那么话语具有最佳关联性。在交际过程中,每个交际行为都传递有最佳相关性的假定,即说话者总是通过话语提供具有最佳相关性的假设,话语理解则是通过一个处理话语找出最佳相关解释的推理过程。与格赖斯提出的"合作原则"相比,关联原则更贴近语言交际的模糊性和灵活性的特征,它试图取代格赖斯提出的"合作原则"和利奇提出的"礼貌原则"(邱天河,1998)。

关联理论认为语言交际行为与人的心理活动有着直接的联系,它是一个有目的、有意图、根据信号进行的一系列寻找最佳关联的推理运算的过程。在这个过程中,说话人示意,听话者根据语境资源,付出处理话语的努力，最后达到语境效果。语言交际活动所要传递的是说话人的意图。一个语言交际活动涉及两种意图：一是信息意图，二是交际意图。也就是，说话人在说话时，不仅要表明他有某种传递信息的意图，他更要向对方表明他有传递这种信息意图的意图。关联性是个相对的概念。这是因为它相对于语境、依赖于语境；也因为它依赖于交际主体的认知能力和认知环境，所以关联有强弱的程度之分。关联是一个由完全关联/最大关联到最小关联或无关联的连续体，这个连续体，简单说可分为完全关联/最大关联、强关联、弱关联和完全不关联。强关联和弱关联都属于不完全关联。例如，(1) A: How long did the lecture last? B: One and a half hours. 此例中"询问"和"告知"完全关联，语境效果最大。处理努力最小，关联性最大，其话语产生的是规约意义。又如，(2) A: I've run out of petrol. B: There is a garage around the corner. 这种情况就叫不完全关联，因为"在 garage 处可以买到 petrol"是一般常识，所以话语产生的是一般会话含义。强关联和弱关联以及完全不关联所产生的是特殊会话含义（王宏军，2004）。由此可见，会话含义的理解取决于关联程度。有些学者甚至认为，关联理论是理解会话含义最重要的手段。

(5) 语境与会话含义

语境的定义很广，而且不同学派、不同学科的人们对其认识也各有不同。一般而言，"语境就是语言交际所依赖的环境"。它包括以下几个要素：(1) 语言语境，即文章或言谈中话题的上下文或上下句；(2) 人们交际时所共处的社交语境，即说话人使用语言和听话人理解语言的客观环境，如交际场所、交际双方的身份、地位和彼此之间的关系以及双方的社会、文化背景等（非语言语境）；(3) 交际双方各自不同的认知环境，即各自不同的经验、经历、知识等足以影响交际认知的种种情况（何自然，1998）。这里所谈到的语境要素主要作用于口语话语，从微观上，即从结构和语义上对话语产生影响。在结构方面，它具有省略、简化等作用；在语义方面，具有解释、限定—区分、推导等功能。

语言是不可能脱离其发生的物理环境及社会—文化背景的。所以它的含义是不能够与话语发生的环境相脱离的，否则话语含义就会含混不清，口语对非语言语境的依赖比语言语境更大。语用学研究的话语都是在一定的场合发生的，是"在特定情景中的特定话语"，因此绝不可能有独立于语境之外的话语。日本学者西稹光正将语境的功能归纳为八点，即绝对功能、制约功能、解释功能、设计功能、滤补功能、生成功能、转化功能和习得功能，但其中最重要的是解释和制约功能，主要作用于语言语境。而在语用学中，非语言语境对会话含义的推导和理解起着更大的作用，对于会话含义的理解而言，语境是一个开放的范畴，要正确理解话语就要纵观交际者交际的各种主观因素（言语使用者的目的、身份、思想、性格、职业、经历、修养、爱好、性别、处境、心境等）和客观因素（社会环境、自然环境、时间、地点、场合、对象、前言后语等），并使之与话语普遍、有机地发生关联，即钱冠连先生提出的人文网络言语学的观点，对会话含义的生成具有指导作用。

（四）掌握话语标记语

1. 话语标记语的有关概念

英语中 well, oh, you know, you see, I mean, that is to say, in other words, as I said 等和汉语中"你知道""大家知道""我的意思是""也就是说"等是言语交际中常见的话语表达形式，统称为"话语标记语"（discourse markers）。类似词语或结构的功能主要是语用的，而不是句法的或语义的。它们传递的不是命题意义或语义意义，也就是说它们不构成话语的语义内容，而是为话语理解提供信息标记，从而对话语理解起引导作用的程序性意义（procedural meaning）。话语标记语是在语言中不影响句子真值、只表达态度或步骤意义的语言成分。话语标记语反映了语言使用者对语境的一种顺应，不仅可帮助说话人构建语篇，同时还可实现不同的语用功能以促成交际。由于研究范围和研究角度的不同，话语标记语分别被称为话语标记语（Discourse Marker）（Schiffrin, 1987）、语用标记语（Pragmatic Marker）（Fraser, 1996）、语篇小品词（Discourse Particle）（Schourup, 1985）、语用表达式（Pragmatic Expression）（Erman, 1987）和连接成分（Connective）（Blakemore, 1987）等。话语标记语是使用范围最广、受限制最小的一个术语，指称在语言中不影响句子真值、只表达态度或步骤意义的语言成分（Jucker 和 Ziv, 1998）。

从形式上看，话语标记语主要由以下三种语言单位充当：（1）词（连词、副词、感叹词），如：and, therefore, because, now, well, so, actually, incidentally, eh, oh 等；（2）短语，如：in other words, in addition to, in short, after all, as a consequence of 等等；（3）句子，如：you know, I think, you see, that is to say, I mean, if I'm not wrong 等（冉

永平，2003；高春明，2004）。从内容来看，这类成分不属于句子的命题内容或语义内容，但仍属于话段（utterance）信息的一部分（霍永寿，2005）。浩尔克（HÊlker，1991）列举了话语标记语的四个基本特征：(1) 话语标记语不影响话语的真值；(2) 它们不增添任何新的命题内容；(3) 它们与语境（speech situation）有关，而与所谈论的情景（situation talked about）无关；(4) 它们有情感和表达功能而没有指称、内涵（denotative）和认知（cognitive）功能。话语标记的研究对于我们理解交际能力来说至关重要。它可以帮助我们了解语言是如何通过适当的文化方式，借助认知、社会、表达以及语篇等诸多方面的知识运作的（Schiffrin, 1992：361；转引自李延福，1996：136）。

2. 话语标记语的类别

根据语用功能，话语标记语可分成以下四大类：(1) 对比性标记语（contrastive markers）。如 though, but, contrary to, however, in comparison, in contrast, on the other hand, on the contrary, still, whereas, yet 等；(2) 阐发性标记语（elaborative markers）。如 and, for another thing, furthermore, in addition, what is more, moreover 等；(3) 推导性标记语（inferential markers）。如 as a consequence/result, so then, therefore, because of, accordingly, all things considered 等；(4) 主题变化标记语（topic change markers），如 by the way, incidentally, speaking of, to return to my point, back to the original point, just to update you 等。Lenk（1998）还认为，可以根据话语标记语所标记的关系把它们分为：(1) 指前话语标记语（retrospective discourse markers），如 as I said before, anyway, however, still 等，表示该话语与前面语篇之间所存在的某种关系，即指前关系；(2) 指后话语标记语（prospective discourse markers），如 what else, by the way, furthermore 等，表示后续关系。

话语标记语还可分为承上型话语标记语、当前型话语标记语和启下型话语标记语三种类型。承上型话语标记语体现说话人当前话语与前面的话语在逻辑或语义上是紧密相关的，话语标记语之后的话语是前面话语的必然发展。当前型话语标记语表明所引导的话语在逻辑上与它前后的话语在语篇的发展上没有必然的联系，多由模糊限制语构成。启下型话语标记语表示所引出的话语在逻辑上与前面的话语没有必然的联系，它们的出现完全是由启下型话语标记语引起的。承上型话语标记语划分为以下类型：

A. 推理类。推理类所引导的话语是说话人根据前面所出现的话语（往往是对方的话语）做出的逻辑推理。B. 总结类。总结类承上型话语标记语所引出的话语是对前面话语内容的重述，只不过是变换了一种方式。C. 转折类。转折类承上型话语标记语所引导的话语在内容上是对前面话语的一种补充，并且是一种消极的补充。启下型话语标记语大致可以区分为话题引发类和话题转换类。A. 话题引发类话语标记语。话题引发类启下型话语标记语的作用是表明由说话人引进新话题。B. 话题转换类话语标记语。话题转换类启下型话语标记语能够帮助说话人转换话题（于国栋、吴亚欣，2003）。

3. 话语标记语的功能

(1)"连贯"和"相关"

话语标记语本身并无多少语义概念，但它们可以传递说话者的主观信息，保证交际顺利进行，帮助我们获得最佳的交际效果。总的说来，说话人使用话语标记语是出于下列心理动机：有逻辑地构建语篇和实现交际目的，并且方便听话人理解语篇和推导自己话语的意义和交际动机（于国栋、吴亚欣，2003）。在话语标记语的研究领域中，各国学者主要分为两大阵营：（1）以 Schiffrin, Redeker, Fraser 等英美研究人员为首的"连贯"派；（2）以 Blakemore、Jucker 等为首的"相关"派。两派对交际的认识不同，这就导致了两派对话语标记语（尤其是语篇连接词）的大相径庭的分析。"连贯"派认为语篇最重要的特性是连贯，这也是语篇生成及语篇理解中至关重要的。可以把连贯分成一整套连贯关系，例如，一整套将语篇联系在一起的隐含关系，像原因、结果、条件、证据、详述等。"相关"派认为，说话人的头脑里已有一种具体阐释自己话语的选择，同时他也期望听话人能理解并得出这个选择。要得出预先的选择，听话人必须正确地处理说话人的话语——说话人预先设置的上下文。话语标记语正是这样一类语言表达方式，可供听话人用来得出说话人想要表达出来的意愿。正如 Blakemore 所说（1987：77；1989：21；cf1Rouchota, 1996：3）：它们（指话语标记语）唯一的功能是通过将上下文的某些特征及其达到的效果具体化，帮助听话人理解说话人的话语。根据"相关理论"的基本框架——尽量减少信息处理的耗费，话语标记语的使用就是为了达到这一目的。不管是"连贯"派还是"相关"派，他们都承认话语标记语在话语的阐释，尤其是超句层次上的限制功能（constraining function）。

"连贯"派认为，话语标记语限制了对话语关系的命题选择，这些命题表达了听话人需恢复并用来理解一个语篇的连贯关系；"相关"派认为，话语标记语通过将听话人引向预设的上下文及其效果，来限制听话人的理解过程（Rouchota，1996）。话语标记语的多功能性在该领域中一直占有相当重要的位置。话语标记语（作为形式）与它们的功能之间存在的关系：不等形性（ani-somorphism）和多功能性或非排他性（non-exclusivity）。就是说，单独的一个话语标记可以发挥不止一种功能，它传达的含义与联系亦可以由不止一种话语结构表达（例如，well 可实现以下功能：拖延时间、自我修正、结束或开始一个话轮等功能；让步功能可由 nevertheless，nonetheless，however，still 等实现）（黄大网，2001）。

不同的出发点也导致了对话语标记语功能的不同看法。有的学者（如 Sperber & Wilson，1995；Blakemore，1992；何自然、冉永平，1998）从语言理解的角度出发，认为这类成分的作用在于制约听话人对话语的理解，帮助听话人以最小的代价获取话语与认知语境之间的最佳关联。有的学者（如 van Dijk，1977、1979；Holmes，1984；Roulet，1984；SbisÂ，2001）从话语产出的过程，结合言语行为理论来研究这类现象。其中 van Dijk（1977，1979）和 Roulet（1984）从对话语结构的讨论出发，认为话语标记语的作用是将单个的言语行为组合成更大的话语单位，乃至于话语，从而实施其交际功能。Holmes（1984）、SbisÂ（2001）等则从话语层面上言语行为的实施过程出发，认为话语标记语的作用是限制和调节话语层面上言语行为的施事语力，以完成话语的交际意图。话语标记语并不是一种单一的，而是一种多样、复杂的现象，其中一部分话语标记语的作用是从话语层面上对言语行为的语用效果进行标记（霍永寿，2005）。

（2）话语标记语的元语用功能

话语标记语反映了人们使用语言时的元语用意识，属于元语用意识的语言标示。Verschueren（2000）认为，人们使用语言的过程是一个不断做出语言选择的过程，这一过程受元语用意识不同程度的指导与调控。语言使用者在做出语言选择之前，总会自觉不自觉地根据语境和交际目的的需要从不同的角度多方面地考虑选择什么样的语言表现形式才能有效地实现自己的交际目的，并对它们做出相应的协商和调整，最后做出适当的语言选择，这整个过程都是在大脑中做出的，属于意识的范畴，又由于它发生在做出语言选择之前，亦即存在于语言使用这一层面之上，所以 Verschueren（2000）把它称为"元语用意识"。Verschueren（2000）认为话语标记语是标记说话人的元语用意识的一种语言手段，虽然它不会改变话题的命题内容，但说话人对其的选择反映了他的某种元语用意识。Hlker（1991）指出了话语标记语的四个主要语用功能：（a）不对话语的真值条件产生任何影响；（b）不增添与话语有关的任何新的命题内容；（c）与说话时的语境有关，与所谈论的情境无关；（d）具有一定的情感功能或表达功能（冉永平，2003）。而 Jucker 和 Ziv（1998：4）则从四个不同角度总结了话语标记语的语用功能：（1）从语篇角度看，话语标记语是构建语篇的手段，如话题转换提示词、话题提示词等；（2）从情态角度看，话语标记语是情态或态度指示手段，即语用标记语；（3）从应对角度看，话语标记语是说话人—听话人意图和关系的标记手段；（4）从认知角度看，话语标记语是引导如何处理话语的标记手段，如提示词、联系语。

许静（2007）从元语用意识的角度分析了话语标记语的四个元语用功能：面子威胁缓和功能、强调或提醒功能、模糊限制功能和发起或结束话题功能。（1）面子威胁缓和功能。Brown 和 Levinson（1978）认为，很多言语行为都可能威胁面子。因此，在语言交际中说话人和听话人需要为维护和谐的人际关系进行种种努力，尽量做到有礼貌。某些话语标记语的使用可以很好地达到给对方或自己留有面子的作用。人们使用语言时选择了这些话语标记语，就表明了人们希望缓和对面子的威胁，调节人际关系的元语用意识。（2）强调或提醒功能。有一些话语标记语，像 you know，you know what，I mean 以及汉语中的"我想说的是""大家知道""你听我说"等，都反映了说话人想强调下面要说的话语的内容或提醒听话者注意他/她有话要说的元语用意识，因此这类话语标记语具有强调或提醒的功能。（3）模糊限制功能。有许多话语标记语可以起修饰和限制后面的命题内容，但并不改变命题真值的作用，比如，英语中的 it is said that，in my opinion，as far as I know 和汉语中的"据资料显示""据说""依我看"等。这一类型的话语标记语模糊限制后面信息的来源，是说话人经常使用的一种元语用手段，因为它们一方面可以减少说话人对命题真值的责任，另一方面可以表明信息来源，使话语的命题内容听起来更客观。（4）发起或结束话题功能。话语标记语还可以反映说话人希望发起或结束一个话题的元语用意识。发起或结束话题虽然有多种方式，但很多情况下话语标记语的使用会使整个话语更加连贯，而不会觉得唐突。

(3) 话语标记语的制约功能

话语标记语对语言的生成和理解有着制约性。就说话人/作者来讲，话语标记语是以明示的方式告诉听话人/读者怎样理解说话人/作者的话语，从而减少听话人/读者在话语理解过程中所要付出的努力，最终达到交际成功的目的。当听话人/读者在众多的语境假设中面临选择困难时，说话人/作者就必须使用标记语对听话人/读者的语境假设加以限制和制约，减少听话人在理解话语时所付出的努力，获得话语的最佳关联性，最终消除听话人/读者在话语诠释过程中可能出现的误解，并将话语理解引向说话人或作者意欲诠释的方向，从而达到说话人所期待的语境效果。根据关联理论，话语联系语是寻找关联过程的一个重要依据，即话语联系语所连接的是话语和语境或者语境假设之间的关系。这里的语境概念要比传统的语境概念要宽泛得多。它不仅包括前面所提的话语或者命题意义之类的语言语境，还可以包括在推理过程中所形成的语境假设之类的非语言语境。在很多情况下，话语联系语前面并不存在明显的话语，它所连接的是话语和语境的关系。除了话语联系语以外，还存在一些完全语法化的话语小品词（discourse particle），它们不影响断言的内容，却传递说话人的态度和情感。这类有 huh 和 eh。huh 表示自己有不同于对方的观点，eh 表示要求对方确认刚才说过的话。它编码程序信息，影响话语的显义和隐义，制约听话人对话语关联性的寻求。如：（1）Peter: I'm only trying to help you. Mary: You're trying to help me, huh! （2）John will be back by midnight, eh? 话语（1）中的 huh 表示 Mary 重复回应 Peter，并表示自己有不同于 Peter 的看法。（2）中的 eh 表示要求对方确认刚才所说的话。态度状语表示说话人说话时的某种态度或者情感，这类词有 frankly, sadly, fortunately 和 regrettably 等。Sperber 和 Wilson 认为态度状语的作用是引导听话人对话语的理解，即对话语理解的方向进行制约，从而保证听话人在理解话语时付出最小的努力，得出正确的结论（朱铭，2005）。

根据关联理论，话语联系语的作用就是指出听话者要经历的推理过程。话语联系语连接的是话语和特定的推理过程。例如，but 连接的是否定前一假设的推理过程，so 连接的是得出某一结论的推理过程，whereas 连接的是得出不同结论的并列推理过程，moreover 连接的是确定某一相同结论的并列推理过程，after all 连接的是听话人已知的命题内容。因此，话语联系语通过自身的标记（marker）来揭示话语的逻辑语义关系，对听话人的推理过程进行制约。例如，(1) Remeo likes to please Juliet. (2) He is Juliet's favourite. 话语(1) 和 (2) 的关系是不确定的，听话人难以识别它们之间的逻辑关系，都可以当作结论。但是在一定的交际语境中，哪一个话语作为前提，哪一个话语作为结论，则取决于说话人的交际意图。也就是说，话语只能有一种理解，否则就会产生误解或者不解。因此对话语的关联性进行制约是必要的。如果在话语(2) 前面加上 so 或者 after all，则它们之间的关联性就非常明确，减少了听话人寻求关联的范围，听话人进行推理所付出的努力随之减小，话语的理解更加容易。话语联系语所起的作用不仅仅是将某一话语与听话人的某种推理过程联系起来，还可以将话语与语境或者语境假设联系起来（朱铭，2005）。

(4) 话语标记语的提示功能

人们在交际中常常要向听话人告知某一结论或结果。说话人要想最大限度地减少对话语进行加工处理所付出的努力，却能获取最佳的关联效果，就需要使用恰当的话语标记语。话语标记语为话语活动提供了话语线索与标记，有助于听话人对话语进行分析与加工处理，从而达到正确理解的目的。对听话人/读者而言，话语标记语为话语活动提供了话语线索与标记，有助于听话人/读者按图索骥，依据这一线索与标记对话语活动进行分析与加工处理，从而达到正确理解的目的。因此，听话人易于从话语标记语提供的信息中得到提示，从而达到正确理解话语的目的。例如：

  a. I prefer England to America. I hate the horrible food.
  b. I prefer England to America. However, I hate the horrible food.

在理解 a 时，听话人很难判定是讨厌 England 的食物还是讨厌 America 的食物。但在 b 中使用了话语标记语 however 后，听话人就会得到提示，从而明确理解说话人讨厌的是 England 的食物。

(5) 话语标记语的语篇功能

话语标记语的语篇功能是指说话者通过运用话语标记语把意义上相互联系的话语单位连接起来，从而生成一个语义连贯的篇章。话语标记语能够组织、协调话语行为，在语篇中起着桥梁与纽带的作用，连接句子与句子之间，段落与段落之间的各种语义关系和逻辑联系信息，也标示着话语行为的语境关联。话语标记语的研究显示了其话语建构功能，可以标示话语单位的开始、结束或过渡，是一种语篇构建的手段。由此可见，被连接的话语单位在意义上必须是连贯的，也就是说只有意义上相互联系的话语单位之间才有可能使用话语标记。话语标记语的语篇功能体现在语篇构建功能和语篇接续功能两方面。就语篇构建功能而言，话语标记语是构建语篇时十分重要的手段和工具。能够组织协调话语行为，在语篇中起着桥梁和纽带的作用，连接各种语义关系和逻辑联系信息，标示着话语行为的语境关联。就语篇接续功能而言，在会话等互动式交际中，为了避免过长的停顿导致说话的机会的丧失，说话者经常会使用一些手段如故意留下一定的信息空缺或对错误用词、口误、听错对方的话语等问题进行修正话语等，使自己的话语得以有效地进行下去。这些标志手段就是话语标记语的语篇接续功能。例如：

R：What's wrong?
B：Mrs. Robinson, you didn't, I mean you didn't expect.
R：What?
B：I mean you didn't really think I'd do something like that.

在以上这段对话中，说话者 B 用了两次 I mean 这个词语。虽然这让原来的句子变得不完整，但这反映了当时 B 在一时没有考虑好说什么，但又不愿意放弃说话的轮次的情况下，借助 I mean 这一"搪塞语"（hesitation filler）来为自己争取时间，保住说话的轮次。

(6) 话语标记语的人际功能

言语交际应该是一种合作性互动，说话人不能将自己的观点强加于听话人，要让对方自己做出选择。交际中说话者和听话者需要为维护和谐的人际关系进行种种努力，最大限度地减少对方之间的冲突，尽量做到有礼貌。如果交际中说话人或者听话人的面子不可避免地受到一定程度的威胁时，就需要人们采取一定的语言手段努力缓和其威胁的力度。话语标记语便是其中的一种语言手段。例如，(9) If I may suggest, you need a bath. 虽然这是一个直接威胁对方面子的建议，但是说话人是用 If I may suggest 这样一种比较缓和的方式表达了自己的观点。既调节了人际关系，又使对方更容易接受自己的建议（邱明明、王吉民，2008）。

（7）话语标记语对言语行为的调节功能

话语标记语所承载的是话语层面上交际参加者所动用的语用策略。在话语层面上，言语行为的实施及其施事语力的表现都是动态的，可以受到话语标记语的调节。话语标记语对言语行为的调节功能表现在：对言语行为施事语力进行强化或弱化，以达到说话人意定的成事效果，或明确言语行为的类型以使其施事意图得到显明。

A. 话语标记语对言语行为施事语力的强化

施事行为都能发出相应的施事语力，但这种语力在进入交际语境时，要经过话语层面上的宏观调控和微观限制，才会具有交际价值。交际过程中施事语力的强化手段有多种，其中话语标记语主要种类如下：

①通过表达对话段命题的态度来增强话段施事语力。如：（1）*That was a lark that was*. （2）*Quite frankly*, we've moved much more swiftly than any other party. （3）*Believe me*, it was boring. 以上 3 例中，话语标记语都是通过表明说话人对话段命题的态度来达到强化与施事行为相对应的施事语力的。其中例（2）中的类似成分还包括 candidly, honestly, truly, faithfully, in all honesty, in my opinion 等。例（3）中的类似成分还包括 I believe, I assure you, I'm certain, I think 等。

②通过提及背景信息强化言语行为施事语力。如：（1）*Of course* we have been in touch for the past twenty years. （2）The film *as you know* was a failure. （3）*Naturally* I'll go to the movie with you. （4）I didn't ask your opinion, *actually*. 上述各例中的话语标记语都是通过证实或增强命题内容的真实性来提高话段施事语力的强度的。其中例（2）采用明确的手段强调该话段命题内容是说话人和听话人的共知。

③通过话语（discoursal）手段增加言语行为施事语力。这一目的经常是通过或明或暗地提及话语前面部分的内容来达到的。例如，

a. *As you say* there are a number of important issues.

b. Will you go? *Furthermore*, will you represent the class there?

c. They are going to get married, *and what's more* they are setting up in business together. 例 a. 的话语标记语是通过提及对方所说的话来加强后面话段言语行为的施事语力的。例 b.、例 c. 是通过言及本话段与话语前述部分内容的关系来加强话段言语行为的施事语力的。

B. 话语标记语对言语行为施事语力的弱化

语言交际中具有弱化功能的成分包括语言手段和非语言手段。

第一种具有弱化功能的话语标记语是附加疑问句（tag question），它们具有多种不同的形式和功能。如：（21）Open the door, will you? (22) Let's play another game, shall we? (23) That's my brush, isn't it? (24) It was because of my attention, isn't it? 以上例句的共同特点是在祈使句、陈述句等主干句后面增加一个肯（否）定附加疑问句，以减弱由于命令、建议、陈述等言语行为可能给听话人带来的不快。从这个意义上来说，在语言交际过程中，不同类型的言语行为都会对听话人的面子构成威胁，这类话语标记语的语用功能就是减弱这些言语行为的施事语力，从而缓和其对听话人面子的潜在威胁。此外，说话人还可以采用其他策略来限制话语的施事语力，如：(1) The boss, it seems to me, has been fooling us. (2) If I'm not wrong, the book was lent to Eliza last week. (3) It's rather good, I suppose. 例（1）、（2）是通过表达说话人对断言命题内容有效性的怀疑来减弱断言的施事语力（即要求对方接受断言内容）的。例（3）中，说话人通过表明自己出现断言错误的可能性来减弱话语施事语力的强度。

第二类具有弱化功能的话语标记语是从听话人的角度来弱化话段施事语力的。例如：

(1) I'll call in after lunch if you like. (2) If you wouldn't mind, I would come to your place at 7:00 this evening. (3) I'm pretty angry about this, you know. 从例（1）、（2）可以看出，这类话语标记语经常是通过言及听话人与说话人合作的意愿来减弱话段的施事语力。至于例（3），按 Holmes（1984）的观点，既有强化功能，也有弱化功能，具体功能要依话段所处的语境和说话的语调而定。这里显然具有弱化功能。

第三类弱化标记语是通过限制话段命题内容的有效性来减弱其施事语力。这类话语标记语包括一些副词和具有副词性质的短语，如 actually, allegedly, theoretically, reportedly, supposedly, presumably, according to, strictly speaking 及其汉语对应成分。如：(1) A: Great! I love French coffee! B: Er, it's German actually. 这里的话语标记语 actually 减弱了 B 在修正 A 的话语时可能给对方带来的不快。又如：(2) Technically, you're wrong. (3) Strictly speaking, this is my desk, not yours. (3) Superficially, this is an insect. 通过限制命题内容的有效性，说话人明显地减弱了话段施事语力给听话人带来的可能不快。

4. 中国英语学习者话语标记语掌握情况

大量研究表明，中国英语学习者对英语话语标记语的掌握较差。如李巧兰（2004）对抽样调查中的中国高级和中级英语学习者以及英语为母语者真实口语语料的对比分析表明：英语学习者在话语标记语的习得上无法达到英语为母语者的同等水平，存在语用石化现象。徐丽欣（2006）基于 LLC 和 SECCL 两个语料库中的数据，研究了中国大学生英语口语交际中的话语标记语的使用。研究发现，中国大学生在话语标记语使用方面与本族语者有很大不同。中国学生对 oh、I think、well 的使用过多，而对 sort of 使用明显不足；且中国学生使用话语标记语的情况语境与英语本族语者有显著不同。结果说明中国学生并未完全掌握好话语标记语的用法。陈新仁、吴珏（2006）基于语料库研究了中国英语学习者对因果类话语标记语的使用情况。结果表明从总体上看，中国学生对因果类话语标记语使用较好，但不同学习者个体之间存在明显差异，表现为过度使用和回避使用因果类标记语。李民、陈新仁（2007）的研究结果显示，尽管话语标记语 well 是英语本族语会话中最常出现的标记语之一，但我国英语学习者总体上来说明显地过少使用此话语标记语。徐捷（2009）对中国英语学习者话语标记语 you know 的研究结果发现：与本族语者相比，中国学习者总体明显过少使用 you know；同时对 you know 的语用功能掌握不全。因此在二语习得过程中要加强话语标记语的学习，尤其要学习常用话语标记语的用法。

5. 部分重要的话语标记语用法

Yes 的语用功能

话语标记语 Yes 在会话中具有以下语用功能（唐斌、王雪梅，2006）：

补全信息，连贯语义。话语标记语 yes 可以用来对请求前列语做出应答，表示接受说话人的命令或请求、或对话语做出应答和反馈，表示对说话者的关切和注意，使得会话得以继续。如：（1）Grace：You sure you can manage? Bobby：Yeah.（U-Turn）（2）A：Jack, can you do me a favor? B：Yes?　（3）A：Would you like to go to the cinema? B：Yes, I would.（4）Mary：I just wanna use the phone. Lou：Yeah, it's in the back. 例（1）中的 Yeah 如果只译成一个"是"字，就不能传达出 yeah 的全部

交际信息，使对话语义连贯。可以通过上句"你真的拿得动吗？"来补全信息，将 yeah 理解为"拿得动"或"能行"更为妥当。例（2）中 Yes 是对上句的应答和反馈，等待对方话题的继续，可补全语义译为"什么事？"例（3）中 A 问 B："去看电影好吗？"，B 回答应该译为"好的"而不是"是的"。例（4）中 Lou 是回应上句，根据语义句中 Yeah 可译成"用吧"。

传递信息。在不少情况下，yes 可以用来传达说话人在特定语境中的态度和情绪，如：（1）A：Last night some irresponsible people down our street had bonfire parties in their own back gardens! B：Yes! 上述对话中 yes 包含了说话者的震惊、不满等情感信息，翻译为"是吗？岂有此理！"。（2）A：It's dangerous to go out late at night. You should have seen the reason! B：Yeah, I know. 在该语境中，B 虽然表面上不好违抗 A，但实际上却是不愿意，所以这里的 Yeah 表示的不是顺从的回答，而是不耐烦的态度和语气，应译为：好了好了，我知道了。或：够了够了，我知道了。

I mean 的语用功能辨析

小句 I mean（我的意思是；我是说）是日常言语交际中的一个常见的话语标记语。它在句中主要起以下语用功能：

提醒标记语：提醒听话者自己有话要讲，使听话者注意听取自己的意见。如：

（1）A：Where is my bike? B：Ermm, I saw Mike. A：Don't tell me...I mean, I think he could have asked me before he borrowed my bike! （2）A：How was your day? B：Oh, I'm dog-tired. To rehearse for the concert...I mean...we had to play for two hours.

信息修正标记语：用以澄清问题。在言语交际中经常会出现说话人用词错误、口误、听错对方的话语，或对某一信息产生了误解，或说话人提供的信息本身存在问题等，然而说话人或听话人可能随即对它们进行修正。I mean 插入话语中可以起到修正的标记功能，即修正标记语（editing marker）。相关研究曾发现四种修正标记方式：（1）that is, 表示指称修正（reference editing）；（2）rather, 表示差别修正（nuance editing）；（3）well, 表示陈述修正（claiming editing）；（4）I mean, 表示错误修正

(mistake editing)。以下例句中 I mean 功能就是对已经说过的话进行修正。
(1) A：Does she have any hobby? B：As I know, she plays the violin, I mean the violin, really well. (2) A：When shall we meet? B：I'll see you on Sunday then——I mean on Saturday. (3) A：How did she get on with her career? B：She was very talented——as a performer, not as a musician, I mean.

补充说明标记。言语交际中，如果说话者对所说过的话感到意犹未尽，就可能使用 I mean 作为标记，预示他会通过解释、重复把自己已经说过的话说得更清楚些。例如：

（1）A：How do you like the guy? B：Oh, he's really very rude；I mean, he never even says "Good morning". (2) A：You look quite relaxed these days? B：You know, my boss, I mean the person in charge of the office, left last week.

表达方式转换标记。说话者还可能使用 I mean 来表示他想换一种方式来说明问题，以便使问题的解释更完整或更容易理解。如：A：What life do these people live? B：These people live a very sheltered life——I mean completely cut off from the outside world.

Well 的语用功能

Well 是会话过程中高频使用的一个话语标记语。Trillo 对成人和儿童口语的调查研究显示，well 在话语中的出现率分别高达 87.4% 和 97.8%。作为一个高频词汇，well 具有话语标记语的典型特征，但较之于其他的标记语更具吸引力。同时 Schourup 指出，well 在话语中经常充当元语言，反映说话人的元语用意识。它本身并不具有命题意义，不构成话语的命题内容，也不受句法结构的限制，但从整体上对话语的构建与理解产生影响，反映说话者某种元语用意识，具有特定的元语用功能，因而具有重要的研究价值。Svartvik (1979：173) 把 well 归结为两大类：修饰语（qualifier）和话语结构标记语（frame）。作为修饰语，well 与前面或后面的语境具有紧密的联系，起到连接作用，可表示"同意、肯定的反应或态度""强调""对特殊疑问句的间接、部分回答""间接或有保留的回答"；作为话语结构标记语，well 一般位于语篇的中间，可以用来"结束前面的语篇并开始下面的语篇"（和 all right，then 等具有类似的功能），"引导解释或澄清"，"开始话题"，还可以作"自我修正"。Schiffrin（1987：102）则从语篇分析的角度出发，提出 well 在用于话语起首时，常常与反对、拒绝、否认0联系在一起，表明说话者的回答与听话者的期望不符。well 作为话语标记语，本身没有命题意义，但是具有言外功能，表示说话者要实施的言语行为（吴勇、郑树棠，2007）。

冉永平（2003）认为 well 在不同语境条件下具有四种语用功能。

一是面子威胁缓和语。在言语交际中说话人和听话人需要为维护和谐的人际关系进行种种努力，尽量做到有礼貌。礼貌就是通过采取一定的语言手段达到给对方或自己留有面子。well 便是其中的一种语言手段，它的恰当使用可以起到调节人际关系的作用，因而标记语 well 便可以起到缓和语的作用。如 A：We'll all miss Bill and Agatha, won't we? B_1：Well, we'll miss Bill. B_2：We'll miss Bill. 此例中 B_1 违背了合作原则中的量准则，只肯定想念 Bill 一人，B_1 借助 well 回答了提问的部分内容，而不提及自己不喜欢的 Agatha，这样就给对方留有面子，与 B_2 相比较，B_1 更让人容易接受，而 B_2 却显得较为生硬且威胁对方的面子。在有的语境中说话人借助 well 故意违反合作原则中的某一准则，只是为了恪守一定的礼貌原则，使对方更容易接受自己的观点或看法，以达到礼貌待人的效果。

二是缓延标记语。Well 用作一个缓延标记语或迟疑标记语，可以避免过长的停顿，并暗示对方说话人要提供的信息还未想好，如例（1），或表示说话人因某种原因而犹豫，如例（2）。（1）A：How much are you selling your car for? B：Well, let me see...how about 4000 dollars. (2) Jeanne：Oh，come，Mathilde，surely you can tell an old friend. Mathilde：Well，...well，it was all because of that necklace. 例（2）中 Mathilde 因丢失了对方的一条项链，为了偿还债务而含辛茹苦地工作了整整十年，如今见到昔日的旧友，不好意思提及往事而显得羞涩、言辞犹豫。如果她开口直言"It was all because of that necklace"，效果自然会大不一样，甚至会影响双方的人际关系。

三是信息短缺标记语。当人们提供的信息与对方所期待的信息不能构成最佳连贯或协调时，well 往往就会出现，表示说话人不能或没有提供对方所需要的信息，比如，在问—答的会话句式中，当回答者故意缺省一定的信息，或不愿意清楚地对某一情况进行陈述，或不能直接向对方提供答案时，well 便可能出现，如向对方暗示说话人提供的信息有"弦外之音，言外之意"，表明说话人还有额外的信息提供或需要解释。例如：

（1）A：Did you kill your wife? B_1：Well, yes. B_2：Yes.
（2）A：Did you take the money on the desk? B_1：Well, yes. B_2：Yes.

上例中 B_1 和 B_2 都是一种肯定回答，但前者的回答显然是不完全的，暗示他的话语留有余地，让对方进行推测，以补全余下的信息空缺。在承认杀妻行为的同时，似乎又在暗示对方事出有因，有为自己辩解的意向。例（2）中 B_1 的回答隐含了这样的额外信息：拿了对方的钱是因为对方借钱不还，或由于其他原因不得已而为之等等。类似情况的出现主要是因为 well 的缘故。在会话等互动式交际中，well 的出现往往表示说话人没有直接提供对方希望获取的信息，或故意留下一定的信息空缺，此时 well 所起的作用就是一种"信息短缺标记语"（marker of insufficiency）。

四是信息修正标记语。言语交际中，说话人或听话人会对交际错误进行在线修正（repair on line）。作为一种语言手段，well 插入话语中可以起到修正的标记功能，即成为修正标记语（editing marker）。例如：

（1）I drove ninety miles an hour, well, eight-five all the way to Santa Fe.
（2）We walked along in silence for a bit, well, not really silence because she was bumming.
（3）A：Good morning, Fred. I hope you've recovered from your illness.
B：Yes, thank you. Er — well, not fully, but I'm on the mend.

例（1）和（2）中说话人借助 well 进行了自我修正（self-repair），而在例（3）中 B 对 A 提供的信息进行了修正，对 A 而言，这就是一种他人修正（other-repair）。

吴勇、郑树棠（2007）根据《大卫·考波菲》原著的语料分析，总结了 well 的三大言外功能：话语结构功能、信息功能和态度情感功能。

第一，话语结构功能。Svartvik（1979：173）和 Jucker（1993：435）提出，well 具有话语结构标记功能，它被用来划分语篇单位，主要位于语篇中间，表示"话题转换"和"话轮结束"。另外 well 位于话语的起首，起到"话语开头"或"话轮转换"的作用。①表示话语开头，即第一个说话人通过 well 引出话题，从而开始对话。例如，"Well, child," said my aunt, when I went downstairs. "And what of Mr. Dick, this morning?" （Dickens, 1994：175）②表示话轮转换，即听话者与说话者互换角色，说话者接过话轮，开始说话。③表示话题转换，即说话者从一个话题转向另一个话题，也就是结束前面的语篇并开始下面的语篇，此时 well 一般出现在语篇中间。④表示话轮结束，或表示总结。Cook 在讨论有关话轮转换的表达方式时指出，well 和其他词语如 anyway, so, OK, then 都可以表示话轮的结束（转引自李悦娥，2002：21）。

第二，信息功能。Lakoff（1973）在研究包含 well 的问答句时发现，有时回答者明知答案，但是不直接或不完全说出来，而问话者也能猜测到"某种信息缺失"（转引自 Jucker, 1993：440）。由于这个目的是通过使用 well 引导答话来实现的，因此我们说 well 具有信息短缺标记功能。Well 的信息功能还包括询问更多信息的功能以及修正信息的功能，即对前面信息予以修正。①信息短缺标记，例如，"Weak?" said Mr. Dick. "Well," I replied, dubiously. "Rather so." （Dickens, 1994：534）Mr. Dick 问大卫自己是个什么样的人，大卫不知如何回答，Mr. Dick 就问他自己是不是大脑"不健全"，大卫其实不能确切回答，所以用 well 来表示，"让听话者来填补空白的信息"（Jucker, 1993：440）。②询问更多信息，在对话中，说话人常常会用 well? 的形式来向对方询问更多信息。例如，"Has Agnes any——" I was thinking aloud, rather than speaking. "Well? Hey? Any what?" said my aunt, sharply. "Any lover," said I. （Dickens, 1994：684）③表示修正，即对前面信息的修正。例如，"You did at last?" said I. "Well, the Reverend Horace did," said Traddles. "He is an excellent man, most exemplary in every way; ..." 大卫认为特莱得最后还是自己去提了亲，特莱得说不是他，对前面的信息作了修正（Dickens, 1994：485）。

第三，态度情感功能。语言学家普遍认为话语标记语 well 不影响话语的真值条件，但是能够表达对命题内容的态度或情感。例如，Svartvik

(1979：173) 认为 well 作为修饰语,前面或后面的语境具有紧密的联系,起到连接作用,可表示"同意、肯定的反应或态度""强调"等。Schiffrin (1987：102) 总结了一些语言学家的研究结果,指出 well 经常与"反对、拒绝、否认"联系在一起。①表示延缓、迟疑、犹疑,这是因为有时说话者需要时间考虑如何回答问题 (Jucker, 1993：448)。②表示安慰、劝解。③表示同意、肯定。④表示宽慰、放心。⑤表示反对、阻止。⑥表示妥协、让步。⑦表示惊异、感叹。

朱小美、王翠霞 (2009) 采用语料库法研究了话语标记语 well 在《老友记》(第一季) 中的元语用功能,结果如表 7-1 所示。

表 7-1　《老友记》(第一季) 中话语标记语 well 的使用

well 元语用功能	出现次数
话语承接或信息连贯标记	60
话题起始、转换、转折或结束标记	42
思考延缓过程标记	42
情感标记	34
信息提示标记	29
面子威胁缓和标记	24
信息修正标记	20
信息短缺标记	19
讽刺言语行为标记	14
劝诫标记	9
起始话题及思索延缓	2
信息提示及讽刺	2
情感及讽刺	1
话语承接及劝诫	1
信息修正及语气缓和	4
信息修正及情感标记	1

you know 的语用功能

第一,You know 的元知识标记功能。know 是一个表示认知状态的动词,指"具有关于某事的信息",从信息组合而言,you know 可能有两种意义:A. 对会话的接受者来说,信息 X 具有可及性；B. 信息 X 具有普遍意义的可及性,即是人们共知的一种常识。这就暗示了 you know 作为元知识 (meta-knowledge) 标记语的话语功能:表示说话人和听话人的共知信息，或表示人们普遍共知的信息。在言语交际中它的主要作用是吸引听话人的注意力，使其注意说话人提供的信息。在该层面上说话人通过 you know 表示某种信息或元信息。在言语交际中说话人不一定清楚听话人是否具备与话题有关的某一共知信息，即背景信息，可能出现这样四种情况：第一种情况是听话人具备与话题有关的背景信息，且说话人也知道此事；第二种情况是听话人具备与话题有关的背景信息，但说话人不知道此事；第三种情况是听话人不具备与话题有关的背景信息，且说话人也知道此事；第四种情况是听话人不具备与话题有关的背景信息，且说话人不知道此事。在言语交际中 you know 所起的作用就是帮助第二、三、四种情况向第一种情况过渡，因为交际的目的是实现双方的共知，且不管双方刚开始的信息状态如何。

第二，you know 的提醒功能。you know 还可以提醒对方已知或应该知道的某种信息，以增加交际双方的认知共性。交际中说话人通过使用 you know，表示其后的信息是对方应该知道的常识性信息，或提醒对方已经知道或应该知道的某种信息。如：... I can't believe it! Oh, my god! It's been a year today, you know a year today with Sally, I can't believe it! 此例中 you know 显然是说话人在提醒对方，以加强原有信息和现时信息之间的关联性。类似话语标记语的出现可以增加交际双方的认知共性，缩短人际交往心理距离，按照维索尔伦（Verschueren, 1999）的观点，这实际上是一种语言选择的交际顺应。

第三，增加交际双方的认知共性。无论是语言交际还是非语言交际，双方都需要一定的共知信念或假设，以作为交际的前提或背景。双方存在的共知信息越多，越有利于寻找话语的关联性，交际也就势必会更加有效。在言语交际中说话人和听话人必然会进行互动式协商，以维护或扩大双方的共知信息。在语篇或话语层面上，话语标记语 you know 等是一种明示的语言手段。例如，(9) Merry likes coffee, you know. 此例中，you know 的出现往往表示一种旧信息，暗示说话人设想听话人应该知道所在话语的信息。通过 you know 或"你知道"的使用，说话人的目的在于增加双方的认知共性。

why 的语用功能

缪素琴（2005）认为，why 在不同的语境条件下至少有以下五种语用功能。

第一，话语起始标记。在言语交际中，人们往往用一些话语起始成分（initiators）来表示自己有话要说，充当此功能的话语标记语除了well, oh, ah, oh well, oh then 等之外，why 也可以用来引起话题。例：Willy: No! Boys! Boys! Listen to this. This is your Uncle Ben, a great man! Tell my boys, Ben! Ben: Why, boys, when I was seventeen I walked into the jungle, and when I was twenty-one I walked out. (He laughs.) And by God I was rich. 在本例中威利要求本告诉他的两个孩子发家致富的经过，本用why作起始语，叙述起自己过去的经历。Why 在此不但起到了引起听话人注意的作用，而且使听话者消除了唐突之感。

第二，话语轮换标记。会话的一个特点是说话人的轮换（turn-taking），即会话参与者在整个会话过程中轮流说话，会话过程中很少会出现重叠（overlap）。说话人之间这种有条不紊地更迭（说话人的轮换）是由于双方有意无意地遵从话语轮换管理系统（local management system）。话语轮换管理系统实际上是一系列取得话轮（getting turns）、占据话轮（keeping turns）、放弃话轮（giving turns away）的规约（Yule, 2000：72）。why 同时具备这三种功能。①取得话轮。在说话轮次不断更迭的过程中，人们通常用一些标记语来取得话轮，以便让话轮占据者迅速退出。但取得话轮一般不是打断对方说话而是在过渡相关位置（Transition Relevance Place）进行的（Yule, 2000：72）。在会话中 why 可以用来取得说话轮次。②占据话轮。在言语交流过程中，说话者有时因种种原因会在句与句之间停顿，但是句末的停顿会被听话者认为是会话的"可能结束之处"，而面临着被下一个自选的说话人把说话轮次接过去的可能。如果说话人想越过一个"可能结束之处"而继续往下讲，其中的一个技巧就是使用"搪塞语"（hesitation filler）（何兆熊，2000：311）。使用 why 这一"搪塞语"就能占据话轮。③放弃话轮。在话轮交互过程中，当说话人要说的话已经说完，想主动放弃说话轮次，把说话轮次交给对方，又让对方能及时地接过话轮而不致出现"冷场"（silence），有时他会用话语结束标记来表明自己将放弃话轮。

第三，信息短缺标记。人们在言语交流过程中有时难以提供对方所期待的信息，如，他不想把真实情况向对方进行陈述，但出于应对，他又不得不接过话题，这时也会出现"搪塞语"（hesitation filler）。Why 某些情况下具有此功能。

第四，话语缓和标记。Brown 和 Levinson（1978：63）把典型人所具有的"面子"分为消极面子（negative face）和积极面子（positive face）两类。积极面子是指希望得到别人的赞同、喜爱。威胁听话人积极面子需求的言语行为是指说话人表明他不关心听话人的感情、需求等，其中包括对听话人的积极面子的某一方面做出负面评价的言语行为，如表示不赞同，批评、蔑视、取笑、抱怨、指责、非难、侮辱、挑战、反驳等。在言语交际中说话人和听话人往往为维护和谐的人际关系做出种种努力，通过采取一定的语言手段尽量给对方或自己留有面子，做到言辞有礼。

第五，话语明示标记。Sperber 和 Wilson 的明示推理交际（Ostensive-Inferential Communication）模式认为"明示"，和"推理"是交际过程的两个方面。明示是对说话人而言，说话人通过某种使听话人"显映的"（manifest）方式进行编码、表达意图；"推理"是对听话人而言的，听话人凭说话人所提供的显映的方式进行解码，并将解码所得到的证据作为前提的一部分，再结合听话人本身的认知语境（旧信息）对话语信息（新信息）按一定的方向进行推理，最终达到对话语信息的正确理解（Sperber &Wilson，2001：50-54）。明示可以是语言的，也可以是非语言的。话语标记语 why 有时在言语交际中起到了话语明示的作用。

四 尽量减少语用负迁移

语用迁移（Pragmatic Transfer）是"语言学习者的母语语言文化和语用知识对第二语言语用信息理解、生成和学习的影响"。语用迁移分为语用正迁移和语用负迁移，前者是指目的语和母语的社会语言规则一致时，外语学习者套用了母语的语用规则使得交际成功的情况；后者指目的语和母语的社会语言规则不一致时，由于外语学习者套用了母语的语用规则导致交际失败的情况。Thomas（1983）把由于语用负迁移引起的交际中断或失败称作语用失误（Pragmatic Failure）。母语和目的语之间语言规则和言语行为实施原则的异同，都会形成语用迁移。语用迁移在跨文化交际中普遍存在。"当有了交际意图时，学习者会努力使用目的语的语用规则，由于在这方面的无知或知之不多，他们自然会求助于母语的使用规则。"由于对目的语的语用规则不熟悉，不同文化背景的人会把母语的文化背景和语用习惯等套用在目的语的言语行为上，因此造成了语用负迁移。语用负迁移往往会影响第二语言习得，甚至会导致语用失误（Pragmatic Failure），使跨文化交际失败。

Kasper把语用迁移划分为语用语言迁移（Pragma-linguistic Transfer）和社交语用迁移（So-cio-pragmatic Transfer）两大类。因此语用负迁移可细分为语用语言负迁移和社交语用负迁移。语用语言负迁移主要是指词汇、句法形式上的对等迁移。社交语用负迁移是由于不了解目的语国家的文化和社会习俗而导致的照搬套用。

（1）语用语言负迁移

语用语言负迁移通常是由词汇和句法表层的对等迁移引起的。在英语学习中，学习者经常会套用汉语的整个句式结构或进行词汇意义对等假设，忽视深层的语用意义，而产生语用语言负迁移。语用语言负迁移可以产生在词汇和句法层面。

①词义等同负迁移。由于中西方文化的差异，同一词汇在不同文化中的意义可能不同。例如，在中国，"龙"意味着"高贵"与"吉祥"，象征着中华民族的精神；但是在西方文化中，"dragon"，是凶恶的野兽。因此，"亚洲四小龙"被译作"Four tigers of Asia"而不是"Four dragons of Asia"。又如，"老"和"old"在中西方的文化含义也有区别。在中国，"老"代表"长""尊""辈分高"；而在西方，"old"却代表"衰老，没有作用，没有价值了"。所以，"老人"不能译为"old man"，而应译作"senior citizen"。

②句法等同负迁移。英汉语相同的句法结构可能会产生不同的语用意义，从而引起句法等同负迁移。例如，当中国学生没听懂对方意思的时候，其第一反应通常会是"Repeat"或"What"而不是"I beg your pardon"。又如，把中文里的"当然"与英语里的"of course"完全等同起来。中文里的"当然"表示非常肯定和确信，含褒义；而"of course"的言下之意是听话者连最基本的意思都不明白，含贬义。两者的语用意义也相差较大。再如，商店营业员碰到外国顾客，走上去问："What do you want?"这会唐突外国友人，使他们产生一进商店就必须购物的疑惑和压力；而西方国家普遍适用的表达是："Can I help you?""What can I do for you?"

（2）社交语用负迁移

社交语用负迁移主要是由于中西方社会价值观念与文化习俗的不同而造成的。中西方文化价值观的差异给英汉交际带来了很多困难。西方价值观念的不同主要体现在东方的集体主义和西方的个人主义。因此，中国人的思维方式具有整体性，体现出他们委婉含蓄、间接迂回的特点；而西方人的思维方式具有个体性，他们通常会自信地直接表达个人意见。在中西方交流过程中，日常生活中的寒暄问候、致谢祝愿、婉拒礼让等都有固定的表达，烙有很深的文化印记（曾淑萍，2011）。

语用负迁移产生的主要原因，是外语学习者不了解目标语的语用规则，因而套用了母语的语用规则。因此减少语用负迁移的途径就是尽量多学习目标语的语用规则，建立目标语的语用图式。这可以从本节前述的有关语用原则和语用知识入手。

第六节　文化图式与外语学习

一　文化图式概论

文化图式指文化知识，包括风土人情、习俗、民俗等内容的知识结构，由于语言是文化的组成部分，又是文化的载体，两者密切相关。在实际生活中，我们会发现有些词，即使我们掌握了它的语音、语法特征和概念意义，可是在特定语境下，我们仍无法理解它的具体含义。这是因为，有些词除了要强调词汇的音、形、义（概念意义）外，还要把握词汇的文化知识，注重词汇所承载的文化内涵。只有当外语学习者对目标语的风俗习惯、价值观念、道德标准、思维模式、宗教信仰、生活方式等情况有足够了解，才能达到对语言的深层次理解和运用，他所使用的语言也才能做到准确而得体。所以外语学习者在词汇习得的过程中不仅要注意语言的形式与结构，更应注重语言的内涵与功能，有效把握汉英词汇在文化语义上的体现（郭景华、张红郭，2010）。通常所说的一个人的文化图式，既包括目的语文化图式，还包括本土文化图式，是在认知过程中对一切事物的文化意义的理解。文化图式可以调用来感知和理解人类社会中的各种文化现象。它们为词汇学习过程提供人们已经获得的文化知识。Coady（1979）发现具有西方文化背景知识的学生学英语较其他学生快。他还指出背景知识可弥补一些语言知识的不足。文化背景知识的学习能激发学生的思维和想象，调动学习兴趣，扩大学生的知识面。词汇是与社会生活和社会发展关系最密切的语言要素，透过词汇，我们可以看到所属语言国家的文化特征及其变化。对词汇的学习也是对文化的学习，深刻挖掘词汇里面的文化信息就是对目的语文化的学习，更便于词汇的处理、储存、记忆。如上述关于"农民"和"龙"的图式差异，以及 Noah's ark 的图式空缺就是文化背景不同造成的。这也再次证明，学习语言离不开学习文化，通过学习文化来学习语言是一种良好的途径。每个民族都有自己独特的风俗习惯和文化背景。学习一种语言，同时也是学习其文化。

在英语学习中，学习者需要不断建构并扩大新文化图式。可从以下五方面入手：(1) 语言知识。包括语言词汇当中蕴含的背景知识、文化典故等；(2) 文化艺术、宗教。包括著名的作家及其作品、文学艺术流派以及取得的成就，主要的宗教派别等，还有由此产生的文化典故、风俗习惯等。(3) 生活习俗。这是人们约定俗成的生活习惯，一种文化中理所当然的东西，另一种文化却可能很难理解和掌握，如中国人会问："你吃了吗?"而英国人见面则喜欢谈论天气。(4) 国家社会背景。包括国家基本的历史、地理、政治、经济等常识。(5) 肢体文化。包括各国的手势、姿势、礼节等。有许多肢体语言中西文化共有，但含义不同，需要特别注意（尹波、何木英，2009）。教师可引导学生比较中西方常见的风俗习惯、风土人情等。教师鼓励学生通过各种方式来了解更多的中外习俗差异、风土人情、社会、政治、经济、文化、科普知识，并把这些知识储存起来以备将来写作中快速提取。

建立文化图式要注重中西文化差异的对比。其中词汇所蕴含的文化差异是很重要的一个方面。不同的民族由于社会背景、思维模式、宗教信仰、生活方式等不同，对事物的编码与分类也不同，语言内涵因此也产生差异。英国语言学家莱昂斯·约翰指出："每一种语言在词语上的差异都会反映使用这种语言的社会事物，习俗以及各种活动在文化方面的重要特征。"（Lyons John，2005：234-236）在不同的认知情境下，文化图式主要有三种表现形式，即：文化图式趋同、文化图式趋异和文化图式缺省。以英汉植物词的文化图式为例说明如下。

(1) 文化图式趋同。在英汉两种文化中，有些植物词所映射出的文化有着相同的图式，即文化图式趋同。英语中 peach（桃树、桃子）可指"美人"和"极好的事物"。如：What a peach of a room!（多漂亮的房间!）；She is a peach.（她真是个大美人）。peach 除"桃红色的"之意外，还有"极好的"之意，如：Everything looks just peachy.（看来一切好得不能再好了）。That was a peach of a sort.（这妙极了）。在汉语中，桃木蕴含女性生殖崇拜的原型意义，因此，桃花也就成了美貌女性的隐语。olive branch（橄榄枝），无论在《圣经》里还是在古希腊罗马神话里，都象征和平，至今几乎为全世界所接受。现在，同样象征"和平、友好"的"和平鸽"嘴里总是衔着橄榄枝。

（2）文化图式趋异。在英汉两种文化中，相同的植物有着不同的联想意义或不同的植物有着相同的联想意义，这会引起两种不同的文化图式，即文化图式趋异。willow（柳树）在英语中蕴含着"垂泪、哀悼、悲伤"的含义。英国人从前戴柳枝编成的帽子表示哀思。如：成语 sing willow 或 wear the willow garland 或 wear the green willow 是同义，即"痛失心上人""悲叹爱人之死""服丧"。在汉语中，因"柳"和"留"谐音，因此，杨柳常会勾起人们的依依惜别之情，被赋予"挽留、离别、忧伤"等含义。古代的许多送别诗中，常以"折柳"指代送别，用以表达离别情绪。laurel（月桂树）在英语中象征"尊敬""胜利"和"声誉"。如英语习语：look to one's laurels（意识到可能丧失优越的或优势的地位），rest on one's laurels（安于成就、不思进取），gain / win one's laurels（赢得荣誉）等。而在中国，月桂树和椿树一样有很长的寿命，因此桂椿用来表示"长寿"。

（3）文化图式缺省。文化图式缺省则是指源于作者认知语境中的相关文化图式在目的语读者的认知语境中根本不存在或不完整，因而就会造成理解上的不完全甚至失败。有些植物的指示意义在英汉两种语言中相同，但其联想意义为某种语言独有。如"苹果"在汉语中仅指水果，没有特别的意义。而 apple 在英语中联想意义丰富，用于多种表达。如 "an apple of discord"（争斗之源；不和之因；祸根）；"Adam's apple"（喉结）；"the apple of one's eye" 用来比喻像爱护眼珠一样爱护某个最心爱的人或珍贵的东西，被译为"掌上明珠"；"apple-pie order" 为"井然有序"；"apple-polish" 即"送礼拍马"，而 "apple-polisher" 是"送礼拍马者"；"An apple a day keeps the doctor away."（一日一苹果，医生远离我）；"The Apple"（大苹果之城），这是纽约的别名。如 "yuppie" 和 "hippie" 反映了美国不同时期的社会文化现象；"cowboy" 是美国社会文化的特有产物；"punk" 指朋克风格的摇滚乐；"Frenchleave" 是指不辞而别，源于 18 世纪法国习俗，客人可不向招待会主人告别而离去；

"brownbagger"指自备午餐的人；"Uncle Sam"指代美国政府或美国人；"lazy Su-san"指一种用来盛食物，方便顾客选用的自动转盘。以上各词语蕴含的社会文化意义在汉语中都不存在。中国文化中，梅、兰、竹、菊被誉为花木中的"四君子"，文化内涵丰富。而英语中 plum, orchid, bamboo, chrysanthemum 仅仅是一些植物名称，并不具有文化内涵。以上各词语都属于文化空缺词语。

建立文化图式还要注重文化负载词。每个国家、民族都有其独特的发展历史、社会制度、生态环境、宗教信仰、民情风俗等，这些独特的文化因素反映到词汇上就产生了"文化负载词"（culture-loaded words）。文化负载词是指标志某种文化中特有事物的词、词组和习语。这些词汇反映了特定民族在漫长的历史进程中逐渐积累的、有别于其他民族的、独特的活动方式"（廖七一，2000：232-246）。汉语文化负载词是汉语文化中特有事物的词、词组和习语，反映了中华民族在漫长的历史进程中逐渐积累的、有别于其他民族的独特的活动方式。翻译理论家奈达认为，翻译中涉及的文化因素可分为五类，即生态文化、语言文化、宗教文化、物质文化和社会文化。据此，汉语文化负载词也可相应分成五类：生态文化负载词、语言文化负载词、宗教文化负载词、物质文化负载词以及社会文化负载词。（1）生态文化负载词。由于所处地理位置、气候以及生存的自然条件与环境不同，每个国家都有自己独特的生态文化。生态文化包括地理、环境、气候、动物、植物等方面。如汉语中的"江南梅雨""雨后春笋""有眼不识泰山""二十四节气"等所表达的联想意义西方人不易理解。（2）语言文化负载词。汉语属于汉藏语系，英语属于印欧语系，由于每种语言有着其独特的语言系统，如语音、语法、构词法等，这就产生了语言文化负载词。没有学习过汉语的西方人是很难理解汉语中的"三人品字坐下""八字还没一撇呢""鄙人""寒舍""贵姓""她是个林黛玉"所蕴含的意思的。（3）宗教文化负载词。宗教文化是每一个国家和民族文化重要组成部分。中国人传统上信奉道教、儒教和佛教，由此产生的词汇有"阴阳""八卦""五行""积德""生死轮回""救世观音""三纲五常"等。Taorism（道教），Con-fucianism（儒家思想），Theory of Five Elements（五行说），Zen Buddhism（禅宗）。（4）物质文化负载词。由于不同的生活习惯，不同国家的人在生活中产生了独特的物质生活文化。物质文化负载词包括工具、食物、医药、服饰等方面。外国人对中国的传统食品"粽子""年糕""月饼"很难产生与中国人一样的体会,中国北方人习惯于睡的"炕"用 bed 是无法传递其文化内涵的。汉语中的龙,十二生肖,封建礼教所提倡的三纲五常,气功,旗袍,中山装,土地庙,观音,昆曲,火锅及各种中国美食等,都负载着一定的中国特色文化。(5) 社会文化负载词。不同的社会有不同的风俗习惯、历史背景、社会制度和思想意识。汉语中有大量的反映各方面社会文化的词语,如"文化大革命""大锅饭""五讲四美""八荣八耻""冲喜""叩头""社火""状元""拜天地"等。三寸金莲(Bound feet),叩头(Kowtow),童养媳(childwife),中庸(The Way of Medium),功夫(Kongfu),扭秧歌(Yangko)等。已在英语中建立的汉语文化图式的词有:Peking Opera(京剧),Kongfu(功夫),Tao(道),tofu(豆腐),yin yang(阴阳),wuxing(五行),yangkou(秧歌),Kongfu(功夫),er-hu(二胡),太极,等。这些汉语文化负载词已成为英语语言的一部分,被英语读者所接受。在汉语中建立的英语文化图式有:巴士(bus),引擎(Engine),高尔夫(golf),派对(party),沙拉(salad),卡通(cartoon),布丁(pudding),热狗(hot dog),吐司(toast),芝士(cheese),比萨饼(pizza),三明治(sandwich),T恤(T-shirt)等。因此在文化图式学习过程中,要增加汉英传统特色文化知识的输入,以便更好地了解两种语言的文化,从而更好地学习和掌握英语。

语言是文化的载体,所以通过研究语言本身就可以了解该语言所承载、体现的文化。本节主要探究词汇和谚语背后的文化。

二 词汇与文化

(一) 颜色词文化

1. 主要颜色词

红色(red)

在中国文化传统中,一种解释是"红"与太阳有关,而太阳给万物带来温暖和生机,以红色象征着吉祥、喜庆;象征着生命、光明、快乐和兴旺发达。春节时为图吉利,人们在大门两旁贴红对联,在门上贴红"福"字,门口挂红灯笼。和"红"有关的词语有开门红(get off to a good start),满堂红(success in every field),红运(good luck),红人(a favorite with somebody in power),红榜(honor roll),红利(extra dividend），红光满面（one's face glowing with health），红尘（the world of mortals）等。而在西方人眼里，从斗牛文化中联想到红色为不祥之兆，所以红色是一个贬义词，象征着残忍、灾难和危险，所派生的意义大多不佳，在英语中有"危险、警告、恐怖、流血、愤怒、困境"等含义。如：犯杀人罪 have red hang，火灾 red ruin，血战 red battle，血腥复仇 red alert，负债的 in the red，赤字、差额 red balance，Red Army 和 Red Brigades 均为恐怖组织，red-light district（红灯区），用来激怒牛的红布（red rag，red flag），被喻为"令人愤怒的事"，red tape 官僚作风，become red-faced 害羞、脸红，red with anger 气得脸通红，see red 发怒，等等。red-letter days 纪念日，喜庆的日子；paint the town red 狂欢痛饮，a red-carpet reception 隆重接待客人。

黄色（yellow）

黄色在中国古代象征神圣、皇权、庄严。黄色又和黄金同色，又寓意为富贵，辉煌之意，如：黄金年华（golden age），黄金时代（golden times），黄金时机（golden opportunity）。现代汉语中黄色被予以贬义色彩，如：黄色电影（blue film）或者（obscene movie），黄色书刊（filthy books），黄色音乐（vulgar music）。但英语中的 yellow 没有此义。在英美文化传统中，yellow paper 指不择手段地夸张、渲染以吸引读者的报纸；yellow book 指政府的报告书；yellow pages 指（黄色）电话簿，全书用黄纸印刷。"黄色"的贬义源于19世纪的美国。当时两家报纸为了招揽生意，竞相登载低级趣味的连环画，其中一篇叫"黄色孩童"（Yellow Kid），于是人们就将此类报纸称为"黄色报纸"。此后，"黄色"就成了腐化堕落的代名词。另外，yellow 具有"背叛、胆小、嫉妒、猜疑、卑鄙"等含义，这也与西方人的宗教信仰有关（犹太人总是身着黄色衣服）。如：yellow dog（胆小怯懦），yellow looks（怀疑的目光），英语中 yellow blight 指"枯黄病"；"yellow fever"指"黄热病"。

绿色（green）

汉语中绿色会使人联想到春天，大自然，生机，活力。英语中的绿色（green）常常用来形容"嫉妒"。汉语表示嫉妒时，常用眼红，红眼病，英文中却用 green-eyed，green with envy 来表示。英语中还常用绿色表示没有经验、缺乏训练、知识浅薄等，如：He is still green, you can't expect too much of him.（他还没经验，你不能对他要求太高了）。greener（生手), a green horn (容易上当受骗的人), a green thought (不成熟的想法), in the green (在青春时期), the green old age (老当益壮), green as grass (无生活经验的)。

蓝色 (blue)

汉语蓝色使人联想到蔚蓝的天空和湛蓝的大海, 激发起人们对未来的憧憬和无限的遐思, 常具有 "美好、纯净、宁静" 之意。如: 蓝天, "蓝图" 等。而英语中的 blue 却有 "沮丧、忧郁" 的含义, 多含有贬义色彩。如: in a blue mood (情绪低落), fall in the blue (无精打采), having the blues (忧郁、烦闷), be down with the blues (沮丧不振); a blue Monday (倒霉的星期一), blue in the face (脸色突变, 筋疲力尽), out of the blue (晴天霹雳), drink-till all is blue (喝得酩酊大醉), look blue (神色沮丧), blue jokes (下流玩笑), blue film (黄色电影), blue gown (妓女)。在英语中, blue 还常用来表示社会地位高、有权势或出身高贵: He has a blue blood. (他是贵族)。所以, 在美国英语中, blue book (蓝皮书) 是刊载知名人士尤其是政府要员的书。

黑色 (black)

黑色在汉英文化中都有 "阴郁、压抑、悲哀、邪恶、非法、败坏、恼怒、阴险、邪恶" 等不好的意思, 与坏人坏事有关。如 black market (黑市), blacklist (黑名单), black sheep (败家子), black-hearted (黑心的), black stranger (完全陌生的人), black guards (恶棍、流氓), black words (不吉利的话), the black art (妖术), go black in the face (气得脸发紫), black in the face (脸色铁青), to look black at someone (怒目而视), black dog (愁眉苦脸), a black eye (丢脸、坏名声), a black mark (污点), black day (凶日), black future (黯淡的前途)。black box 黑匣子 (黑匣子其是红色或黄色的, 并且布满鲜亮的反光带条便于寻找。称作 black box 是因为 black 象征灾难和不幸, 是其引申意义, 而不是颜色), 等等。在商业英语中, in the black 表示 "盈利", 与 in the red 意义相反, 这两个术语都来自记账时所用墨水的颜色。

白色 (white)

白色在中国传统文化中是个禁忌词, 含有枯竭, 死亡和凶兆的意义。如 "红白喜事" 中的 "白" 即指丧事。亲人死后要穿白色孝服, 设白色灵堂等，也有徒劳、白搭、白衣、白饭，白色恐怖等。西方文化以黑色代表丧事，如 be dressed in black（身穿丧服）。而在西方，白色象征着高雅、纯洁、庄严、忠诚等，含褒义。因此，新娘通常穿白礼服，佩白花，戴白手套，穿白鞋。常用表达有：white day（吉日），a white soul（纯洁的心灵），a white spirit（正直的精神），white hands（廉洁），white men（高尚有教养的人）。white 有时表达的含义，与汉语中的"白色"没有什么关系，如：a white lie（善意的谎言），the white coffee（牛奶咖啡），white man（善良的人、有教养的人），white-live red（怯懦的），white elephant（昂贵又无用之物），white market（合法市场），white night（不眠之夜），white-headed boy（宠儿），stand in a white sheet（公开承认错误）。

2. 颜色词在语言应用上的文化差异类别

表达同颜色的词语，由于在不同的文化氛围下不断使用，获得了不同的联想意义，从而会引起不同的心理反应。中英颜色词在语言应用上的文化差异主要表现在以下两个方面。

(1) 颜色偏向（换个说法）

颜色偏向是指相同或相似的物体或概念在两种语言中用不同的颜色词来加以描述。比如，brown bread 是黑面包，而不是棕色面包；brown coal 是褐煤，而不是棕色的煤；brown sugar 是红糖，而不是棕糖。中文里的"红茶"是 black tea，而不是 red tea；"眼红"是 green-eyed 而不是 red-eyed；"青一块、紫一块"是 black and blue，而不是 black and purple；英国人的 grey-haired（灰头发），在中国人眼里就是白头发；blue-sky market 是露天广场，不是蓝天广场；black figure nation 是国际收支顺差国，不是黑色数字国家。我国的封建君王钟爱黄色，龙袍即用黄色，所以帝王登基称为"黄袍加身"。紫色多见于基督教，它表示神权，西方帝王的黄袍、主教和牧师的教袍都有紫色，"紫袍加身"就意味着上升到显赫地位，因此，汉语有"黄袍加身"，英语有 to be raised to the purple，二者有异曲同工之妙。

(2) 使用场合不重合（换个说法）

英汉两种语言使用颜色词时，英语使用颜色词的场合汉语不一定使用；反之亦然。这种用法差别的例子很多。英语用颜色词而汉语不用，如 red-letter day（纪念日），yellow-bellied（胆小如鼠的），yellow alert（空袭预备警报), in the pink (健康的)。英语 green 来自 grass (草), 用它构成的词语颇多, 不能简单地望文生义。比如: greenhouse (温室), greenroom (演员休息室), greenback (美钞), green thumb (园艺技能) 等。同样, 下列颜色词语也不能单从字面上理解: blackbook (记过簿), look black at somebody (怒视某人), paint somebody black (把某人描写成坏人), be under the black dog (在沮丧中); blue stocking (女才子), a bolt from the blue (晴天霹雳), come out of the blue (爆出冷门); white elephant (昂贵而无用的东西), white lie (无恶意的谎言), white alert (空袭解除警报) 等。

反之, 汉语中用颜色词的场合英语不用。比如, 汉语中"白"字的用法很多, 不能见"白"字就译成 white。如: 白菜 (Chinese cabbage), 白费事 (all in vain), 白肉 (plain boiled pork), 白痴 (idiot), 白卷 (an examination paper unanswered), 白话 (vernacular), 白手起家 (build up from nothing), 白眼看人 (treat people superciliously)。白开水 (plain boiled water), 白字 (wrongly written or mispronounced character), 白搭 (no use)。汉语中带"黄"字的词语也很多, "黄"字并不总是译成 yellow。如: 黄豆 (soybean), 黄花菜 (day lily), 黄昏 (dusk), 黄道吉日 (an auspicious day), 黄金时间 (prime time), 黄色书刊 (filthy books and periodicals), 红利 (extra dividend), 黑心 (evil mind), 黑幕 (inside story) 等。

(二) 数字文化

数字是观念和符号的结合, 源自人类对客观世界的观察和探索, 人们用它来表示事物的数量或顺序。但在不同的民族文化中, 数字被赋予各种神秘褒贬吉凶和象征意义, 具有浓厚的民族、历史地方色彩和特别的文化内涵, 形成了一种特有的数字文化现象。也就是说, 数字除了表示事物的数量和顺序外, 还承载着许多的文化信息, 被广泛用于民俗活动和民俗语言中, 反映出不同的民族文化。这种数字文化观念不可避免地影响到人们的心理和行为。研究数字文化不仅有助于我们学习英汉数字习语, 还有助于我们了解中西文化差异, 拓宽视野, 促进文化交流, 发挥它在跨文化交际活动中的有益作用。数字文化的重要内容是数字崇拜和数字禁忌。远古时期, 人们出于对自然现象的迷茫和恐惧, 把本来不具有任何神秘色彩的语言符号的数字赋予各种超人的威力。这逐渐使得人们对某些数字逐渐产生了喜爱、崇拜之情，对另一些数字则怀有厌恶、恐惧之感，从而产生数字崇拜和数字禁忌（曹容，2006）。

1. 数字崇拜文化

（1）共同崇拜的吉祥数字

在中国和西方大部分国家中，人们都喜欢"3"和"8"这两个数字，它们被视为神圣、尊贵和吉祥的象征。"三"在中国古代有许多重要的思想观念都与"三"有关，如："三辰"（日、月、星），"三才"或"三灵"（大、地、人），"三生"（前生、今生、来生），"三纲"（君臣、父子、夫妻），"三族"（父、子、孙），"三教"（儒、道、释），等等。其中，道教有三清之说，即玉清、太清和上清。在民间也有"三个臭皮匠、赛个诸葛亮"，"一个好汉三个帮、一个篱笆三个桩"等俗语。因此，"三"在中国是吉祥的数字。

西方人认为世界是由大地、海洋和天空三部分组成，大自然包括动物、植物、矿物三方面，人体有肉体、心灵、精神三种性；基督教主张圣父、圣子、圣灵三位一体（the trinity）；在罗马神话中，主宰世界有三个神，主神朱庇特手中的三叉雷电杖是权威的象征，海神尼普顿的象征则是三叉戟，而冥工普鲁托则是长有三个头的狗。在民间还有 the third time's the charm（第三次准灵）；Number three is always fortunate（第三号一定运气好）的说法；莎士比亚戏剧中，All good things go by three.（一切好事以三为标准）。由此可见西方人对"三"的偏爱，把"三"看作了完美的数字。

中国人对"8"的喜爱源于广东人把88念成发发，寓意发大财、交好运。于是8便成了举国上下最受欢迎的数字。西方的8预兆吉祥有种种解说。早在古希腊，人们就认为8意味着丰硕、成就和长寿；《圣经》中讲上帝惩罚人类的大洪水，只有8个人靠挪亚方舟逃生，8意味着幸运；"福音书"上说耶稣的兄弟雅各生了8个孩子，8意味着多子多孙；两个戒指上下靠在一块构成8，意味着婚姻美满；横着的∞是数字中的无穷大符号，意味着丰硕、成就、长寿、幸运、美满都变成了无穷大。

（2）中国文化中的的吉利数字

在中国传统文化观念中，"六""九"和"十"这三个数字受到人们的钟爱和崇拜。古人很早就崇尚"六"。如六部儒家经典称为"六经"或"六艺"，阴阳、儒、墨、名、法、道的总称为"六家"，政区分为"六乡",周礼有"六典",官制设有"六部",朝廷军队统称"六军"或"六师",皇后寝宫称为"六宫";把亲属关系归纳为"六亲",妇女怀孕称为"身怀六甲",大地四方称为"六合"或"六幽";中医将人的大肠、小肠、胃、胆、膀胱、三焦称为"六府",作画讲究"六法""六要""六彩";考古发现秦始皇的铜车马皆以"六"及其倍数为度。民间也有"六六大顺""六畜兴旺""眼观六路,耳听八方"的俗语。含"六"的日子,如农历初六、十六、二十六被视为举行婚礼的黄道吉日,在使用电话号码或车牌号也多用6,象征顺顺利利,万事如意。

汉语中,九是一至十里最大的数,由此引出"无限"之说。"九重天""九霄云外"形容表达极高;"数九寒天"形容极冷;"九州方圆"形容疆土辽阔无垠。此外,九是龙行的图腾化文字,天有九层,九重天是天的最高处,由此"九"演化出神圣之意,享有独特的尊贵位置。因"九"与"久"同音,帝王们也常用"九"来象征他们的统治天长地久,所以宫殿建筑也与"九"有关。北海附近有九龙壁,北京故宫内的房间有九千九百九十九间,三天殿的高度都是九尺九,天安门城楼而阔九间,宫殿和天小城门上都用金黄色的九路钉装饰(横九排,竖九排,共计九九八十一个),宫殿内的台阶都是九级或九的倍数。民间人们结婚也选择含有"9"的日子,寓含"天长地久"之意。

"十"也是深受中国人喜爱的吉祥数字。自古以来,人们视"十"为完整、圆满、吉祥的象征,因而喜爱以"十"为标准计量单位。如历史上有"十圣",有十大名花,北京有"十里长安",南京有"十里秦淮",上海有"十里洋场"。十大新闻、十大明星,生日祝寿和国庆节逢"十"要举行盛天庆典已成为传统习惯,这些都反映了中国人追求"十全十美"的传统心理。

(3) 西方的吉利数字

西方民族崇尚数字"七"。认为"七"是一个最神秘而神圣的数字。西方人在古时候将日、月、金星、木星、水星、火星、土星七个天体与神联系起来,对西方文化乃至世界文化都产生了广泛深远的影响。"七"在基督教中的频繁使用又使得它具有了浓厚的宗教色彩,渗透到了西方社会的各个方面。如上帝用七天的时间创造了世间万物;耶稣告诫人们原谅别人要七乘以七之多;圣母玛丽亚有七件快乐的事,七件悲哀的事;圣灵有七件礼物;人的一生分为七个生长时期,主祷文也分为七个部分。于是西方宗教常采用"七"来规范人的道德行为或归纳历史人物景物，社会团体、宗教仪式等，对语言文化产生了重大的影响。如七天为一周，七种美德，七种文理学问，七次圣餐，七天圣礼，人生有七个时期，规定了七宗罪。由此可见数字"七"在西方文化中所占有的地位是极其重要的，人们视"七"为吉利数字，对"七"情有独钟。"七"的倍数也被认为是神圣的。因而，英语习语 The seventh son of a seventh son 意为"极为显要的后代"。除"七"之外，西方有的民族对"四"也极为崇拜，认为"四"是公平、正义、力量的象征。

2. 禁忌数字文化

(1) 中国的禁忌数字及习俗

与西方文化完全不同，数字"七"和"四"在中国被视为不吉祥的数字。"四""死"谐音，象征着不吉利，以此尽量不用或少用。"七"也是常常被人们忌讳使用的数字。给人送礼时忌讳七件或七样，饭桌上的菜绝不能是七盘，人们在挑选良辰吉日时，不挑七或十七。其原因与中国人崇尚偶数的心理和中国祭奠死者的传统习俗有关。汉语中与七相关的习语也多带有贬义，如：七零八落、七手八脚、七嘴八舌、七上八下、七扭八歪、七拼八凑等。

(2) 西方国家的禁忌数字及习俗

在西方国家，人们忌讳使用的数字主要有"十三""星期五"和"一"。其中，thirteen 是人们最忌讳的数字，被认为是凶险不祥的象征，尤其在欧美成为头号大忌，如谚语：Thirteen is an unlucky number。并把它称为"鬼数"或"鬼的一打"。人们在日常谈话中不轻易提起"十三"，这个数字，常用"abaker's dozen"来代替"十三"。医院、旅馆里也没有13号房间，上菜不上13道，门牌、楼层及各种编号都尽量避开13，更见不到十三人同席进餐。如果13号恰逢星期五，许多人更是惶惶不可终日。星期五在人们的心目中也是个既不幸又晦气的日子。据说星期五是耶稣受难日，因司祭牧师穿着黑色祭服，故名黑色星期五（black Friday），引申为耶稣受难日，发生灾难事件的日子。还有人说，亚当和夏娃被上帝赶出伊甸园也是星期五。因此在这一天，人们不操办婚事、不启程旅行、不开始新工作、剪指甲或翻动床铺．唯恐发生什么不吉利的事情。

有关13的禁忌习俗相传与罗马神话和耶稣遇难的故事有关。据罗马神话说在一次天国款待阵亡将士英灵的宴会上，有十二位神祇聚餐。席间来了位不速之客，这第 13 位凶神给诸神带来了灾难。据《圣经》记载，耶稣遭其门徒犹大出卖被钉死在十字架上。耶稣在被捕前夕正和门徒共进晚餐，犹大恰好坐在第十三个座位上，而耶稣是第一个从餐桌旁站起的人。因此人们认为十三个进餐者中第一个从餐桌旁站起的人必将会死去，十三人不同时就餐的禁忌习俗流传至今。英语中 two 也是不吉利的，因为这个数字来自 die（骰子）的复数 dice，而 die 的另一词义为死亡，two 变成了不受欢迎的数字。

3. 东西方数字文化观对比

数的观念不可避免地影响着人们的心理和行为。中西方都忌讳同"死亡"有联系的数字，相信数字的魔力，表达了人类与生俱来对死亡的恐惧，而形式各异的中西禁忌习俗也共同表达了人们避祸、求福、追求美好生活的民族的心理。

(1) 东方数字文化观及其渊源

以汉语为代表的东方文化观体现在审美观念中，就是中国人尊崇双数，以双数为美、为吉的传统，体现期盼吉祥、向往美好的民族文化心理。成语中形容处事是"四平八稳"，交通便利为"四通八达"，百事顺心为"六六大顺"，极有把握为"十拿九稳"，完美和妙不可言的境界为"十全十美"。此外，十以上的数字如十二、二十四、三十六、七十二等双数也受到人们的喜爱。因此，双数在汉语中蕴含着吉祥的文化内涵。中国人喜欢双数的美好含义，追求好事成双，希望双喜临门，人际交往中送双份礼，甚至连文学形式中的春联和修辞格中的对偶，都体现了汉民族对双数的情有独钟。汉民族自古以来就崇信阴阳二元学说，认为事物都是由阴和阳两方面构成，只有阴阳交合才能滋生万物。《易经》主张："易有太极，是生两仪，两仪生四象，四象生八卦"，认为事物都是从一化为二，二化为四。四化为八的几何增长。古代哲学家、道家学说的创始人之一老子认为：任何事物都有相对的两面，即：好和劣，对与错，长与短，明和暗，动和静。这些经典名言所蕴含的哲理都很好地阐释了为什么双数在社会生活中被看作吉祥数。而任何事物一分为二、具有相对的两面的观点体现出中国人生活中的辩证法，也符合人们传统的审美心理。任何事物都有双重性，中国人更多地赋予事物以好的属性，展现出中华民族美好和谐的心理。

(2) 西方数字文化观及其渊源

西方国家的人们则往往视单数（十三除外）为吉利数字：Number one 意思是"最好的，最亲近的"；基督教文化三位一体的宗教传统确定了"三"神秘的文化内涵，人们习惯于在生活中把事物存在的量或其发展过程一分为三，以图吉利；"七"在西方文化中占有极其重要的地位，人们视"七"和"七"的倍数为神圣吉利数字，对"七"情有独钟；而表示更深的程度时，常用的方法就是在整百整千的偶数后加上尾数"一"。如 one hundred and one thanks（千恩万谢），a thousand and one way to help（日理万机）。可见英语国家对奇数的偏爱。西方人对奇数的崇拜反映了西方人遵从宗教传统、趋利避凶的民族心理。英语文化为代表的西方文化起源于古希腊、罗马文化，基督教文化则是西方社会的主流文化，两者都对数字的文化内涵有着深远的影响，由数字产生的联想大多与圣经和神话故事密切相关。

（三）动物词语文化

动物和人类生活密切相关，动物是人类生活和人类文化的重要组成部分。世界上很多国家和民族都有自己的动物图腾、动物生肖，无论在政治、经济、军事等方面都有象征性动物。不同的民族对动物赋予了不同的文化内涵。英汉语言中有大量关于动物的习俗语、成语和谚语，这些语言背后蕴藏着深厚的文化积淀，反映了不同民族对动物相同或不同的情感态度。这些词语在表达语言意义时，呈现出不同程度的语言意义对等性。揭示这些差异，可以促进语言学习、翻译和跨文化交际，避免语言交际中的误解。

1. 英汉动物词语的语义对等性

对等性是指英汉语言中在表达某一语义时，词语中所涉及动物名称的一致性或相同性，其语言中使用的动物名称所代表和体现的相同或相近的比喻、联想意义。英汉语言中某些动物词语有着同样的比喻、象征和联想意义，因而在语义表达和文化内涵上具有对等性。

（1）利用动物形体特征形成的语义对等性。例如，根据蛇的体形及运动特点，英汉语言都用"蛇"表示一种行进路线和行进方式。汉语中有蛇行、龙蛇飞动、笔走龙蛇、杯弓蛇影等。英语中有"snake its way through/across"，意为"蜿蜒曲折，沿曲折道路行进"。"as slippery as an eel"比喻像泥鳅一样圆滑。

（2）由于语言翻译、词语借用和文化交流形成的语义对等性。例如，英语中用"a paper tiger"对应汉语中的"纸老虎"，汉语中用"鸟瞰"对应英语中的"a bird's view"，"a dark horse"—黑马，"an ugly duckling"—丑小鸭，"horse power"—马力，"bull market"—牛市，"bear market"—熊市等。

（3）根据动物的生活习性和行为特征形成的语义对等性。对于"猴、蛇、狐狸、狼"等动物的态度中西文化相同，因而他们在英汉语中表达的意义大致相同。例如，"猴"在英汉语言里都比喻顽皮、淘气和机灵。英语中"monkey"解释为"naughty and playful"，故有"He is a little monkey"，意为"他很顽皮淘气"。"monkey business"，比喻骗人的把戏、恶作剧。汉语词语中有"猴精、猴灵"等。英语中可以用"horse"指各类人，例：a dark horse—黑马，a willing horse—积极工作的人，a Trojan horse—潜伏在内部的敌人。汉语中有"犬马、驽马、响马、马贼、探马、马前卒、老马识途"等。英语里"a snake in the grass"比喻伪装成朋友的阴险之人；汉语里有"眼镜蛇、一条毒蛇、蛇蝎心肠"等。汉语中有狡猾的狐狸，像狐狸一样狡猾；英语里有"a sly/crafty fox"，"as cunning as a fox"等。此类例子都体现了两种语言在借用动物名称表达语义的完全对等性。

2. 英汉动物词语的语义非对等性

动物词语的语义非对等性指由于不同国家、民族生活的地域差异、生活方式、风俗习惯和文化传统及人们经验阅历的不同，同一动物名称在不同语言中产生不同的比喻、象征、联想意义。这样在表达同一语义时，不同语言在使用动物名称时会不尽相同。这种语义表达的非对等性又分为部分非对等性和完全非对等性。

（1）英汉语言中动物词语语义表达的部分非对等性。一种语言中有关动物的习俗语、成语、谚语表达相同语义时，在另一种语言里会变为借用其他动物名称的词语。这两种表达形式是部分对等的，或者说部分非对等的。英语中"owl"是智慧、庄严的象征，例"as wise as an owl"（猴精）。而汉语里它是不祥之鸟，倒霉、厄运的象征，汉语用"猴"象征聪明、机灵。"bat"在英语里具有消极否定意义，象征盲目、丑陋、罪恶和吸血鬼，例"as blind as a bat"。而汉语里"蝙蝠"具有褒义色彩，象征幸福、好运、富裕，因为它和"福"谐音。英语中狮子为百兽之王，汉语里老虎为王，象征威武、威风，故有"虎威，狐假虎威"和"山中无老虎，猴子称大王"之说。凡汉语中用虎的词语，英语中多用狮子，例如，虎威/威猛—lion-hearted 或 as majestic as a lion, 威猛如虎—as brave/bold as a lion, 拦路虎— lion in the way, 狼吞虎咽—make a lion's meal of, 摸老虎屁股— twist the lion's tail 等。下列词语里，表达同一意义时英汉语言中分别使用不同的动物名称。如：Lead a dog's life—过着牛马般的生活，love me, love my dog—爱屋及乌，have/hold a wolf by the ears—骑虎难下，chicken-hearted—胆小如鼠，a fly in the ointment——只老鼠害了一锅汤，like a cat on hot bricks—热锅上的蚂蚁，like a drowned rat—落汤鸡，beat the dog before the lion—杀鸡儆猴，While the cat's away, the mice will play—山中无老虎，猴子称大王，等等。

（2）英汉语言中动物词语语义表达的完全非对等性。一种语言中有关动物的习俗语、成语、谚语表达某一语义时，在另一种语言里这些动物名称则完全消失，不借助任何动物名称。体现出两种语言语义表达的完全非对等性。例如，汉语里"白象"是一种电子产品，而"white elephant"在英语里意为"累赘、昂贵而无用的东西"，所以不可直译。同样在英汉两种语言里，人们对狗有着不同的情感态度，狗在西方文化中是人类忠实、善良的朋友，对狗持积极肯定的态度，而汉语里狗代表不良形象，如"狼心狗肺、狗急跳墙、走狗"等，故英语中的"a lucky dog, a clever dog, a jolly dog, a top dog"等不可翻译为汉语的"××狗"。汉语里很多含有动物名称的词语，不能用英语中对应的动物名称词语表达。例如，拍马屁—— lick sb's boots；呆若木鸡—dumb stuck；蜻蜓点水— scratch the surface；九牛二虎之力— kill oneself，等。英语里许多动物名称构成的词语，转化为汉语时也不能用动物名称。例如，as nervous as a cat（kitten）—十分紧张，put the cart before the horse—本末倒置，pig oneself—肮脏、邋遢，a dog in the manger—占着茅坑不拉屎，等等。

3. 英汉语言中"六畜"的国俗语义比较

所谓"国俗语义"指在词汇的概念意义上添加历史文化、民情风俗、地理环境等文化色彩的语义。国俗语义是语义民族化的一种表现，它客观地反映了使用该语言国家的历史文化和民情风俗（吴发富：《国俗语义研究》）。不同的民族由于在地理、民族、宗教及价值观念等方面存在差异，表达同一理性概念的词在各自独特的文化传统作用下必然会产生附加在词汇本身概念之上的不同的国俗语义。对词汇国俗语义的理解有助于人们更恰当地了解和掌握语言深层的文化，从而真正达到交际的目的（周仁平，2011）。

马

在西方，骑马一度是上流社会独享的特权。王公贵族们骑着高头大马招摇过市，英语中由此产生短语"be on the high horse"，表示"趾高气扬"；get down off the high horse 则指"放下架子"。后来赛马和赌博相结合，产生了一系列表达方式：back/bet on the wrong horse. 赌错了马，引申为"支持错了人；对未来情况作了错误的估计"。hold your horse. 不要急、镇静，原指"在没听到发令枪响之前勒住缰绳，别让马抢跑"。change horses in midstream. "临阵换将、中途改变策略"。a horse of another/a different colour. 不同骑手的马在竞赛时系不同的缓带，由此引申为"完全另一回事"。from a horse's mouth "直接的、第一手的"，原指"通过观察马的牙齿来判定其年龄"。look a gift horse in the mouth. 原指在"获得特殊的礼物——赛马后，还查数马的牙齿"，引申为"对礼物吹毛求疵、评论礼物的好坏"。

"马"在汉文化中也有丰富的国俗语义。汉语中的"马"常用来泛指"人"，如"驽马"指才能低下的人；"千里马"指才能出众的人；"牛马"指从事艰苦体力劳动的人；"犬马"指甘愿受人使唤的人；"野马"指难以管束的人。成语中还有"老马识途""害群之马"等。由于马在古代战争中的重要作用，汉语中不少与战争相关的词都用"马"作其词素。如从军作战称为"戎马"；骑兵叫作"铁马"。成语中还有"招兵买马"，"马首是瞻"，"单枪匹马"，"马革裹尸"，等。

牛

英语中与"牛"相对应的词有 bull, cow, calf 和 ox 等，这些"牛"与汉语文化中的"牛"存在许多不同的国俗语义。bull（公牛）在英语中常指"体壮如牛的人"，同时还具有"桀骜不驯，恃强凌弱"的国俗语义。英语中的"母牛"cow 含有"懦弱，胆怯"的意思，如 cow-hearted, cowish 均含此义。此外，cow 还常被用来指"肥胖笨拙的女人"。牛在印度文化中是神圣的，受此影响，英语在本世纪初出现了习惯用语"sacred cow"，用以指"神圣不可侵犯的思想、机构、制度等"。calf（小牛）指"愚蠢的胆小鬼"或"稚嫩的人"，短语"calf love"常用来指"少男少女对异性的短暂爱情"或"初恋"。ox（阉割的公牛）一词在英语中含有"愚蠢""呆头呆脑""笨拙"等义。英语中用"dumb ox"或"as dumb as an ox"描述"呆滞（或笨拙、沉默寡言）的人"；"play the giddy ox"则指"胡闹、干蠢事"。

中国古代传说中战神蚩尤和神农均为牛首人身，又传大禹治水时一次还受到一头神牛相助。因此"牛"在古代总是与仙人、神灵有关，"牛"在农耕文化中起着十分重要的作用，汉民族对"牛"十分崇尚。因此，与英语中的牛多含贬义形成鲜明对照的是，汉语中的"牛"多充满了褒美之义。例如，"牛"性情"温顺"，是勤恳和忘我精神的象征，汉语中常用"老黄牛"比喻"踏实""任劳任怨"等优良品质。现代汉语中的"牛"含有"固执""倔强"的喻义，如"牛劲""牛脾气"等。在汉文化里，"牛"还以愚忠闻名，人们常把"不智不肖的庸人"称为"蠢牛"，讥笑听不懂对方说话为"对牛弹琴"。"牛"体积大，所以人们习惯以"牛"喻"大"或"多"，如用"牛嘴"，"牛目"及"牛脚"来形容人体某些部位粗大不雅；用"牛声马调"形容骂人声音粗野而难听；用"九牛一毛"言极多数目中的小部分。英语中 as strong as a horse；a willing horse 的中文对译应是"力大如牛"和"老黄牛"。

可见，牛在汉语文化中以褒义为主，语义丰富，象征勤劳、吃苦、任劳任怨、乐于奉献。而英语中则以贬义为主，象征笨拙、愚蠢。这与中国的农耕文化不无关系，中国人以农业为主，对牛的依赖性较强，故对牛的感情深厚，言谈之中充满褒奖之词，而西方的游牧生活却使他们对马更为青睐。

羊

英语中的"羊"分别有 sheep, goat, lamb, ram 等。每个词都有其特殊的国俗语义。Sheep（绵羊）喻指"善良的好人"，短语 a wolf in sheep's clothing 为"披着羊皮的狼、口蜜腹剑的人"。sheep 还可以指"胆小鬼、羞羞答答的人、易受骗的人"，相关短语如 lost sheep "迷途的羔羊"；follow like a sheep "盲从"；sheep's heart "胆小"；cast sheep's eyes at sb "对某人抛媚眼"；sheep without a shepherd "没有带头人的一群乌合之众"。在古代，英国人视黑羊为魔鬼的化身，再加上黑羊毛不及白羊毛值钱，常被视为"无用的次品"，因此"黑羊"（black sheep）在英语中便有了"无用之大""败家子""害群之马"等转义。在古代的宗教仪式中，人们在赎罪日（atonement）当天用一只山羊祭祀，另一只羊则被逐之荒野，象征着将所有人的罪恶带走。这只免于充当祭品的羊被叫作 escape goat 或 scape goat，指替别人承担罪恶和过错，亦叫"替罪羊"。另外，耶稣在《新约》中说，他把绵羊置于右边，山羊置于左边。右边的人将受到天父的祝福而永生，左边的人则会遭受炼狱的折磨，由此 sheep 和 goat 形象截然不同，前者比喻好人，后者比喻坏人。"to separate the sheep from the goats"的意思就是"区分善恶、分清良莠"。此外，英语中有关 goat 的成语，也大多含贬义。如 act/play the giddy goat 指"干蠢事、瞎胡扯"，get someone's goat 在口语中指"嘲笑某人、触某人肝火"。Lamb（小羊）常用来指"像羊一样温顺、天真无邪、容易上当的人"等。与此相关的成语 as meek（或 gentle mild）as a lamb，like a lamb 都含有"逆来顺受、任人宰割"的意思。英语中的"羔羊"还象征为赎罪而牺牲自己的耶稣基督，被称为 the Lamb of God。此外，根据《圣经》，ewe lamb 令指"最受宠爱的人、最珍贵的东西"。Ram 在英语中指未阉割的公羊，含有"撞击，猛撞"等义，因此，它常常给人以"横冲直撞"的联想。另外，ram 也喻指"好色的男人"。

汉文化中，"羊"对我国文字、饮食、礼仪等文化的产生、发展都有很大的影响。古人认为羊是吉祥、美善的象征。汉字中表"褒义、美好"之意的很多字，如"善、羲、美、祥、鲜"等，都以羊为偏旁部首。汉语中许多成语和俗语也都与"羊"有关，如亡羊补牢、三羊开泰、羊质虎皮、羊毛出在羊身上、挂羊头卖狗肉等。我国民族众多，在饮食上对羊都情有独钟。羊性好群，与此相关的"合群""注重群体"常被看作中华民族的一个重要特征。羔羊总是跪着吃奶，似乎懂得母亲的艰辛与不易，所以羔羊跪乳常被人们赋于"至孝"和"知礼"的含义。

中西方文化中，羊都使人联想到温顺、善良、柔弱的形象。汉语文化取其谐音，羊寓意吉祥、喜庆，而英语文化中羊的语义远比汉语丰富，甚至还代表着轻浮、不端庄的消极含义，也主要是由于羊和他们的生活息息相关所致。

鸡

英语中鸡主要比喻胆小害怕，例如，"chicken"指懦夫、胆小鬼；"chicken—hearted"形容胆小的；"chicken out of sth."比喻因害怕而决定不做某事。汉语中"鸡"和"吉"同音，所以中国文化中，鸡寓意吉祥、好运、事事如意。中国人逢年过节都要杀鸡宰羊，希望鸡能带来吉利、平安、好运。汉语中也用鸡表示小事、琐碎无价值的事，例：鸡毛蒜皮、鸡零狗碎、鸡口牛后。中国人常用"鸡娃子、小鸡、小鸡打鸣"等比喻年龄小、不成熟，有轻视、瞧不起之意。汉语中流行大量有关鸡的习语、成语，例如，鸡飞蛋打、鸡犬不宁、鸡犬不惊、鸡犬升天、鸡鸣狗盗。英汉语言中"鸡"所代表的文化意义异大于同。鸡在中国文化里寓意吉祥、吉利，以褒义为主。而在西方文化里则多用作贬义。

狗

在西方文化中，狗作为一种宠物，主要用作褒义。由于人和狗的关系密切，英语中常用狗代人。例如，"the top dog"指有优势的团体或人员，"an old dog"指老年人，"a sad dog"指悲伤的人，"a jolly dog"指聪明伶俐的人，"a gay dog"指快活的人，"a lucky dog"指幸运的人，又如在以下的格言中："Every dog has his / its day"（凡人皆有得意之时），"Love me, love my dog"爱屋及乌，"There is a life in the old dog yet"（老当益壮）。英语文化中"狗"偶尔也用作贬义。例如，"a case of dog eat dog"指残酷无情的竞争及自相残杀；"lead a dog's life"意谓过着牛马不如的生活；"treat sb. like a dog"比喻视某人如草芥及不当人看；"put on the dog"形容人装腔作势，摆架子等等。

汉语中狗是一种卑微的动物，总是带有消极否定的含义，对狗的厌恶和鄙视使中国文化中狗常和巴结、谄媚、落魄、卑劣等联系在一起。狗在中国文化里的国俗语义主要有：（1）表示卑劣之人。例如：走狗、狗腿子、哈巴狗、狗东西、落水狗、癞皮狗、狗屎堆、狗头军师、狐朋狗友、鸡鸣狗盗之辈等；（2）表示不好的言行。例如：狗咬狗、狗吃屎、蝇营狗苟、狗急跳墙、狗血喷头、狗仗人势、狗尾续貂、狗鼠不若（《现代汉语词典》，1988）；（3）骂人。例如：狗杂种、狗屁、狗窝、狗娘养的、狗皮膏药、狗仗人势、狼心狗肺、鸡鸣狗盗。俗语中有狗改不了吃屎，狗嘴里吐不出象牙，狗拿耗子多管闲事，狗咬吕洞宾不识好人心等。

以上对比不难发现，英汉文化中狗所代表的形象，其比喻、联想意义迥然不同。汉文化里人们对狗绝无好感，几乎所有有关狗的成语、俗语都带有贬义，而西方文化中则以褒义为主。这反映了不同民族的不同生活方式、情趣和文化心态。

猪

　　猪在英语中有多种说法，如 pig, swine, hog, sow, boar 等。英美人提到 pig 时，习惯将其与"迟钝、懒惰、肮脏、贪婪"等意义联系在一起，与此相关的表达方式也有很多，如 pigsty、pigpen 都指"猪圈或肮脏的地方"；to make a pig of oneself 指"吃得太多"；to be a pig about... 指"对……贪得无厌"；to teach a pig to play on a flute 指"做荒诞或不可能的事"。Swine 在口语中多含贬义，可以指"遭人鄙视、令人讨厌的人或事物"。英语成语中有 cast pearls before swine，意为"对牛弹琴、将珍贵的东西送给不识货者"。sow（母猪）含有"毫无价值、质量低劣"的国俗语义，如 something of a sow's ear 指"无价值的东西、蹩脚货"。英语谚语 You can't make a silk purse out of a sow's ear. 可译成"劣材难成美器"，也可说成 You can't make a horn of a pig's tail。此外，sow 还经常用来喻指"粗俗、懒惰的女人和下流的荡妇"，相关的表达方式有 as drunk as a sow（烂醉如泥）。Boar 可以指未阉的公猪、野猪，它使人联想到的是"野性和勇往直前"。

　　同英美人一样，中国人在日常的语言中常常将猪与愚蠢、懒惰、肮脏联系在一起，形容人长得难看叫"猪头狗脸"，"猪头猪脑"；形容人格低下、品行极坏用"猪狗不如"；汉语还有俗语"猪八戒照镜子——里外不是人""龙生一子定乾坤，猪生一窝拱墙根"。在古代，猪曾是深受人们崇拜的生殖之神和风雨之神，后来慢慢演化成了"性"和"色欲"的象征。除了上述贬抑的含义外，"猪"在汉语中也具有褒美之义。在古代，猪不仅没有任何贬义，相反还是衡量勇敢的尺码。在被长期驯养的过程中，凶暴、勇猛的野猪逐渐丧失其本性。由于能同时为人们提供美食和经济收入，家猪慢慢地成为民间吉祥物的象征。"肥猪拱门"由此也变成了人们祈愿新年吉庆和丰收的吉利话。总之，猪在中西方文化中都是褒贬兼有，一方面代表着愚笨、懒惰、贪吃、好色，另一方面又象征着厚道、忠诚、谨慎。

　　由此可见，英汉语言中有众多动物名称构成的习语、成语、谚语，常体现某些特征和品质。其中有些在两种文化里有着共同的联想意义，有些则存在语义差别，造成语言意义表达不同程度的对等性。这些相同和差异是由以下原因造成的。一方面，人类共同的生活经验和动物相同的特征使得不同语言间具有等同性；另一方面，不同文化的民族对同一动物有不同的认识、情感和态度，因而产生了语义表达上的不对等性。例如，中华文明产生于为江河所滋润的大陆，属于农业文化（或大陆文化），中国是一个农业大国，人们对牛的依赖性较大，有关牛的词语在汉语里特别多，而且人们对牛的情感态度多以褒扬为主。而西方文化诞生在海洋之中，属于商业文化（或海洋文化），英国是个岛国，英国民族对船、鱼的依赖性较强，故英语语言里有关鱼的词语特别多，自然对它就有较好的感情。生活方式、生存环境的不同形成了他们对动物属性的不同认知。探究造成这些差异的文化根源有利于揭示民族语言和文化特色。因此学习和研究一种语言，要特别注重该语言中渗透着的文化因素，即从使用该语言的人民的历史文化、风俗民情的角度加以发掘和阐述，注意两种语言相关部分语义和表达的异同，有效避免语言交流的障碍和误解，从而使跨文化交际得以顺利进行。

（四）英汉国俗语义异同之原因

"国俗语义学"亦称之为"国民文化语义学"，翻译成英文为 national cultural semantics。国俗语义是语言本意与转化意义在国民文化的多种呈现，使用语言的过程就是把不同的历史文化和国民风俗的展示过程，体现不同的国民文化特色。即语义在反映词语含义的基础上勾勒了附加的国民文化色彩，离开了国民文化背景，难以准确阐述语言本身的韵味。任何语言中都存在大量的区别于其他语言的具有民族特色的词语。国俗语义的成因主要有以下几方面。

（1）英汉两个民族的文学传统不同

国俗语义是在特定语言交际场景里，利用词语的本意发生转换，转换过程要遵循英汉不同的文化背景。英语容纳了大量的希腊罗马神话故事文化，神话传说给予植物生词新的含义，使其贴合国民文化特色。例如，在英美文化中"桂冠"象征荣誉和优秀，这源于罗马神话中阿波罗的神话故事。玫瑰象征秘密和沉默（under the roses），也出自古罗马神话。此外，许多英语植物词的转换意义来源于《圣经》故事。如 fig leaves（无花果叶），始于亚当与夏娃的故事，代表遮羞布；olive branch（橄榄枝）象征和平，来自挪亚方舟的故事，红豆汤的故事也出自《圣经》。The apple of discord（不和的金苹果）这个典故源自荷马史诗《伊利亚特》中的神话故事，表示争端之源、祸根。

中国文化受外来文化的冲击较小，汉语中植物词的转换意义多受到儒家文化的影响。如松柏象征威武不屈的人格源自《论语》名句"岁寒，然后知松柏之后凋也"；牡丹雍容华贵，国色大香，源自唐皮日休及李正封的诗句。而桃、桃树、桃花的美好寓意也与神话故事、道教传说、以及陶渊明的文章等有关。由此可见，中西民族的文学传统使得植物词、花卉词具有国俗语义。

(2) 英汉两个民族生活的自然环境不同

例如，中华文明属于农业文化（或大陆文化），对牛的依赖性较大，有关牛的词语数量多且以褒扬为主。而西方文化属于商业文化（或海洋文化），对船、鱼的依赖性较强，故有关鱼的词语数量多且多为褒义。另外，由于地理环境和气候条件的不同，人们对花草树木甚至一些自然现象的认识和感受并不相同，具有鲜明的民族性和区域性。中国江南气候温和湿润，大部分地区适合竹子生长，历代文人种竹、赏竹、咏竹、食竹，于是竹子产生了"高风亮节""胸有成竹""势如破竹""雨后春笋""竹林七贤""青梅竹马"等富有联想意义的成语。中国人用"雨后春笋"来指代新生事物的不断出现，可是英国不产竹子，于是英语中就缺乏与竹子有关的文化词汇。但是英国气候多雨，蘑菇可得到迅速的生长，所以英国人一般爱用 mushroom 来形容事物发展迅速或蓬勃兴旺之状，如 spring up like mushrooms（雨后蘑菇）表示"雨后春笋"。又如对"西风"的认知，英汉文体中有很大差异，"西风"在中国人看来是凄凉悲惨、摧毁破坏力的罪魁祸首，而西方人认为是能够带来温暖湿润的海洋空气的和煦的微风。这种语义的差异正是国民生活的地域性造成的。

(3) 社会习俗的不同

我国南方地区属亚热带，气候温暖湿润，适合栽种水稻，所以大米是南方人的主食，俗谚说"秦岭山脉一条线，南吃大米北吃面"。因此，在汉语中有关大米的词汇特别丰富："稻子""谷子""大米"和"米饭"，而"稻子"又分为早稻、中稻、晚稻。英语中只有一个 rice 来表示，这就出现了词汇概念意义的空缺。在中国文化中，"吃饭了没有"成为了一句问候语；有"饭碗""铁饭碗""丢了饭碗"；"吃大锅饭""夹生饭"等隐喻用法；有"生米煮成熟饭""巧妇难为无米之炊""偷鸡不成蚀把米""粒粒皆辛苦"等俗语。英国地理上位于地球北温带，农作物主要是小麦，因此，英国人的主食是面包，英语中有关面包和小麦的文化语义词汇有很多：wheat, cereal, oat, flour, dough, bread, crust, loaf 等。英国人把"饭碗"叫作 bread and butter；把"夹生饭"叫作 half baked；他们把家里的顶梁柱叫作 bread-winner；他们把衣食无虞的生活叫作 always keep bread on the table and roof over head；他们把"丢了饭碗"叫作（out of bread）。在英语俚语中，bread 和、dough 都可代表钱。茶叶在中国有两千多年的历史，茶树不能移栽，移之则死，故茶树在中国传统文化中有忠贞的联想，所以民俗曰"一女不吃两家茶"，即"一女不许嫁两家"之意。在美国，"not my cup of tea"这个短语可以用来形容你不喜欢或不在意的东西。相反，"one's cup of tea"自然可以用来表示"某人感兴趣或喜爱的东西"，可以指任务、话题、人或任何让人感到合适的东西。

（4）思维方式和价值观的不同

语言是交际的工具。在交际文化中，各国人民传承不同的风俗文化，交流、交际的方式不同，在言语表达方式方面表现出不同的文化差异。例如，见面打招呼时，英语一般只说 Good morning! 或 How do you do? 或 How are you? 等等。而汉语人常用"吃过饭了吗""到哪里去"等打招呼，若直译成英语会让对方会感到莫名其妙。中国人对于表扬、赞赏的回答通常是"哪里哪里""不行不行""没什么，没什么""马马虎虎吧"等以表示谦虚，这符合汉民族文化中谦虚、礼貌，不张扬个性的表现。又如，中西方在送礼和收礼的习惯上不一样。中国送给别人礼物时，礼物再昂贵、再大也总是很谦虚地说，"一点小意思，请勿见笑"。

英美人要先称赞这礼品多么有价值，讲希望对方能喜爱一类的话。

（5）语言系统不同

英汉两种语言有各自不同的语音系统和特点，英语属于重音语言，汉语属于音节语言，语言谐音在不同的国家语言文化中存在差异。英语中的 pear（梨）与 pair（一对）谐音，两者在意义上没有任何联系。汉语中的梨与"离"谐音，梨象征了"分离""离别"，还含有"死亡"的引申意义，因此在婚礼上新娘、新郎不可以吃梨，中国人探望生病的亲人也不可以送梨，避免引起病人对于死亡的联想。汉语中"柳"与"留"同音，故"柳"寓意"惜别、挽留"，所以当友人送行时，就曾折柳赠别，以表依依不舍之意。从外形上，柳以其柔长的枝条，唤起了离人的缠绵情意，所以在古典诗词中柳也用来表示相思之情。汉语中"杏树"与"兴""幸"谐音，人们借此表达兴盛、兴隆、兴旺、幸运和幸福之意。孔夫子在曲阜设立杏坛讲学，所以"杏坛""杏园"指代人才聚集之地或讲学之处，现在泛指教育界。三国时董奉居庐山，免费为病人治病，重病患者种杏五株，轻者一株，数年间得十万余株，蔚然成林，"杏林"遂成行医的代称。杏花娇容三变，含苞初放时花色艳红，花儿怒放时花色趋淡，待到花儿落时，转为纯白，总之它似白非真白，似红非艳红，有巧夺天工之美，故杏花有美女的联想。"红杏出墙"比喻女子怀春或有外遇。

三 谚语与文化

谚语是语言的精华，是浓缩的文化。它与一个民族不同时期特定的自然环境、风俗习惯、历史、神话传说、宗教信仰、价值观紧密联系。由于地理、历史、宗教信仰、生活方式、生活习俗等方面的差异，谚语承载着不同民族的文化特点和文化信息，它们与文化传统紧密相连，不可分割。谚语作为一种语言现象，积淀着最深厚的文化底蕴。通过谚语可以了解英国文化的印迹，当然，也只有广泛了解了英国文化才能深刻理解英语谚语的含义。例如，paint the lily（画蛇添足）、little bird tells me so（道听途说）、the leopard cannot change his spot（江山易改 本性难移），如果我们只是按照字面意义去理解这些谚语，那么就会闹出像"给百合花涂色""小鸟告诉我如此""豹子改变不了它的斑点"这样的笑话。可见要正确理解英语谚语必须依据正确的文化认识图式。英语谚语的理解实质是认知文化图式制约下的一种认知推理行为，话语的理解是大脑认知机制对语言处理的心理过程，涉及读者或译者对信息的选择、处理、理解、推理和传递的过程。读者或译者作为认知主体不断调整认知文化图式，改变认知假设，获得最佳语境效果，由此产生的认知语境制约和影响谚语话语的理解和译文的生成（戴桂玉，2008）。因此，英语谚语具有研究英国文化的重要的文化价值。掌握英语谚语的文化内涵，有助于更好地理解和使用语言。

英语谚语中的文化可分为表层文化和深层文化。表层文化可进一步做地理、风俗习惯、民族心理或思维定势以及生产生活经验等方面的区分；深层文化指谚语中所蕴含的古希腊—基督教哲学、人文主义以及启蒙主义等思想传统。虽然人类文化现象林林总总，异彩纷呈，然而其中居于中心地位、起决定性作用的却是其内隐或深层的部分，即那些被称作"传统观念"或"价值判断"的东西，它们不仅形成了一种文化的现状，而且规定着未来的走向。因此，在探讨英语谚语中的文化内涵时，不仅要关注表层文化,更要侧重于核心部分即关涉一种文化所代表的宇宙观、认知论以及道德伦理观念等根本问题(肖建荣,2013)。

(一)谚语与自然环境

每个民族都在一定的自然环境中生存繁衍,因而不同民族的一些谚语的产生便和该民族的自然环境、山川物产密切相关。自然地理环境不同,英汉谚语所体现的文化内涵也不同。英国是岛国,四周环海,历史上主要以海洋渔业为主,它的谚语多与"sea""fish""ship"等有关,如"He who would catch fish must not mind getting wet"(捉鱼不要怕湿脚),"Rats desert a sinking ship"(船沉鼠先逃);而中国大部分的国土不临海,人们的生活主要在陆地上,山多,以农业为主,谚语中的词语多与"土""山""林""树"等有关,如"不入虎穴,焉得虎子""树倒猢狲散"。

与自然环境有关的英语谚语主要体现在以下两方面。

1. 天气。在英国,天气是人们见面时经常谈到的话题。英国地处一个岛国,四面临海,天气多变。此外,西方人比较注重个人隐私,所以人们见面时,谈论天气是最好的选择。由此也就产生了很多这方面的谚语,如:

> March comes in like a lion, and goes out like a lamb.
> 三月天,来如雄狮,去似羔羊。
> Never cast a clout till May be out. 不到五月底,别忙收棉衣。
> Rain before seven, fine before eleven. 早雨不过午。
> It never rains but it pours. 不雨则已,一雨倾盆。不鸣则已,一鸣惊人。
> Into every life a little rain must fall. 人生难免有挫折。

2. 航海。英国是大西洋中的一个岛国,河流、湖泊较多,沿海渔产丰富。英国人喜欢航海,因此英语中有许多关于船和水的谚语,如:

> Many drops of water will sink the ship. 水滴石穿。
> It's a hard sailing when there's no wind. 无风难驶船。
> The good seaman is known in bad weather. 惊涛骇浪,方显英雄本色。

Red sky at night, sailors' delight; red sky in the morning, sailors take warning.
晚霞满天，水手喜欢；朝霞满天，水手警惕。
Rats desert a sinking ship. 船沉鼠先逃，树倒猢狲散。
A small leak will sink a great ship. 小洞不补，大洞叫苦；千里之堤，溃于蚁穴。
Let another's shipwreck be your seamark. 前车之覆，后车之鉴。
Any port in a storm. 船遇风暴，不择港口。
The sea refuses no river. 大海不拒河流；大川不择细流。
Still waters run deep. 静水流深，沉默者深谋。
Water is the eye of a landscape. 水是风景的眼睛。
The best fish swim near the bottom. 好鱼居水底。
The water that bears the boat is the same that swallows it up. 水能载舟，亦能覆舟。
There is no huilding a bridge across the ocean. 横跨大洋，无桥可以飞架。
The sea has fish for every man. 海里有鱼虾，人人可去抓。
A smooth sea never made a skillful mariner.
平静的大海永远造就不出老练的海员。
spend money like water 花钱浪费，大手大脚。（而汉语是"挥金如土"）。
A bad workman always blames his tools. 不会撑船怪河弯。
Don't spoil the ship for a half-penny-worth of tar. 勿因小失大。
When it is fine weather mend our sail. 未雨绸缪。

汉谚中也有许多反映我国地理特点的谚语，如："上有天堂，下有苏杭"，"桂林山水甲天下，阳朔山水甲桂林"，"湖广熟，天下足"。汉民族起源于黄河流域，与黄河有关的谚语也有很多。如："跳进黄河也洗不清"，"不到黄河心不死，不撞南墙不回头"等。另外，我国幅员辽阔，物产丰富，又是农业大国，因此有关农业和农业劳动的谚语数量很多。如："拾了芝麻，丢了西瓜""庄稼一枝花，全靠肥当家""七十二行，庄稼人头一行""春天起得早，秋后吃得饱""好钢要炼，好苗要锄""耕地过冬，虫死土松""千算万算，不如良种合算"。另外，中国以农立国，因此许多谚语和农业生产生活有关，如：骨瘦如柴 be as lean as a rake。对牛弹琴 cast pearls before swine。滚石不生苔 a rolling stone gathers no mass。众人拾柴火焰高 many hands make light work。竹篮打水一场空 drawing water in a bamboo basket means drawing nothing。

（二）谚语与宗教文化

宗教信仰作为一种社会意识形态，对人类社会有很大的影响。至今宗教在许多民族的生活中仍然起着不可忽视的作用。宗教对语言的发达有着不可估量的影响，各民族所创造的谚语与该民族的宗教信仰有着千丝万缕的联系。英语国家多信奉基督教、天主教，基督教文化语境早已融入西方人的精神和日常生活中，无处不在。英语中大量的谚语和宗教相关，常出现"上帝""基督""罗马"等词语。其中一部分带有迷信成分或纯宗教意义，而相当数量的谚语是借助宗教来揭示人间善恶，宣扬为人处世之道，阐述自然规律的。中国古人多信天，认为"天人合一"，如同一内涵的谚语，汉语的表达是"谋事在人，成事在天""殊途同归"；两千年前，道教在中国兴起、佛教传入中国后，汉语中也出现了与之相关的谚语，如"借花献佛""道高一尺，魔高一丈"。许多汉语谚语常借用庙、菩萨、佛等来作比喻。例如，"跑了和尚跑不了庙""放下屠刀，立地成佛""泥菩萨过河，自身难保""远看菩萨，近看佛""做一天和尚撞一天钟""不看僧面看佛面""平时不烧香，临时抱佛脚"。张曙望、欧阳俊林（2004）借用 Kluekhohn 夫妇和 Strodtbeck 分析文化模式的五种取向来分析以英美文化为其主要代表的西方文化，阐述了基督教的重大影响，并引用英语中的相关谚语加以佐证。这五种取向分别是：人性取向（human nature orientation）、人和自然的关系取向（relationship of human kind to nature）、时间取向（time orientation）、行为取向（activity orientation）及社会关系取向（social relational orientation）。

1. 人性取向与原罪说

基督徒们深信，上帝创造了人——亚当和夏娃，并让他们幸福地生活在伊甸园中，但夏娃禁不住毒蛇的诱惑而违背了上帝的旨意，与亚当一起偷食生命树上的禁果，结果触怒了上帝被赶出伊甸园，发配到世上来受苦。因此西方人普遍认为人性是恶的；但另一方面，上帝又派遣耶稣来到人世宣讲天国的福音，说："你们求，就会给你们；你们寻觅，就会寻到；你们敲门，就会给你们开。"由此可见，人性虽是恶的，却是可以救药的，所以西方人才不断地忏悔自己的言行，不断改变罪的本性。基督教强调内心的纯洁、善良和虔诚，更注重爱的力量——谦恭、宽恕、仁慈、信仰、忍耐——对道德的净化作用。

It is more blessed to give than to receive. 施舍比受惠更幸福。

A clear conscience is a soft pillow. 凡事心不亏，落枕就能睡。

A good conscience is a constant feast. 心地善良，终身受用。

He is unfortunate who cannot bear misfortune. 不幸不能忍，乃是大不幸。

One good turn deserves another. 善有善报。

Pride goes before, shame follows after. 骄傲走在前面，羞耻紧跟其后。

Humility is the foundation of all virtue. 谦逊乃美德之本。

Let patience grow in your garden. 让忍耐这种美德在你的花园里成长。

2. 人和自然的关系取向与上帝创造万物

根据《圣经》，上帝创造了天地万物和人类。这决定了西方文化中天人相分的人与自然的关系取向。一方面上帝是有计划、按步骤地创造出天地万物，共同组成一个有机的宇宙。所以这个世界必定存在推动其运转的自然规律，所谓"Nature will have its course（大自然有其运行规律/天行有道）"；另一方面，更为重要的是，上帝赋予了人共掌管这个世界的权力，人处在支配和改造自然的位置。因此人的主观能动性被极大地调动起来。

God gives every bird its food, but does not throw it into the nest.
天赐鸟以食，不投食于巢。

Man is not the creature of circumstances; circumstances are the creature of man.
并非时势造人而是人造时势。

Man is the artificer of his own happiness. 人之幸福，自己创造。

Weak men wait for opportunity, but the strongmen make it.
弱者等待机会，强者创造机会。

I am the captain of my soul; and the captain of my fate.
掌管自己的灵魂，主宰自己的命运。

上帝把人类赶出了伊甸园，孤独的人类必得靠自己，勤奋努力，自立自强，获得成功，而不能完全依赖上帝的恩赐。英语中有大量谚语鼓励人们要有独立自助精神，竭尽全力努力奋斗，积极地对待生活和工作，与命运抗争。

God help those who help themselves. 天助自助者。

Eagles fly alone, but sheep flock together. 绵羊成群走，雄鹰独自飞。

Every man is the architect of his own fortune. 人人都是自己命运的建筑师。

The Devil take the hind most. 落后者遭殃。

He travels the fastest who travels alone. 独行者走得最快。

If each would sweep before his own door, we should have a clean city.
户户门前都扫清，整个城市都干净。

Every man must bear his own cross. 人人都得背自己的十字架。

What is worth doing at all is worth doing well. 事既然值得做，就应把事做好。

Whatever you do, do with your might; Things done by halves are never done right.
无论做什么事要尽力去搞；事情做得不彻底就不能算好。

They who cannot do as they would, must do as they can.
即便不能做想做的事，也应尽力而为之。

Fortune favors the bold. 勇者天佑。

God never shuts one door but he opens another. 天无绝人之路。

If you don't succeed, try, try and try again. 初试不成功，努力勿懈怠。

3. 时间取向与天国说

根据《创世纪》，时间始于上帝创造万物。在西方文化中，时间犹如一条由起点不断奔向终点的单向运行的直线，它前进、飞奔着，持续地奔向未来。受此影响，西方文化中的时间观是未来取向的。西方人，尤其是美国人，一切着眼于未来，时间是伸向未来的道路，只有沿着时间的轨道与时间齐飞，合理安排、筹划未来才有可能获得拯救进入天国。所以英语中有许多与时间有关的谚语。

> On the great clock of time, there is but one word, "Now".
> 在伟大的时钟上，只有一个词，就是"现在"。
> Take time while time is, for time will be away.
> 有时间要加以利用，因为时间是要消逝的。
> Lost time is never found again, and what we call time enough always proves little enough. 时间一去不再来，我们常说时间充足，实际总是不够。
> Punctuality is the soul of business. 严守时间是做事的根本。

这种未来取向的时间观也使得西方人特别关注效率、变化、革新和进步：

> Quick at meal, quick at work. 吃得快，做得快。
> Quick feet and busy hands fill the mouth. 手勤脚快，嘴里吃饱。

4. 行为取向与耶稣的作为

据《圣经》记载，耶稣基督是一个崇尚实事的人。他传经布道，驱除魔鬼，平息风暴，使"瞎子看见，瘸子行走，癞病人洁净，聋子听见，死人复活，穷人听到了福音"，显现了无数圣迹。可以说，《新约·圣经》实际上就是一部耶稣生前的善事大全。因此"做事""有所成就"就自然变成了他们的重要的文化取向或价值观念图，而坐而论道则为西方文化所摒弃。

> Actions speak louder than words. 行为比语言更响亮。

Words pay no debts. 空话连篇，无济于事。

The greatest talkers are the least doers. 多言者少做事。

They brag most who can do least. 吹嘘最多的人能做到的事最少。

而无所事事，缺乏进取则为西方文化所不齿，由此造成的贫穷也难博人们的同情：

Poverty is the reward of idleness. 贫穷是对游手好闲的报应。

An idle brain is the devil's workshop. 无所用脑，邪念必生。

Satan always finds work for idle hands. 懒汉总会干坏事

As worms are bred in a stagnant pool, so are evil thoughts in idleness.

虫蛆在死水中孵化，邪念在懒惰中养成。

5. 社会关系取向与平等说

基督教的上帝是圣父、圣子、圣灵三位一体，无大无小、无先无后，从这点上说圣父、圣子、圣灵三位平等。另方面，圣子耶稣由玛丽亚所生，神性外又具人性，与人类平等。英语谚语有不少是表现人的平等关系的。与平等说紧密相连的是西方文化中的个人主义（individualism）取向。西方文化认为每个人都很宝贵，因为人是上帝按照自己的肖像造出来的。这种个人主义取向在社会生活中又表现为个人奋斗。

Every dog has his day, and every man has his hour. 人人都有得意的日子。

We are all Adam's children. 我们都是亚当的子孙。

Live and let live. 自己生活，也让别人生活。

Everyone is a master and servant. 每个人既是主人，又是仆人。

All things in their beings are good for something. 天生我才必有用。

A cat may look a taking. 小人物也有些权利。

A lion may come to be be holden to a mouse. 强者也有求助于弱者的时候。

这种人人生而平等的观念深植于西方人的心灵之中，可以说已经化为一种集体无意识，当然也就会藐视皇权，看轻权贵：

A king without learning is but a crowned ass.
无知的国王不过是一头戴着王冠的驴。
A cat may look at a king. 一只猫可以盯着皇帝。
Great men's son seldom do well. 虎父常生犬子。
Give me health a day, and I will make the pomp of emperors ridiculous.
只要给我一天健康,我会使皇帝的荣华变得荒谬可笑。

(三) 谚语与生活生产经验

民间谚语总是取决于人民大众自身的社会生活和日常工作,取材于他们常见的事物。英语语言中有许多反映人类生产劳动、生活实践和生存方式的谚语。人类在实践中积累的经验反映在谚语中,又通过使用谚语来学习经验、传播经验。人们正是在生活中积累了知识并认识到知识的重要性、学习的重要性。这些谚语概括了人民大众从生活生产中得到的经验教训,是人民群众的智慧结晶。如以下谚语分别体现了农夫、工人、猎人和家庭主妇所总结的人生经验:As a man sows, so he shall reap. 种瓜得瓜,种豆得豆;一分耕耘,一分收获。Work makes the workman. 勤工出巧匠。Catch the bear before you sell his skin. 大事未成时,莫开庆功宴。A watched pot never boils. 心急水不开。

(1) 反映人们通过劳动实践形成的对事物的朴素的观点、看法,大多具有普遍意义,教育警策作用很强。如:

Saving is getting. 节约等于收入。
As the tree, so the fruit. 种什么树,结什么果。
Still water runs deep. 静水流深。
Every rose has its thorn. 每朵玫瑰都有刺。
Early to bed and early to rise makes a man healthy, wealthy, and wise.
早睡早起能使你健康、富裕、聪明。

反映的是 16 世纪备受推崇的生活习惯。

As you sow so will you reap. 种瓜得瓜，种豆得豆。
Early sow, early mow. 早种早收。
Life is but a span. 人生苦短。这条谚语感叹人生短暂。
Like teacher, like pupil. 什么师傅，出什么徒弟。
As the tree, so the fruit. 什么树结什么果。
No smoke without fire. 无火不冒烟。
No autumn fruit with spring blossoms. 倘无春华，何来秋实。
Christmas comes but once a year. 圣诞节一年才过一次，或佳节难逢。
Every heart has its own ache. 各人有各人的苦衷。
Forbidden fruit is sweet. 禁果分外甜。
You cannot serve God and Mammon. 不能既侍奉上帝又侍奉财神。
All are not merry that dance lightly. 翩翩起舞者，不尽欢乐人。
Judge not from appearances. 人不可貌相，海水不可斗量。
A tree is known by the fruit, not by the leaves. 判断树优劣，看果不看叶。
Misfortune might be a blessing in disguise. 塞翁失马，焉知非福。
He that marries for wealth, sells his liberty. 娶得富家女，自由受限制。
What I lost in the salt fish I gained in the red herrings. 失之东隅，收之桑榆。
Every pleasure has a pain. 每一个欢乐都有其痛苦。
Grasp all, lose all. 样样抓，样样失。

这些谚语蕴含丰富的哲理，而这些哲理又是来自与民生密切相关的劳动实践。

（2）大多的谚语都是反映劳动人民生存的法则，反映了人民对劳动实践的重视。

Experience is the mother of wisdom. 经验是智慧之母。
Labour is often the father of pleasure. 勤劳常为快乐之源。
Labour is the capital of our working men. 劳动是劳动人民的资本。

Lazy folks take the most pains. 懒汉多吃苦。
All are difficult before they are easy. 万事开头难。
Experience is the best teacher. 经验即良师。
Practice makes perfect. 熟能生巧。
As a man sows, so shall he reap. 播了种才会有收获。

(3) 谚语涉及鱼、渔民、航海、水手等词汇的特别多，这是因为在英国等许多西方国家，许多人以航海探险、出海捕鱼为生。如：

Never fry a fish till it's caught. 捉到鱼，才煎鱼。
Life is compared to voyage 人生好比是航海。
Hoist your sail when the wind is fair. 好风快扬帆。
Still waters run deep. 静水流深。
In a calm sea, every man is a pilot. 海面平静，人人都可当舵手。
A small leak will sink a great ship. 小洞不堵要沉大船。

这反映出人们为了生存和自然作斗争的社会实践活动。

(4) 民族爱好。谚语的产生还同该民族所特有的爱好有关。英国人爱好旅游和晒太阳，并以此为素材创造出不少谚语。如：

Where the sun enters the doctor does not.
阳光飞进处，医生无须来；充足的阳光保健康。
A merry company is music in a journey. 有个好旅伴，一路欢乐声。
To travel hopefully is a better thing than to arrive.
满怀希望地登陆，较之抵达终点更有兴味；过程比结果更重要。
Make short the miles with talk and smiles 说说和笑笑，长路变短路。

我们中国人也有自己的爱好：下棋、武术和看戏，以这些活动为题材的谚语充分展示了汉民族的特色："棋逢对手，将遇良才""小卒过河，意在吃帅""一着不慎，满盘皆输"。

(5) 有许多反映农业生产经验的谚语通常称为"农谚"。英语中的

"农谚"含有朝霞、晚霞、气温、降雨、降雪、日照、雾等信息。如：

A red sky in the morning is the shepherd's warning. 早晨天空红，羊倌心思重。

Evening red and morning grey help the traveler on the way; evening grey and morning red bring down his head.

晚红霞，早灰雾，旅客放心上路；晚灰雾，早红霞，大雨便要临头。

A misty morning may have a fine day. 有雾的早晨可能是晴天。

从这几则谚语可知，朝霞主雨，晚霞、晨雾主晴。

Calm weather in June sets corn in tune. 六月无风，五谷丰登。
A cold May and a windy makes a full barn and a findy.
五月寒冷多风，粮食作物丰收。
When the wind is in the west, the weather's at the best. 风起西方，气候最佳。
A windy March and rainy April make a beautiful May.
三月的风，四月的雨，带来五月的美。
After a storm comes a calm. 雨过天晴。
April showers bring forth May flowers. 四月的阵雨带来五月花。
Rain before seven, fine before eleven. 清早一场雨，傍午必放晴。
A snow year, a rich year. 瑞雪兆丰年。
Under water, famine; under snow, bread. 发水有饥荒，下雪必丰收。
Winter thunder, summer hunger. 冬天打雷，夏天挨饿。
Winter's thunder makes summer's wonder. 冬天打雷，夏天出奇。

这两条谚语说明冬天打雷会影响来年的收成。

March comes in like a lion and goes out like a lamb.
三月天，来如雄狮，去似羔羊。

这则谚语表明季节的特点：三月初风雨多，三月底日头丽。

He that sows good seed, shall reap good corn. 播良种者收好谷。
Good corn is not reaped from a bad field. 差的田地长不出好庄稼。
No sunshine but has some shadow. 有阳光必有阴影。
Make hay while the sun shines. 趁着太阳好，赶快晒干草。
When round the moon there is a halo, the weather will be cold and rough.
当环月有晕时，天将冷而有雨。
If cock crows on going to bed, he is sure to rise with a watery head.
临睡公鸡啼，翌晨必落雨。
On swallow does not make a summer. 一燕不成夏。

（四）谚语与人文精神

人文主义的基本精神就是抬高人的地位，贬抑神的地位。人文主义者认为，人是一切的出发点和归宿，一切为了人，为了人的幸福。人文主义者称颂人的价值、尊严和伟大，赞美人的世俗生活，主张满足物质方面的要求，反对禁欲主义；重视理性和知识，反对盲目信仰，提倡个性解放，反对宗教桎梏和封建等级制度。英语谚语中的人文主义思想主要体现在以下几方面。

（1）强调人的价值

欧美人受文艺复兴思潮的影响，他们崇尚个人主义和个人自由，个人价值至上是其价值观的主要特点，因此，英语中有不少表现个人进取、个人力量和个人意志的谚语，如：

Aid yourself and Heaven will aid you. 欲要上帝帮助，首先要自立。
No man is an island. 没有人是孤岛。
A man's home is his castle. 每个人的家都是他的城堡。
Man is the soul of the universe. 人是宇宙的灵魂。
Man is to man a God. 人对人而是上帝。
Man is the master of his own fortune. 人是自己命运的主人。这几条谚语都歌颂了人的价值和伟大。

(2) 提倡个人主义

西方人文主义思想强调人的价值，注重"自我"，但过分突出"个人"，必然走向利己主义、个人主义。这在英语谚语中也有所反应。如：

Self is first. 自我第一。

Look after number one. 照顾自己，其中的 number one 就是"自我"。

Mind other man, but most yourself. 各人自扫门前雪，莫管他人瓦上霜。

Self-preservation is the first law of nature. Sweep before your own door. 自扫门前雪。

Don't put your finger in the Pie. 不要多管闲事。

Mind your own business. 专心管好自己的事。

Put not your hand between the bark and the tree. 莫管他人的家务事。

Near is my shirt, but nearer is my skin. 首先考虑自己。

Everybody for himself, the devil take the hind most. 人不为己，天诛地灭。

以上谚语体现的就是英美社会奉行的个人主义处世哲学。相反中国人崇尚集体主义、群体意识和无我精神，在谚语中体现有"单丝不成线，独木不成林""众人拾柴火焰高"，由此形成了中国人内向、含蓄和不愿过多引人注目的性格特征，产生了"树大招风，人大惹议""人怕出名猪怕壮"等谚语。

(3) 提倡勤奋自立

只有勤奋地工作劳动，才可以得到自由和财富；唯有自力更生，才可能有美好的生活。有许多提倡赞美、勤奋自立的谚语。如：

No pains, no gains. 不劳无获。

Genius is nothing but labor and diligence. 天才不过是勤奋而已。

He who does not work, neither shall he eat. 不劳动者不得食。

A horse that will not carry a saddle must have no oats.

不愿加鞍的马，不得吃燕麦；不劳动者不得食。
Finished labors are pleasant. 完成工作是一乐。
A little labor, much health. 适量劳动有益健康。
Adversity successfully overcome is the highest glory.
成功地克服困难是最大的光荣。
God helps those who help themselves. 天助自助者。
Self-help is the best help. 自助是最好的帮助。
Never trust another what you should do yourself.
自己该做的事，决不要委托给旁人做。只有这样
Every tub can stand on its own bottom. 人贵自立。

在对待个人与集体的关系问题上，西方文化受到唯意志论的人道主义思想的影响，将个人情感与作用无限扩大，比较注重个人得失。如：

He that has but one eye must be afraid to lose it.
只有一只眼的人当然怕失去它，隐义为不借理所当然。
Lend your horse for a long journey; you may have him returned with his skin.
借马给人去远行，可能还你一张皮。
Lend your money, and lose your friend. 借出你的钱，失去你的朋友。
Every man thinks his own geese swans. 每个人都把自己想象为天鹅。
Self-preservation is the first law of nature. 自我保护是自然第一法则。
Never catch at a falling knife or a falling friend.
千万不要帮助一个落难的人，否则会殃及自身。
Lend and lose, so play fools. 借出等于失去，所以装傻吧，等等。

这些谚语体现了个人为上的社会道德思想。而中国的传统道德观念，讲究"礼、义、仁、至、信"，所以产生了"一人有难大家帮，一家有事百家忙"，"互帮互助，穷能变富"等无偿奉献的谚语。

(4) 关注人的地位、生活和发展

在西方封建统治时期，人们的自由受到限制，人们的思想受到束缚，人们的生存权利受到了挑战，在这样的社会背景下，人们渴望自由，渴望获得认可和尊重，追求"人"的发现。所谓人的发现即发现人的尊严、人的才能和人的价值。A king without learning is but a crowned ass. 无知的皇帝只不过是头上戴着皇冠的驴子。以诙谐戏谑的方式表达了人们对封建统治的反抗和对生存自由的追求。Eat drink and be merry, for tomorrow we die. 及时行乐，因为明天说不定就会死亡。这一谚语尽管反映了人们对待生活的消极态度，但也表现出为生活及为存在的人文思想。英语谚语中表达这种思想的谚语很多，如：Fear not the future; weep not for the past. 不要为未来担忧，不要为未来悲切。Goods are theirs that enjoy them. 能享受自己财产的人是财产的真正主人。Gather roses while you may. 当你能摘玫瑰时就把它摘下。

(5) 注重个人的隐私

受个人本位价值观念的影响，英美人士十分注重个人的隐私，故年龄、收入、宗教信仰以及私人住处等均列入个人隐私范围。英谚"An Englishman's home is his castle（英国人的家是独立王国）"即为一例。从传统上讲，中国人的隐私观念不强，生活中没有英美人那么多的"秘密禁地"。

(6) 注重知识

要获得尊严，成就人生，必须有知识。有些英语谚语强调了知识的重要性。

Knowledge is treasure. 知识就是财富。
Knowledge is not to be concealed like a candle under a bushel.
金子在哪都发光，知识到哪都有用。
With all your knowledge know thyself. 学后知不足。
A little learning is a dangerous thing. 一知半解，害人不浅。
Knowledge without practice makes but half an artist.
只有知识而无实践，只能造就半瓶水的艺术家。
Knowledge is the antidote to fear. 知识可以解除恐惧。
Knowledge is the most precious treasure of all things, because it can

never be given away, nor stolen nor consumed.

知识是万物中最珍贵的财宝，丢不掉，偷不走，也不会损耗。

(7) 珍惜时光

英美价值观体现在珍惜时光以及守时、追求效率等。谚语"Time is money"（时间就是金钱）虽形似汉谚"一寸光阴一寸金，寸金难买寸光阴"，但它侧重于告诉人们应充分利用有限的时间不断创造更多的物质财富，含有浓厚的经济或商业色彩，体现了进步观中的财富无限论。谚语"Punctuality is the politeness of kings"（守时乃帝王之礼）以及"Punctuality is the soul of business"（恪守时刻，为立业之本）反映了人们对守时的重视，成为英美国家所崇尚的观念，虽然汉语谚语也有"浪费时间等于谋财害命"之说，但总体上讲，中国人的守时观念相对较弱。

Time is the best healer. Time is the father of truth. 体现了时间的重要性。
Busiest men find most of time. 忙人时间多。
To save time is to lengthen life. 节省时间就是延长生命。
To him that does everything in its proper time, one day is worth three.
事事及时做，一日胜三日。
Time works wonders. 时间创造奇迹。
Time cures all things. 时间可以医治一切创伤。

(8) 珍惜生活，享受快乐

有些谚语劝人们珍惜尘世生活，珍惜时光，享受人生的快乐，这正是人文主义所倡导的。

Life is sweet. 生活是甜蜜的。
Gather roses while you may. 玫瑰堪摘只需摘。
Happiness takes no account of time. 幸福不觉日月长。
Pleasant hours fly past. 快乐时光如箭飞。
Lost time is never found again. 光阴一去不复返。

Today gold, tomorrow dust. 今天是黄金，明天成灰尘。

(9) 看重金钱财富

人文主义者主张过世俗的生活，满足物质方面的要求。与此观念相符，英语中有许多关于金钱、财富的谚语。

> Money talks. 金钱是万能的。
> Where your heart is there your treasure is. 心在何处，财在何处。
> Wealth is best known by want. 缺钱方知钱可贵。
> Money can move even the gods. 钱能通神。
> A gold key opens every door. 金钥匙，路路通。
> A man without money is no man at all. 袋中无钱不算人。

这种实利主义决定了钱对于他们来说是世界中最重要的。

> Money is the key that opens all doors. 金钱是打开一切大门的钥匙。
> All things are obedient to money. 金钱乃万物之主。
> Money can buy the devil himself. 有钱能使鬼推磨。因此人有了钱就有了一切。
> A full purse never lacks friends. 兜里有钱，朋友不断。
> Who holds the purse rules the house. 有钱就有势。
> He that pays the piper calls the tune.
> 谁出钱谁做主，反之，贫穷就意味着失去一切，乃至自尊。
> A light purse makes a heavy heart. 没钱心事重。
> Empty sacks cannot stand upright. 空袋不能直立；无钱无底气。

(10) 友情、亲情、爱情观

英语中有很多谚语是关于友谊、交朋友的。有些是颂扬友谊的价值的。

> A friend in need is a friend indeed. 患难见真知。
> A good friend is my nearest relation. 好友似近亲。

Life without a friend is death. 人生无友，与死何异。
In time of prosperity, friends will be plenty. 富贵易交。
Set great store by friendship. 情意重千斤。
Between friends all is common. 朋友之间不分彼此。
Old friends and old wine are best. 陈酒味醇，老友情深。
A life without a friend is a life without a sun. 人生在世无朋友，犹如生活无太阳。
A friend is easier lost than found. 得朋友难，失朋友易。
A father is a treasure, a brother is a comfort, but a friend is both.
父亲是财富，兄弟是安慰，朋友兼而有之。
Love thy neighbours as thyself. 爱邻如爱己。

以上谚语都反映了人与人建立情感的重要性。
有些英语谚语告诫人们要慎重择友：

Table friendship soon changes. 酒肉朋友难长久。
Sudden friendship, sure repentance. 仓促结友谊，肯定悔莫及。
Many friends, no friend. 滥交者无友。
Better alone than have a false friend for company. 交损友，不如独身。
Be slow in choosing a friend; slower in changing.
选择朋友要审慎，摒弃更要审又慎。

但也有一些谚语含有拜金主义、功利主义、利己主义的功利色彩。这与西方文化中的强调"自我"、个人利益至上的观念息息相关。

Hunger knows no friend, 意思是饥饿不识朋友，即人在饥饿时就顾不到朋友；He that has a full purse never wants a friend. 钱包丰厚的人从来不需要朋友。
Friends are thieves of time. 朋友是偷时间的贼。
Never catch at a falling knife or a falling friend.
千万不要接正在落下的刀或正是落难的朋友。

这些谚语反映了西方扭曲的友情观。

人类的家庭亲情是人类情感的重要组成部分,英语谚语中有大量的谚语反映了人们对家庭亲情的重要性。

A mothers'love never changes. 母爱永恒,体现了母爱的伟大与永恒。

夫妻之情、母子之情、父子之情、兄弟姐妹之情在英语谚语里多有反映,如 Mans' best possession is a loving wife. 男人最可贵的是有一个贤淑的妻子。

The wife is the key of the house. 妻子是一家的钥匙。

One father is more than a hundred school masters. 一个父亲胜于一百个教师。

Rear sons for help in old age; and store up grains against famine. 养儿防老。

A house divided against itself cannot stand. 家庭内讧难维系。

西方社会重视人权,强调男女平等,虽然男人在家庭中占有主导地位,但妻子的地位也不像中国封建社会的妇女那样低下。英语中有些谚语强调妻子对丈夫的重要性,赞扬女性。

A good wife is a good prize. 好妻子是好的奖赏。

A good wife makes a good husband. 好妻子造就好丈夫。

He that would thrive, must ask his wife. 谁想发迹,就请教妻子。

A fair wife and health is a man's best wealth. 贤妻与健康是男人的至宝。

He that speaks ill of his wife, dishonors himself. 说妻子的坏话,自己也不光彩。

西方社会崇尚自由,提倡自由恋爱,认为爱情是神圣的,美好的,同时也是自然的,因而对爱情的表露往往直截了当,热烈奔放。

Love is free. 爱情是自由的。

> Love looks for love again. 情生情，爱生爱，有了爱情倍加爱。
> Love well, whip well. 爱情使人勤快。
> Beauty lies in lover's eyes. 情人眼里出西施。
> Love is the mother of love. 爱情乃爱之母。
> True love never grows old. 爱情倾心，永葆青春。

资本主义社会的金钱万能、拜金主义观念，也反映在有关爱情的谚语中。

> Love lasts as long as money endures. 黄金尽，爱情弛。
> When poverty comes in at the door, love flies out at the window. 贫困进门来，爱情飞窗外。

某些英语谚语则表现了恋爱至上、为爱情可以不择手段的观念。

> Love is lawless. 爱情不顾法。
> Love fears no danger. 爱情不顾危险。
> Affection blinds reason. 情令智昏。

(11) 法制观念

与中国古代人治社会不同，西方社会很久以前就是法制社会。司法制度的建立在西方有着悠久的历史，法的观念深入人心，法律已成为制约人们行为的重要手段，这在英语谚语中也有所反映。

> Law governs man, and reason the law. 定罪在法律，法律应在理。
> The law was not made for the captain. 法律不为一个人而立。
> Law makers should not be law breakers. 立法者不可违法。

有些英语谚语还揭露了司法制度的弊病，表达对法律不公的不满。

> One law for the rich and another for the poor.
> 对富人是一个法，对穷人是另一个法。

Lawyer's houses are built on the heads of fools. 律师的房子是建立在傻瓜们的头上的。

(12) 崇尚真理

西方文化的一个显著特点是究理求真精神和冒险精神。探求自然奥秘，探索事物规律，追求真理，是西方国家人们的优良传统。因而，有关真理、探索的英语谚语非常多。如：

The truth is everywhere the same. 真理行遍天下。
Truth has a good face, but bad clothes. 真理虽褴褛，面貌却娟秀。
Truth is the daughter of time. 真理是时间的女儿。
Truth is truth to the end of reckoning. 真理永远是真理。
Truth never grows old. 真理永不衰志。
Truth and roses have thorn about them. 玫瑰有刺，真理逆耳。

(五) 谚语与民族风俗

弗朗西斯·培根说过："一个民族的天才、智慧与精神，都可以在其谚语中找到。"英语谚语是使用英语的民族在生活和劳动中创造出来的，和英语民族的风俗习惯、生活方式和文化都有密切的关系。民族习俗的差异是多方面，典型的事例莫过于同一事物引发人们不同的联想。对同一动物，不同民族的看法也不尽相同。例如，对动物"狗"的态度，在汉语中"狗"是一种卑微的动物，中国人对狗的看法常是厌恶和鄙视的，多用来形容和比喻坏人坏事，中国谚语里就有"狗眼看人低""狗嘴里吐不出象牙""狗仗人势""狗改不了吃屎""救了落水狗，反被咬一口"等包含贬义的谚语。而在英语国家，狗被认为是人类最忠诚的朋友，因此体现在英语谚语中大部分都没有贬义，如"Love me, love my dog"（爱屋及乌），"Every dog has his own day"（凡人皆有出头日）。

(六) 谚语与道德和价值观念

道德思想是人文思想的重要组成部分，是人类社会赖以存在与发展的基础和条件。英语谚语中有许多是涉及道德观念的，如赞颂勤劳勇敢、勤俭节约、诚实可信、谦虚热情、待人以善等，强调名誉的重要性，抨击贪婪、懒惰、失信、虚伪、金钱至上等，有良好的道德劝导作用。

（七）谚语与人类情感

情感是人类重要的精神需求，许多英语谚语体现着人类亲情、友情、爱情等诸种情感。如：Love be gets love（爱产生爱）、Love is the mother of love（爱是爱的母亲）等反映了一种博爱的人文思想。一些谚语体现了英语民族的爱情观、婚姻观。这对于我们树立正确的爱情观、婚姻观，构建和谐家庭与和谐社会有借鉴作用。

第七节　处理好母语图式和外语图式的关系

图式是一种经过抽象和概括了的一般知识，具有相对稳定性，能够在人们认识和理解事物以及日常交际的过程中起到促进作用。生活在不同文化中的人，面对同一事物，有可能会形成同样的图式（图式重合），为双方的顺利交际起到促进作用。然而，由于双方的思维方式、文化习惯等不同，面对同一事物往往会形成不同的图式，有些图式甚至是某种文化所特有的。这种不同的图式（图式冲突）或某一方所独有的图式（图式空缺），会给语言的学习和运用带来困难，因此必须处理好两种语言图式之间的关系。

一　图式重合

图式重合表示的是形成于不同文化背景中的图式在相互理解过程中的一一对应关系。也就是说，同一事物或经历能够在来自不同文化的交际参与者中激起同样的反应。然而，在中英词汇中，能够构成图式重合的词或短语却为数不多。例如，对于中国学生而言，玫瑰所代表的图式是爱情、幸福和美好，在英语文化中，玫瑰也代表同样的图式。英语中很多与玫瑰有关的习语和词组也表示这样的意思。"a bed of roses" 喻义为无忧无虑的幸福生活。"to come up roses" 则表示事情顺利圆满地完成。在动物界也有一些能够构成图式重合的形象。例如，蜜蜂在中国人的心目中是勤劳的象征。在英语中，"as busy as a bee" 也是人们常用的词组。由此可见，图式重合能够帮助学生理解和记忆英语词汇的意义。正因为英汉两种语言源于完全不同的文化体系，在大学英语词汇教学的过程中，教师才应该更加充分地利用为数不多的图式重合的情况，帮助学生理解源于特殊英语文化背景的词汇，从而使学生的英语词汇学习摆脱枯燥，能够适用交际的需要。

二 图式冲突

图式冲突是指交际过程中由于不同文化图式的同现所造成的误解。即使中英两种语言中有些词汇的外延意义相同，其内涵意义和表达形式却极有可能截然不同，虽然我们的大脑中也有交际中提及的图式，但由于我们已有的图式与交际中的图式代表了不同的文化内涵，而我们又倾向于按照自己的图式来理解对方的文化，所以极易形成误解。例如，peasant 意为"a usually uneducated person of low social status"，"a countryman or rustic"，"an ill-bred per-son"，在英语中带有明显的贬义色彩。而汉语图式中，"农民"一词所代表的仅仅是农业生产活动的从事者而已，并没有任何贬义的感情色彩。可见两者并不等同。再如，汉语中"龙"的图式是吉祥、威武、帝王等形象。汉民族素以"龙的传人"自称，连父母也都"望子成龙"。但在西方文化中，dragon 通常代表罪恶、邪恶，一般没有褒义，也很少用来形容人。

三 图式空缺

如果在一种文化中习以为常的现象在另外的文化背景中却根本不存在，由于 A 文化中的成员没有机会形成和构建 B 文化的图式，往往就容易造成图式空缺。图式空缺会导致交际中断，使我们无法建立起语言符号的能指与所指之间的对应关系，从而无法理解交际过程中所传递的信息。如英语学习过程中，汉语有而英语中没有对应概念、对应联想意义的词汇图式就是空缺图式。空缺图式可分为"概念空缺"和"联想意义空缺"两类。语言学习中，如果学习者记忆中缺乏词汇相关图式，就会妨碍对词义的内容理解。所以要构建空缺图式和调整已有图式。比如，Noah's ark 和 the tower of Babel，就是英语独有的概念图式，要理解和掌握并自如运用这些词汇，就必须首先形成关于《圣经》的图式。

第八节 利用语料库建立图式

语料库是海量的真实语料的集合，可以从中学习词汇、语法、语义、语用、语篇等各层面知识和规律。利用语料库可以建构词汇认知图式，构筑心理词汇网络。认知语言学认为，图式是人脑中一种抽象的、结构化和系统化的知识表征，图式可以被看作语义记忆的一种结构，是"人们用已有的结构来记住新资料的一种方法"（桂诗春，2003：2-8）。词汇习得过程也就是词汇知识图式的不断建构和重构过程。用基于语料的任务学习法引导学习者依据频数及主题相关性原则，建构话题的基本信息框架，促使学习者全面而深入地了解话题图式的主题词汇构成。语料库 Wordsmith 等工具的主题关键词分析功能可以提供大量的同质或近似语境，有助于学习者词汇知识图式的构建。以 COCA 语料库为例，要查询与某一话题（如 flower）有关的词汇，在 COCA 的查询框［WORD（S）］中输入"flower［n*］"，上下文（CONTEXT）框中输入"［n*］"，随后的两个框中数字选 9，再点击 CLICK TO SEE OPTIONS，然后在显示内容（GROUPBY）中选 LEMMAS，这样就可以查询 flower 一词在 COCA 中前后 9 个词距内的高频共现名词。根据词汇概念和共现假设，这样的词是属于与被查名词的同一范畴词汇。因此在表述 flower 的话题时，借助这样的词汇表便可以激活重要的相关概念，构建相关心理词汇及认知图式。

徐曼菲、何安平（2004）以"家庭火患"的话题为例，探讨如何通过语料库促使学习者形成有关图式以及习得与其相匹配的语言形式。假设一般学习者已拥有母语建构的"火"的图式及其主要次图式，及部分表达这些概念的目的语形式，但仍需要更为具体细致的次图式以及它们的目的语表达形式，才能用目的语流畅并准确地表述因家具引起的家庭火灾。也就是说要构建关于"家庭火患"概念图式及其目的语表达图式。这可以建立微型语料库，通过获取词频表，提取内容图式，呈现语境共现行，设计语料驱动下的观察、分析、甄别、概括等课堂任务，并通过调查、撰写调查报告、准备堂上汇报等课外任务，使学习者一方面建构更为具体、切题的有关"家庭火患"的图式（陈述性知识），同时经过大量的交互活动，使他们形成自由流畅地表述有关话题和事件的能力（程序性知识）。

母语使用者大脑中存在着心理词库（mental lexicon），这是一个组织严密的词汇集，通过语义联系结成网络，便于在交际时被有效快速地提取。图式是语义记忆里的一个结构，它对一群信息的一般和期望的排列做出规定（桂诗春，2000：445）。图式直接影响人们的理解和表达。另外，McCarthy（1990）提出，一个人在用词语表达对真实世界的认识时，存在一种词语的谱系关系。在这个关系中，处于最上层的是"语义空间"（semantic space),"语义空间"由各种"语义场"(semantic fields)组成，后者表达对真实世界的知识或概念，并实现为各种"词语场"(lexical fields)。"词语场"由一些具体的词语构成。学习者在口语讨论时可能会使用话题的图式触发该话题的心理词库，最终实现为具体词语。王华、甄凤超（2007）利用中国学习者英语口语语料库（COLSEC），通过主题词与关键主题词的统计，结合索引和搭配研究，描述分析了中国学习者谈论某一主题的词语知识特征及相应的心理词库和图式。该研究把同一话题的主题词划分6个词语场：（1）行为者（agent），即行为的执行者或施事者；（2）行为词（action），即表达一系列动作的词语；（3）受事者（recipient），即行为的接受者；（4）位置词（location），即执行动作或行为的环境；（5）描述词（descriptor），即描述、评价或限定其他词语的词语；（6）联想词（associate）。研究发现，词语场之间并非线性关系，而是围绕话题组成错综复杂的如下网络图（见图7-6）。

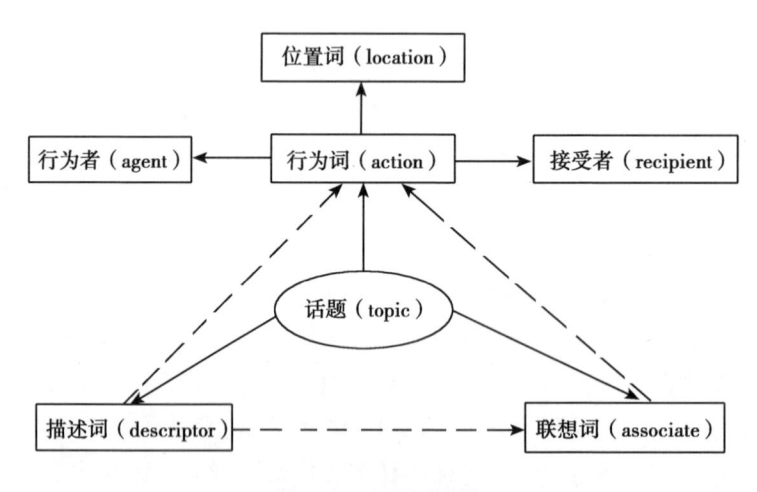

图7-6　主题词网络

图7-6表明，学习者大脑中有一个按语义联系构成的组织严密的网络图，它构成学习者关于该话题的心理词库和图式，这些词汇在口语交际时受话题影响会受到触发。每个词语场的词语越多，学习者的心理词库和图式便越丰富，口语越强。反之，词语越贫乏，表达和理解就越困难，交际会出现障碍。所以口语教学中要培养学生建构主题词汇集的能力，丰富话题图式，提高表达能力。图7-6显示，话题"Examination"的行为者主要有：we, they, he \ she, students, 并且常与情态动词 should, can, will 等搭配使用。表达"参加考试"的含义时，学生使用了 have, take, attend, enter 等动词，其中 attend 和 enter 属于搭配错误。该话题的行为词有 spend, study, prepare, want, get, pass, play, sleep, waste, improve, develop, practice, learn, prove, motivate, evaluate complain 等。描述词有 important, good, necessary, helpful, useful, efficient, careful, excellent, high, successful, happy, confident, hard, endless, enough, stressful, overburdened。联想词有 score, marks, result, books, textbooks, courses, studies, certificate, scholarship, ability, knowledge, skill, future, society, market, job, career, competition, chance, activities, spare time, computer, games, entertainment, pressure, burden, stress 等。上述分析表明，话题"Examination"的主题词之间存在一种潜在的意义上的联系，并在一定程度上可以反映出学生对待"考试"的心理认识。

黄若妤（2008）利用语料库 Wordsmith 软件建立了如表 7-2 所示的该话题主题词汇的内容图式。

表 7-2　　　　　　　　　　　酒店信息图式构成

图式主题构架	图式所实现的具体词汇
Location	city center, downtown, country, suburbs, outskirts, urban, and rural areas, surroundings, near station, ...
Transportation	Airport, railway station, express, minibus, ...
Rooms and common area	entrance, hall, lift, stairs, twin-bed room, double-bed, room, singleroom, bathroom, balcony, laundryroom, fire, escape, business/conference rooms, garden, garage, ...
Food service	chef, Western food, Mexican food, Chinese food, Indian food, International food, breakfast, brunch, supper, dinner, rice, noodles, specialty, dishes, ...
Recreational facilities	Phonelinks, Internet access, TV, swimming pool, tennis courts, fitness suit, workout room/gym, golfclub...
Price range	Expensive, reasonable, low, 2-day/3-day/5-day package, Free, beauty therapy, £60per person per night, pounds, dollars, extra cost, ...

杨跃等（2009）以 Friendship 和 Science 为例，进行了基于主题口语语料库的主题词及主题图式研究。该研究认为，外语学习者在交际过程中会使用话题图式触发该话题的心理词库，最终通过主题词及其对应的联想词得以实现。主题词（key word）指的是与某一参照语料库相比，在一定文本中出现频率显著偏高的词，偏高的程度即该主题词的"关键性"

(keyness)。主题词和文本的主题密切相关。关键主题词（key-key word）是指那些在多篇相关主题文本中以主题词形式出现的词，能够说明表达相关主题的常用词语。而联想词（associate）是指和关键主题词同现在多篇文本中的主题词。因此主题词、关键主题词及联想词就构成了主题图式。Friendship 和 Science 的主题图式分别如图 7-7、7-8 所示：

方位词

行为者
I, you, we

行为词
chat, cheat, communicate, correspond, share, help solve,

接受者
roommates, classmate, relatives

描述词
diligent, relaxing, frankness, lonely, faithful, intelligent, important, nice, honesty, happy

Friendship

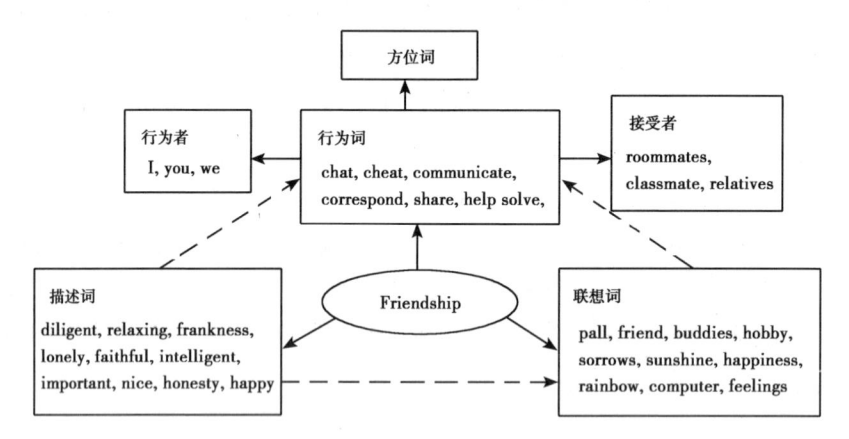

联想词
pall, friend, buddies, hobby, sorrows, sunshine, happiness, rainbow, computer, feelings

图 7-7 Friendship 的主题图式

图 7-7 显示，Friendship 主题的行为者主要有 I、you、we。该主题展现的主要是对友谊的理解，包括能成为朋友的对象（roommates, classmate, relatives），朋友之间的共性——相同的爱好、性格品质（hobby, basketball, frankness, honesty, diligent, intelligent），必须通过交流（chat, communicate）、互相帮助、信任才能维持友谊（help, solve, treat, trust），而且朋友之间能分享快乐悲伤（share, feelings, sorrows, happiness），因此朋友就像人生的阳光（sunshine, rainbow），在生活中很重要（nice, important）。但对网友和笔友持否定的看法（cheat, pity, computer, correspond）。

图 7-8 显示，Science 主题的行为者是 we、you、people，接受者是 us、you、animals。该主题展现了新发明新科技（invention, genetic, computer, satellite, phones, electricity, Edison, radio, rocket, nuclear, transportation, medicine），改善了人类的生活（advantage, communicate, shorten, improve, cure, changed, convenient, comfortable, faster, useful, wonderful），或恶化了人类的生活（disadvantage, distract, destroy, harm-

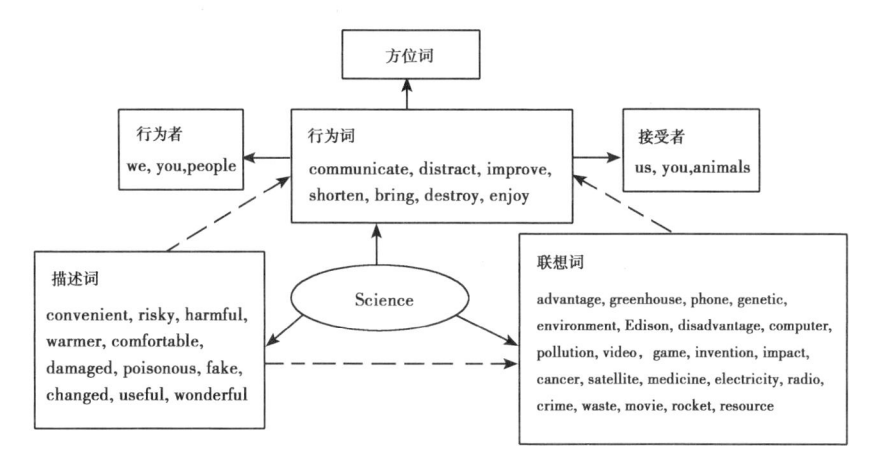

图 7-8 Science 的主题图式

ful），诸如给人类带来了环境、健康、犯罪等很多方面的问题（environment, damaged, pollution, waste, greenhouse, warmer, crime, risky, poisonous, cancer），所以要采取措施解决问题（environment, protect）。

李淑平（2010）提出了一个以语料库为基础并结合图式理论的口语教学模式。这种口语教学模式以学习要通过新旧知识的相互作用而实现的观点为切入点，教师针对某个话题从语料库中获得主题词，构建口语图式，并从学生中获取当前话题的学生口语图式，适时地修正学生已有的口语图式，使学生有效地同化和顺化所学知识，使两者相互渗透，从而帮助学生建构新图式，提高学生英语交际能力。语料库与图式理论相结合的口语教学流程如图 7-9 所示。

语料库图式构建循环是教师在备课阶段完成的，而学生图式构建和口语教学循环则是在课堂教学中进行的。并以"Fake and inferior products"为例，得到其抽象的主题词网络、逻辑层、物理层，分别如图 7-10、7-11 所示：

（1）逻辑层构建：由上图可知"Fake and inferior products"中主要考虑了三个实体（生产商、政府和消费者）与话题和这三个实体之间的关系。

（2）物理层构建：物理层是逻辑层的下一层，其内容体现为逻辑层内容的具体细节。

由图 7-11 可知，该话题的图式最终以两层的形式进行架构，其中逻

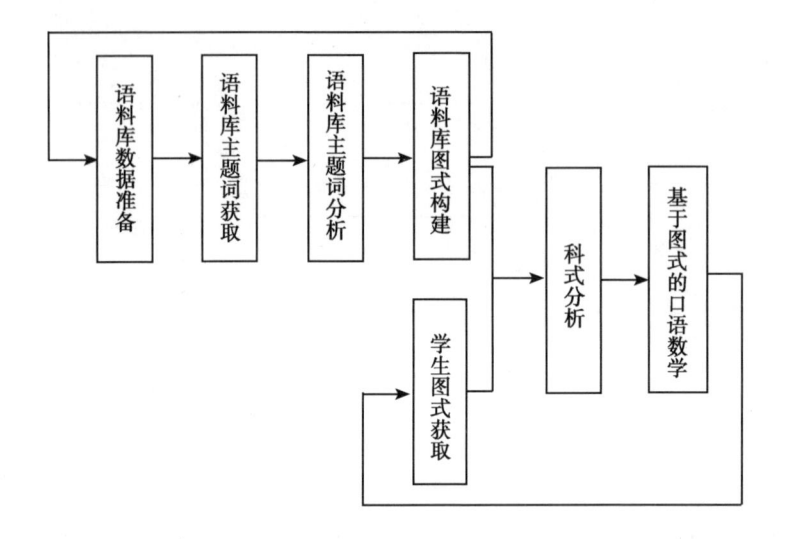

图 7-9　基于语料库与图式理论的口语教学流程

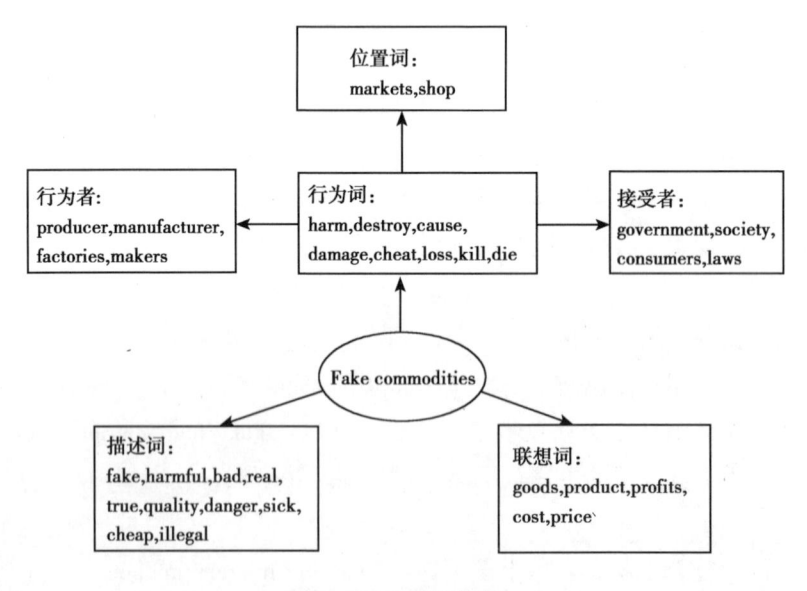

图 7-10　主题词网络

辑层描述了该话题主要涉及的各个抽象方面，而物理层描述了所有支撑其逻辑层的具体词汇、词组或习语。这种教学方式也可以用于学习者自学。

以上研究充分体现了语料库用于图式教学及学习的可行性和巨大优势。

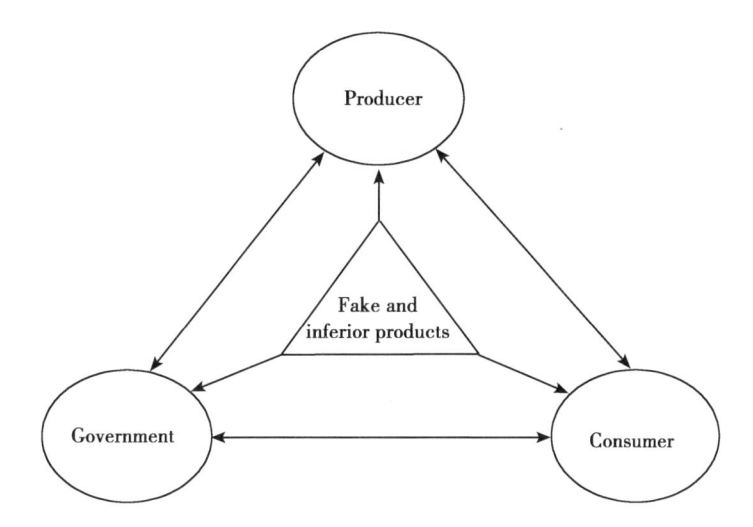

图 7-11　Fake and inferior products 逻辑层

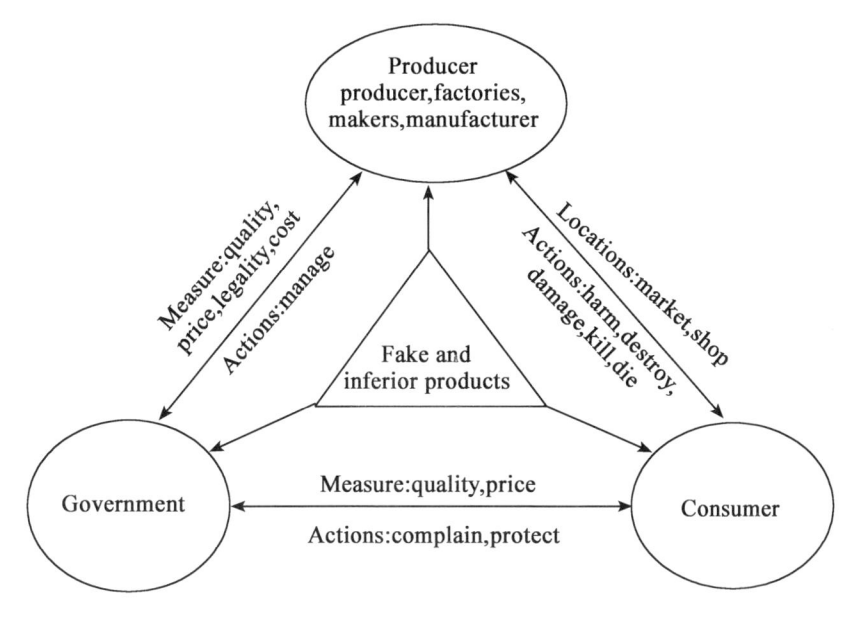

图 7-12　Fake and inferior products（物理层）

通过大量的语言输入及输出对各参数进行验证，使建构好的各项参数变为恒定参数，进入长期记忆存储起来。语言学习过程包括输入、吸收、输出三个方面。学习就是对输入的学习材料进行加工吸收并储存的过程。一旦储存的知识得以输出和应用，学习的过程就完成了，如此循环反复，语言学习也是如此。Krashen（1985）的语言学习输入假设认为，语言能力的发展取决于可理解的输入，所以获得尽可能多的可理解性输入是习得语言的关键。

除了可理解的输入，可理解性输出同样有助于语言学习。Peter Skehan（1999）认为，输出能产生更好的输入，输出是对的输入的反馈，从而使学习者能更好地对输入进行吸收。Swain（1993，1995、1998）认为输出有以下功能：（1）能引起学习者对语言问题的注意（noticing）。学习者在输出过程中可能会注意到他们想说的与他们能说的之间存在差距，这促使他们发现他们有哪些地方不懂或一知半解；（2）能对目的语的结构和语义进行假设检验。二语学习者笔头或口头表达中的错误表明他们对如何使用目的语持有假设。要检验这些假设，学习者需要进行口头或笔头表达。如果学习者不去检验假设，就不会随反馈修改输出。学习者在输出时，不断地从语义或形态句法上修改自己的言语，这就是对假设的检验。（3）输出具有元语言功能。学习者在执行某种任务时．不仅会表明他们的假设，而且会用目的语思考自己的输出，这种用语言来思考语言的元语言作用使学生控制或内化语言知识。（4）输出能促进对目的语的自动表达。为了能运用现有语言知识流利地表达，学习者需要有机会运用这些知识。

由以上论述可知，重新建构的中介语参数，需要通过不断的输入和输出进行验证。对于确认正确的语码参数，将其变为恒定参数，进入长期记忆，亦即变为吸收；不正确的参数，再次经过以上几个步骤的循环，最终同样变为恒定参数，进入长期记忆。

第八章 中介语之输出验证

第一节 输出理论的产生

传统观念认为输出是强化已有知识的一种方式，比如，教学中常用句型操练法就是为了强化某些句型的学习。另外还认为输出仅可帮助学习者获取更丰富的输入资源。Swain 1985 年提出了"可理解的输出"（comprehensible output）概念，认为输出在二语习得中具有重要作用。这使得大家对输出作用的认识更为全面、深刻。Swain 提出"输出假设"的理论缘由是人们对克拉申"输入假说"只注重输入，忽视输出等片面性的逐步认识，现实缘由是沉浸式教学法的不足。Swain 等人（1995、1998）对加拿大法语浸泡项目的跟踪研究发现，学生虽然接受了大量的输入，但在产出中依然错误很多。他们认为其主要原因是输出机会太少，于是提出"输出假设"（the Output Hypothesis）。这一假设大大提高了输出在习得中的地位，使研究者们对输入和输出的作用有了一个新的认识。Swain（1985）指出，"可理解输入"在语言习得过程中固然作用很大，但仍不足以使习得者全面发展自己的第二语言水平。如果习得者要使自己的第二语言既流利又准确的话，不仅需要"可理解输入"，更需要"可理解输出"（M. Swain, S. Lapkin, 1995）。输出在二语学习中具有重要作用，它不仅能提高学习者二语的流利程度，还能提高其准确性。二语习得者就是在语言使用即输出的过程中发展他们自己的二语能力。使用目标语可以激发学习者学习动机，促使其注意自己的语言表达方式，以便能成功地传达意思。当交际过程中遇到困难时，学习者不得不修改自己的语言表达，使其更连贯、更准确。Swain（1995：128）指出："输出能激发学习者从以语义为基础的认知处理转向以句法为基础的认知处理。前者是开放式的、策略性的、非规定性的，在理解中普遍存在；后者在语言的准确表达乃至最终的习得中十分重要。因此，输出在句法和词法习得中具有潜在的重要作用。""输出假设"认为，在输出活动中，（1）由于需要将意思表达清楚，学生必须经历语言形式的构建、尝试和改进过程（hypothesis-testing）；（2）由于表达遇到困难，学生更加注意相关形式和规则（metalinguistic awareness）。这个过程有助习得，而单纯的"可理解输入"不一定引发这个过程。

"输出假设"引发了学术界持续的讨论，国内外许多研究（如 Swain 和 Lapkin, 1995; Izumi 和 Bigelow, 2000; Izumi, 2002; Fuente, 2002; Erlam, 2003; Gass 和 Torres, 2005; 王初明, 2006）都支持输出对习得具有积极作用这一论断。该理论将输出视为习得的动因之一，主张鼓励学生输出，亦即提倡积极干预。有些研究则侧重比较不同输入类型以及输入加输出活动的效果。例如，Erlam（2003）的实验比较了三个被试组对法语直接宾语代词的习得情况。对照组对输入材料只做语义理解，强化输入组提供对目标结构的句法解释以及句子正误判断练习，输出组则在强化输入之后要求被试做针对目标结构的输出练习，包括填空、改错和改写句子。听、读、说、写全面测试的结果显示，强化输入组优于对照组，而输出组优于其他两组。该实验肯定了输出在习得中的积极作用，同时也强调了对形式注意和理解的重要性。

第二节　输出的作用

Swain 的输出假设指出，第二语言习得必须有双向交际活动，单纯的语言输入对语言习得是不够充分的，习得者应该有机会使用语言，因而语言的输出对语言习得具有重要作用。综合相关研究，输出对二语学习过程的促进作用可以归纳为如下五个方面：注意触发功能（noticing/triggering function）、假设验证功能（hypothesis testing function）、元语言功能（metalinguistic function）、达成为自动化（developing automaticity）和增强流利性功能（fluency function）、中介语建构（constructing interlanguage）。

一　注意/触发功能（Noticing/Triggering function）

语言输出能促使学习者意识到自身语言的不足，以及对新信息的注意。输出发挥作用的重要前提，是学习者必须有足够的认知资源来完成对语言形式和语言意义的注意。注意是学习者对信息进行有效加工的一个必要条件，也是将语言学习中的输入（input）转化成吸收（intake）的必要和充分条件。Schmidt（1990）认为二语习得者只有在输入被理解，且被有意识地注意到的情况下，才能习得目的语那样的语言形式。注意是学习中最基本的前提，也就是说，没有注意就没有学习，虽然这种强势论断受到普遍争议，但人们还是普遍接受"选性注意"在学习中起着一种主要的作用。在二语交互过程中，学习者通过表达，特别是在意义层面向句法层面的转换过程中，能意识到自己语言能力的不足，并因此对语言的学习产生注意。在语言输出加工过程中，学习者会运用已有的知识为想要表达的意义寻找恰当的语言形式。由于自身中介语能力不足，学习者有时找不到适当的语言形式来满足表达的需要。输出活动给学习者创造了发现自己语言问题的机会。通过输出，二语习得者能够意识到自己语言体系中的部分语言问题，进而触发对现有语言知识的巩固或获得新的语言知识的认知过程。Swain（1995：125-126）认为，学习者在进行表达时会注意到自己想要表达的与能够表达的之间存在着差距，这种差距使他们意识到自己所不知道的目标语知识。当学习者认识到自身语言问题时，他们会在以后的输入中更加集中注意力去关注有关的语言特征，加强对这些相关输入信息的处理，这样就激活了有助于习得的内在认知过程，从而促进语言习得。换言之，输出加工通过注意/触发，使学习者更好地感知和加工语言输入，从而提高语言输入转化为吸收的可能。因此，注意/触发功能针对的是输入感知和输入加工过程，通过语言输出，学习者增强对语言形式的注意，通过后继的输入感知和输入加工对语言习得起到推进作用。二语学习者在进行有声或无声的表达时，他们会注意到自己想表达的与能表达的之间的差距，这能使他们意识到自己所欠缺的目标语知识。也就是说，在某些情况下，使用目标语会促使学习者意识到自身的语言问题，进而把注意力转向他们所需要学习的二语知识方面（Swain，1995：125-126）。Swain和Lapkin还发现，对语言问题的注意能经常激活学习者内在的与二语习得有关的认知过程。因此，输出不仅使学习者注意到他们中介语（IL）的缺陷，而且还激活了二语习得的内在认知过程，从而促进语言习得。Izumi等（1999）的实证研究表明，输出能引起学习者对语言形式的"注意"并能提高学习效果。这也部分地支持了Swain的观点。Ellis（1995）也指出，应鼓励学习者去注意特殊形式表达意思时的差别，并理解在交际时如何运用这些形式去表达意思。学习者应注意运用所学的语法来输出句子，一方面这是对原有能力的一种补充，另一方面学习者在有意识地扩展句子结构的同时会表现出语言创造能力。这一输出过程诱发（trigger）或刺激二语习得的认知过程，促进他们学习新语言知识或巩固现有的语言知识，从而促进他们的语言发展。

输出同时也是一个意义协商的交互过程，在此过程中，输出中的错误可能得到交际对方的纠正。意义协商和其他类型的交互或纠错把学习者的注意力引向与本族语者使用的语言不同的部分。通过交互，学习者的注意被集中于语言的某一具体部分，特别是目的语形式和学习者语言形式不匹配的地方。Doughty（2001）指出，这些不匹配的地方是可以注意到的，如果它们可以被注意到，并被学习者利用作为语法重构的源头，那么学习者在进行比较的时候一定能够在记忆中对目的语表达进行表征。调整的输出能提升学习者的语言形式意识，把学习者的注意力吸引到语法结构方面，结果凸显了语法结构，创造了二语学习的良好环境。如学习者需靠自己解决自身中介语的问题，便会利用自己的现有知识或在现有知识基础上产生一些新知识。在交际互动中，一方的输出就是另一方的输入。如遇到与输出相关的输入，学习者会以更多的注意力来处理这些输入，注意目的语是怎样表达他们觉得有困难表达的意图，这就是输出的注意功能（Izumi, 2000; Izumi Bigelow, 2000、2001）。通过语言输出，学习者意识到自己能或不能用目标语表达的内容，促使他们重新评估自己的中介语能力。

二 假设检验功能（Hypothesis testing function）

输出能对目标语的结构及语义进行假设检验。二语学习被认为是一个对目标语不断做出假设并对此假设不断检验和修改的过程。研究表明，语言输出表明学习者对目的语使用形成了一定的假设，并在尝试检测这些假设，因此第二语言习得者可以把语言输出视为检验自己对目的语使用的假设的途径。所以，假设检验这一环节能够极大地促进语言学习。学习者在语言输出的过程中会尝试各种表达自己意图的方式，这些方式就是形成的各种语言假设，并通过适当途径检验这些假设是否正确。学习者的口头或书面表达中的某些错误反映出学习者对语言做出的假设。为了检验某一假设，学习者需要通进行大量的语言实践，即要通过口头或书面的形式表达出来。所以为满足交际需要，学习者可能使用输出作为一种方式来测试新的语言形式和结构。在 Swain 的调查中，她发现输出为学习者提供了验证假设的机会。在她采用的有声思维的调查中，可以看到许多这样的例子，如 "Can I say it that way?"; "I don't know if that's right. Is it?" 在二语交互的过程中，学习者会大量尝试新的语言表达对所学的语言知识进行检验。经过检验，正确的知识将进入吸入和内化阶段，不正确的知识会被否定，学习者再争取得到新的输入，形成新的假设，并在新的交互过程中验证这些新的假设。

学习者的假设体现了其中介语能力发展的不完善，因而导致对某项语言知识的不确定。假设可能由学习者通过推理、类比等一般学习的方法形成。假设的起源可能出现在对语言输入的理解过程之中，也有可能出现在输出加工过程中。语言输出为学习者检验假设提供了机会。学习者在语言输出中呈现的自己假设，假设可能是正确的，也可能是错误的。此时，如果有来自外界的反馈，假设可以得到肯定或拒绝。被肯定的假设进入整合过程，成为学习者语言知识的一部分，促成知识的重构（restructuring）(Maclaughlin, 1987、1990)。被拒绝的假设则被放弃。但是如果此时没有反馈，正确和错误的假设都有可能进入整合过程，或被储存等待进一步的分析。错误的假设不利于中介语能力的发展。由此可见，假设检验作用于习得过程中的整合环节，其中反馈的作用至关重要。反馈作为语言习得过程中的负面证据（negative evidence）是语言输入的一部分。二语学习被认为是一个假设检验过程，学习者对目标语规则不断做出假设，然后通过多种途径对该假设进行不断检验和修改。所以在二语习得过程中假设检验这一环节占据着重要的地位。输出正是对假设进行检验的一种手段。二语学习者表达中不可避免会出现错误，这种体现了他们对目标语规则的假设。要检验这些假设，学习者会再尝试进行口头或笔头表达。学习者根据交际中的反馈对自己中介语语法的准确性及理解程度进行检验。在输出过程中，学习者能检验自己形成的假设是否正确，通过意义协商（negotiation of meaning），学习者的语言表达会更为准确。如果没有假设检验，学习者的输出就不会随反馈而改变，其中介语就不会发展改进（Pica et al, 1989）。研究证明，在意义协商过程中，学习者会根据会话中的澄清请求（clarification request, 如：What? Huh?）或者证实询问（confirmation checks, 如：Is this what you mean?）来修改他们的言语输出。他们发现,三分之一学习者的言语在语义或形态句法上做出了修改。三分之一学习者修改他们的言语输出,这表明他们只检验某些假设而非全部。他们输出语言实际上是在检验他们自己对目标语形成的假设,是在选择所要注意的语言形式。修改的过程确实有助于习得。正如 Pica et al. (1989:64) 指出的那样:在修正输出时,学习者实际上是在检验二语的假设,尝试新的结构和形式,创造性地开发中介语资源。因此,可以认为修改了的或再处理过的输出代表着学习者中介语知识的最新发展。学习者在扩展他们的中介语以达到交际需求时,使用输出来尝试新的语言结构形式,形成假设并检验哪些假设(语言形式)可行,哪些假设不行(卢仁顺,2002)。

　　检验假设的前提是"互动和反馈"。这种互动可以发生在学习者和本族语者之间、学习者和老师之间或学习者和同伴之间。在交互的过程中,通过提问、澄清等形式,学习者更清楚他们在语言使用中的错误(包括语音、词汇、语法、内容、语篇等方面)。也就是说,交互使学习者发现自己使用的语言形式与本族语使用者的差异,这些差异使学习者必须思考自己的语言问题,然后重新调整自己的语言表达,以达到顺利交流的目的。因此,对自己的语言问题思考得越多,做出的调整或新尝试就越多,学得也就越多(戴运财,2009)。学习者在互动交流中根据从对方获得否定反馈,来确认、否认或修改自己的假设,这体现了输出的假设检验的作用(Ellis 和 He,1999;Nobuyoshi 和 Ellis,1993;Shehadeh,1999、2001)。(de Bot,1996:552)把假设检验描写为"在对信息反应的基础上,学习者能评估自己表达方式的适宜性"。当老师或本族语者在场时,学习者会向他们咨询相关信息;或者,在无及时外部反馈时,如在独白或写作时,学习者便求助其他方式来解决问题。学习者之间进行合作任务时,输出过程中遇到的具体问题会引起学习者的注意。得到对方的反馈对学习者来说是非常有意义的。比如,二语习得者在笔头或口头表达中有错误,这表明他们对如何使用目的语持有假设。要检验这些假设,就需要进行口头或笔头表达。没有检验假设这一过程,学习者就不会随反馈修改输出。学习者在输出时不断地从语义或形态句法上修改自己的言语,就是对假设的不断检验。

三 元语言功能（meta-linguistic function）

元语言是指学习者所具有的"关于语言"的知识总和，即他们通过反思和分析语言所得到的关于语言的形式、结构及语言系统其他方面知识的雏形。在特定的语言任务条件下，学习者会运用语言对假设做出反思，如运用语言来讨论语言形式。元语意识是语言学习的一个重要方面，当一个人思考语言，把语言作为调查对象，而不仅仅是用来表达意思或交流的能力或工具，例如，使用双关就是这种思考语言的能力的表现，同样，判断一个句子是否合乎语法，或将一种语言翻译成另一种语言也需要对语言进行思考而不仅仅是单纯地运用它。非本族语者在课堂环境下通常花费更多的时间在元语言活动方面。思考语言的能力通常与学习语言的能力相联系，如双语儿童被认为比单语儿童元语言意识更强。

输出具有元语言功能，指学习者通过使用目的语来思索目的语本身，以此来控制和消化目的语。这一层面的语言输出因而具有了"思索"功能，即语言输出的元语言作用。Swain 认为，学习者在执行某种任务时，不仅会表明他们的假设，而且会用目的语来思考自己的输出。当学习者反思他们自己的目标语用法时，输出即起着元语言功能。这种用语言来思考语言的元语言作用使学生控制或内化语言知识。也就是说，输出能使学习者控制和内化语言知识（1995：126，132）。在输出过程中，学习者不仅参与理解所需的语义认知处理，还更多地参与句法认知处理。Sharwood Smith（1986）发现，理解所需要的处理过程不用于输出乃至最终的习得所需要的处理过程。这种句法处理可以促成修改的或再处理的输出，使得中介语向前发展。Donato（1994）、La Pierre（1994）和 Swain（1995）对输出的元语言功能进行了研究，结果显示语言表达及用语言反思对语言习得过程有积极作用。学习者通过协商语言的结构形式来获得意义，在协商过程中，学习者把语言形式与他们试图表达的意义连接起来，用语言来表达意义，然后用语言来反思语言形式，因此输出能促使学习者从以语义为基础的处理转向以句法为基础的处理。当学习者在输出加工中遇到不确定的问题时，他们还可以通过已经吸收但还没有完全掌握的知识来解决问题。学习者用语言来讨论语言，对语言本身进行反思，为输出中运用的语言形式—意义连接寻找根据。这体现了输出的元语言功能。元语言活动是对语言本身的反思，是对语言形式的协商（negotiation of form），而不是以意义为主导的语言交流活动。元语言反思能澄清学习者中介语体系中尚不牢固的形式——意义连接，强化已经建立的形式——意义连接。

对元语言功能的研究表明，语言表达及用语言反思对语言习得过程有着积极的作用。为解决输出中的问题，学习者有意识地对语言系统进行反思，比在理解输入时动用了更多的句法处理。这种句法处理可对输出进行修改或再处理，促进学习者的语言习得。例如，当学习者用英文表达意思时，不得不主动地调用已学过的英语知识，斟酌语法规则的运用，琢磨词语的搭配，掂量词句使用的确切性和得体性，这就使英语知识不断得到巩固并内化，从而有效达到语言习得的目的。

四　输出能使目标语表达成自动化、增强流利性

以上三点表明语言输出能提高语言表达的准确性。除此之外，输出还能促进目的语的表达自动化，提高表达的流利性。人的大脑是一个信息处理系统，其处理能力是有限的。某些认知过程需要大量的时间和大量的工作记忆容量，而另一些认知过程是常规的、自动化的，需要较少的认知资源。当某种输入与某种输出形式之间有着一致的、规律的连接，这种过程即成为自动化。因此，输出与语法之间的一致的、规律的成功映射（练习）即可导致处理的自动化，进而提高表达的流利性。Kees de Bot（1992、1996）指出，流利性就是从受控制的处理发展到自动化处理。学习者通过运用现有的规则或已习得的词法，能加强已储存知识并可能产生新知识，这便是输出促进流利的功能。增强流利性并非简单地加快说话速度，流利性是自动化处理的一个标志。因此，输出与语法之间的一致的、规律的成功映射，即可导致处理的自动化，进而提高表达的流利性。为了能运用现有语言知识流利地表达，学习者需要有机会输出、运用这些知识。Swain 的输出假设表明，在某种情况下，输出能通过学习者试用和扩展自己的中介语资源来促进语言习得。在此过程中，学习者可以通过内部反馈意识到自己的语言问题，因为输出促进句法处理和自我监控。亦可通过外部反馈（如对话者或教师的反馈）意识到学习中需解决的问题和难点。总之，输出加速了语言的发展。

五 输出促进了中介语建构

(一) 建构主义理论

建构主义 (constructivism) 理论源于瑞士著名心理学家皮亚杰的"发生认识论",是认知主义学习理论的进一步发展。这一理论较好地提示了人类学习过程的认知规律,阐明了学习如何发生、意义如何建构、概念如何形成以及理想的学习环境所包含的主要因素等。建构主义反对行为主义心理学的 S (刺激) R (反应) 公式,提出了 S-AT-R 公式:即一定的刺激 (stimulus) 被个体同化 (assimilate) 于认知结构 texture) 之中,才能对刺激 (stimulus) 做出反应。根据这一公式,外部刺激只有通过个体原有的认知结构才能对学习者产生作用。决定学习的因素既不是外部因素,也不是内部因素,而是个体与环境的相互作用,主要通过同化和顺应两个过程而实现的。"同化"是指把外部环境中的有关信息吸收进来并结合到已有的认知结构(也称"图式")中;"顺应"是个体的认知结构因外部刺激的影响而发生改变的过程。可见,同化是认知结构数量的扩充(图式扩充),而顺应是认知结构性质的改变(图式改变)。建构主义强调学习者在认知过程中的主体作用。学生是信息加工的主体,是意义的主动建构者,而不是外部刺激的被动接受者。学习是一个主动的过程,大脑不是被动地学习和记录信息,而是主动地建构它对信息的解释,并从中做出结论。建构主义理论非常强调学习过程中学习者的主体能动性,学习过程中的社会合作性及学习的实践应用性。建构主义学习理论的出现给我们理解输出在二语习得中的重要作用提供了新的理论依据。

(二) 输出体现了学习者的主体能动性

建构主义强调学生是认知过程的主体,学习的过程是学习者利用原有的知识经验与从环境中接受的感觉信息相互作用,主动建构新信息的意义的过程。根据信息加工理论,语言学习是一个由输入、加工和输出三个阶段构成的动态过程。输入主要涉及语言的理解,而输出则是语言的产出。与语言理解过程相比,学习者在语言输出过程中表现出更大的积极性和主动性。因为学习者从要表达的意义出发,利用句法规则和其他认知技巧将要表达的意义转换为语言信息,然后以口头或书面的形式将它展现出来 (Skehan, 1980)。这是一种从深层结构到表层结构的以句法为主的深层次认知活动。在这一过程中,学习者要做出一系列的选择,诸如词汇提取，发音形式激活，短语或句法的选择以及语用规范的照应等等。因此从建构主义所强调的主体能动性来看，语言输出给学习者提供了一个主动使用语言、主动完善中介语体系的机会。在输出的"注意触发功能"中，学习者也体现了主动性。学习者在语言输出的过程中发现自己想表达的与能表达的意思之间存在差距，从而意识到自己中介语系统所存在的欠缺，因而主动地在接受新一轮的输入中寻找相关知识，进而引发新一轮的语言学习认知过程。学习者只有在语言输出的过程中才真正体现了其主体作用和主观能动性。

(三) 输出体现了二语习得过程的交互性和合作性

建构主义强调学习的交互性和合作性，认为学习者必须通过合作式学习，在与他人讨论的过程中，通过合作伙伴的帮助，发现自己知识系统存在的缺陷，从而学到新的知识（Nunan, 1992）。二语习得者通过输出对已形成的关于目的语的假设进行检验。通过交际中的反馈，可以检验自己对目的语假设的正误。若输出能为对方理解，表明假设正确，可以得到强化；反之，若输出不能为对方理解，表明假设错误。学习者因此会主动调节自己的输出，对输出做出语义或句法方面的修改，从而产生更准确、更连贯、更符合目的语规定的输出。这一假设验证过程离不开交际双方的合作，没有合作和交互式活动，没有对对方给予相关的反馈，二语习得者则无从检验自己的假设。由此可见，建构主义所强调的合作性、交互性在语言学习过程中，只有通过语言输出才能实现。

(四) 输出体现了二语习得过程的实践性

建构主义强调学习的实践应用性，认为知识总是要适应于它所应用的环境、目的和任务，知识只有在实际应用中才能体现其价值（陈奇、刘儒德，2002）。语言输出正体现了语言学习的实践性的一面。通过语言输出，学习者就可以在使用语言的过程中学习语言，培养实践运用能力。认知主义学习理论认为，实践可分为控制处理和自动处理两个过程。当人们做一件事时，需要的意识和注意力越少，其控制程度越低，自动化程度就越高，反之亦然。控制处理大致相当于课堂上控制性语法项目操练，如句型训练。而自动处理阶段则是学习者准确自如地使用语言的过程（Anderson, 1980）。与此紧密联系的是陈述性知识和程序性知识两个概念（G. Ryle, 1949）。陈述性知识是关于某个事物是什么的知识（Knowledge about），而程序性知识指关于怎样做某事的知识（Knowledge how）。陈述性知识和程序性知识相互作用的过程即知识运用能力的形成过程。Keith Johnson（2001：109-115）指出，学习路径始于陈述性知识，达于程序性知识，即陈→程学习模式（陈奇、刘儒德，2002）。该模式的核心过程为学习者以语言知识为起点，通过大量练习将学到的语言知识转化为语言技能，以达到自动化过程。也就是说，大量的语言实践，大量的语言输出活动是将知识转化为技能的必要条件。

第九章 总结

第一节 中介语建构原则

本研究认为，中介语的发展是一个学习者积极主动建构的过程，建构过程是通过不断的补缺来进行的，补缺的本质就是中介语参数的变动。在二语习得过程中要切实有效地通过"补缺"来建构中介，必须遵循以下原则：（1）要有语言形式学习意识。二语习得者在接受语言输入的过程中，往往只注重语言的内容，而忽视了对语言形式的学习。实际上二语习得者的主要任务就是学习目标语的编码系统，即语言形式，从而扩充自己的中介语。首先是因为语言形式是中介语的编码系统，也是二语习得者最为缺乏的知识，没有语言形式，中介语就不可能存在；其次，形式是意义的载体，不正确理解形式，就不可能正确理解意义。（2）要有语言的使用意识，注重语言输出。输出是对语言输入是否真正被习得的有效验证。学习者通过使用语言，会发现自己不会的，尚未掌握的知识，亦即中介语中所缺乏的语言知识，进而通过查字典，资料，询问他人等一系列主动学习的过程，对其掌握，补充进自己的中介语中。Peter Skehan（1999）认为，输出能产生更好的输入，输出是对的输入的反馈，从而使学习者能更好地对输入进行吸收。可以强化句法的加工学习，在输入过程中，学习者可能只注意内容而忽略了语言形式，而输出过程中就需要用适当的形式来表达一定的内容，因此会专注于语言形式。（3）要有自学意识。课堂教学输入有限，大量的输入要靠课外自学。同时，每个人的中介语水平不同，所需"补缺"的成分也不一样，只有自己能清楚自己的实际水平和需求状况。因此要加强自学意识，在不断的大量的自学过程中，对自己的中介语进行补缺。同时按照建构主义理论，知识不是通过教师传授得到，而是学习者在一定的情境即社会文化背景下，借助学习获取知识的过程中其他人（包括教师和学习伙伴）的帮助，利用必要的学习资料，通过意义建构的方式而获得。这其实就是自学过程。

第二节 本研究之意义

一 有助于解决二语习得领域的三大问题

长期以来，二语习得领域存在以下三大问题，对于这些问题的看法，专家学者众说纷纭，莫衷一是。（1）母语和二语的关系问题。学习者是基于自己的母语之上，通过对母语进行重新建构来学习外语，还是不依靠母语，而像儿童学习母语那样，独立地建立起一套全新的语言体系？（2）隐性学习还是显性学习问题。学习者是应该正式地刻意地学习，还是应该通过自然地下意识地吸收语言输入获得二语知识？（3）语言形式和意义的问题。是通过对语言形式进行分析、训练来学习，还是通过在自然语言环境中进行交际来学习外语。

本研究认为，受母语的影响是外语学习者必经的一个过程，学习外语在一定程度上要依靠母语。因为母语在某些情况下会对中介语产生正迁移，从而促进目标语的学习。另外，在语言输出过程中，学习者在未熟练掌握地道的英语表达之前，会不可避免地用汉语思维，然后把想表达的东西在头脑里翻译成英语。在这一过程中，一方面会对自己不会的即所缺乏的内容通过各种手段进行查询，从而补充；另一方面，会通过检查机制对输出的语言进行诊断，对可能的错误同样进行查询，找出正确形式，补充进自己的中介语。

本研究还认为，要侧重于显性学习。原因：（1）语境不够，缺乏足够的输入。在我国没有像 Krashen 所说的那种自然习得外语的语言环境。输入量不足，就需要通过正式刻意地学习来弥补语境的缺乏。（2）显性学习能对学习材料投入更多的注意力，进行更深层次的加工，因而学习效果更好。Schmidt（1990）通过分析大量的心理学实验和关于意识理论的研究得出结论，认为无意识学习是不可能的。语言输入只有通过足够的注意和意识才能被吸收。他不同意意识在二语习得过程中不起作用以及大多数二语学习是隐性学习的说法。他同时指出，在某些情况下当学习者专注于学习内容而非形式时，偶然语言习得也可能发生，即便在这种情况下，注意力也是非常有帮助的。

形式和意义的学习方面，要注重语言形式的学习。从认知心理学的角度来看，人的注意力资源是有限的。当人们同时面临两种或多种任务时，就会形成注意力资源的竞争，人类信息加工系统只能选择一定的信息进行加工。在语言交际过程中，语言的意义与语言的形式将会形成对注意力的相互争夺，最终往往是语言的意义而非其形式得到更多注意，从而使得语言形式得不到有效的学习。因此在交际之外，更应通过认真分析、强化训练来学习语言形式。

二　有助于弥补输入理论的不足

输入理论主要有以下不足之处：（1）在理论上过分强调语言输入的作用，忽视了输出的作用。（2）忽视了学习者的主体作用，而过分强调了外部语言输入的作用。（3）未涉及篇章，语用及文化等知识的学习。补缺法在重视输入的同时，注重输出的作用；提倡学习者学习过程中的主动建构；重视包括词汇，语法，表达方式，章法，语用，文化知识等个方面的学习，凡是缺乏的都要补充。尤其是语用和文化知识，二语学习者之所以不成功，很大程度上就是因为忽略了这两方面知识的学习；成功地二语学习者都在这两方面特别重视。

三　有助于提高输入—吸收的转化率

二语习得需要将输入转化为吸收（intake），成功的转化主要取决于以下条件：（1）对输入的加工程度，深层次加工的东西更容易掌握。在补缺法过程中，要将新的语言材料在认真注意的基础上，和已有中介语及母语进行比较，因而加工程度更深，更易转化。（2）对输入的储存方式。对新的语言材料，通过上述比较之后，进行分门别类的合理存储，因而保存的更持久，也更易提取。（3）大量使用。通过输出，大量使用，使输入不断得到强化，能更好地被转化吸收。

第三节　对二语习得的启示

本研究对二语习得和二语教学有一定的指导价值。我国的二语习得普遍存在费时较多、收效较低的问题。除教学方法不当外，学习者学习方法不科学也是一个重要原因。本研究从语言与思维的关系角度出发来探究二语习得过程，能对二语习得有所启发，进而促进我国学生的英语学习。

儿童之所以能很快地习得语言，除过先天生理条件之外，主要因为语言是他们社会化的手段。语言是他们和人交际、表达自我、认知世界的主要工具。他们自身的发展离不开语言的发展，要成为一个社会化的"人"，语言是必要的条件。儿童自身发展伴随着语言的发展，没有语言的发展，儿童就不能成长为一个真正的"人"（社会化的人）。韩礼德认为，儿童学习语言就是在学习"如何表达意思"，即他在发展一套潜在的语义系统，该系统最终用来实现一定的社会功能。他们学习如何用语言跟别人交流，语言是他们步入社会的主要手段。与儿童习得母语成效相比，成人学习外语总体结果不能令人满意。最主要、最根本的原因，是成人在外语学习中不能像儿童那样用语言（对于成人来说即外语）来思维，来表达自己，进行交际，认识世界。马克思说过，学习一门外语最好的办法就是忘掉母语，用外语思维。可是一般成人几乎做不到这一点，为什么呢？因为成人的认知能力、思维能力等已在母语环境中形成，并基本固定，他进行交际，认识世界时已有自己的一套现成的母语工具，他可以随时随地、方便自如地运用这一工具，没有必要用另一套工具——外语来完成诸种任务。而语言在本质上，如前所述，是进行交际、认知世界的工具，只有如此对待和使用语言，才能自然地获得它，达到理想的水平。

在语言发展和学习中认知思维起着极为重要的作用。在外语学习中，要想达到较高的水平，就必须从思维角度出发，来指导我们的学习。乔姆斯基认为，语言是心智的一面镜子。语言主要用途有两个：交际和思维。可见，这里的心智主要指思维。因此可知，通过学习语言可以发展思维，语言是思维的反映。思维借助概念、范畴和图式进行。概念是思维的基础，概念是人认识世界的产物，它的形成是以认知范畴为基础的，是范畴化的表现。"范畴"指事物、现象在人的认知中的归类，即人用思维和语言对客观事物、现象归类而得到的集合。成千上万的范畴，反映在人的思维和语言中并不是杂乱无章的混沌世界，而是一个有序的系统，其基本形式是层级结构。构成思维体系的概念即概念范畴，也就是一组整体性的概念的集合。存在于语言中的概念范畴即语言范畴，包括词汇范畴和语法范畴。概念范畴是语言范畴的本质内容，语言范畴是概念范畴的体现形式，两者互为表里，是内容和形式的关系。图式是大脑中互相联系的知识、信息的集合，有一定的结构，结构上有层次，可以发展变化。图式在人的大脑中形成一个庞大的网络系统，它的基本图式即主图式，它又包含大小、层次、经验、知识各不相同的子图式。

在学习一门外语时，我们主要学习它的语言规则及环境制约规则（也就是语用规则），从认知语言学的角度看，就是学习这门外语的概念表达系统。语言规则及环境制约规则既是表达"语言"时头脑中的"思维"内容，又影响、决定着思维方式。因此，用外语思维，其实就是考虑如何使用外语的语言规则和环境制约规则；反过来，考虑如何使用外语的语言规则和环境制约规则，其实也就是考虑如何用外语思维。这里的语言规则就是语法，包括词法和句法。在构建句子方面，句法功能大于词汇功能。因此，在用外语思维过程中，用句法思维就很重要，在学习实践中，这便是句型的学习。学习者学习一定的句型，然后在语言实践中利用这一句型来组织和表达自己的思想。要真正恰当理解和使用一门语言，仅仅懂得这门语言的词汇和语法是不够的，还需要一定的语用知识，即研究语言如何运用，这主要关系到上述环境制约因素。语言不能只讲究遣词造句的正确性，更重要的是语言使用得是否合适得体。如何与英美人士打招呼，不宜沿用汉语的套语，如：Where are you going? 或 Have you eaten yet? 等让对方感到莫名其妙的话。这虽符合语法但不符合语用规则。所以，在使用英语的过程中，唯有同时把语法因素和语用因素考虑进去，才能说出写出正确、得体、合适的言语，这也就是英语思维的反映。

从本研究可知，（1）在二语习得过程中，不能忽视母语的作用。因为母语是建构中介语的参照体系之一，受母语的影响是外语学习者必经的一个过程，学习外语在一定程度上要依靠母语。（2）要侧重于显性学习。我国外语学习语境不够，缺乏足够的输入，就需要通过正式刻意的学习来弥补语境的缺乏。显性学习能对学习材料投入更多的注意力，进行更深层次的加工，因而学习效果更好。因此在有意义的交际之外，更应通过认真分析、强化训练来学习语言形式。（3）在学习中要善于对语言材料归类，这有利于对知识进行存储、保持和提取。比如，可以根据认知语言学的有关理论，如范畴理论来归类学习词汇。（4）除了要重视输入的质和量之外，还要尽可能加大输出量，以便对所学语言进行巩固。

主要参考文献

Akinson, D., Toward a socio-cognitive approach to second language acquisition. *The Modern Language Journal*, 2002 (86).

Anderson, J. R., *Cognitive Psychology and its Implication*. New York: Freeman, 1985.

Brown, D.H., *Principles and Language Learning and Teaching*. Langman, 2000.

Brown, G. & Yule, G. Discourse Analysis. Beijing: Foreign Language Teaching and Research Press, 2000.

Cann, Ronnie. *Formal Semantics: An Introduction*. London: Cambridge, 1993.

Carrol, D.W., *Psychology of Language*, 外语教学与研究出版社2000年版。

Cook, V., *Second Language Learning and Language Teaching* (3rd edition). London: Arnold, 2000.

Ellis, R., *The Study of Second Language Acquisition*, 上海外语教育出版社1999年版。

Ellis, R., *Second Language Acquisition*. Shanghai: Shanghai Foreign Languages Education Press, 2000.

Ellis, R., *Understanding Second Language Acquisition*. Shanghai: Shanghai Foreign Languages Education Press, 1999.

F.Ungerer & H.J.Schmid., *An Introduction to Cognitive Linguistics*, 外语教学与研究出版社2001年版。

Firth, A.& Wagner, J., Second/Foreign language learning as a social accomplishment: Elaborations on a reconceptualized SLA. *The Modern Language Journal*, 2007 (5).

G.Lakoff & Johnson.*Metaphors We Live by*. Chicago, the University of Chicago Press, 1980.

Gass, S.,*Input, Interaction, and the Second Language Learner*. Mahwah, NJ: Erlbaum, 1997.

Halliday, M.A.K.,*An Introduction to Functional Grammar* (2nd). 外语教学与研究出版社, 2000.

Hulstijn, J.& Laufer, B., Some empirical evidence for the involvement load hypothesis in vocabulary acquisition. *Language Learning*, 2001 (51).

Johnson, M.A.,*Philosophy of Second Language Acquisition*. New Haven, Yale University Press, 2004.

Kahneman, D., *Attention and Effort*. Englewood Cliffs, NJ: Prentice-Hal, 1973.

Kees de Bot. The Psycholinguistics of the Output Hypothesis. *Language Learning*, 1996 (12).

Kramsch, C., *Context and Culture in Language Teaching*. Oxford: Oxford University Press, 1993.

Krashen.S.D., *Principles and Practice in second language Acquisition*. New York: Pergaman Press, 1982.

Long, M.H., *Problems in SLA*. London, Lawrence Erlbaum Associates, Publishers.2007.

Mackey, A., Gass, S.and McDonough, K.How do learners perceive interactional feedback? *Studies in Second Language Acquisition*, 2000 (22).

Mac, Whinney, B., *Psycholinguistics: Language and Thought*. Pittsburgh: Carnegie Mellon University, 1997.

McCarthy, M., *Discourse Analysis for Language Teacher*. Cambridge: Cambridge University Press, 1991.

McLaughlin, B. et al., Second Language Learning: an Information-processing Perspective. *Language Learning*, 1983 (33).

Odlin, Terence.*Language Transfer-Cross-linguistic Influence in Language Learning*. Shanghai: Shanghai Foreign Languages Education Press, 2001.

Peter Skehan, *A Cognitive Approach to Language Learning*. 上海外语教育出版社 1999 年版。

Schachter, Jacquelyn. An error in error analysis. *Language Learning*, 1974 (24).

Schmidt, R., The role of consciousness in second language learning. Applied Linguistics, 1990 (11).

Schmidt, R. W., *Attention and Awareness in Foreign Language Learning*. Honolulu, HI: Second Language Teaching and Curriculum Center, University of Hawaipi, 1995.

Schmidt, R., Awareness and second language acquisition. *Annual Review of Applied Linguistics*, 1993 (13).

Skehan P., *A Cognitive Approach to Language Learning*. Shanghai: Shanghai Foreign Language Education Press, 1998.

Spada, N., Form-focused Instruction and Second Language Acquisition: A Review of Classroom and Laboratory Research. *Language Teaching*, 1997 (30).

Sperber, D. & Wilson, D. *Relevance: Communication and Cognition*. Oxford: Basil Blackwell, 1986.

Sternberg:《认知心理学》,杨炳钧、陈燕、邹芝玲译,中国轻工业出版社2006年版。

Swain, M., The Output Hypothesis: Just Speaking and Writing Aren't Enough. *The Canadian Modern Language Review*, 1993 (50).

VanPatten, B. & Cadierno, T. Explicit instruction and Input Processing. *Studies in Second Language Acquisition*, 1993 (15).

Van Pattern, B., *Form Meaning Connections in Second Language Acquisition*. Lawrence Erlbaum Associates, 2004.

Widdowson, H. G., *Aspects of Language Teaching*. Shanghai: Shanghai Foreign Education Press, 2004.

白丽芳:《英汉元语言比较研究》,博士论文,南京师范大学,2006年。

蔡芸:《输入与输出方式对二语习得的影响》,《现代外语》2009年第2期。

曹放:《话语标记 I mean 的语用功能》,《渤海大学学报》(社会科学版)2004年第1期。

曹容：《中西数字的文化观比较》，《四川理工学院学报》（社会科学版）2006年第2期。

曹志希、王晓丽、刘伟：《二语习得信息处理模式》，《外语与外语教学》2006年第5期。

陈新仁、吴珏：《中国英语学习者对因果类话语标记语的使用情况——基于语料库的研究》，《国外外语教学》2006年第3期。

陈治安、袁渊泉：《语际语用学研究的回顾与展望》，《外语教学》2006年第11期。

程冰、张旸：《母语习得的脑神经机制研究及对外语教学的启示》，《西安交通大学学报》（社会科学版）2009年第5期。

程可拉：《论外语学习的基本特征：建构与生成》，《四川外语学院学报》2006年第7期。

程琪龙：《认知功能语言观及其理论》，《外语与外语教学》2000年第4期。

程琪龙：《认知语言学概论》，外语教学与研究出版社2001年版。

程琪龙：《认知语言学——语言的神经认知基础》，外语教学与研究出版社2001年版。

程雨民：《格赖斯的"会话含义"与有关的讨论》，《国外语言学》1983年第1期。

崔刚：《从语言处理的复杂性与高效性看联结主义》，《外语与外语教学》2007年第5期。

崔希亮：《语言交际能力与话语的会话含义》，《语言教学与研究》1992年第2期。

崔雅萍：《图式理论在L2阅读理解中的运用》，《外语教学》2002年第5期。

戴桂玉：《关联理论与英语谚语汉译——认知语境对英谚汉译的制约作用》，《广东外语外贸大学学报》2008年第3期。

戴曼纯、王湘玲：《误差分析：问题与思考》，《外语界》1997年第3期。

戴炜栋、蔡龙权：《中介语的认知发生基础》，《外语与外语教学》2001年第9期。

戴炜栋、束定芳：《对比分析、错误分析和中介语研究中的若干问题——外语教学理论研究之二》，《外国语》1994年第5期。

戴炜栋、王栋：《语言迁移研究：问题与思考》，《外国语》2002年第6期。

范烨：《有关注意在二语习得中的作用研究综述》，《外语界》2009年第2期。

方琰：《试论汉语的主位述位结构——兼与英语的主位述位相比较》，《清华大学学报》（哲学社会科学版）1989年第2期。

方仪力、武显云：《汉英主语对比与翻译研究》，《西南民族大学学报》（人文社科版）2008年第4期。

方颖：《从意义范畴谈大学英语词汇教学改革》，《扬州大学学报》（高教研究版）2010年第10期。

冯纪元、黄娇：《语言输出活动对语言形式习得的影响》，《现代外语》2004年第2期。

冯江鸿：《英汉赞扬及其应答的性别语用比较》，《外语研究》2003年第2期。

冯巧妮、贾德江：《形合、意合的英汉对比与翻译》，《南华大学学报》（社会科学版）2005年第8期。

高翔：《语言输入理论的认知分析》，《外语与外语教学》2005年第6期。

高燕红、孙倚娜：《二语学习中口语输出对语言形式注意度的影响》，《苏州大学学报》（哲学社会科学版）2009年第5期。

桂诗春：《新编心理语言学》，上海外语教育出版社2000年版。

桂诗春：《记忆和英语学习》，《外语界》2003年第3期。

郭聿楷：《范畴结构和基本范畴词汇》，《中国俄语教学》2005年第2期。

郭聿楷：《句子与实在》，《中国俄语教学》1997年第4期。

果立军、周立新：《空缺图式与对俄汉语文化词汇教学练习系统》，《现代语文》2014年第9期。

何花：《中国EFL学习者的"注意"效果及内容分析》，《西北大学学报》（哲学社会科学版）2009年第11期。

侯民吉：《二语习得研究中的对比分析、错误分析和中介语理论》，《吉首大学学报》（社会科学版）2011年第5期。

侯万春：《建构主义教学观和大学英语教学》，《四川外语学院学报》2000年第1期。

胡建伟：《建构主义与二语习得理论的互动》，《浙江树人大学学报》2004年第9期。

胡壮麟、朱永生、张德禄、李战子：《系统功能语言学概论》，北京大学出版社2005年版。

胡壮麟：《语篇的衔接与连贯》，上海外语教育出版社1994年版。

黄大网：《话语标记研究综述》，《福建外语》（季刊）2001年第1期。

贾冠杰：《第二语言习得理论之间的矛盾统一性》，《外语与外语教学》2004年第12期。

贾林祥：《新联结主义产生的心理学背景》，《心理科学》2004年第1期。

蒋楠：《外语概念的形成和外语思维》，《现代外语》2004年第11期。

旷战：《认知文化图式对英语谚语的阐释》，《四川理工学院学报》（社会科学版）2009年第12期。

蓝纯：《认知语言学：背景与现状》，《外语研究》2001年第3期。

李民、陈新仁：《英语专业学生习得话语标记语WELL语用功能之实证研究》，《外语教学与研究》2007年第1期。

李燕、姜占好：《新时期英语专业学生语用能力调查报告及启示》，《外语教学》2014年第9期。

李红：《可理解输出假设的认知基础》，《外语与外语教学》2002年第2期。

李怀奎：《国内关于学习者外语语用能力的实证研究：调查与分析》，《山东外语教学》2005年第5期。

李健雪：《承诺类言语行为假设空间的建构及特点》，《山东外语教学》2006年第4期。

李民、肖雁：《语用能力分析框架述评》，《外语教学理论与实践》2012年第3期。

李明远：《图式理论与外语词汇习得》，《四川外语学院学报》2001年第1期。

李雪萍：《类典型理论下蒙古族大学生英语词汇教学探析》，《内蒙古师范大学学报》（教育科学版）2015年第6期。

李志雪：《从语用和图式角度来看语篇的连贯》，《解放军外国语学院学报》1999年第9期。

力量、许彩云、晁瑞编著：《现代汉语语法研究》，南京大学出版社2013年版。

连淑能：《论中西思维方式》，《外语与外语教学》2002年第2期。

梁瑞清：《母语习得的整体论假说——语言习得理论的哲学思考》，《外语学刊》2006年第1期。

梁淑君：《语义场理论及其在大学英语词汇教学中的应用》，《贵州师范大学学报》（社会科学版）2013年第3期。

梁晓波：《认知语言学对英语词汇教学的启示》，《外语与外语教学》2002年第2期。

刘安洪、张安律、杜荣芳：《图式理论与外语写作能力结构》，《重庆文理学院学报》（社会科学版）2011年第9期。

刘道英：《从"管约论"的标句词看汉语话题句》，《汉语学习》2001年第1期。

刘东楼、王祥德：《二语习得的社会认知视角》，《当代外语研究》2013年第4期。

刘国辉：《图形—背景空间概念及其在语言中的隐喻性表征》，《外语研究》2006年第2期。

刘鸿坤：《篇章语言学的发展史及其研究领域（下）》，《国外语言学》1987年第4期。

刘绍龙：《第二语言习得及其逻辑问题探析》，《解放军外国语学院学报》2000年第1期。

刘世理：《论语言认知中的"注意"机制》，《四川外语学院学报》2006年第4期。

刘永兵：《西方二语习得理论研究的两种认识论取向——对我国外语研究的启示》，《东北师大学报》（哲学社会科学版）2010年第4期。

刘蕴秋：《从语法范畴视角解释日本学生英语书面语错误》，《外语教学理论与实践》2014年第4期。

刘泽林、燕波：《大学英语教学中英汉对比分析应用现状调查与分析》,《淮北师范大学学报》(哲学社会科学版) 2015 年第 2 期。

卢植:《语言相对论对当代认知语言学的影响》,《外语学刊》2006 年第 3 期。

潘文国:《语言的定义》,《华东师范大学学报》(哲学社会科学版) 2011 年第 1 期。

彭聃龄:《普通心理学》(修订版),北京师范大学出版社 2001 年版。

彭增安:《语用·修辞·文化》,学林出版社 1998 年版。

皮连生:《学与教的心理学》,华东师范大学出版社 1997 年版。

皮亚杰:《结构主义》,倪连生、王琳译,商务印书馆 1984 年版。

皮亚杰:《儿童心理学》,吴福元译,商务印书馆 1980 年版。

祺小梅:《奥苏贝尔认知结构与迁移理论及教学》,《黑龙江高教研究》2004 年第 5 期。

钱冠连:《语言全息论》,商务印书馆 2002 年版。

冉永平:《话语标记语的语用学研究综述》,《外语研究》2000 年第 4 期。

尚云鹤:《社会环境对二语习得的影响:社会认知论视角》,《黑龙江高教研究》2007 年第 11 期。

邵瑞珍:《教育心理学》,上海教育出版社 1997 年版。

申小龙:《当代中国语法学》,广东教育出版社 1996 年版。

沈家煊:《英汉对比语法三题》,《外语教学与研究》1996 年第 4 期。

石毓智、李讷:《汉语语法化的历程——形态句法发展的动因和机制》,北京大学出版社 2001 年版。

束定芳、庄智象:《现代外语教学——理论、实践与方法》,上海外语教育出版社 1996 年版。

王寅:《从话题象似性角度谈英汉句型对比》,《山东工业大学学报》(社会科学版) 1998 年第 2 期。

王初明、牛瑞英、郑小湘:《以写促学》,《外语教学与研究》2000 年第 3 期。

王初明:《解释二语习得,连结论优于普遍语法》,《外国语》2001 年第 5 期。

王德春:《语言学概论》,上海外语教育出版社 1997 年版。

王改燕:《"注意"在二语习得过程中的作用》,《西安外国语大学学报》2007年第9期。

王宏军：《论三种语用理论中的会话含义》，《四川外语学院学报》2004年第1期。

王华、甄凤超：《透过主题词和关键主题词管窥中国学习者英语口语交际能力中的词语知识》，《外语界》2007年第1期。

王建勤：《历史回眸：早期的中介语理论研究》，《语言教学与研究》2000年第2期。

王建勤：《中介语产生的诸因素及相互关系》，《语言教学与研究》1994年第4期。

王立非：《二语学习中施为性言语行为的语用研究》，《北京第二外国语学院学报》2001年第2期。

王小潞、李恒威、唐孝威：《语言思维与非语言思维》，《浙江大学学报》（人文社会科学版）2006年第5期。

王晓辉：《文化图式观照下的汉语文化负载词英译》，《山西农业大学学报》（社会科学版）2012年第11期。

王寅：《语言世界观多元论——八论语言的体验观》，《重庆大学学报》（社会科学版）2007年第1期。

王颖：《输出假设的心理语言学基础》，《外语教学》2005年第7期。

王永德：《目的语在第二语言习得中的迁移》，《心理科学》2008年第2期。

王哲希：《基于信息加工模型的二语词汇附带习得研究》，《外语学刊》2010年第1期。

王佐良、丁望道：《英语文体学引论》，外语教学与研究出版社1987年版。

维果斯基：《思维与语言》，李维译，浙江教育出版社1997年版。

吴桂藩：《论思维和语言的起源》，《中国社会科学》1981年第3期。

吴潜龙：《从语言与思维的关系看第二语言习得中的几个问题》，《外语教学》2000年第1期。

吴庆麟：《认知教学心理学》，上海科学技术出版社2000年版。

伍谦光：《语义学导论》，湖南教育出版社1988年版。

向前进：《二语习得主流理论对我国外语教学的启示》，《外语与外语教学》2004年第11期。

肖川：《从建构主义学习观论学生的主体性发展》，《教育研究与实验》1998 年第 4 期。

肖建荣：《当前国内英语谚语文化内涵研究现状及对策——以中国知网 2000—2012 年相关文章为例》，《重庆交通大学学报》（社科版）2013 年第 8 期。

徐庆利、蔡金亭、刘振前：《语言迁移研究近 20 年的新发展：回顾与思考》，《外语学刊》2013 年第 1 期。

徐盛桓：《语言研究的复杂整体视角——对语言研究的方法启示》，《外语与外语教学》2009 年第 3 期。

徐世红：《汉英语言运思差异的认知识解》，《山东外语教学》2009 年第 6 期。

徐晓燕、夏伟蓉：《英语"拒绝"言语行为语用策略对比研究》，《西南民族学院学报》（哲学社会科学版）2003 年第 2 期。

许静：《话语标记语的元语用功能》，《山东外语教学》2007 年第 4 期。

许高渝：《维果茨基和苏俄心理语言学》，《心理学探新》2001 年第 3 期。

闫海娟：《认知结构理论与英语词汇自主学习能力培养》，《中国海洋大学学报》（社会科学版）2006 年第 5 期。

闫长红、曾小珊：《中介语参数的变动过程》，《山西财经大学学报》2012 年第 5 期。

闫长红：《二语习得补缺法》，《河南科技学院学报》2011 年第 1 期。

闫长红：《关于语言与现实关系的辩证思考》，《河南科技学院学报》2012 年第 5 期。

杨跃、吕晓娟、马刚：《基于主题口语语料库的主题词及主题图式研究》，《西安电子科技大学学报》（社会科学版）2009 年第 7 期。

杨自俭、李瑞华：《英汉对比研究综述和构想》，《外国语》1990 年第 3 期。

杨自俭：《对比语言学的理论建设问题》，《四川外语学院学报》2004 年第 9 期。

杨自俭：《简论对比语言学中的几个问题》，《青岛海洋大学学报》（社会科学版）1999 年第 2 期。

杨自俭:《英汉对比研究管窥》,《外语研究》1992 年第 1 期。

姚梅林、吴建民:《迁移机制与语言迁移》,《宁波大学学报》(教育科学版) 2000 年第 2 期。

叶蜚声、徐通锵:《语言学纲要》,北京大学出版社 1997 年版。

于翠红、蔡金亭:《中国英语学习者心理词汇量、组织模式和词汇知识深度的关系》,《中国外语》2014 年第 9 期。

于国栋、吴亚欣:《话语标记语的顺应性解释》,《解放军外国语学院学报》2003 年第 1 期。

于海军:《二语习得中的中介语理论》,《西南民族大学学报》(人文社科版) 2007 年第 12 期。

于海阔、李如龙:《从英汉词汇对比看对外汉语词汇教学》,《山西大学学报》(哲学社会科学版) 2011 年第 5 期。

于涛:《调节抑或协同——二语习得社会派内之对比研究》,《北华大学学报》(社会科学版) 2014 年第 8 期。

余冬梅:《图式理论与大学英语写作教学》,《长春理工大学学报》(社会科学版) 2007 年第 5 期。

余泽超:《对"形合""意合"的再认识——英汉对比与翻译》,《浙江师范大学学报》(社会科学版) 2003 年第 3 期。

俞理明、郭鸿杰:《因特网在外语学习中的应用——建构主义学习观》,《外国语言文学》2003 年第 1 期。

翟丽霞、陈艳、王卓:《认知心理学框架下的二语习得过程分析》,《外语学刊》2005 年第 5 期。

詹朋朋:《语言输入:学习者的主动建构》,《外语界》2001 年第 3 期。

张雨、王宝利:《英汉"数(量)名"结构的层次比较》,《现代语文》2014 年第 2 期。

张必隐、彭聃龄:《认知心理》,浙江教育出版社 2004 年版。

张灿灿:《"输出假设"在二语习得中的认知分析》,《湖南师范大学教育科学学报》2009 年第 7 期。

张德禄:《系统功能语言学》,《中国外语》2011 年第 5 期。

张德禄:《系统功能语言学对机助外语教学的启示》,《外语电化教学》2004 年第 12 期。

张建理、路蓉：《致使位移构式的英汉对比与习得》，《外语教学理论与实践》2014年第3期。

张京鱼：《英汉心理使役动词应用对比研究》，《外语研究》2001年第3期。

张静、吴庆麟：《图式与图式的获得及其对教育教学的启示》，《上海教育科研》2012年第8期。

张久全：《图形—背景理论视角下的英汉对比研究》，《长春理工大学学报》（社会科学版）2012年第4期。

张巨武：《英汉语言中有关动物词语意义的对等性研究》，《西安文理学院学报》（社会科学版）2007年第11期。

张鹏蓉：《大学英语教学中词汇范畴的动态界定》，《外语学刊》2010年第6期。

张其云、刘小玲：《二语习得的新联结主义认知视角及新的认知取向》，《中国外语》2009年第3期。

张望发、柳英绿：《关于中介语产生因素及相互关系的再认识》，《东北大学学报》（社会科学版）2010年第17期。

张维鼎：《语言文化编码中的理据与任意》，《外语教学》2003年第11期。

张雪涛：《第二语言习得过程中介语变化论析》，《心理科学》2006年第2期。

张玉上：《承诺类言语行为与语用原则的选择》，《湖南农业大学学报》（社会科学版）2003年第3期。

张韵斐：《现代英语词汇学概论》，北京师范大学出版社1988年版。

赵德远：《关于语言与思维的哲学思考》，《解放军外国语学院学报》2001年第1期。

赵娜：《图形—背景论及其对英语语态的认知阐释》，《长春理工大学学报》2011年第1期。

赵培：《大学英语教学中"输入"与"输出"角色的重新评估》，《山东外语教学》2004年第5期。

赵平：《Swain的输出假设对大学英语写作的指导意义》，《山东外语教学》2000年第3期。

赵世开主编：《汉英对比语法论集》，上海外语教育出版社1999

年版。

赵世开:《英汉对比中微观和宏观的研究》,《外国语文教学》1985年第1期。

赵彦春:《范畴理论是非辨——认知语言学学理批判之三》,《外国语》2010年第12期。

赵艳春:《认知词典学探索》,上海外语教育出版社2003年版。

赵艳芳:《认知语言学概论》,上海外语教育出版社2001年版。

赵英玲:《论英汉直接抱怨语》,《外语学刊》2003年第2期。

赵英玲:《论英语直接抱怨语与间接抱怨语》,《东北师大学报》(哲学社会科学版)2003年第5期。

赵英玲:《英语称赞语的应答模式》,《外语与外语教学》1998年第10期。

郑亚南、黄齐东:《对比语言学研究法综论》,《南京社会科学》2008年第12期。

郑银芳:《从建构主义角度看二语习得中输出的作用》,《广州大学学报》2005年第3期。

郑银芳:《二语习得中输出的建构主义理论研究》,《安徽工业大学学报》(社会科学版)2007年第5期。

周惠、刘永兵:《意义·思维·学习——Halliday的语言发展理论》,《中国外语》2014年第7期。

周国光:《语义场的结构和类型》,《华南师范大学学报》(社会科学版)2005年第2期。

周妞:《论语言符号象似性》,《武汉科技大学学报》(社会科学版)2007年第8期。

周维杰:《英语语义场新探》,《北京第二外国语学院学报》2001年第2期。

朱纯:《外语教学心理学》,上海外语教育出版社1994年版。

朱铭:《关联推理中的话语标记语的语用研究》,《安徽工业大学学报》(社会科学版)2005年第9期。

朱厚敏:《文化图式与大学语用能力的培养》,《当代教育论坛》2006年第5期。

朱小美、王翠霞:《话语标记语Well的元语用意识分析》,《安徽大学学报》（哲学社会科学版）2009年第1期。

朱晓宁：《大学生英语言语行为中礼貌策略的运用研究》，《扬州大学学报》（高教研究版）2010年第12期。

朱永生、严世清、苗兴伟编著：《功能语言学导论》，上海外语教育出版社2004年版。

朱永生、郑立信、苗兴伟：《英汉语篇衔接手段对比研究》，上海外语教育出版社2001年版。

祝丽丽：《认知语言学在大学英语词汇教学中的应用》，《内蒙古农业大学学报》（社会科学版）2010年第4期。

訾韦力：《近年国内图式理论应用研究述评》，《中国农业大学学报》（社会科学版）2004年第3期。

邹爱民、王宁娜：《二语习得的平衡式信息处理模式及其对英语教学的启示》，《西安外国语学院学报》2003年第3期。

邹为诚：《语言输入的机会和条件》，《外语界》2000年第1期。